조조만 아는
토익 문법 공식

**토익 문법
빈칸의 위치 속에 답이 있다!**

조조만 아는
토익 문법 공식

인쇄 2025년 2월 20일 초판 7쇄
저자 조조토익
출판사 도서출판 북플라자
주소 서울시 강남구 논현동 118-13 북플라자 타워 5층
홈페이지 www.chocho.co.kr

ISBN 978-89-98274-72-6
잘못된 책은 구입하신 서점에서 교환해 드립니다.

저자와 연결하기

조조만 아는 토익 문법 공식

BOOK PLAZA

CONTENTS

PROLOGUE 토익 문법, 난세의 간웅 조조처럼 전략적으로 풀자!

CHAPTER 01 500점에서 900점까지 누구나 봐야 하는 어휘공식

어휘문제 총론
1-01	토익 Part5,6구성과 2016년 시행 新토익의 변화	016
1-02	토익 어휘는 친한 어휘, 짝꿍 어휘가 힌트가 된다	018
1-03	토익 어휘는 늘 정답이 되는 단어가 몇 개 있다	026
1-04	토익 어휘문제의 힌트가 되는 기능어들이 있다	028
1-05	토익 어휘문제는 선지 4개간의 관계가 힌트가 된다	034
1-06	출제 번호대가 문제의 힌트가 된다	036

부사 어휘편
1-07	부사와 친한 어휘 공부법	037
1-08	빈출 부사+동사 짝(동사를 보고 푸는 부사문제)	038
1-09	빈출 부사+형용사 짝(형용사를 보고 푸는 부사 문제)	054
1-10	부사+전치사 짝 / 부사+의문사 짝 / 부사+and 짝	059
1-11	숫자 / 문두와 친한 부사	061

동사 어휘편
1-12	동사와 친한 어휘 공부법	063
1-13	목적어를 보고 푸는 타동사 문제	064
1-14	주어를 보고 푸는 자동사 문제	078
1-15	문장 속 특정단어를 보고 푸는 동사문제	080

명사 어휘편
1-16	명사와 친한 어휘들	085
1-17	to부정사를 보고 푸는 명사 문제	091

형용사 어휘편	1-18	형용사와 친한 어휘들	092
	1-19	형용사화된 빈출 Ving와 Ved는 암기한다	097
전치사 어휘편	1-20	'~에 관하여'라는 의미의 전치사 총모음	101

CHAPTER 02

500점에서 900점까지
누구나 봐야 하는 문장구조분석 공식

2-01	문장의 뼈대가 매직아이처럼 떠올라야 한다	103
2-02	괄호치기법 VS 끊어읽기법	104
2-03	괄호치기 공식 6가지 – 문장에서 생략가능한 부분찾기	105
2-04	끊어읽기 공식 2가지	109
2-05	영어문장의 5형식과 문장의 필수성분	111
2-06	어렵게 꼰 5형식 구문에서 O.C.자리 눈치채기	114
2-07	영문법에서의 완전 / 불완전의 개념	118

CHAPTER 03

600점을 위한
품사자리 기초공식

품사자리 총론	3-01	선지 4개부터 보고 어휘문제인지 문법문제인지 판단한다	121
	3-02	문법공식(문법격언) 암기의 필요성	122
	3-03	눈에 띄는 품사자리 문제부터 웬만큼 다 풀어 버린다	123
	3-04	품사의 기본 생김새는 정해져 있다	124
	3-05	품사가 헷갈리는 단어들 암기	127

품사자리 각론

3-06	명사자리를 보여주는 기초공식	130
3-07	형용사자리를 보여주는 기초공식	148
3-08	형용사자리를 대체하는 복합명사 공식	163
3-09	부사자리를 보여주는 기초공식	169
3-10	대명사자리를 보여주는 기초공식	190
3-11	동사자리를 보여주는 기초공식	208
3-12	전치사종류를 보여주는 기초공식	215
3-13	접속사자리를 보여주는 기초공식	240
3-14	공식 간의 부진정충돌과 본래품사우선의 법칙	263

CHAPTER 04 700점을 위한 문법 기본공식

본동사 자리문법

4-01	점수 주는 특수구문 몇 개는 암기하자	269
4-02	비교급과 최상급 문법공식	273
4-03	능수동태 판별을 위한 공식(목적어의 유무)	285
4-04	시제 판별을 위한 문법공식	299
4-05	수일치 판별을 위한 문법공식	316
4-06	-ly없이 형용사와 형태가 같은 부사 구별을 위한 공식	324
4-07	부정 대명형용사 구별을 위한 공식	328

CHAPTER 05 800점을 넘기 위한 문법공식

5-01	준동사 판별을 위한 공식(Ving, Ved, toV의 구별)	338
5-02	병렬구조 판별을 위한 공식	385
5-03	관계대명사/관계부사 종류판별을 위한 공식	394
5-04	가정법형태 판별을 위한 공식	410
5-05	도치구문 판별을 위한 공식	417

CHAPTER 06   900점을 달성하기 위한 문법공식

6-01	가산, 불가산명사의 구별 공식	422
6-02	수량 대명형용사의 암기공식	431
6-03	어근과 품사가 같으나 뜻이 다른 단어 암기	449
6-04	복합관계대명사/복합관계부사 종류판별을 위한 공식	455

CHAPTER 07   990점 만점을 위한 암기사항

목표점수가 낮으면 7장은 패스!

7-01	비영어권 국민에게 비슷해 보이는 단어 구별공식	462
7-02	특이한 동사문형 구별1 ('말하다'류 동사)	479
7-03	특이한 동사문형 구별2 (기타 동사류)	486
7-04	전치사를 포함한 숙어 모음	491
7-05	자동사/타동사 구별문제는 新토익에서 거의 없어졌다	499

CHAPTER 08   Part6의 해결공식

8-01	토익 파트6의 개괄적 특성 – 시제 문제의 중요성	502
8-02	파트6에서 시제문제 푸는 공식	504
8-03	파트6에서의 동사의 종합적 형태 완성 문제	514
8-04	파트6에서의 대명사 문제는 지칭대상을 찾아라!	515
8-05	파트6에 자주 나오는 관용구	516
8-06	파트6에 한두문제 나오는 접속부사 넣는 문제	519
8-07	파트6 新토익에 추가된 문장 넣기 문제	522

토익독학은 조조토익 시리즈로!

아직도 토익학원과 토익인강에 돈을 쓰십니까?

인간의 뇌를 과대평가하지 마라!
인간의 뇌는 위대한 한편, 매우 용량이 작다. 공부를 잘했던 사람, 토익 점수가 높은 사람은 은연중에 자신을 과대포장한다. 그러나 실상을 까놓고 보면 그들도 결코 신이 아니다. 그들이 잘한 것은 단 하나! 무엇을 공부하고 무엇을 공부하지 말아야 하는지, 무엇을 외워야 하고 무엇을 외우지 않아도 되는지를 귀신같이 갈라낸 것이다.

공부를 잘하는 사람일수록 공부량을 줄인다!
많은 사람들의 가장 큰 오해가 공부를 잘하는 사람 혹은 토익 점수가 높은 사람은 공부량을 엄청 늘렸을 거라고 생각하는 점이다. 물론 공부하는 시간을 늘렸을지는 모르겠다. 그러나 결코 공부량을 늘리지는 않았다. 공부할 것들, 외워야 할 것들을 늘려봐야 어차피 시험날까지 다 소화하지도 못한다.

공부량을 줄여놓고, 그것만 반복학습함으로써 효율을 높인다!
공부할 양을 줄이면, 그것만 달달달 반복학습하여 암기하는 것이 가능해진다. 남들보다 머리가 좋아서 암기를 잘하는 것이 결코 아니다. 암기로 처리할 부분과 이해로 처리할 부분을 정확히 갈라내면, 암기하여야 할 부분이 적어지기 때문에 암기를 잘하는 것처럼 보이는 것이다. 토익도 마찬가지이다!

아래와 같은 토익책은 모두 갖다 버린다! 허세에 불과하다!
깨알 같은 크기의 글씨가 빼곡하게 적힌 토익책!
올 컬러판에 커다랗고 화려한 토익책!
수천 문제가 수록되어 있는 토익책!
일러스트가 많고 뭔가 푸짐해 보이는 토익책!

토익 900점이 목표라면 조조토익보다 빠른 길은 없다!
솔직히 990 만점으로 가는 데는 더 좋은 책이 있을런지 모르겠다. 그러나 단언컨대, 900점이 목표라면 조조토익보다 빠른 지름길은 없다.

 QR코드로 스마트폰에서
바로 저자에게 이메일 보내고
Facebook 친구되기

조조토익 시리즈로
어떻게 공부하면 되나요?

조조토익 시리즈 4권 중 어떤 책을 먼저 공부하여야 하나요?
현재 6~700점 이하라면 조조문법의 2~6장을 가장 먼저 공부해야 합니다. 그 부분이 영어의 토대이기 때문입니다. 반면, 현재 6~700점 이상이라면 조조문법의 3~8장과 조조독해를 함께 공부합니다. 그리고 두 경우 모두 조조문법의 1장 콜로케이션 어휘와 조조독해의 4장 패러프레이징 어휘를 암기해야 합니다.

그럼, 조조LC는 언제 공부하나요?
LC는 RC와 전혀 별개이므로, 위와 별개로 진행되어야 합니다. 시간적 여력이 된다면 위 RC공부와 병행하여 점진적구간반복 MP3파일을 출퇴근, 등하교길에 버스나 지하철에서 듣고 다닙니다. 시간적 여력이 되지 않는다면, 위 RC공부를 마친 뒤에 LC공부에 돌입하는 것이 좋습니다. RC에서 습득한 토익 어휘력이 LC에 자연스럽게 베이스로 깔리기 때문입니다.

혼자서 책만 보고 독학을 해도 되나요?
네. 조조토익 시리즈는 독학용 교재로 개발된 것으로서, 조조토익 후기들은 모두 강의 없이 일궈낸 점수입니다. 조조토익 시리즈는 줄글이 많지만 그러한 줄글이 구어체이므로, 혼자서 책을 읽는 것만으로도 저자로부터 과외받는 느낌을 받을 수 있습니다.

조조토익처럼 얇고 판형이 작은 책을 기본서로 활용하여 시험을 쳐도 900점을 넘길 수 있나요?
당연히 가능합니다. 그러한 사례가 수없이 존재하며, facebook이나 naver blog에서 '조조토익'을 검색한 뒤 캡처후기들을 봐주세요! 공부 잘하는 사람이 잘하는 것은 공부량을 늘리는 것이 아니라, 최소한으로 공부량을 줄이는 것입니다.

문제풀이는 어느 정도 해야 하나요?
조조토익 기본서에는 토익문제의 이정표가 되는 전형적인 문제들이 많기 때문에, 기본서에 있는 예제의 암기도 중요합니다. 그러나 조조토익 기본서를 1회독할 때마다 실전문제집 1회분을 풀어보는 정도는 여력이 된다면 추천하는 편입니다. 가령 조조문법을 1회독했다면, 실전문제집 101번부터 146번까지를 풀어봅니다.

PROLOGUE

토익 문법,
난세의 간웅 조조처럼 전략적으로 풀자!

시중에 나와 있는 토익문법 기본서는 각 문법사항을 출제빈도와 무관하게 동일한 비중으로 다루고 있다. 또, 모두가 그런 기본서를 가지고 자신의 목표점수와 무관하게 공부한다. 그런 기본서로는 무엇을 먼저 집중적으로 공부해야 하는지 알 수 없어서, 오히려 공부할 의욕이 꺾인다.

보다 효율적인 공부방법은 없을까? 과연 1년에 한 번 나오는 문법을 동일한 비중으로 다룰 필요가 있을까? 토익700점이 1차 목표인 사람이 '집합명사'니 '불가산명사'니 하는 것을 외우고 있을 이유는 없다. 이들이 영어의 수많은 전치사나 부사를 동일한 비중으로 공부하는 것도 비효율이다.

목표점수를 성취하는 데에 있어 불필요한 사항을 암기하는 것에 시간을 낭비하지 않으려면, '품사별로' 구성한 영문법책의 전통적 목차를 획기적으로 바꿔, 목표 점수대별, 그리고 출제 빈도수별로 구성한 토익맞춤형 문법기본서가 필요하다고 생각한다.

그래서 이 책은 문법쟁점을 600점을 위한 품사자리 문법, 그리고 많은 토익커들의 1차적인 목표 점수라고 할 수 있는 700점을 획득하기 위한 문법, 그리고 800점을 넘기 위한 문법, 그리고 900점을 달성하기 위한 문법사항으로 나누기로 하였다. 물론 낮은 점수대를 위한 문법사항이 출제 빈도가 높은 문법사항에 해당한다. 이런 구성을 통해 독자는 해당 문법사항의 중요성과 출제빈도를 스스로 느낄 수 있다.

각 개별 문법쟁점에 들어가서는, '빈칸이 어디어디일 때 뭐뭐가 정답!' 이라는 식의 문법공식으로 모든 쟁점사항을 정리하였다. 문법은 '법'이라는 글자가 들어가 있듯이, 법학과 유사하다. 법조문은 끊임없는 원칙과 예외로 구성되어 있고, 그 원칙과 예외에 대한 규정을 통해 규율대상에 흠결이 없도록 물 샐틈 없는 시스템을 구축하는 것이 목표이다. 이 책의 문법공식도 빈칸의 위치에 따른 토익 문법의 원칙과 예외를 빠짐없이 구현하도록 노력하였다.

그런데, 각 목표점수대별 필요한 문법사항을 다루기 이전에, 토익시험에 문법문제가 포함된 이유를 알아야 한다. 토익은 아버지 세대가 공부하였던 '성문종합영어' 시리즈에서 다루고 있는 문법을 모두 다 아는지 체크해보기 위함이 결코 아니다. 토익 문법은 '실용'영어를 위한 최소한의 '문장 구조'를 파악할 능력이 있는지를 묻기 위한 것이 주된 목적이다. 매달 10문제 가까이씩 소위 '품사자리'문제가 출제되고 있는 이유도 그것이다.

그럼에도 불구하고, 수능시험에서 문법의 비중이 과거 학력고사에 비해 축소되어서 그런지, 요즘 학생들은 영어 문장구조를 보는 '논리적 분석력'이 너무 떨어진다. 하여, 이 책은 각 목표점수대별로 필요한 개별문법사항을 다루기 이전에, 제2장에서 '괄호치기'를 통한 '문장구조 분석론'을 가볍게 다루고자 한다.

문장 구조, 즉, 문장의 뼈대란 곧 '주어'와 '동사' 찾기이다. 그 외 목적어와 보어를 찾는 것까지도 포함시킬 수 있겠으나, 기본적으로는 '주어'와

'동사'만 찾으면 된다. 주어를 수식하는 거품구들이 길어져서 문장이 길어지거나, 동사자리에 원형이 아닌 be Ving나 be Ved가 오면 헷갈리기 일쑤다. 이러한 구조분석은 토익문법을 파악하기 위한 기본 전제라고 생각하면 된다.

다음으로, 토익 어휘는 어렵고 세부적인 고도의 단어가 결코 아니다. 우리가 흔히 아는 단어의 흔한 '용례(用例; 쓰임새)'를 묻는 것이다. 예를 들어 dramatically라는 부사가 있을 때, 이 부사는 흔히 change나 increase와 같은 '변화'의 뜻을 내포한 동사들과 함께 쓰인다.

필자는 과거 고교시절부터 change dramatically나 increase dramatically 등을 '의미어구 단위'로 하여 암기해왔다. 두 단어가 붙어서 사용되는 경우가 실제로도 많고, 개별단어를 각각 외우는 것보다 암기의 측면에서 효율적임은 물론이다. 게다가, 토익시험은 출제 자체가 그런 '친한 어휘'를 '짝꿍'으로 하여 출제하고 있으므로, 반드시 이런 방식으로 공부하여야만 어휘문제 푸는 속도를 높일 수 있다. 이 책의 제1장 어휘 편은 이런 '친한 어휘' 즉, 짝꿍 어휘를 정리하는 데에 총력을 다하였다. 이를 통해 Part5에서 선지의 한 단어를 보는 순간, 혹은 빈칸을 포함한 문장 속 어느 한 단어를 보는 순간 '아! 이 녀석이 이 놈의 친구였지!'하고 떠올릴 수 있도록 하였다.

마지막으로 Part6는 문법과 독해가 혼용된 형태이다. Part6에서는 여러 문법사항 중에 '시제'문제가 많이 출제된다. 이와 관련하여서도 몇 가지 기술적 요소들이 있으니 이 책의 제8장을 통해 공부하면 된다.

참고로, 필자는 '조조만 아는 토익 독해 기술'을 먼저 출간하였다. 지금 여러분이 들고 있는 이 책은 Part5와 6에 관한 책이지만, 사실 Part7도 무척 중요하다고 생각한다. 시간 안배의 문제 때문에 '초'고득점을 받기 위해서는 Part7을 공부하는 것이 선행되어야 하기 때문이다.

이 책 한 권으로 토익 문법의 기초에서 최고레벨까지 마스터할 수 있도록

'단권화'에 많은 노력을 기했다. '단권화'는 수십 년 전부터 사법시험을 공부하는 사람들이 쓰는 방법인데, 자신이 외워야 할 것들을 집약적으로 정리하여, 그것만 '달달달' 외우는 공부법이다. 학문을 하려는 사람이 쓸 방법은 아니지만, 당장 시험을 통해 자신의 능력을 인정받아야 할 사람이 쓰기에는 더없이 좋은 방법이다. 특히 금번 개정판은 기존에 358개였던 문법편 예제를 737개로 대폭 늘렸기 때문에, 타 문제집을 볼 필요성이 많이 줄어들어 단권화의 취지에 부합하리라 본다.

필자는 모름지기 수험서란, '가독성'이 생명이라고 생각한다. 혹여 이 책의 본문이 '줄글 방식'이라서 가독성이 떨어지는 것이 아닌가 의심하는 자가 있을 수 있다. 그러나 필자가 옆에 앉아 설명하는 듯한 말투 방식을 동원하였고, 실질적으로 같은 내용을 쓸데없이 동어반복하지 않았으므로, 되려 가독성은 그 어떤 책보다 좋다. 같은 의미를 전달할 수 있다면 가급적 짧은 글을 통해 전달하는 것이 '밀도 높은' 글이 되어, 독자의 시간과 노력을 덜어줄 것이다. 또한, 줄글로 쓰여진 책이 아니면 그것으로 독학을 하기는 불가능하다.

2012년 조조토익 시리즈가 첫 선을 보인 이후 여기까지 오게 되었다. 그 사이 조조토익 시리즈가 일본에 수출되기도 했고, 조조LC에 수록된 점진적 구간반복법을 통한 영어 리스닝 방법은 특허 출원(제10-1449898호)에도 성공했다. 이제 조조토익 시리즈는 전국 대학생이 모두 다 아는 베스트셀러가 되었다.

그 사이, 조조토익 시리즈의 독창적 내용을 베낀 아류작도 생겼다. 세상의 아류작이 대부분 그렇듯, 그 책들은 문제풀이 잔재주는 몇 개 더 수록하고 있을지언정 전체 영문법 논리의 체계정당성을 갖추지 못하였으므로, 원조(原造)에 대한 독자들의 믿음은 쉽게 깨지지 않으리라 믿는다. 이 책의 매력은 테크닉 소개에 있는 듯하지만, 사실은 책을 다 읽고 나면 저절로 영문법의 체계와 흐름을 유기적이고 입체적으로 깨닫게 된다는 점에 있기 때문이다. 조조토익 시리즈의 독창적 체계나 컨셉을 베끼는 저작권 침해 행위는 결코 좌시하지 않고 엄정한 법적 책임을 물을 것이다.

기존 토익 서적 시장은 학원가를 중심으로 이루어졌고, 특정 학원이 출판 시장마저도 거의 독점하던 것으로 알고 있다. 그 거대한 아성에 도전한 필자의 책이 흡사 거인 골리앗에 도전한 다윗과 같았다. 앞으로도 토익커 출신의 저자가 많이 나와서, 토익으로 고통받는 많은 수험생들이 효율적으로 점수를 올릴 수 있는 밑알이 되었으면 한다. 앞으로도 조조토익 시리즈가 영어 일반에 대한 이해의 초석이자 토익 스킬의 끝판왕으로서 많은 사랑을 받기를 바라는 바이다.

저자 조조토익

曹操 TOEIC

CHAPTER 01

500점에서 900점까지
누구나 봐야 하는 어휘공식

누구나 봐야 하는
어휘공식

토익 Part5,6구성과
2016년 시행 新토익의 변화

01 토익 Part5,6의 구성과 이 책의 구성

원래 토익 Part5,6는 말 그대로 Part5와 Part6로 구성이 되는데, 각 40문제와 12문제(합계 52문제)로 구성되어 약 10년간 유지(2006년~2016년)되어 왔다. 그 52문제를 다시 문제의 속성에 따라 분류하면, 어휘문제와 문법 문제로 나눌 수 있었다. 그것이 바로 이 책이 제1장이 어휘 편, 제2~7장이 문법 편으로 구성되어 있는 이유이다. (참고로, 문제를 보는 순간 이 문제가 '어휘문제'인지, '문법 문제'인지를 간파하는 방법은, 이 책의 3-05에서 상세히 설명하므로, 이를 참조하기 바란다.)

한편, 이 책의 제8장은 오직 Part6의 해결공식에 관한 것이다. 그렇다면, 반대해석상 이 책의 1~7장은 오로지 Part5의 해결을 위한 공식이기만 한가? 그렇게 오해하지 않기를 바란다. 1~7장에 수록된 공식들은 Part5뿐만 아니라 Part6의 해결을 위해서도 꼭 필요한 공식이다.

그러니 8장은 추가적으로 덧붙여진 양념에 불과한 것이고, 이 책의 핵심은 1~7장임을 알아야 한다. 또한 8장은 오로지 Part6만을 위한 공식일 뿐, 8장을 공부한다고 해서 Part5가 잘 풀리는 것은 아니다.

02 2016년부터 시행되는 新토익의 Part5,6에서의 변화

파트5에서 10문제가 줄고, 파트6에서 4문제, 파트7에서 6문제가 증가!

위와 같던 토익 Part5,6의 구성이 2016년 5월부터 약 10년 만에 달라졌다. 큰 변화가 있다고 생각하는 토익커가 많으나, 의외로 그렇지 않다. 과거 2004년 초창기 토익에서 2005년 舊(구)토익으로 변화할 때 겪었던 변화에 비하면 도리어 그 변화의 폭은 작다고 할 수 있겠다.

舊(구)토익은 Part5가 40문제, Part6가 12문제로서 합계 52문제였던 것에 반해, 新토익은 Part5가 30문제로 10문제 줄고, Part6는 16문제로 4문제 늘어나 합계는 46문제가 되었다. 결과적으로 토익 Part5,6, 즉, 일명 '어휘와 문법'파트가 6문제 줄어든 셈이다(줄어든 문제는 Part7, 즉, 세칭 '독해'파트가 늘어나게 되어, 총 RC문제의 개수는 동일하게 유지된다.).

이를 Part5와 Part6로 다시 나누어서 살펴보면 다음과 같다.

Part5에서 줄어든 10문제 중에는 (문법과 어휘문제 가운데) 어휘문제가 더 많다. 즉, 新토익에서는 어휘의 중요성이 상대적으로 감소한 셈이다.

Part6에서 늘어난 4문제는 무엇인가? 기존에 Part6는 4개의 지문이 나오고, 각 지문당 3개의 문제가 할당되어 총 12문제였었다. 그러나 이제는 각 지문당 4개의 문제가 할당되어 총 16문제로 바뀐 것이다.

그렇다면 각 지문에 배정된 문제가 1개씩 증가했다는 것인데, 그것은 무엇인가? 기존에 Part5가 짧은 문장 속에 있는 빈칸 채우기, Part6가 긴 단락 속에 있는 빈칸 채우기로 표현될 수 있었다면, 이 때 그 빈칸에 들어가는 것은 모두 '단어'였다. 즉, '문장'이 빈칸 속으로 채워지는 문제는 없었다. 그러던 것이 新토익 Part6에서 빈칸 속에 '단어'가 아닌 '문장'을 채워 넣는 유형이 각 지문당 하나씩 추가된 것이다. 이 유형은 이 책의 8-07에서 다루기로 한다.

따라서 新토익이라고 해봤자, Part5,6의 경우 기본적인 공부방법이 기존과 완전히 동일하며, 다만 이 책의 8-07만 추가적으로 공부하면 된다. 다시 말해, Part6의 각 지문에 할당된 3개의 문제는 기존과 동일하므로, 기존대로 8-01 ~ 8-06까지의 해결공식으로 해결하면 되고, Part6의 각 지문에 추가적으로 할당된 1개의 문제만 8-07의 해결공식으로 해결하면 된다. Part5 문제는 이 책의 제1~7장의 내용으로 해결하면 된다는 점은 두말할 필요도 없다. (그렇게 본다면, 2016년 5월부터 시행된 新토익에서 문법 편(Part5,6)은 의외로 큰 변화가 있다고 할 수 없다.)

1-02 누구나 봐야 하는 어휘공식

토익 어휘는 친한 어휘, 짝꿍 어휘가 힌트가 된다(콜로케이션).

이제 본격적으로 어휘 편을 공부해보기로 하자. 토익 어휘 공부법은 친한 어휘, 짝꿍 어휘를 암기하는 것이다. 개별 단어로 외우는 것은 빈칸을 포함한 문장을 다 해석해야 하기 때문에 별 의미가 없다. 문장 속에 특정 단어만 보고서 1초 만에 풀려면, 짝꿍 단어를 외워서, 고스톱 패 맞추듯이 풀어야 한다.

'친한 어휘'란 무엇을 의미하는가? 두 단어가 서로 붙어다니는 경우를 뜻한다. 우리 말에도 서로 붙어다니는 친한 어휘가 있다. 예를 들어, '먹는다'라는 단어는 '밥/빵'과 셋트로 사용될 때가 많다. 즉, 실생활에서 '밥/빵'과 함께 쓰는 비율이 가장 높은 단어는 '먹는다'일 것이다. '밥/빵을 버린다'는 표현의 사용빈도수보다는 '밥/빵을 먹는다'는 표현의 사용빈도수가 높다. 따라서 만약 한국어시험에서 '___을 먹는다'가 나오면 빈칸에 들어갈 단어는 '밥 아니면 빵'일 확률이 높다.

이렇게 두 단어가 함께 붙어서 사용되는 빈도수가 많은 것을 두 단어 간에 '견련성(연관성)'이 높다고 한다. 이를 영문학에서는 '콜로케이션(collocation;연어)'이라고 하고, 통계학에서는 '코렐레이션(correlation;상관계수)'이라고 한다.

특히 토익 문제 푸는 시간과 관련하여 볼 때, 상관계수가 높은 두 단어, 즉, 서로 친해서 짝꿍이 되는 단어를 암기해두는 것만큼 유리한 것은 없다. 개별적으로 단어 하나하나의 의미를 아는 것으로 그치면, 늘 지문을 해석하지 않고는 풀 수 없기 때문이다. 서로 짝이 되는 친한 단어를 외우고 있으면, 문장 전부를 꼼꼼히 해석하지 않아도 빈칸이 포함된 문장을 대충 훑어 본 뒤 바로 문제를 풀 수 있다. 즉, 문제의 빈칸을 제외한 부분에 있는 특정 단어A를 보고서, A와 친한 B를 쉽고 빠르게 골라낼 수 있다. 그래서 이 책은 제1장 어휘파트에서 토익 시험에 자주 출제되는 '짝이 되는 단어'들을 총망라 해두었다. 이를 암기하면 매우 좋다. 또, 콜로케이션 학습은 토익 영어 외 영어실력 자체도 키워준다.

다만, 토익은 파트별로 중요한 단어가 따로 정해져 있으므로, Part5,6에서 자주 출제되는 단어에 대해서는 이 책으로 대비하되, Part7에 자주 출제되는 단어에 대비하기 위해서는 조조만 아는 토익 독해기술의 '제4장 패러프레이징'을 외워야 한다. 물론 조조만 아는 토익보카전략에 수록된 단어를 처음부터 하나씩 외우는 것도 나쁘지 않겠지만, 조조문법의 제1장(콜로케이션)을 통하여 짝이 되는 단어를 외우고, 조조독해의 제4장(패러프레이징)을 통하여 대체관계에 있는 단어를 외우면, 단순히 뜻만 외우게 되는 VOCA책 암기보다 더 바람직하다.

참고
숙어보다 중요한 콜로케이션!

콜로케이션(collocation, 연어)이란, 의미를 전달하기 위해 두 개 이상의 단어가 함께 사용되는 단어들의 덩어리(조합)이다. 1957년 영국의 언어학자인 Firth가 의미론의 중심개념으로 소개한 이래, 어휘학습 분야에서 그 중요성이 증가하는 개념이다. 이는 두 개 이상의 단어가 함께 쓰이면서 제3의 의미로 변질되는 숙어와는 다른 개념이다.

영어 또한 우리말과 같이 특정 단어와 함께 나타날 확률이 높은 단어가 존재하며, 의미적으로 유사한 단어 간에도 원어민이 듣기에 어색하지 않은 자연스런 단어들의 조합이 존재하는데, 그것이 바로 콜로케이션이다. 예를 들어, 문장 속에서 snow는 road, fall, winter, cold와 함께 나타날 확률은 높지만 apple, dog와 함께 나타날 확률은 낮다.

Make a good weekend!

누가 봐도 문법적으로 잘못된 점이 없는 그럴듯한 표현이지만, 원어민들은 이 말을 별로 사용하지 않는다. 대신 have a good / nice weekend! 를 더 자주 사용한다. 실제 구글검색(google)을 해보면 두 표현이 차지하는 페이지수의 차이가 크다는 재미있는 사실을 알 수 있다.

- have a nice weekend   (구글검색시, 약 1,580,000 페이지)
- have a good weekend   (구글검색시, 약 2,360,000 페이지)
- make a nice weekend   (구글검색시, 약 533 페이지)
- make a good weekend (구글검색시, 약 8,720 페이지)

* 단, 페이지 검색시 유명노래의 제목이나 가사가 존재할 경우 콜로케이션과 별개로 페이지수는 증가함에 주의!

> **ⓒ 콜로케이션 단어공식**

어휘문제는 문장전체를 다 해석하지 말고, 빈칸 전후 한두 단어만 보고 푸는 것이 오히려 원칙으로서, 구체적으로 보아야 할 한두 단어는 다음과 같다.

01 선지가 명사이면
  빈칸 앞의 형용사나 동사를 보고 푼다!
02 선지가 형용사이면
  주어나 빈칸 뒤의 명사를 보고 푼다!
03 선지가 부사이면
  빈칸 앞뒤의 동사나 형용사를 보고 푼다!
04 선지가 타동사이면
  빈칸 앞뒤의 부사나 주어인 명사 또는 목적어인 명사를 보고 푼다!
05 선지가 자동사이면
  빈칸 앞뒤의 부사나 주어인 명사 또는 동사 뒤 전치사를 보고 푼다!
06 그 외 숙어나 관용구로 푸는 경우는 논외!

처음 토익 Part5 문제를 접한 자라면, 으레 문장 전체를 다 읽고 풀어야 한다고 생각한다. 그러나 문법 문제든, 어휘문제든 빈칸 전후 단어만 보면 대부분의 문제가 풀린다. 이것이 오히려 원칙이다. 그리고 안 풀릴 때만 문장 전체를 해석하는 방향으로 급선회하는 것이다.

그런데 이 때 빈칸 전후단어만 본다는 말의 구체적 의미는 무엇일까? 대체로는 각 품사들 간의 기능에 따라, 형용사와 부사라면 그들이 꾸며주는 명사와 동사를 보아야 할 것이고, 명사와 동사라면 주어, 목적어, 보어 관계에 있는 단어들을 서로 살펴야 할 것이다. 즉, 짝이 되는 품사에서 단서를 찾으라는 것이고, 그것이 곧 앞에서 본 콜로케이션 단어에서 단서를 찾으라는 것과 같은 맥락이다.

01 선지가 명사인 경우

선지가 명사이면, 빈칸 주위의 형용사나 동사를 보고 푸는 것이 원칙이다.

형용사는 명사를 수식하는 품사이고, 동사는 명사를 목적어로 갖는 품사이기 때문에, 이들 간의 어울림이 긴밀해야 자연스런 문장이 된다.

> **ex 001** The restaurants along Fulton Avenue maintain a strict ----- in sanitary level.
> (A) standard (B) category (C) rate (D) value

예001처럼 선지가 명사이면, 빈칸 주변의 형용사를 보고 푸는 문제가 가장 많다. 선지 중에서 strict(엄격한)와 어울리는 단어는 standard(기준)뿐이다.

> **ex 002** Entry-level employees have a ----- to switch positions several times early in their careers in the hopes of finding a job that suits them.
> (A) trend (B) habit (C) tendency (D) reliance

예002은 선지가 명사인데, 빈칸 주변의 동사를 보고 푸는 경우이다. 명사는 동사의 목적어가 되기 때문이다. tendency는 have동사와 가장 어울림이 좋다. have a tendency(~하는 경향이 있다)라는 표현을 생각하면 되겠다.

앞의 2개의 예를 통해, 문장의 나머지 부분을 더 읽었다고 해서 추가적인 문제풀이의 단서를 얻지는 못함을 알 수 있다. 간혹 성격적으로 이렇게 푸는 것에 거리낌을 갖는 토익커가 있는데, 이것이 오히려 원칙이라는 것을 깨달아야 한다. 그렇지 않으면 시간이 부족해지기 때문이다.

> **ex 003** A team of ten janitors has been hired for the ----- of the newest terminal at the airport.
> (A) maintenance (B) anticipation (C) plan (D) expectation

간혹 명사 문제가 동사나 형용사를 보고 풀 수 없는 경우가 있다. 예003처럼 'for the 명사 of the 명사'인 경우가 대표적이다. 이런 경우는 전치사구 부분만 주목해 푸는 것이다. 빈칸의 명사와 빈칸 뒤의 명사와의 어울림을 보고 푼다. 시설물의 일종인 터미널(terminal)의 유지관리(maintenance)라는 의미이므로, 정답은 (A)이다.

02 선지가 형용사인 경우

선지가 형용사이면, 형용사를 보어로 갖는 주어나 형용사의 꾸밈을 받는 명사와의 어울림을 보고 푸는 것이 원칙이다.

> ex 004 The purchase of high-risk products should be accompanied by retaining ----- receipts while exiting the store.
> (A) careful (B) relevant (C) convenient (D) accidental

예004처럼 선지가 형용사이면, 그 바로 뒤의 명사까지만 보고 푸는 것이 원칙이다. 이 문제에서 빈칸 뒤의 receipt(영수증)를 볼 때 이를 수식할 수 있는 콜로케이션 단어는 relevant(관련된)밖에 없다. relevant receipt(관련 영수증)는 한국어로도 입에 착착 감긴다.

> ex 005 None of the serious ideas submitted at the end of each month is -----.
> (A) operative (B) promoted (C) ignored (D) pleased

예005는 선지가 형용사(또는 형용사를 대체하는 과거분사)인데, 주어를 보고 풀어야 하는 경우이다. 빈칸은 그 뒤에 명사가 없이 끝나서, 빈칸이 주격 보어로 쓰이는 형용사가 들어갈 자리이기 때문이다. 이 문장의 주어는 serious ideas이고, 이것이 무시되지 않았다는 뜻이므로 정답은 (C)이다. 기본적으로 idea와 ignore는 어울림이 좋다.

03 선지가 부사인 경우

선지가 부사이면, 빈칸 주변의 동사나 형용사와의 어울림을 보고 푼다. 동사와 형용사는 부사의 꾸밈을 받는 품사이기 때문이다.

ex 006 As the chief accountant, Ms. Dasqupta must ----- review and re-evaluate the company finances.
(A) brightly (B) regularly (C) previously (D) exclusively

예006은 빈칸 바로 뒤에 동사 review(검토하다)가 있고, 이와 가장 잘 어울리는 콜로케이션 단어는 1-08에서 알 수 있듯이, regularly이다.

ex 007 The decline in sales was ----- due to the lack of innovation in the ideas of the marketing team.
(A) largely (B) nearly (C) professionally (D) safely

예007은 빈칸 주위의 형용사를 보고 푸는 부사 문제이다. 빈칸 뒤의 due to는 '주로 ~에 기인하다'라는 의미이다. 따라서 largely, mainly, directly, probably 같은 부사와의 어울림이 좋은 형용사이다. 정답은 (A)이다.

ex 008 The property was large enough for the Pacific Manufacturers' warehouse, but the owner is looking for land that is ----- situated near transport services.
(A) abruptly (B) temporarily (C) regularly (D) conveniently

문장이 길지만, 사실은 빈칸 바로 앞 단어 is와 뒷 단어 situated만 봐도 풀리는 수준이다. 보통 어떤 상점이나 호텔, 컨벤션센터 등 비지니스를 위한 장소가 '편리한 곳에 위치하다'라는 내용이 토익에 자주 출제된다. 그래서 conveniently는 be located와 be situated와 어울림이 좋다. 이 책의 1-08 부사+동사 짝28에도 정리되어 있다.

04 선지가 타동사인 경우

선지가 타동사이면, 목적어인 명사를 보고 푸는 것이 원칙이되, 주어를 보고 푸는 경우도 있다. 물론 동사는 자타동사를 불문하고 부사의 수식을 받으므로, 부사와의 어울림으로 풀 수 있는 점은 당연하다.

> ex 009　After the surveys were collected, the Research Department organized them and ----- the results to the chemistry team on the 3rd floor.
> (A) exchanged (B) eliminated (C) proceeded (D) forwarded

예009는 타동사의 목적어가 된 명사를 보고, 빈칸에 들어갈 동사를 고르는 문제이다. 빈칸 뒤에 the result(결과)가 있고, 그 뒤에 to the chemistry team이 있으므로, 어울림이 가장 좋은 단어는 forward(전달하다)이다. 참고로, 이메일 송수신 버튼 옆에 전달(FW)버튼이 바로 이 단어이다.

> ex 010　The study ----- that the economy of the world will be better by the end of this year.
> (A) shows (B) hold (C) command (D) distribute

예010은 타동사지만, 관용구처럼 쓰이는 주어와의 어울림을 보고 푸는 동사 문제이다. study, survey, research등의 명사는 indicate, show, suggest 등의 동사와 어울림이 좋다(1-14 참조). 정답은 (A)이다.

> ex 011　TelePrompt has openings for secretarial assistants that we hope to ----- by the end of the month.
> (A) fill (B) create (C) inform (D) make

빈칸 다음에 by로 시작하는 전치사구만 있으니까 빈칸에 들어갈 동사가 자동사인가? 그렇지 않다. 5-03 관계대명사에 관한 정답공식에서 상세히 후술하겠으나, that앞의 선행사 openings가 빈칸에 들어갈 동사의 목적어이다. 이것에 주목하면 fill the openings(공석을 채우다) fill the position(자리를 채우다) 같은 의미어구가 떠올라야 한다. 즉, 이 문제는 openings와 that만 보고도 fill을 찍는 수준이 되어야 한다.

05 선지가 자동사인 경우

선지가 자동사이면, 명사인 목적어가 없으므로, 마치 목적어처럼 놓이는 '전치사+명사'를 보고 풀든가, 주어를 보고 푼다. 물론 동사는 자타동사를 불문하고 부사의 수식을 받으므로, 부사와의 어울림으로 풀 수 있는 점은 당연하다.

> **ex 012** The staff who developed the new product ----- in the lab yesterday night.
> (A) remained (B) collaborated (C) offered (D) included

예012의 정답은 remain(남아 있다)이다. 주어가 staff(직원)이고, 빈칸 뒤에는 목적어 없이 거품구만 있기 때문이다. 보통 staff, representative, employee 등의 주어는 remain, train 등의 동사와 친하다(1-14참조).

> **ex 013** All the employees in the plant must ----- with the safety guideline to protect themselves from the accident.
> (A) confirm (B) remind (C) comply (D) preserve

예013의 경우, 빈칸 뒤에 'with+명사'가 있는 것으로 보아, 빈칸에 들어갈 동사는 그 뒤에 바로 목적어를 가져올 수 없고 '전치사+명사'가 와야 하는 동사, 즉, 자동사이다. 그런 자동사들은 전치사가 온 뒤에 비로소 그 동사의 목적어(형식적으로는 전치사의 목적어)가 온다. 이처럼 '자동사+전치사+명사'로 이어질 경우 전치사를 보고 동사를 맞추어야 하는 경우가 있다(자타동사 구분에 관한 이 책의 7-05 참조).

comply with(준수하다), agree with(동의하다), reply to(대답하다) 등이 대표적인데, 이런 문제는 실질적으로 관용구나 숙어문제로 변질된다. 이런 전치사는 동사와 멀리 떨어진 위치에 오기 어렵기 때문이다. 이런 유형은 자주 출제되지는 않는다. 예013은 결국 with+safety guideline을 보고 comply를 맞추어야 하는 문제로서 정답은 (C)이다.

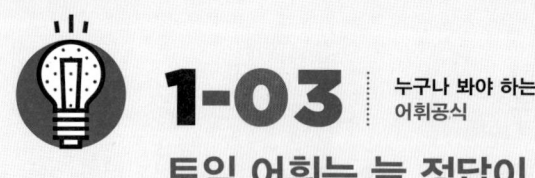

1-03 누구나 봐야 하는 어휘공식
토익 어휘는 늘 정답이 되는 단어가 몇 개 있다

무조건 정답공식

Part5에서 아래 단어가 선지에 있으면, 거의 90% 정답이다.

| available | promptly | currently | recently |
| increasingly | regularly | concerning | regarding |

위 공식은 정통 학문서에 쓸 수 없는 위험한(?) 공식이다. 하지만 토익 기술서인 이 책에서는 토익커가 꼭 알아야 할 테크닉으로 다룬다. 이 책은 앞으로 이런 공식을 (100% 성립하는 논리적 공식이 아니라는 점에서) '확률적 공식'이라고 명명한다. 확률적 공식도 수험생에게는 가치가 크다. 이들 선지가 보이면, 이것들부터 빈칸에 대입해서 해석해보고 정답인지를 체크할 경우 문제 푸는 시간을 줄일 수 있기 때문이다.

위 단어들이 왜 정답이 될 확률이 높은지는 각 파트에 설명되어 있지만, 공통적으로 토익이 모토로 하는 '비지니스 영어'에 자주 쓰일 법한 단어들이다. 가령, 서비스나 물건의 상태가 이용가능(available)하다거나, 즉시(promptly) 또는 규칙적으로(regularly) 보고하거나 배달하라는 문장, 현재(currently, recently)상태가 어떠하다는 문장, 어떤 현상이 점점더(increasingly) 어떻게 되었다는 문장, 어떠어떠한 주제에 관한 것(concerning, regarding)이라는 문장 등이 자주 문제화되기 때문이다.

ex 014 The officer assigned to handle your account is readily -----
to discuss every question you might have.
(A) available (B) important (C) convenient (D) sensitive

예014는 readily 뒤가 빈칸이고 선지에 available이 보인다. 역시나 정답이다.

> **ex 015** The university is going to open a new computer lab facility ----- to both students and the public.
> (A) perishable (B) dependable (C) inevitable (D) available

이렇게 토익 선지에 available이 있으면 거의 정답이므로, 선지에 available이 있으면 그것부터 넣어서 문맥이 통하는지 살핀다. 예015에서도 '학생과 대중이 이용할 수 있도록 개방된 전산실'이라는 뜻이 되어, 정답은 (D) available이다.

> **ex 016** The customer on hold on line two has questions ----- our cancellation and refund policies.
> (A) onto (B) next (C) regarding (D) between

선지에서 regarding을 보는 순간, 거의 이것이 정답이라고 찜할 필요가 있다. 토익을 여러 차례 응시하다보면 그런 감이 생기는데, 그 근저에 깔린 논리는 토익이 비지니스 영어를 표방하는 것이라는 사실이다. 게다가 빈칸 앞의 questions 정도만 확인한다면 명백히 '~에 관한 질문'이라는 의미에서 정답은 (C)이다.

> **ex 017** The due date for the application to the Wall Street Finance Center internship is ----- approaching.
> (A) securely (B) carefully (C) anxiously (D) increasingly

선지에서 increasingly를 발견하면, 우선 빈칸 바로 좌우만 확인한다. 이 때 approach가 보이면 increasingly는 90% 이상 정답이다. 무엇이 접근하고 있는 것인지 approach가 자동사이므로 주어만 확인하면, 주어가 due date이다. 마감일이 점점 더 다가온다는 의미일 것이다. 정답은 역시나 (D)이다.

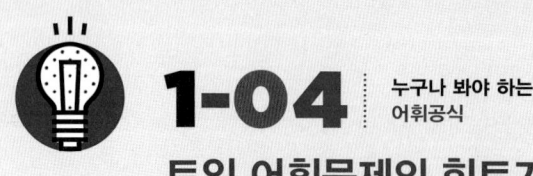

토익 어휘문제의 힌트가 되는 기능어들이 있다

토익 어휘문제는 1-02에서 설명했듯이 '짝이 되는 콜로케이션 어휘'를 통해 푸는 것이 주요한 테크닉이다. 그런데 친한 짝꿍 어휘로 풀리지 않을 때에는 어떻게 할 것인가?

짝이 되는 콜로케이션 어휘로 미리 정리하지 못한 어휘문제가 매달 몇 문제 반드시 끼어 있다. 그럴 때에는 아래 어휘문제풀이의 일반공식을 통해 때려맞추는 능력을 길러야 한다. 또한 알고 있는 단어라고 하더라도 아래 공식을 통해 명확한 정답의 근거를 갖고 풀어야 한다.

- ▶ 좋은 놈/나쁜 놈 편가르기
- ▶ 접속사나 접속부사(because, but, although)에 주목하기
- ▶ 수단의 전치사(by), 양보구문과 친한 부사(still)에 주목하기
- ▶ 부정어(not, hardly, only, few)에 주목하기
- ▶ 문맥상 반의어 개념 활용하기
- ▶ 어근으로 추측하기

이하에서는 위 6가지 어휘문제 풀이의 일반공식에 대해 알아보겠다.

어휘문제풀이 일반공식01

**선지 4개를 보면서,
대조되는 두 편(예: 긍정/부정, 좋은 놈/나쁜 놈, 새 것/헌 것)으로
편을 갈라라!**

편가르기 기법이란 선지 4개를 '좋은 놈'과 '나쁜 놈' 혹은 '새 것'과 '헌 것'처럼 이분법적 대결구도로 양분해보자는 것이다. 빈칸 전후를 해석해보았을 때, 빈칸에 들어갈 단어가 긍정적 의미의 '좋은 놈'이라면, 선지에 있는 '나쁜 놈' 몇 마리는 제껴야 한다. 그리고 그렇게 두 편으로 나누었을 때, 선지에 명확한 반의어가 한 쌍 있다면, 그 둘 중 하나가 정답일 가능성이 높다.

> **ex 018** To reopen your account, you may use the identification card as proof of ----- account ownership.
> (A) temporary (B) up-to-date (C) prior (D) new

예018은 계좌를 다시 열기 위해 이전(prior) 계좌가 본인 것임을 증명하는 수단으로서 신분증을 사용해야 한다는 내용이다. 정답은 (C) prior이다.

예018의 선지를 보면 prior(이전의)와 up-to-date(최신의)가 상반된 의미를 가지고 있다. 그리고 up-to-date(최신의)와 new는 사실상 동의어이므로 '새 것' 그룹으로서, 둘이 함께 정답일 수는 없다.

나아가 토익 어휘문제는 선지 가운데 서로 반대되는 의미의 어휘가 한 쌍 있다면 그 둘 중의 하나가 답이 될 때가 많다. 따라서 temporary는 들러리 선지이고, 정답은 애초에 (C)일 확률이 가장 높은 것이다. '새 것'과 '헌 것'으로 양분해보는 기법이 출발점이다.

어휘문제풀이 일반공식02

문장 속에 접속사나 접속부사, 전치사가 있으면 문제풀이 단서가 된다.

01 역접의 접속부사인 however와 역접의 접속사인 but
02 인과 접속사인 because, 수단의 전치사인 by
03 양보접속사 although와 친한 부사 still

어휘문제에서 빈칸을 포함한 문장에 접속사나 접속부사가 있으면 반드시 주목해야 된다. 역접의 접속사인 but이나 yet, 양보의 접속사인 although, 역접의 접속부사인 however는 어휘문제풀이의 단서가 되는 경우가 많기 때문이다.

특히 양보접속사인 although, 양보전치사인 despite는 still과 매우 친하다. still이 있을 때, 문제 속 빈칸이 접속사 자리라면 although가, 전치사 자리이면 despite 혹은 in spite of가 정답일 확률이 90%가 넘는다.

> ex 019 ----- many years of research, the Asian people still finds it difficult to get accustomed to western cultures.
> (A) Because (B) Although (C) Despite (D) But

예019를 보면, 문제 속에 still이 있다. 그리고 빈칸 다음에 S+V가 아닌 명사만 있어서 (3-14에 나오는 '전+명' 공식에 의하여) 일단 빈칸은 접속사 자리가 아니라 전치사 자리임을 알 수 있다. 그렇다면, 정답은 (C) Despite가 정답이다.

참고
기본적으로 토익은 although와 despite를 병적으로 좋아한다!

[____ 주어+동사, 주어+동사]의 구문은 두 개의 S+V를 연결시키는 접속사가 필요하다. 접속사 중 양보접속사 although가 많이 출제되었으나 최근에는 비슷한 의미를 가진 접속사(even though, even if 등)나 전치사나 접속부사가 출제되기도 한다.

> ex 020　Each drug is given ----- because it must match the prescription as well as fit the patient's eyes.
> (A) factually　(B) separately　(C) closely　(D) lightly

예020처럼 '인과의 접속사 because'나 'by+행위자'도 문제풀이의 단서가 될 때가 많다. because 및 as well as 이하의 fit the patient's eyes(고객의 눈에 맞춤)라는 부분에 주목하여, 문맥을 자연스럽게 통하게 하려면, (B) separately(개별적으로)가 정답이다.

어휘문제풀이 일반공식03

부정어류 not, hardly, only, few도 어휘문제의 단서가 된다.

P라는 대상에 대해 설명하고자 할 때, 가장 일반적으로 쓰는 방법은 'P는 무엇이다'라고 하는 방법일 것이다. 그러나 그 대신 'P는 Q가 아니다(P = not Q)'라고 하는 방법도 있을 수 있다. 즉, P를 정의할 때 Q가 아니라는 설명을 동원할 수 있다. 즉, 대조를 통하여 원래 설명하고자 하는 대상물의 속성을 더 잘 표현할 수 있다.

그런 점에서 만약 P자리가 빈칸일 때, not Q를 통해서 빈칸에 들어갈 P에 대해 알 수 있는 경우가 많다. 따라서 어휘문제를 풀 때 not 같은 부정어류는 힌트가 될 때가 많다.

> ex 021　If you did not receive ----- for your entrance, please contact us at our service desk.
> (A) denial　(B) suggestion　(C) judgement　(D) authorization

예021은 문장 속에 not이 있으므로 'not receive ___'라고 할 때, 서비스 데스크로 오라는 뜻이다. 'Q가 아니라면 P이다(not Q = P)'라는 명제에서, P가 부정적인 것(서비스 데스크로 가야 하는 것)이므로, 적어도 Q(빈칸)에는 긍정적인 뉘앙스의 단어가 들어가야 한다('not +긍정=부정'이므로). 만약 선지에 (A) 같은 부정적인 느낌의 선지가 있다면 일단 오답이다. 정답은 '승인'이라는 긍정적 의미의 (D)이다.

어휘문제풀이 일반공식04

**빈칸을 포함한 문장 속에서,
문맥상 반의어를 빠르게 캐취해 내야 한다.**

어휘문제에서는 가령 poor와 win 같은 단어도 문맥상 반의어로 취급된다. '가난'했지만 '승리'했다는 뉘앙스이기 때문이다. 이 둘은 사전적 의미의 반의어는 아니지만, 문제에서 poor를 보고, 선지에서 반의어인 win을 정답으로 골라야 하는 것이다.

또 다른 예로서 '___ yet inexpensive food'처럼 출제될 경우, yet(=but)을 중심으로 역접이므로, 맛있지만 비싸지 않은 음식이라는 의미에서 delicious가 정답일 수 있다.

앞의 어휘문제풀이 일반공식02에서 역접의 접속사에 주목해서 문제를 풀라는 것은 문맥상 반의어로 문제를 푸는 것과도 맥락이 닿아 있다. 즉, 아래 예022처럼 접속사 but이나 접속부사 however 전후에 문맥상 반의어가 한쌍 들어 있을 가능성이 크기 때문이다.

> **ex 022** Plans for the visit to our headquarter are still considered ----- but, our staff will contact you if the schedules are fixed.
> (A) tentative (B) essential (C) important (D) reluctant

예022에서는 but을 중심으로 tentative(임시의)와 fixed(확정된)가 문맥상 반의어로 출제된 것이다. fixed를 보고 (A) tentative를 정답으로 고를 수 있어야 한다.

> **ex 023** Remember to list fixed expenses ----- from variable expenses.
> (A) arbitrarily (B) separately (C) indefinitely (D) mutually

예023의 경우, fixed expenses(고정비용)과 variable expenses(가변비용)

는 사전상 반의어는 아니지만, from을 중심으로 문맥상 댓구를 이루는 반의어이므로, 분리(seperate)시켜줘야 한다. 따라서 정답은 (B)이다.

물론 distinguish A from B(A를 B로부터 구별하다)나 separate A from B(A를 B로부터 분리하다)라는 숙어를 알고 있다면, 왜 하필 from을 중심으로 댓구를 떠올려야 하는지 유추할 수 있을 것이다.

ⓒ 어휘문제풀이 일반공식05
어근으로 추측하는 기법이 있다.

매달 어휘문제 중 몇 문제는 그냥 감각으로 때려 맞추어야 한다. 매달 Part5의 후반부에서 꽤나 어려운 어휘문제가 1~2개 출제된다. 이는 소위 만점 방지용 문제로서, 웬만한 토익커는 이런 문제를 쉽게 맞추기 힘들다. 이럴 때 어근분석법이 유용한 경우가 있다.

> ex 024 The new product aimed at enhancing competitiveness will effectively ----- its status as a leader in the worldwide market.
> (A) consult (B) counsel (C) consolidate (D) console

예024에서 consolidate의 con은 어근상 '공통으로 합치는 것'이고 가운데 있는 solid는 '고체'를 의미하므로, 공통으로 단단하게 합치는 것을 의미한다. 의미상 enhance(강화하다)의 문맥상 동의어이다. 따라서 정답은 (C) consolidate(확고히 하다)임을 짐작할 수 있다.

1-05 토익 어휘문제는 선지 4개간의 관계가 힌트가 된다

누구나 봐야 하는
어휘공식

①선지 4개 중에 동의어가 2개인 경우와 ②선지 4개 중에 '같은 뜻인데 다른 품사'가 2개인 경우에, 선지 4개 간의 관계가 어휘문제 풀이의 힌트가 된다. 이것은 토익을 포함한 모든 시험에 통하는 기술이지만, 특히 토익에서 더 잘 통하는 기술이다.

> **선지관계 일반공식01**
>
> 선지 4개 중에 공통요소를 가진 2개가 등장하면
> 둘 다 정답이 아닐 가능성이 매우 높다!

토익 어휘문제에서 선지 4개 중에 동의어가 2개 있다면, 정답은 하나이기에 둘 다 정답이 될 수 없어서, 결국 둘 다 정답이 아니라는 결론에 이른다. 비단 동의어가 아니더라도, 무언가 공통요소를 가진 2개의 선지가 함께 등장하면, 둘 다 정답이 아닐 확률이 매우 높다.

> **ex 025** The company speculates the ----- of being used for voice phishing are extremely low since only cell phone numbers were leaked.
> (A) chances (B) originality (C) possibility (D) probability

예025의 정답은 (A)인데, 복수동사 are와의 수일치 때문이다. 이 문제를 테크니컬하게 풀어보자. (A)와 (C)는 '가능성', (D)는 '개연성'의 뜻을 갖다. 가능성과 개연성의 차이는 50%와 80%의 차이이므로, 셋이 함께 답이 되거나, 함께 오답이 되어야 한다. 답이 셋일 수는 없으므로, 각 선지들간의 공통점과 차이점을 다시 살펴보면, (C)와 (D)는 단수, (A)는 복수이므로, (A)가 정답이다.

선지관계 일반공식02

**선지 4개 중 같은 뜻인데 다른 품사가 2개 있으면,
그 둘 중 하나가 정답일 가능성이 매우 높다!**

토익 출제에는 다수의 심리학자가 참여하기 때문에, 선지 4개 중에 우리말로 비슷한 단어인데 품사가 다른 2개의 선지가 있으면, 둘 중 하나가 정답일 가능성이 매우 높다. 모국어의 뜻으로는 둘 다 정답이 될 것 같은데, 빈칸의 위치에 어떤 품사가 들어가야 하는지까지 문법적으로 판단하라는 취지에서 문제를 출제하기 때문이다.

> ex 026 This historic building will be restored to its ----- form and opened to the public.
> (A) once (B) originated (C) before (D) former

예026에서 (C) before와 (D) former는 둘 다 우리말로는 '이전에'로 해석된다. (C)와 (D)처럼 의미는 같고 품사가 다른 선지가 있을 경우, 그 둘 중 하나가 정답인 경우가 많다. (C) before는 전치사 또는 접속사이므로 뒤에 명사 또는 S+V가 와야 하고, before 앞에는 소유격인 its가 올 수 없다. 반면 (D) former는 형용사이기 때문에 정답은 (D) former이다.

참고로 (B) originated는 형용사화된 준동사인데 동사적 의미가 강한 '유래한'이라는 뜻이어서 문맥이 맞지 않아서 오답이다. 만약 선지에 originated 대신 진짜 형용사인 original이 있었다면 역시 정답이 될 수 있다.

1-06 누구나 봐야 하는 어휘공식

출제 번호대가
문제의 힌트가 된다

번호대 일반공식

101~115번은 ____주변부터 보고,
116~130번은 ____주변부터 보지 말고 문장 처음부터 해석한다.

토익 Part5, 6 문제를 보면, 3-01에서 설명할 것처럼 선지 4개를 보는 순간 이 문제가 어휘문제인지 문법 문제인지 구별해야 한다. 이 때 제3장에서 설명하는 문법 격언, 즉 문법공식을 외워두면 해석하는 양을 최소한으로 줄이고 '빈칸의 전후만 보고' 문제를 풀 가능성을 최대한으로 높여준다. 그러나 그렇다고 해서 해석을 전혀 하지 않아도 된다는 의미는 아니다. 특히 최근 토익시험은 해석하고 나서 풀도록 만드는 경향이 강하다. 따라서 시험장에서 Part5, 6를 풀 때, 해석할 문제와 해석하지 않아도 되는 문제에 대한 일반적 기준을 세워둘 필요가 있다.

토익 Part5는 101번부터 130번까지 출제된다. 너무 획일적이라 완벽한 분류는 될 수 없겠지만, 대체로 이 중 전반부인 101번부터 115번은 쉽고, 후반부인 116번부터 130번은 어렵다. 따라서, 101~115번은 ____주변부터 보고, 116~130번은 ____주변부터 보지 말고 문장 처음부터 해석하는 것을 일반적인 룰이라고 생각하자. 116번~130번 문제는 비교적 난이도가 높기 때문에 빈칸 전후만 딱 보아서는 바로 문제가 풀리지 않는 경우가 상대적으로 많다. 그렇게 되면 다시 문장의 첫 부분으로 돌아와서 해석을 하며 읽어야 하므로 시간이 낭비된다.

요컨대 시간 낭비를 줄이기 위해서 116번~130번 문제는 선지를 대충 훑어봐서 이하에 나오는 어휘공식 및 문법 격언으로 1초 만에 풀리는 문제가 아닌 이상, 문두부터 보는 것을 일반적 풀이법으로 한다.

1-07 부사와 친한 어휘 공부법

누구나 봐야 하는 어휘공식

1-02에서 설명한 것처럼, 토익 어휘는 친한 어휘, 짝꿍 어휘(콜로케이션; 연어)를 알아야 한다. 토익 어휘 공부는 개별 단어로 외우는 것은 비효율적이다. 따라서 부사 역시 부사만 개별적으로 한 단어씩 외우는 것은 무익하다. 부사 문제의 경우, 문장 속에 '특정 동사 또는 특정 형용사'만 보고서 1초 만에 풀려면, 미리 짝꿍 동사와 부사 또는 짝꿍 동사와 형용사를 고스톱 패 맞추듯이 외워 놓아야 한다.

보통 다른 토익책들은 어휘 편에서 동사와 명사부터 정리한다. 그런데 이 책은 부사부터 정리한다. 토익은 **부사를 병적으로(?) 좋아해서** 매달 평균 3문제 이상이 출제되기 때문이다. 부사가 많이 출제되는 이유를 추측해 보면, 부사는 문장의 의미를 풍성하게 해주면서, 문장의 맨 앞, 중간, 끝 등 어디에도 비교적 자유롭게 위치할 수 있어서 토익 응시자로 하여금 다른 품사자리와 헷갈리게 만들기 용이하기 때문이다.

따라서 부사 문제를 잘 맞추는 것이 중요하다. 그런데 부사는 동사와 짝꿍이 되기가 가장 쉽다. 동사를 꾸며주는 것이 부사이기 때문이다. 선지에 부사 4개가 있다는 사실을 인지하는 순간, 빈칸 전후에 무슨 동사가 있는지를 체크해 보면 1초 만에 문제가 풀릴 때가 많다.

참고

짝이 되는 콜로케이션 의미어구는 어느 정도 수준으로 암기하면 되는가?

1-08 이하에 정리되어 있는 짝을 '주관식으로' 읊는 수준이 된다면, 물론 가장 바람직할 것이다. 그러나 그렇게 암송하는 수준은 현실적으로 불가능하다. 따라서 먼저 개별 단어의 뜻을 익히되, 한국어로 '증감변동하다'류의 동사는 '급격히/천천히/빠르게/느리게'류 부사와 짝이 되기 쉽다는 정도로 암기하면 충분하겠다.

1-08 빈출 부사+동사 짝
(동사를 보고 푸는 부사문제)

누구나 봐야 하는 어휘공식

부사+동사의 짝을 알면, 문제를 전부 읽지 않고서 1초 만에 답을 고를 수 있음을 알 수 있다.

부사 + 동사 짝 01 '상당히(정도부사)'류와 짝이 되는 동사

상당히/급격히
(정도를 나타내는 부사)

considerably 상당히
significantly 현저하게
substantially 상당히
dramatically 극적으로
drastically 대폭적으로
sharply 그래프가 날카롭게
tremendously 대단하게
markedly 현저하게
progressively 꾸준히/계속해서
gradually 점진적으로
rapidly 빠르게/ 급속하게
slowly 느리게
slightly 조금씩
steadily 꾸준히
noticeably 눈에 띄게
remarkably 현저하게

증가/확대/감소/하락/변화하다

change 변화하다
diminish 감소하다
increase 증가하다
decrease 감소하다
decline 쇠퇴하다
expand 확장되다
rise 상승하다
be raised 상승하다
reduce 감소하다
drop 떨어지다
fall 떨어지다
alter 고치다
proceed 진행하다
sink 가라앉다
lag 뒤쳐지다
improve 개선하다
affect 영향을 끼치다
progress 진척하다

부사 + 동사 짝 02 '즉시/곧/신속하게'류와 짝이 되는 동사

신속하게/즉시
promptly 신속하게
quickly 빠르게
shortly 곧
immediately 곧
right 곧
soon 곧
just after 곧
instantly 즉시

보고하다/처리하다/다루다
report 보고하다
handle 처리하다
deliver 배달하다
repair 고치다
begin 시작하다
answer 답변하다
address 처리하다
improve 개선하다
grow 성장하다
acquire 얻다
submit 제출하다

rapidly 빠르게
fast 빨리
quickly 빨리

melt 녹다
make available 이용가능하게 하다
need 필요하다
disappear 사라지다
approach 접근하다

⊕ 참고로, 유사한 부사+전치사(1-10), 부사+형용사(1-09) 짝도 있다.

promptly after ~한 직후에
promptly before ~한 직전에
immediately effective! (새로운 정책 시행 등의 안내 글에서) 즉시 발효!

부사 + 동사 짝 03 '끊임없이/지속/반복적으로'류와 짝이 되는 동사

constantly 끊임없이
repeatedly 반복적으로
habitually 습관적으로
routinely 관례적으로
regularly 규칙적으로
consistently 지속적으로
frequently 자주
periodically 주기적으로
occasionally 때때로
continuously 계속해서
at all time 항상
perpetually 영구히 계속

➕

suggest 제안하다
innovate 혁신하다
answer 답하다
ask 묻다
examine 검사하다
check out 체크하다
review 검토하다
be scheduled 예정되어 있다
provide 공급하다
meet 만나다
visit 방문하다
depend on 의존하다
withdraw cash 인출하다
contract 계약을 맺다
fail 실패하다
upgrade 질을 높이다
dump 버리다
suffer 고생하다
perform 수행하다
warn 경고하다
demonstrate 시연하다
request 요구하다
enter 입력하다

부사 + 동사 짝 04 '배타/독점적으로'류와 짝이 되는 동사

exclusively 배타적으로

➕

concentrate on 오직 집중하다
offer 독점 공급하다
deal with 독점 취급하다

부사 + 동사 짝 05 '적절하게/효율적으로'류와 짝이 되는 동사

effectively 효과적으로
efficiently 효율적으로

➕

perform 수행하다
operate 운영하다
work 작동하다
consolidate 강화하다
manage 운영하다/관리하다

appropriately 알맞게
adequately 적절하게
properly 적절하게
suitably 어울리게

➕

align 정렬하다
wrap 포장하다
dress 옷을 입다
prepare 준비하다
maintain 유지하다
connect 연결하다
address 다루다

부사 + 동사 짝 06 '완전하게'류와 짝이 되는 동사

completely 완전하게
thoroughly 철저하게

➕

reject 거부하다
fill out 작성하다
eliminate 제거하다

fully 완전히
entirely 전적으로
wholly 전적으로

➕

computerize 전산화하다
appreciate 인정하다
be booked 예약이 차다
operate 가동하다
dedicate 헌신하다

부사 + 동사 짝 07 '접근이 용이하게'류와 짝이 되는 동사

accessibly 접근이 용이하게 + **assort** 분류하다
classify 카테고리화하다

부사 + 동사 짝 08 '마침내'류와 짝이 되는 동사

finally 마침내
eventually 결과적으로

+ **reach an agreement** 합의에 도달하다
distribute 배포하다
release 출시하다
need 필요하다
stabilize 안정시키다
develop 개발하다
approve 승인하다
agree 동의하다

initially 처음에

+ **object** 반대했다
resist 저항했다
be estimated 평가되다
be reflected 반영되다

부사 + 동사 짝 09 '진심으로/열렬히/간절히'류와 짝이 되는 동사

cordially 진심으로
enthusiastically 열정적으로
eagerly 간절히
willingly 기꺼이
voluntarily 자발적으로
spontaneously 자발적으로

+ **invite** 초대하다
applaud 박수치다
want 원하다
join 참여하다
take on ~을 맡다
recall 회수하다

부사 + 동사 짝 10 '몹시/비중있게'류와 짝이 되는 동사

heavily 몹시 ➕ **rain** 비오다
rely on 의존하다
depend on 의존하다
discount 할인하다

solely 단지
only 오직 ➕ **rely on** 의존하다

부사 + 동사 짝 11 '상호적으로'류와 짝이 되는 동사

mutually 상호적으로 ➕ **effect** 결과를 가져오다
communicate 의사소통하다

부사 + 동사 짝 12 '여전히/아직/늦게'류와 짝이 되는 동사

late 늦게 ➕ **stay/remain** 남아 있다
work 일하다
submit 제출하다

not yet 아직~아니다
still not 여전히~아니다 ➕ **complete** 완성하다
finish 끝내다

부사 + 동사 짝 13 '최근에'류와 짝이 되는 동사

recently 최근에
lately 최근에 ➕ **produce** 생산하다
issue 발행하다
hire 고용하다
reflect 반영하다

부사 + 동사 짝 14 '공평하게'류와 짝이 되는 동사

equally 동등하게
evenly 균등하게

＋

enjoy 즐기다
divide 나누다
allocate 할당하다
distribute 분배하다

부사 + 동사 짝 15 '고의적으로/의도적으로'류와 짝이 되는 동사

intentionally 의도적으로
on purpose 고의로/목적하에
purposely 고의로
deliberately 고의로/신중하게
knowingly 고의로/다 알고도

＋

install 설치하다
purchase 구매하다
ignore 무시하다
conceal 숨기다

부사 + 동사 짝 16 '폭넓게'류와 짝이 되는 동사

widely 폭넓게

＋

be admired 찬사받다
be recognized 인정받다
be accepted 받아들여지다
be known 알려지다
publicize 공표하다
acknowledge 인정하다

부사 + 동사 짝 17 '특별하게'류와 짝이 되는 동사

specially 특별히
distinctively 구별되게
particularly 특히
specifically 특별히

＋

design 디자인하다
devise 고안하다

부사 + 동사 짝 18 '명료하게'류와 짝이 되는 동사

clearly 명확하게
specifically 명확하게

➕

write 쓰다
report 보고하다
speak 말하다
display 게시하다
mark 표시하다
be visible 보이다

부사 + 동사 짝 19 '정중하게'류와 짝이 되는 동사

kindly 친절하게
nicely 친절하게/멋지게
respectfully 정중하게

➕

ask 요구하다
request 요청하다
decline 거절하다
refuse 거절하다
treat 다루다
fill out 작성하다

부사 + 동사 짝 20 '정확하게'류와 짝이 되는 동사

accurately 정확하게
exactly 정확하게
precisely 정확하게

➕

record 기록하다
determine 결정하다
explain 설명하다
account for 설명하다
evaluate 평가하다
reflect 반영하다
correspond 일치하다
decide 결정하다
know 알다

부사 + 동사 짝 21 '틀림없이'류와 짝이 되는 동사

undoubtedly 의심의 여지 없이
certainly 확실히
absolutely 절대적으로
doubtlessly 틀림없이

➕ **be promoted** 승진하다

부사 + 동사 짝 22 '철저하게'류와 짝이 되는 동사

thoroughly 철저하게
radically 근본적으로
closely 면밀히
carefully 주의깊게
cautiously 조심스럽게

⊕ 반의 **briefly** 간략하게

➕
address 다루다
go over 검토하다
review 검토하다
examine 조사하다
watch 살펴보다
read 읽다
follow 지시사항 등을 따르다
monitor 감시하다
work 일하다
scrutinize 조사하다
remove 제거하다
listen to 듣다

부사 + 동사 짝 23 '개별적으로/분리해서'와 짝이 되는 동사

individually 개별적으로
separately 분리해서
independently 독립적으로
respectively 각각

➕
interview 묻다
enter 입력하다
submit 제출하다
send 보내다
order 주문하다
manage 운영/관리하다
make 만들다

부사 + 동사 짝 24 '상세하게'류와 짝이 되는 동사

in detail 상세하게
specifically 상세하게

➕

know 알다
identify 확인하다

부사 + 동사 짝 25 '전략적으로'류와 짝이 되는 동사

strategically 전략적으로
tactically 전술적으로

➕

place 놓다
arrange 배치하다

부사 + 동사 짝 26 '빽빽하게'류와 짝이 되는 동사

densely (인구밀도가) 빽빽하게

➕

populate 거주하다

부사 + 동사 짝 27 '협력적으로/근면하게'류와 짝이 되는 동사

cooperatively 협력적으로
collaboratively 협력적으로
diligently 근면하게
effectively 효과적으로

➕

work 일하다

부사 + 동사 짝 28 '편리하게'류와 짝이 되는 동사

conveniently 편리하게
perfectly 완벽하게
centrally 중앙에
tactically 전술적으로
strategically 전략적으로
agreeably 기분 좋은 곳에

➕

be situated 놓여 있다
be located 위치하다

부사 + 동사 짝 29 '단단하게/안전하게'류와 짝이 되는 동사

tightly 단단하게
securely 안전하게

➕

fasten 안전벨트 등을 매다
wrap 포장하다
lock 잠그다
attach 부착하다
fix 수리하다

부사 + 동사 짝 30 '매우/강력히/높게'류와 짝이 되는 동사

highly 매우
strongly 강력히

➕

recommend 추천하다
rate 높게 평가하다
object 반대하다
criticize 비판하다
influence 영향을 끼치다

부사 + 동사 짝 31 '시기적절하게'와 짝이 되는 동사

in a timely manner 때맞춰
in a timely fashion 적시에

➕

decide 결정하다
treat 치료하다

부사 + 동사 짝 32 '직접적으로/몸소'류와 짝이 되는 동사

directly 직접적으로
in person 몸소
indirectly 간접적으로

➕

go 가다
report to 보고하다
send 보내다
contact 연락하다
speak 말하다
bill 청구하다
submit 제출하다

부사 + 동사 짝 33   '부분적으로'류와 짝이 되는 동사

partially 부분적으로 ➕ **obscure** 모호하게 하다

부사 + 동사 짝 34   '간단하게'와 짝이 되는 동사

simply 간단하게 ➕ **complete** 간단히 완성하다
cut 간단히 자르다

부사 + 동사 짝 35   '독단적으로'와 짝이 되는 동사

arbitrarily 독단적으로 ➕ **decide** 결정하다
choose 선택하다
interpret 해석하다

부사 + 동사 짝 36   '무작위로'와 짝이 되는 동사

randomly 무작위로 ➕ **draw** 뽑다

부사 + 동사 짝 37   '압도적으로'류와 짝이 되는 동사

overwhelmingly 압도적으로 ➕ **approve** 승인하다

부사 + 동사 짝 38   '반드시/필연적으로'류와 짝이 되는 동사

not necessarily 반드시~는 아니다 ➕ **imply** 암시하다
▶ 반드시 암시하는 것은 아니다

부사 + 동사 짝 39 완료시제동사와 짝이되는 부사

have
has
➕
already Ved 이미 ~했다
always Ved 항상 ~했다
recently Ved 최근에 ~했다

토익선지에 완료시제와 already, always, recently가 있으면 거의 정답이다!

부사 + 동사 짝 40 '알파벳순으로'류와 짝이 되는 동사

alphabetically 알파벳순으로
➕
assort 분류하다
classify 카테고리화하다
list 나열하다

부사 + 동사 짝 41 '활발하게'류와 짝이 되는 동사

actively 활발하게
➕
campaign 캠페인을 벌이다

부사 + 동사 짝 42 '거의 ~않다'류와 짝이 되는 동사

hardly 거의 ~않다
➕
touch 손 대다
▶ 손도 대지 못하다

부사 + 동사 짝 43 '겉보기에는'류와 짝이 되는 동사

seemingly 겉보기에는
➕
cause 초래하다
be impossible 불가능하다

부사 + 동사 짝 44 '모호하게/불명확하게'와 짝이 되는 동사

vaguely 희미하게
ambiguously 모호하게
indefinitely 어물어물
unclearly 분명하지 않게
uncertainly 불확실하게

➕ **remember** 기억하다

부사 + 동사 짝 45 '자신있게'류와 짝이 되는 동사

confidently 자신있게

➕ **predict** 예언하다

부사 + 동사 짝 46 '동시에'류와 짝이 되는 동사

concurrently 동시에
simultaneously 동시에

➕ **develop** 개발하다

부사 + 동사 짝 47 '올바르게'류와 짝이 되는 동사

correctly 올바르게

➕ **insert** 삽입하다

부사 + 동사 짝 48 '유리하게/순조롭게'와 짝이 되는 동사

favorably 유리하게/순조롭게/
호의적으로

➕ **receive** 받다
view 검토하다
regard 간주하다

부사 + 동사 짝 49 '용이하게/쉽게'류와 짝이 되는 동사

easily 쉽게 ➕ **find** 찾다

부사 + 동사 짝 50 '우연히'류와 짝이 되는 동사

accidentally 우연히 ➕ **discover** 발견하다

부사 + 동사 짝 51 '심각하게'류와 짝이 되는 동사

seriously 심각하게 ➕ **take** 받아들이다
consider 고려하다

부사 + 동사 짝 52 '무조건적으로'류와 짝이 되는 동사

unconditionally 무조건 ➕ **guarantee** 보증하다

부사 + 동사 짝 53 '긍정적으로/부정적으로'류와 짝이 되는 동사

positively 긍정적으로 ➕ **influence** 영향을 끼치다

ex 027 Before we are able to expand our operations, we must ----- improve our methods of production.
(A) accidentally (B) directly (C) dramatically (D) eagerly

예027은 문장 속에 improve를 보는 순간 dramatically를 고른다.

ex 028 Head researcher should ----- report to the committee when a harmful accident takes place during the activity.
(A) simultaneously (B) promptly (C) sincerely (D) closely

예028은 report와 짝이 되는 부사 promptly가 정답이다.

ex 029 According to new white paper from Forward, commercial real estate market recovery has ----- begun.
(A) still (B) yet (C) already (D) once

예029는 완료시제에서 has와 Ved 사이가 빈칸이면서, 선지에 already가 보이므로 정답은 (C) already일 확률이 매우 높고, 실제로 정답이다.

ex 030 Articles published in The New Politics do not ------- imply advocacy by the staff of the magazine.
(A) highly (B) barely (C) necessarily (D) gradually

예030에서 necessarily라고 하면 보통 '필연적으로'라고 생각하기 때문에 빈칸을 '필연적으로'로 해석하게 마련이지만, 썩 자연스럽지 않다. 이런 경우를 대비하기 위해서라도 의미어구로 어휘 공부를 해야 한다. 즉, 영어 단어 간의 어울림을 영어 그 자체로 받아들여야 한다. necessarily를 포함하여 always, all, everyone 등 '전체'를 의미하는 단어들이 not과 함께 쓰이면 '반드시/항상/모두가/모든 사람이 ~은 아니다'와 같은 '부분 부정'이 된다. '기사가 반드시 잡지사 직원들의 지지를 의미하는 것은 아니다.' 라고 해석된다. 정답은 (C)이고, 결과를 놓고 보면 necessarily는 '반드시'로 해석하는 것이 가장 어울린다.

1-09 빈출 부사+형용사 짝
(형용사를 보고 푸는 부사문제)

누구나 봐야 하는
어휘공식

부사는 1-08에서 보았듯이 동사를 수식하기도 하지만, 1-09에서 보듯 형용사를 수식하기도 한다. 아래의 형용사와 짝이 되는 부사도 암기하도록 한다.

부사 + 형용사 짝 01 available과 짝이 되는 부사

readily 쉽게
generally 일반적으로
freely 자유로이
always 항상
usually 통상

➕

available 이용가능한
accepted 받아들여지는

1-03에서 토익 선지에 available이 있으면 거의 정답이라고 한 바 있다. 토익은 available을 매우 좋아한다. 반대로, 문제 속 문장이 '____ + available'이면 (문제 속에 available이 있고, 그 앞이 빈칸인 경우) 선지에서 readily / generally / freely / always / usually 를 정답으로 고른다. 이 경우에는 '쉽게 / 일반적으로 / 자유로이 / 항상 / 통상 이용가능한'의 의미이다.

부사 + 형용사 짝 02 highly와 짝이 되는 형용사

highly 매우

➕

competitive 경쟁력 있는
advanced 최첨단의
qualified 자격을 갖춘
ambitious 야망에 찬
motivated 의욕이 강한
recommended 추천된

부사 + 형용사 짝 03 '특히'류와 짝이 되는 형용사

particularly 특히
specially 특별히
distinctively 구별되게
specifically 특별히

＋

sensitive 민감한
small 작은
important 중요한
distinctive 특이한

부사 + 형용사 짝 04 '탁월하게/대단하게'와 짝이 되는 형용사

exceptionally 예외적으로
uncommonly 보통과 다르게
unusually 통상과 다르게
extraordinarily 평범하지 않게

＋

qualified 자격을 갖춘
valuable 소중한
high 높은/비싼
productive 생산적인

부사 + 형용사 짝 05 '상당히/꽤'와 짝이 되는 형용사

fairly 꽤
considerably 상당히
remarkably 현저하게
substantially 상당히
significantly 현저하게
quite 꽤
enough 충분하게

＋

widespread 퍼진
extensive 광범위한
expensive 비싼
desirable 바람직한
persuasive 설득력 있는
affordable 저렴한
critical 비판적인
effective 효과적인

부사 + 형용사 짝 06 '조심스럽게'와 짝이 되는 형용사

cautiously 조심스럽게
carefully 주의깊게

＋

optimistic 낙관하는

부사 + 형용사 짝 07 '완전히'와 짝이 되는 형용사

completely 완전히 ➕ **unexpected** 예상 못하는
unbiased 편견이 없는
independent 독립적인
different 다른
arbitrary 제멋대로인
functional 작동하는
operational 수행되는

부사 + 형용사 짝 08 '거의/대략'과 짝이 되는 형용사

nearly 거의
almost 거의
approximately 대략
➕ **complete** 완성한
finished 끝난
three hours (숫자의 예시) 3시간
every 모두
all 다

부사 + 형용사 짝 09 '주로'와 짝이 되는 형용사

largely 주로
mostly 대부분
primarily 주로
chiefly 주로
➕ **responsible** 담당하는
determined 결정된
dependent 의존적인
due to ~에 기인하는

부사 + 형용사 짝 10 '상대적으로'와 짝이 되는 형용사

relatively 상대적으로 ➕ **inexpensive** 싼
warm 따뜻한
high / low 높은/낮은
small 작은
difficult 어려운
inexperienced 경험이 없는

부사 + 형용사 짝 11 '상호적으로'와 짝이 되는 형용사

mutually 서로서로/상호적으로 ➕ **beneficial** 이익이 되는
acceptable 받아들이는
agreeable 동의하는

부사 + 형용사 짝 12 '이전에'와 짝이 되는 형용사

previously 이전에 ➕ **unable** 할 수 없는
scheduled 예정된
assigned 배정된

부사 + 형용사 짝 13 '과도하게/극단적으로'와 짝이 되는 형용사

excessively 과도하게
extremely 극단적으로 ➕ **high** 높은/비싼
successful 성공적인
popular 인기 있는
difficult 어려운
concerned 관심있는

부사 + 형용사 짝 14 '점점 더'류와 짝이 되는 형용사

increasingly 점점 더
gradually 점진적으로
progressively 꾸준히 ➕ **difficult** 어려워지다
full 가득차다
popular 인기 있다
be threatened 위협되다
important 중요해지다
stringent 엄격해지다
competitive 경쟁력을 갖추다

토익 선지에 increasingly가 뜨면 거의 정답이다!

부사 + 형용사 짝 15 '즉시'와 짝이 되는 형용사

immediately 즉시 ➕
effective 발효
good 발효
beginning 발효
starting 발효
available 이용가능한
accessible 접근가능한
dangerous 위험한

부사 + 형용사 짝 16 부사와 짝이 되는 수량형용사

too 너무 ➕ **many/much** 많은

very 매우 ➕ **few/little** 적은/작은

---

ex 031 It would depend on which particular item you are looking for; in this store they are ----- available.
(A) still (B) yet (C) generally (D) highly

예031의 정답은 available 앞의 빈칸이므로, (C) generally이다.

---

ex 032 Students will be able to report those ----- high rates on the Web site of the Korea Consumer Agency beginning next month.
(A) excessively (B) freely (C) carefully (D) relatively

예032는 빈칸 뒤에 high rates(높은 요율)가 있으므로, high와 친한 부사 (A) 또는 (D)가 정답이다. 그런데 해석상 '과도하게 높은 요율을 소비자 협회에 보고(신고)할 수 있다'는 의미이므로, (A) excessively가 더 적절한 정답이다.

1-10 부사+전치사 짝, 부사+의문사 짝 부사+and 짝

누구나 봐야 하는 어휘공식

부사 + 전치사 짝 ★ 부사와 짝이 되는 전치사

| largely 주로
mostly 주로
primarily 주로
chiefly 주로 | ➕ | because of ~에 기인하다
due to ~때문이다 |

| just 바로
right 바로
soon 바로
shortly 바로
promptly 바로
directly 바로
immediately 바로
instantly 바로 | ➕ | before 직전에
after 직후에
afterwards 직후에
thereafter 직후에 |

| exactly 정확하게
precisely 정확하게
punctually 정확하게 | ➕ | at 7 PM 7시 정각에 |

| well 훨씬 | ➕ | below 낮게
beneath 낮게
under 아래에
above 위에
over 높이 |

currently 현재 **presently** 현재	➕	**under construction** 공사 중 **under renovation** 리노베이션 중
slightly 살짝	➕	**better than** 더 나은
still 여전히	➕	**although** 비록 ▶접속사 **despite** ~에도 불구하고 ▶ 전치사 **on+명사** ~하는 도중에
especially 특별히	➕	**for+명사** ~를 위한

부사 + 의문사 짝 ★ 부사와 짝이 되는 의문사

exactly 정확히	➕	**where** 어디인지 **how many** 얼마나 되는지

부사 + and 짝 ★ 부사와 짝이 되는 and

and also 또한
and then 그 다음에 / 게다가
and therefore / and thus / and so 그래서/ 따라서
and yet 그러나
simultaneously A and B A와 B동시에

---

ex 033 Consumer prices - or the consumer price index - rose 0.5% in February, ----- because of soaring gasoline prices.
(A) exactly (B) slightly (C) precisely (D) largely

예033은 빈칸이 because of 앞이므로, '주로~에 기인한다'는 의미로서 정답은 (D) largely이다.

060

1-11 누구나 봐야 하는 어휘공식
숫자 / 문두와 친한 부사

토익시험에서 ① 숫자 앞이 빈칸일 때, 늘 정답이 되는 단어들이 있다. 또, ② 문두가 부사자리일 때, 대체로 정답이 되는 부사도 있다. 아래에서는 이를 살펴보기로 한다.

숫자 앞 정답공식

숫자와 친한 부사('____+숫자'일 때 정답인 부사)

01 '대략'류 부사
approximately / about / around / roughly

02 '거의'류 부사
almost / nearly / close to

03 '비교'형 부사
more than / over / less than / as many as

04 '최소한 / 최대한' 부사
at least / at most / up to
a maximum of / a minimum of

Part5, 6에서 숫자 앞이 빈칸이면, 정답은 위에 정리된 부사들일 확률이 매우 높다. 특히 숫자 중에서도 뒤에 %(퍼센트)를 포함한 숫자단위가 오는 경우가 많다. 이 중에서도 중요도는 approximately, nearly, almost, at least, up to 순이다.

---

ex 034 He had signed the lease to rent the apartment ----- five months earlier than you but he never has come back to pay the deposit.
(A) exactly (B) largely (C) approximately (D) presumably

예034는 숫자 앞이 빈칸이므로 정답은 (C) approximately이다.

문장 맨 앞 정답공식

문두와 친한 부사 ('____, 주어+동사'일 때 정답인 부사)

- **01** Increasingly 점점 더
- **02** Regrettably / Unfortunately 유감스럽게
- **03** Presumably 아마도/짐작건데
- **04** Apparently / Evidently / Obviously / Clearly 분명히
- **05** Recently 최근에
- **06** Definitely / Absolutely 틀림없이/분명히
- **07** Significantly / Importantly 중요하게도
- **08** Ideally 이상을 말하자면/이론적으로는

Part5, 6에서 문장 맨 앞에 빈칸이 있으면, 정답은 위에 정리된 부사들이 될 가능성이 매우 높다. 부사는 문장 내에서 위치가 자유롭기 때문에 문두에 오는 경우가 있는데, 문장 전체 수식 부사인 경우는 몇 개 없기 때문에 외워두는 것이 좋다.

ex 035 ----- the lawsuit undertaken by ABC company will be settled within the near future.
(A) Presumably (B) Exactly (C) Largely (D) Approximately

예035의 정답은 문두의 빈칸으로서, '아마도'라는 뜻의 문장 전체 수식부사인 (A) Presumably이다.

ex 036 ----- local firms are using outside design studios and agencies to create their artwork.
(A) Extremely (B) Consecutively (C) Highly (D) Increasingly

예036의 정답은 문두의 빈칸으로서, '점점 더'라는 뜻의 문장 전체 수식부사인 (D) Increasingly이다.

1-12 누구나 봐야 하는 어휘공식

동사와 친한 어휘 공부법

동사 역시 동사와 짝이 되는 어휘(콜로케이션; 연어, 1-02 참조)를 외우면, Part5, 6 문제집을 풀지 않고도 문제를 푼 것과 같은 효과가 생긴다. 무턱대고 문제만 많이 푸는 공부방법은 너무 사람을 피곤하게 만든다.

콜로케이션이 동사 어휘문제에 적용된 예를 들자면, break / miss / make + an appointment(약속을 어기다 / 놓치다 / 만들다)가 가장 전형적이다. an appointment를 보는 순간 빈칸에 들어갈 동사로 break, miss 또는 make를 떠올려야 한다.

우리는 여기서 ETS(토익 출제 기관)의 합리적 출제 원칙을 엿볼 수 있다. 생활에 자주 사용되지 않는 단어, 즉, 사람들이 출제하면 틀리기 쉬운 것들을 출제하는 것이 결코 아니다. 쉬운 단어, 자주 사용하는 단어의 정확한 사용 용례를 묻는 것이다.

따라서 동사는 ① 1-13에서 보듯 우선 그 동사와 친한 목적어(명사)를 함께 덩어리로 암기하자. 즉, [타동사 + 목적어] 표현을 정리해야 한다. 다음으로, ② 1-14에서 보듯 목적어를 취하지 않지만 특정 주어와 친한 동사가 있으니 이를 외워야 한다. 즉, [주어 + 자동사] 표현을 정리한다. 마지막으로, ③ 1-15에서 보듯 목적어나 주어는 아니지만 특정단어가 문장 내에 있을 때 자주 나오는 스토리라인과 함께 출제되는 동사를 정리한다. 이렇게 외우면 암기도 잘 되지만, 실제 시험장에서 문제 푸는 속도를 빠르게 만들어준다.

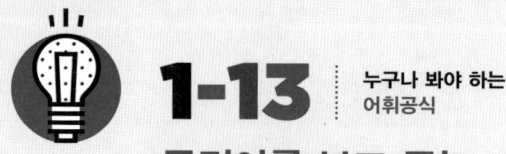

1-13 목적어를 보고 푸는 타동사 문제

누구나 봐야 하는 어휘공식

동사 + 목적어 짝 01 '시행/고안하다'류 동사와 친한 목적어

implement 시행하다
devise 고안하다
fulfill 이행하다
carry out 시행하다

➕

procedure 절차
policy 정책
plan 계획
project 프로젝트
program 프로그램

동사 + 목적어 짝 02 conduct 동사와 친한 목적어

conduct 행하다

➕

survey 조사
research 연구(리서치)
policy 정책
tour 견학
opinion poll 여론조사
inspection 검사
study 연구
experiment 실험

동사 + 목적어 짝 03 '출시하다/착수하다' 동사와 친한 목적어

launch 출시하다/착수하다

➕

new product 신제품
campaign 캠페인
inquiry 조사

동사 + 목적어 짝 04 '확인하다'류 동사와 친한 목적어

confirm 확인하다 ➕ **attendance** 출석률
itinerary 일정
reservation 예약
appointment 약속
invitation 초대

동사 + 목적어 짝 05 retain 동사와 친한 목적어

retain 간직하다/보유하다 ➕ **right** 권리
patent 특허권
document 서류
copy 복사물
historical beauty 역사적 아름다움
receipt 영수증
permit 허가증; 가산명사
freshness 신선도
name 이름
letter 편지

동사 + 목적어 짝 06 '획득하다'류 동사와 친한 목적어

obtain 획득하다
acquire 획득하다 ➕ **permit** 허가증; 가산명사
permission 허가
information 정보
certification 증명
contract 계약
special rate 특별요금
approval 승인
insurance 보장

동사 + 목적어 짝 07　terminate 동사와 친한 목적어

terminate 종결시키다　➕　**contract** 계약
　　　　　　　　　　　　　　　agreement 계약
　　　　　　　　　　　　　　　subscription 정기구독

동사 + 목적어 짝 08　reserve 동사와 친한 목적어

reserve 보유하다　➕　**right to~** ~할 권리

동사 + 목적어 짝 09　'처리하다'류 동사와 친한 목적어

handle 다루다　　　　➕　**duty** 담당업무
deal with 처리하다　　　　**concern** 관심사
address 처리하다　　　　　**problem** 문제
　　　　　　　　　　　　　　issue 쟁점사항, 현안

동사 + 목적어 짝 10　'초과/축소하다'류 동사와 친한 목적어

exceed 초과하다　➕　**volume** 분량
reduce 축소하다　　　　**size** 크기
　　　　　　　　　　　　weight 무게

동사 + 목적어 짝 11　release 동사와 친한 목적어

release 방출하다/출시하다/발표하다/공개하다　➕　**report** 보고서
　　　　　　　　　　　　　　　　　　　　　　　　figures 수치
　　　　　　　　　　　　　　　　　　　　　　　　new product 신상품
　　　　　　　　　　　　　　　　　　　　　　　　statement 성명서

동사 + 목적어 짝 12 make 동사와 친한 목적어

make
- **success** 성공하다
- **delivery** 배달하다
- **study** 연구하다
- **development** 개발하다
- **sense** 타당하다
- **appointment** 약속하다
- **purchase** 구입하다
- **speech** 연설하다
- **decision** 결정하다
- **reservation** 예약하다
- **payment** 지불하다
- **remark** 말하다
- **effort** 노력하다
- **attempt** 시도하다
- **contribution** 공헌하다
- **allowance for** 고려하다
- **inquiry** 문의하다

동사 + 목적어 짝 13 take 동사와 친한 목적어

take
- **measures** 조치를 취하다
- **steps** 조치를 취하다
- **action** 조치를 취하다
- **precaution** 예방조치를 취하다
- **vacation / leave** 휴가를 갖다
- **retirement** 은퇴하다
- **poll** 여론조사를 실시하다
- **effect** 효력을 발휘하다
- **place** 발생하다

동사 + 목적어 짝 14 · do 동사와 친한 목적어

do ➕ household chores 허드렛일을 하다
the dishes 설거지하다
flowers 꽃꽂이 하다
homework 숙제를 하다
research 연구하다
business with 거래하다

동사 + 목적어 짝 15 · '준수하다'류 동사와 친한 목적어

comply with 준수하다
observe 따르다
follow 따르다

➕ law 법
specification 설명서
regulation 규제사항
code 규정
standard 기준
guidance 안내지침
regulations 규정
instruction 지시사항
precaution 예방조치

⊕ 참고 in compliance with ~에 따라서

동사 + 목적어 짝 16 · hire, select, welcome 동사와 친한 목적어

select 선택하다
hire 고용하다
welcome 환영하다

➕ candidates 후보자
employee 직원
carpenters 목수(직업군의 예시)

동사 + 목적어 짝 17 · enclose 동사와 친한 목적어

enclose 동봉하다 ➕ contract 계약서
document 서류

동사 + 목적어 짝 18 '맡다/책임지다'류 동사와 친한 목적어

assume 맡다
take over 맡다
delegate 맡기다

➕

CEO 최고경영자
director 이사
responsibility 직무

⊕ 참고 **presume** 추정하다, **assume that** 가정하다
　　　appoint 사람 **as** 직책명 사람을 직책에 임명하다

동사 + 목적어 짝 19 transfer, allocate 동사와 친한 목적어

transfer 자금을 이체하다
allocate 부서마다 할당하다

➕

fund 자금

동사 + 목적어 짝 20 hold 동사와 친한 목적어

hold 개최하다

➕

seminar 세미나
conference 회의
workshop 워크샵
convention 컨벤션
session 세션

동사 + 목적어 짝 21 announce 동사와 친한 목적어

announce 공표하다/공지하다

➕

sales figures 판매량 등의 통계수치
dramatic improvement 극적 개선
significant change 상당한 변화
opening 시작
performance 실적/공연
expansion 확장

동사 + 목적어 짝 22 feature 동사와 친한 목적어

feature 특징으로 삼다/
특별히 포함하다

➕

refreshment 간식, 다과 ▶포함하다
musician 음악가 ▶출연하다

동사 + 목적어 짝 23 '설치하다' 동사와 친한 목적어

set up 설치하다
shut down 차단하다

➕

gear 장비
equipment 장비
computer system 시스템
program 프로그램

동사 + 목적어 짝 24 '완화시키다' 동사와 친한 목적어

alleviate 완화하다
relieve 경감시키다
reduce 축소시키다

➕

traffic congestion 교통체증
problem 문제점
suffering 고통
pain 고통

동사 + 목적어 짝 25 '제시하다' 류 동사와 친한 목적어

present 제시하다
show 보여주다

➕

신분구별수단류
badge 뱃지
identification card 신분증
credit card 신용카드
ticket 티켓
receipt 영수증

동사 + 목적어 짝 26 '향상/제고/증가/증폭' 류 동사와 친한 목적어

boost 북돋우다/증폭시키다
increase 증가시키다
foster 촉진하다
enhance 강화하다

➕

production 생산
productivity 생산성
sales 판매
effectiveness 효율성
quality 품질
reputation 명성

동사 + 목적어 짝 27 ~sume류 동사와 친한 목적어

resume 재개하다
assume 맡다

➕

duty 업무/직무
responsibility 직무
position 직위

동사 + 목적어 짝 28 undergo 동사와 친한 목적어

undergo 겪다

➕

surgery 수술
renovation 보수공사
change 변화
training 교육

동사 + 목적어 짝 29 '관리/감독/시행하다'류 동사와 친한 목적어

oversee 관리하다
carry out 시행하다
begin 시작하다
undertake 착수하다
supervise 감독하다

➕

operation 사업/운영

동사 + 목적어 짝 30 attract 동사와 친한 목적어

attract 끌어들이다

➕

many people 많은 사람
tourist 관광객
applicants 지원자
professional 전문가
attention 관심
customer 고객

동사 + 목적어 짝 31 collaborate 동사와 친한 목적어

collaborate 협력하다 ➕ **with+명사** 협력 상대방

동사 + 목적어 짝 32 supplement 동사와 친한 목적어

supplement 보충하다 ➕ 보완사항/불충분한 점
income 수입

동사 + 목적어 짝 33 pardon 동사와 친한 목적어

pardon 양해를 구하다 ➕ **carelessness** 부주의
error 실수

동사 + 목적어 짝 34 face 동사와 친한 목적어

face 직면하다 ➕ **risk** 위험
problem 문제

동사 + 목적어 짝 35 operate 동사와 친한 목적어

operate 작동하다/운행하다 ➕ **Ferry** 여객선
equipment 장비
assembly line 조립라인

동사 + 목적어 짝 36 accommodate 동사와 친한 목적어

accommodate 수용시키다/숙박시키다 ➕ **guest/people** 수용대상자
party 일행(사람들)

동사 + 목적어 짝 37 acknowledge 동사와 친한 목적어

acknowledge 인지하다 ➕ **the receipt of a letter** 편지수령사실

동사 + 목적어 짝 38 request 동사와 친한 목적어

request 요구하다 ➕ **estimates** 견적서

동사 + 목적어 짝 39 deliver 동사와 친한 목적어

deliver 배달하다/전달하다/연설하다
give 주다/연설하다 ➕ **a speech** 연설

동사 + 목적어 짝 40 deposit 동사와 친한 목적어

deposit 예금하다 ➕ **money** 돈 **check** 수표
은행에서 다루는것들

동사 + 목적어 짝 41 '충족시키다'류 동사와 친한 목적어

meet 충족시키다
satisfy 만족시키다 ➕ **demand / need** 수요
deadline 마감일
requirement 요건
expectation 기대치

동사 + 목적어 짝 42 include 동사와 친한 목적어

include 포함하다 ➕ **workshop** 워크샵
session 세션
event 행사

동사 + 목적어 짝 43 cover동사와 친한 목적어

cover 포함하다/다루다/보도하다 ➕ **fee** 요금
aspect 다양한 양상
game 경기(보도대상)

동사 + 목적어 짝 44 arrange 동사와 친한 목적어

arrange 정리하다/준비하다 ➕ 일정(여행일정/회의일정/강의일정)
ground transportation 교통수단
replacement 대체품
appointment 약속
schedule 일정

동사 + 목적어 짝 45 '개발/채택하다'류 동사와 친한 목적어

develop 개발하다
adopt 채택하다 ➕ **plan** 계획
strategy 전략
procedure 절차
new product 신제품
new process 새로운 공정

동사 + 목적어 짝 46 hesitate 동사와 친한 목적어

Don't hesitate to 망설이지 말라 ➕ **call, mail, contact** 연락수단
(특히 Part6에서 빈출)

동사 + 목적어 짝 47 raise동사와 친한 목적어

raise 올리다/조성하다/제기하다 ➕ **money** 기금(조성하다)
question 질문(제기하다)
subscription rates 구독료
awareness 인식수준

동사 + 목적어 짝 48 '접촉하다/연락하다'류 동사와 친한 목적어

contact 접촉하다/연락취하다 ➕ **company** 회사
corporation 회사
me 글쓴이
sales department 영업부

동사 + 목적어 짝 49 '얻다/획득하다'류 동사와 친한 목적어

gain 얻다/획득하다 ➕ **reputation** 명성
recognition 인정
access 접근(권한)
approval 승인

동사 + 목적어 짝 50 reject 동사와 친한 목적어

reject 거절하다 ➕ **proposal** 제안

동사 + 목적어 짝 51 '이전하다'류 동사와 친한 목적어

locate 찾다 ➕ **office** 사무실
relocate 이전하다 **headquarter** 본사
move 이사하다

동사 + 목적어 짝 52 '설립하다/확립하다'류 동사와 친한 목적어

establish 설립하다/확립하다 ➕ **security policy** 보안정책
relationship 관계
guideline 안내지침

동사 + 목적어 짝 53 · refer 동사와 친한 목적어

refer to 참조/추천/언급하다 ➕ **brochure** 안내책자
diagram 도표
checklist 점검목록

동사 + 목적어 짝 54 · forward 동사와 친한 목적어

forward 전달하다 ➕ **materials** 읽기자료
document 문서

동사 + 목적어 짝 55 · record 동사와 친한 목적어

record 기록하다 ➕ **working hours** 근무시간
attendance 출석률

동사 + 목적어 짝 56 · waive 동사와 친한 목적어

waive 포기하다/면제하다 ➕ **tax** 세금
penalty 벌금

동사 + 목적어 짝 57 · perform 동사와 친한 목적어

perform 수행하다/이행하다 ➕ **experiment** 실험
role 역할
task 업무

동사 + 목적어 짝 58 · cause 동사와 친한 목적어

cause 야기하다 ➕ **traffic delays** 교통체증
부정적 느낌의 결과

ex 037 The government will ----- a plan that is aimed at absorbing much retired people back into the industry.
(A) implement (B) vary (C) fascinate (D) compensate

예037은 빈칸 뒤 목적어가 plan이므로, 정답은 (A) implement이다.

ex 038 While I am quite sure I ----- the right to reprint the paper without your permission, I wanted to inform you of my intention.
(A) remark (B) deter (C) retain (D) refrain

예038은 빈칸 뒤 목적어가 right이므로, 정답은 (C) retain이다.

ex 039 The artist can notify the company to ----- the contract at any time, and the contract expires 6 months after the notification.
(A) supplement (B) terminate (C) boost (D) carry out

예039는 빈칸 뒤의 목적어가 contract이므로, 정답은 (B) terminate이다.

1-14 주어를 보고 푸는 자동사 문제

누구나 봐야 하는 어휘공식

주어와 자동사 사이에는 주어를 수식하는 거품구가 삽입될 수 있으므로, 주어와 자동사는 멀리 떨어져 있을 수 있다. 그래서 주어와 자동사 간의 견련성은 1-13에서 본 타동사와 목적어 간의 견련성만큼 직접적이지는 않다. 그러나 Part5 어휘문제는 하나의 비지니스 관련 문장이기에, 주어가 '무엇'이면, 흘러나올 스토리가 대체로 정해져 있다. 자주 나오는 스토리라인에 따라 주어와 자동사를 정리하면, 다음과 같다.

주어 + 동사 짝 01 '보여주다/나타내다'류 동사와 친한 주어

▶ 연구, 조사, 리서치가 that절 이하의 결과를 보여주거나 가리킨다는 스토리

studies 연구 ▶ 가산명사
surveys 조사 ▶ 가산명사
research 리서치 ▶ 불가산명사

엄밀히 하면, 이들 동사는 자동사는 아니지만, 주어를 보고 푸는 동사여서 여기서 정리한다.

suggest that 제안하다
indicate that 가리키다
show that 보여주다
reveal that 나타내다
expect that 기대하다
find that 발견하다

주어 + 동사 짝 02 emerge 동사와 친한 주어

▶ 위험이 나타나거나 문제점, 트렌드 등이 발현한다는 스토리

risk 위험
problem 문제점
trend 트렌드

emerge 발현하다

주어 + 동사 짝 03 approach 동사와 친한 주어

▶ 마감일이 다가온다는 스토리

deadline 마감일

approach 다가오다

주어 + 동사 짝 04 train 동사와 친한 주어

▶ 직원들이 트레이닝한다는 스토리

staff 스태프
employee 직원

➕

train 트레이닝하다

주어 + 동사 짝 05 '지속/고갈/대체되다'류 동사와 친한 주어

▶ 사무실에서 잉크카트리지, 연료, 배터리같은 소모품이 지속되거나 고갈되어 부족하다는 스토리

ink cartridge 잉크카트리지
fuel 연료
battery 배터리

➕

last 지속하다
run short of 고갈되다
replace 대체되다
refill 리필되다

---

ex 040 ----- show that less competition and poor service are usually the result of government regulation.
(A) Study (B) Studies (C) Studying (D) Studied

예040의 정답은 that절 이하를 보여준다는 show와 친한 주어 (A) (B) study 중에 고르는 것인데, 단수/복수 수일치를 시켜주어야 한다. show에 s가 붙어 있지 않으므로 정답은 복수형 명사인 (B) Studies이다. 동명사인 (C)는 진짜 명사가 있을 경우에는 3-14 본래 품사우선의 법칙에 따라 정답이 될 수 없다.

---

ex 041 When the black or color ink out light is on or flashing, the print head cannot be cleaned until the ink cartridge is -----.
(A) amended (B) revised (C) upgraded (D) replaced

예041은 사무실 영어에서 자주 나올 법한 잉크카트리지에 관한 스토리이다. 잉크없음 불빛이 깜빡거리면 교체하라는 뜻으로서 정답은 (D) replaced이다.

1-15 문장 속 특정단어를 보고 푸는 동사문제

누구나 봐야 하는 어휘공식

Part5 어휘문제는 비지니스 현장에서 자주 일어나는 스토리라인이 반복적으로 출제되고 있다. 문장 내에 특정 단어가 있으면, 스토리라인상 또 다른 특정 단어가 정답이 될 확률이 높은 경우이다. 아래는 대체로 원인과 결과에 해당하는 단어들이다. 예를 들면, sales increase(판매량 증가)와 같은 긍정적 업적이 있기에 commend(칭찬하다)할 수 있듯이, 명사와 동사가 의미상 짝이 되는 원리이다. 이 때 두 단어는 서로 붙어 있지 않고 멀리 떨어져 있지만, 스토리라인상 정답의 근거가 될 때가 많은 확률적 공식이다. 이를 정리하면 다음과 같다.

동사 특정단어 짝 01 '긍정적 업적'과 친한 동사

▶ 판매량 증가와 같은 긍정적 업적이 있어서 칭찬하거나, 새 임원을 선출했다는 스토리

| 긍정적 업적의 예
sales increase 판매량 증가
successfully 성공적으로 | | **commend** 칭찬하다
appoint 임명하다
be appointed 임명되다/피선되다
be promoted 승진되다 |

동사 특정단어 짝 02 '안전장비'와 친한 동사

▶ 보안경, 보호헬멧, 보호앞치마 등을 착용하는 것을 의무화했다는 스토리

| 안전장비의 예
apron 보호앞치마
glasses / goggle 보호안경
hats 보호헬멧
gloves 보호장갑 | | **mandate** 의무화하다
wear 착용하다 |

동사 특정단어 짝 03 '옛 것/새 것'과 친한 동사

▶ 옛 것이 새 것으로 대체된다는 스토리

신/구 대비표현		replace 대체하다
online/traditional 온라인/전통적수단		substitute 대체하다
ancient/classic/modern 고대/클래식/현대		

동사 특정단어 짝 04 '미리'와 친한 동사

▶ 훈련프로그램, 세미나, 전시회 등의 참석을 하려면 사전등록해야 한다는 스토리

in advance 미리		register for 등록하다
		enroll in 등록하다
		sign up 참가신청하다

동사 특정단어 짝 05 '인수/합병'과 친한 동사

▶ 두 회사가 합병하거나 인수된다는 스토리

문장 속에		merge with 인수하다
고유명사 회사명 두 개		acquire 인수하다

'A가 B를 합병하다'라고 할 때 merge with와 acquire가 선지에 동시에 있는 경우에는, with의 존재 여부로 고른다. merge는 자동사여서 A merge with B로 쓰고, acquire는 타동사여서 A acquire B 로 쓴다. 단, merge + [A and B] 또는 merge two companies 처럼 'A와 B를 합병하다'라는 뜻의 타동사로 쓰일 수 있다.

동사 특정단어 짝 06 '주의산만'과 친한 동사

▶ 소음 등에 의해 주의가 분산된다는 스토리

주의를 산만하게 하는 것의 예		distract 분산시키다
noise 소음		be distracted 산만해지다
radio 라디오		
attention 주의		

동사 특정단어 짝 07 '신분증명수단'과 친한 동사

▶ 영수증, 신분증 등을 통해 신원을 확인하거나 입증해야 한다는 스토리

| 신분증명수단
receipt 영수증 / ticket 티켓
identification card 신분증 | ＋ | verify 입증하다
confirm 확인하다 |

동사 특정단어 짝 08 '시장에서의 강자'의 강자와 친한 동사

▶ 특정 시장에서 새로운 강자로 등장, 등극하였다는 스토리

| in the market 경쟁자 시장 | ＋ | emerge 등장하다 |

동사 특정단어 짝 09 '세입자'와 친한 동사

▶ 세입자에게 특정 행위를 허락하거나, 전출하지 않고 남아 있다는 스토리

| tenant 세입자 | ＋ | permit 허락하다
allow 허용하다
remain 남다 |

동사 특정단어 짝 10 '분석가'와 친한 동사

▶ 분석가, 조언자, 컨설턴트 등이 어떤 현상을 예언하거나 예상했다는 스토리

| analysts 분석가
adviser 조언자 | ＋ | predict 예언하다
anticipate 예상하다 |

동사 특정단어 짝 11 '미래 시간부사구'와 친한 동사

▶ 미래의 어느 시점에 일어날 현상을 예언한다는 스토리

| 미래 시간부사구의 예
next year 내년 | | predict 예언하다 |

동사 특정단어 짝 12 until과 친한 동사

▶ 미래 어느 시점까지 연기하거나 지속한다는 스토리

| until ~까지 | | delay 연기하다
postpone 연기하다
put off 연기하다
stay 머물다
discontinue 중단하다
last 지속하다
wait 기다리다 |

동사 특정단어 짝 13 '날짜'와 친한 동사

▶ 어떤 정책이나 프로그램의 시작일, 발효일이 몇월 며칠이라는 스토리

| 날짜, 요일
'____+날짜/요일'일 때 정답이 된다. | | starting 시작
be effective 발효 |

동사 특정단어 짝 14 'by+구별수단'과 친한 동사

▶ 어떤 특정 구별수단에 의해 무엇과 무엇을 구별한다는 스토리

| by+구별수단 | | distinguish A from B
tell A from B
A와 B를 구별하다 |

동사 특정단어 짝 15 '특정시간부사구'와 친한 동사

▶ 여름, 겨울 등 어느 특정 시점에 판매량이나 인기 등이 정점에 이른다는 스토리

| 특정 시간 부사구의 예
in the summer 여름에 | | peak 정점에 이르다 |

동사 특정단어 짝 16 '특정행사'와 친한 동사

▶ 세미나/워크/이벤트에 참가한다는 스토리

seminar 세미나
workshop 워크샵
event 이벤트

participate 참가하다

---

ex 042 ----- October 14, we'll be using an updated system to track employee hours.
(A) Starting (B) Start (C) From start (D) From starting

예042는 빈칸 뒤에 October 14이라는 날짜가 나오므로, 정답은 (A) Starting이다.

ex 043 Marlene was ----- after successfully heading the standards review task force.
(A) restarted (B) promoted (C) fostered (D) anticipated

예043은 빈칸 뒤에 긍정적 업적이 나오면서, 이러한 업적 이후에 승진되었다는 스토리라인이므로 정답은 (B) promoted이다.

명사와 친한 어휘들

명사어휘는 부사나 동사만큼 외우는 족족 직격탄으로 맞추지는 못한다. 하지만 ①우선, 명사는 대체로 형용사의 수식을 받으므로, 빈칸 앞의 형용사가 힌트가 된다. ②다음으로 문장 내에 있는 그 외의 명사, 동사 등도 명사어휘문제의 힌트가 된다. 따라서 명사 어휘문제 역시 해당 명사와 친한 형용사, 명사, 동사를 짝으로 외워야 한다.

명사+전치사+명사 짝 ★ '명사 of/for/to 명사'로 자주 출제되는 명사

▶ 주로 전치사 of, for, to가 명사와 명사 사이에 끼어 있다.

sign of wear 닳은 흔적
remainder of the week 그 주의 잔여일
remainder of tenure 잔여 임기
hotel for accommodations 숙박할 호텔
qualification for the position 그 직책에 대한 자격요건
approval of shareholder 주주들의 승인
reliability of product 제품의 신뢰성
receipt of order 주문 영수증
goal of business plan 사업계획의 목적
exposure to radiation 방사능에 대한 노출
feedback from survey 조사로부터의 피드백
challenge of being an architect 건축가가 되는 어려움
deadline for submission 제출 마감일
agenda of conference 회의의 주제
subject of letter 편지의 주제
purpose of meeting 회의의 목적 **objective of** program 프로그램의 목적
rough draft of the letter 편지의 초안
cultivation of network 우호증진
delegation of officials 임원 대표단

itinerary **for trip** 여행 일정표
a majority of / an array of / a variety of / a range of issues
다양한 주제
a selection of wine 와인 목록 **a series of** course 연속되는 시리즈 코스
a large collection of artwork 많은 예술 소장품
minimum of three year's experience 최소 3년의 경험
candidate for awards 수상 후보자
applicant for the job 구직자
shortage of housing 주택 공급부족
next issue of magazine 잡지 다음호 **a copy of** book 1부
duration of disease 발병기간
likelihood of failure 실패 가능성
method of payment 지불방법
demand for medical service 의료서비스에 대한 수요

명사 + 형용사 짝 ★ '형용사+명사'로 자주 출제되는 명사

extensive restoration 광범위한 복구/복원
secondary effect 부수효과
general consensus 일반적 공감대
written notification 서면통지 **written** notice 서면통지
allergic reaction 알레르기 반응 **severe** reaction 격한 반응
late entry 뒤늦은 참가등록
financial incentive 금전적인 인센티브
financial stability 금융 안정성
financial assistance 경제적 도움
technical description 기술적인 설명
important asset 중요한 자산 **valuable** asset 소중한 자산
innovative development 혁신적인 발전
professional attire 전문적 복장
valid alternative 유효한 대안
serious reservation 심각한 의구심 ('예약' 아님)
major distributor 주요 유통업자

small contractor 소형계약자/영세업자
international competitor 해외 경쟁업체
company's representative 회사의 직원
30 percent chances 30퍼센트 가능성
last stage / **last** phase 마지막 단계
substantial reward 상당한 이익
effective utilization 효과적 이용
best interests 극대 이익 **public** interests 공익 ▶interest 관심
total budget 총예산
repeated assurance 반복되는 보증
excellent review 탁월한 리뷰
lowest bid 최저가 입찰
parking permit 주차허가증 ▶permission 허가
potential applicant 미래의 지원자
prospective applicant 미래의 지원자
promising applicant 전도유망한 지원자
qualified applicant **qualified** candidate 자질이 좋은 후보자
key element 중요한 요소 **key** issues 중요 주제들
double shift 이교대조 **day** shift 낮조 **night** shift 밤조
early shift 빠른조 **late** shift 늦은조
large gap 큰 격차

명사 + 명사 짝 ★ '명사 + 명사'로 자주 출제되는 명사

media coverage 취재/보상/적용 범위   **client** satisfaction 고객만족
saving plan 저축상품   **business** function 사업상 행사
job opening 공석/빈 자리   **side** effect 부작용
price range 가격대   **safety** precaution 안전 예방책
space constraint 공간상의 제한   **time** constraint 시간 제약

이러한 복합명사에 대해서는 3-08 복합명사자리 문법에서 상세히 다루기로 한다.[1]

---

[1] '명사+명사'는 어휘문제로 자주 나오는 복합명사가 있고, 3-08처럼 문법 문제로 자주 나오는 복합명사가 있다. 어휘문제로 나올 때에는 경쟁선지로 다른 명사가 출제되는 반면, 문법 문제로 나올 때에는 경쟁선지로 어근이 같은 다른 품사(형용사)가 출제된다.

동사 + 명사 짝 ★ '동사+명사'로 자주 출제되는 명사

change policy 규정을 바꾸다
request estimates 견적서를 요청하다
generate profit 이익을 창출하다   **donate** profit 이익을 기부하다
earn revenue 수입을 벌다   **increase** revenue 수입을 증진시키다
anticipate revenue 수입을 예상하다
gain momentum 추진력을 얻다
gain / have access to 접근권을 획득하다
control access to ~에 대한 이용을 통제하다
suspend access to ~에 대한 이용을 중지시키다
receive reimbursement 회사에서 개인지출액만큼 상환 받다
accept / assume / take over / have / hold responsibility 책임을 지다
give / provide / show indication 암시/징후를 주다
damage resources 자원을 손상시키다   **conserve** resources 자원을 보존하다
establish regulation 기준을 확립하다   **follow** regulation 기준을 따르다
establish reputation 명성을 확립하다   **follow** reputation 명성을 따르다
earn / enhance / develop reputation 명성을 얻다
expand facility 설비를 확장하다   **renovate** facility 설비를 개보수하다
undergo renovation 리노베이션을 겪다
be subject to / receive approval 승인 받다
use / exercise caution 주의하다
expand / enhance capacity 수용용량을 늘리다
encourage / increase participation 참여도를 늘리다
generate / raise fund 기금을 조성하다   **allocate** fund 기금을 할당하다
get extension 기간 연장, 확장을 획득하다
grant extension 확장을 승인하다   **apply for** extension 연장을 신청하다
renew subscription 구독을 갱신하다   **purchase** subscription 구독을 구매하다
attract / catch attention 관심을 끌다
hold / keep attention 관심을 유지하다
alleviate / ease / relieve concern 걱정을 경감시키다
seek advice 조언을 구하다   **offer** advice 조언을 제공하다
express / have interest 관심이 있다

전치사 + 명사 짝 ★ '전치사+명사'로 자주 출제되는 명사

under supervision 감독 하에
without exception 예외 없이
commitment to ~에 대한 헌신
dedication to ~에 대한 헌신
in compliance with ~을 따라서

기타 + 명사 짝 ★ 기타 자주 출제되는 명사어휘

'책'류
report 보고서
book 책
magazine 잡지

+

issue 판
copy 1부
subscription 구독

'평가/모집'류 동사
exam 시험치다
test 테스트하다
evaluate 평가하다
train 훈련시키다
recruit 모집하다
seek 구하다
screen 배제하다

+

'지원자/후보자'류 명사
applicant 지원자
candidate 후보자
employee 피고용자/직원

> **ex 044** It is expected that with hard work and dedication, all participants in a ----- of negotiation-skills training courses will succeed.
> (A) reference (B) series (C) compliance (D) response

예044는 빈칸이 a와 of 사이인데, training course가 연속된다는 의미이므로 정답은 (B) series이다.

> **ex 045** Responding to customer requests for a more stylish product, Pentone Corporation will offer the customers a wide ----- of colors.
> (A) agreement (B) acclaim (C) array (D) appeal

예045도 예044와 마찬가지로 (C) array가 정답이다. 만약 range가 선지에 있다면 역시 정답이 될 수 있다.

> **ex 046** Mr Nate has request a ----- of the quarterly budget report for Thursday's sales meeting.
> (A) fund (B) payment (C) copy (D) collection

예046의 경우, 빈칸 뒤의 report(보고서)를 보는 순간 copy(1부)를 떠올리는 것이 좋다. 정답은 (C) copy이다.

1-17 누구나 봐야 하는 어휘공식

to부정사를 보고 푸는 명사 문제

분사(Ving)가 아닌 to부정사만의 수식을 받는 명사도 자주 출제된다. 항상 붙어다니므로 덩어리로 암기하는 것이 좋다. ability, effort, right, enough 는 꼭 외우도록 한다. 특히 ability가 자주 출제된다.

'명사 + toV' 정답공식

ability toV ~하는 능력
right toV ~할 권리
chances toV ~할 가능성
attempt toV ~하려는 시도
willingness toV 기꺼이~하려는 의도
way toV ~할 방법
plan toV ~할 계획
capacity toV ~할 수용능력
measure toV ~할 조치

effort toV ~하려는 노력
enough 명사 + toV ~할 충분한 명사
need toV ~할 필요성
time toV ~할 시간
authority toV ~할 승인권
opportunity to ~할 기회
decision toV ~하려는 결심
wish toV ~하기를 바람

참고
동격의 that과 친한 명사도 있다.
fact that   rumor that   opinion that   report that
statement that   idea that   evidence that

보어로 쓰이는 명사적 용법의 toV와 친한 명사도 있다.
Our proposal/aim/object/goal/intention/mission is toV
우리의 제안/목표/목적/목표/의도/임무는 V하는 것이다

---

ex 047   The government is stepping up efforts ----- the wide spread of the illness.

(A) to avert (B) averting (c) avert (D) averted

예047의 정답은 빈칸 앞에 efforts가 있으므로 to부정사인 (A)이다.

형용사와 친한 어휘들

형용사의 대표적 기능은 명사 앞에서 명사를 수식하는 것이기 때문에, 형용사 어휘문제는 명사 앞자리에 빈칸이 뚫어져 있다. 따라서 빈칸 뒤의 명사를 보고 풀어야 한다.

★ '형용사+명사'로 자주 출제되는 형용사어휘

confidential document 기밀 문서
confidential information 기밀 정보
latest technology 최신 기술
technical problem 기술적 문제
technical enterprise 기술적 전문지식
technical description 기술적인 설명
significant change 상당한 변화
significant contribution 상당한 공헌
significant effect 상당한 효과
substantial reward 상당한 보상
experienced technician 숙련된 기계공
authorized personnel 승인된 직원들
original receipt 원본 영수증
routine task 의례적인 업무
accessible manual 접근하기 쉬운 매뉴얼
accessible facility 이용가능한 설비
essential nutrient 필수 영양소
defective product 결함 있는 상품
defective part 결함 있는 부품
cooperative community 공동주택단지
subsequent year 이어지는 해, 다음해

numerous problem 산적한 수많은 문제
standard price 표준 가격
duplicate key 복제된 열쇠
enviable sales record 부러운 판매 기록
notable economist 저명한 경제학자
cooperative worker 협력적인 직원
innovative way 혁신적인 방법
reasonable price 합리적인 가격
affordable price 알맞은 가격
diverse labor force 다양한 인력
durable product 내구성 있는 제품
durable material 내구성 있는 재료
additional charge 추가요금
additional way 추가적인 방법
additional information 추가적인 정보
comprehensive service 종합적인 서비스
comprehensive knowledge 포괄적인 지식
comprehensive coverage 포괄적인 보상범위
comprehensive measures 포괄적인 조치
comprehensive presentation 종합적인 발표
incompetent employee 무능한 직원
pleasant working environment 즐거운 근무환경
perishable food 상하기 쉬운 음식
arbitrary decision 독단적인 결정
thorough research 철저한 조사
thorough investigation 철저한 조사
prior authorization 사전승인
prior notice 사전통보
deliberate reservation 신중한 예약
deliberate choice 신중한 선택
local commuter 지역 통근자
constant demand 끊임없는 수요
attractive architecture (관광객을 끌어들이는) 매력적인 건축물

costly error 비용이 많이 드는 오류
orderly fashion 질서 있는 방식
friendly atmosphere 우호적인 분위기
timely manner 시기적절한 방식
quarterly report 분기 보고서
imperative duty 필수적 임무
informative lecture 정보가 많은 강의
informative book / booklet / pamphlet 정보가 많은 소책자
annual conference/meeting 연례회의
annual banquet 연례행사
annual budget 연간예산
annual report 연례보고
subsequent event 이어지는 행사
upcoming event 다가오는 행사
inclement weather 악천후
frequent cause 빈번한 원인
frequent loss of staff 빈번한 인력손실
frequent inspection 빈번한 조사
impressive event 인상적인 행사
impressive qualifications 인상적인 자격조건
persuasive argument 설득력 있는 주장
persuasive evidence 설득력 있는 증거
adjacent building 인접건물
extensive repair / renovation 광범한 수리/개조
extensive appraisal / evaluation 광범한 평가
extensive experience 광범한 경험
extensive damage 광범한 손해
revolutionary design 혁명적인 디자인
revolutionary idea / concept 혁명적인 생각
feasible alternative 타당성 있는 대안
realistic alternative 현실적인 대안
realistic goal 현실적인 목표
broad scope / range 넓은 범위

seasonal **worker** 계절적인 근로자(임시직 근로자)
seasonal **variation / change** 계절적인 변화
regular **meeting** 정기회의
regular **customer** 단골
incidental **expense** 부대비용
incidental **benefit** 부가혜택
inaccurate **information** 부정확한 정보
inaccurate **label** 부정확한 라벨
protective **clothing** 보호복
protective **equipment** 보호장비
preventive **measures** 예방조치
fragile **product** 깨지기 쉬운 제품
fierce **competition** 사나운(격심한) 경쟁
unique **collection** 독특한 소장품
widespread **disruptions** 광범한 혼란
general **consensus** 일반적인 합의(공감대)
marginal **interest** 최소한의 이익(최저 마진)
reliable **product** 신뢰할 만한 제품
convenient **means** 편리한 수단
federal **mandate** 연방법안
official **approval** 공식 승인
relevant **information** 관련 정보
relevant **receipt** 관련 영수증

★ '동사+보어(형용사)'의 짝

be/ become **available / unavailable** 이용가능/이용불가능해지다
feel **insecure** 불확신을 느끼다
be / become / seem **predictable** 예측가능해지다
look **dignified** 위엄있어 보이다
deem **safe** 안전해 보이다

참고로 '동사+보어(형용사)'에서 동사는 2형식 동사이다.

ex 048 Some companies may require ----- authorization before covering the expense.
(A) prior (B) new (C) old (D) updated

예048의 경우 prior authorization(사전승인)이 짝이 되는 의미어구이므로 정답은 (A)이다.

ex 049 It is only by this exercise that we are able to ensure that we have a good, safe, ----- product.
(A) cooperative (B) imperative (C) reliable (D) constraint

예049의 경우 reliable product(신뢰성 있는 제품)가 짝이 되는 의미어구이므로 정답은 (C)이다.

 참고

경쟁선지로 남았을 때, 의미가 헷갈리는 형용사

대체로는 뒷명사와의 관계가 능동관계인지 수동관계인지에 따라 풀면 외우지 않아도 된다. 그러나 콜로케이션 관계에 따라 미리 짝이 되는 단어를 입에 익혀두는 것이 더 좋다.

01 ____ event upcoming event (O) adjacent event (X)
  adjacent는 시간상 인접한 것이 아니라, 거리상 인접한 것이다.
02 ____ reply prompt reply (O) soon reply (X)
  soon은 부사이므로 명사를 수식할 수 없다.
03 ____ work/job excellent work/job (O) grateful work/job (X)
  일이나 업무수행이 감사함을 느끼는 주체가 될 수 없다.
04 ____ flight scheduled flight (O) appointed flight (X)
  '예정된'이라는 의미이므로 '지정된'이라는 의미의 appointed는 어울리지 않는다.
05 ____ goods fragile goods (O) cautious good (X)
  깨지기 쉬운 물건이라는 의미이므로, 물건이 주의하는 주체가 될 수 없다.
06 ____ problem ongoing problem (O) dissolved problem (X)
  계속되는 문제점이라는 의미이므로 '해결되지 않은'의 의미로 오해하기 쉬우나 dissolved는 '용해된'이라는 의미이고, unsolved가 '해결되지 않은'의 의미이다.
07 ____ rise in revenue unexpected rise (O) unaware rise (X)
  의미가 '예상하지 못한'인데, rise가 무언가를 의식하는 주체가 될 수 없다.
08 ____ reservation confirmed reservation (O) determined reservation (X)
  reservation은 확인되어지는 대상이지, 스스로 결심하는 주체가 될 수 없다.
09 ____ asset exclusive asset (O) limiting asset (X)
  '독점적인 자산'이라는 의미이므로, asset이 스스로 제한하는 주체가 될 수 없다.
10 remain ____ remain neutral (O) remain central (X)
  중립을 지켰다는 의미이므로, 물리적으로 '가운데'를 의미하는 central은 안 된다.

1-19   누구나 봐야 하는 어휘공식

형용사화된 빈출 Ving와 Ved는 암기한다

형용사화된 현재분사(Ving) 및 과거분사(Ved) 어휘문제가 있다. 이 문제는 Ving와 Ved의 구별에 관한 매우 중요한 문제이다. 이 책에서는 왜 Ving이고, 왜 Ved여야 하는지 무려 네 차례나 반복하여 강조한다.

그 이유는 분사가 영문법에서 차지하는 높은 위상 때문이기도 하거니와, 몇몇 형용사화된 분사 표현의 높은 사용빈도 때문이기도 하다. 따라서 왜 Ving이고, 왜 Ved인지 3-07, 4-03, 5-01을 통해 그 배경적 의미를 아는 것도 물론 중요하다. 그러나 일단 제1장에서는 문제를 빠르게 풀기 위해서 아래 토익 빈출 Ving와 Ved를 외워버리는 게 좋다.

unexpected result 예상치 않은 결과
unexpected travel 예상치 못한 여행
revised edition 개정된 판
revised project 수정된 프로젝트
revised contract 수정된 계약
revised instruction 수정 설명서
limited edition 한정판
limited item 한정품목
limited warranty 제한된 보증서
limited capacity 한정된 수용능력
unlimited access 무제한 이용
following years 이어지는 해(내년)
following day 다음날
preceding years 이전의 수년(지난 몇 년)
updated system 업데이트된 시스템
written consent 서면화된 동의
written notification 서면통지
written notice 서면통지
written authorization 서면 승인

written statement 서면 성명서
detailed product information 상세한 제품정보
surrounding cities 주변 도시들
proposed project 제안된 계획
time demanding activity 시간 요구 활동
demanding supervisor 까다로운 상사(요구하는 것이 많은 상사)
proposed plan 제안된 계획
proposed site 제안된 장소
repeated dismissal 반복된 거절
reserved parking area 지정된 주차구역
designated parking area 지정된 주차구역
designated entrance 지정된 출입구
skilled programmer 숙련된 프로그래머
authorized service center 공인인증 서비스센터
unclaimed baggage 소유자 불명의 짐
increasing need 증가하는 수요
increasing demand 증가하는 수요
rising demand 상승하는 수요
improving technique 향상되고 있는 기술
customized system 고객맞춤형 시스템
promising student 전도유망한 학생
growing segment 성장하고 있는 부문
growing number 증가하고 있는 수
growing company 성장하고 있는 회사
emerging company 떠오르는(유망한) 회사
emerging market 떠오르는(유망한) 시장
presiding officer 사회자/감독관
interested person 관심 있는 사람
motivated student 동기부여된 학생
dedicated employee 헌신적인 직원
highly qualified candidate 충분한 자격을 갖춘 후보자
qualified applicant 자격 있는 지원자
enclosed brochure 동봉된 브로슈어
attached file 첨부파일 attached document 첨부문서

confirmed reservation 확인된 예약
expanding competition 확대되는 경쟁력
opposing opinion 반대하는 의견
remaining representatives 남아 있는 직원
remaining staff 남아 있는 직원
preferred means 선호되는 수단
leading company 선도하는 기업
leading supplier 선도하는 공급업체
leading manufacturer 선도하는 제조회사
specified resolution 구체화된 해결책
lasting impression 오래가는 인상
rewarding effort 가치 있는 노력
rewarding career 보람 있는 직업
damaged item / goods 손상된 물건
handcrafted product / pieces 수제품
purchased product 구입된 물품
finished product 완제품
discounted price 할인된 가격
requested information 요청된 정보
mounting pressure 증가하는 압력
incurred expenses 발생된 비용
existing tenant 현재 세입자
existing equipment 기존 장비
experienced consultant 경험 많은 자문인
experienced employee 경험 많은 직원
restricted area 제한된 공간
informed decision 신중한 결정
detailed information 상세 정보
detailed instruction 상세 지시사항
detailed schedule 상세 일정
complicated problem 복잡한 문제
estimated length 예상된 기간
unforeseen circumstance 예상치 못한 환경(상황)
prolonged exposure 연장된 노출(장기노출)

sophisticated **equipment** 정교한 장비
challenging **task / role** 힘든 일 / 힘든 역할
missing **luggage** 잃어버린 짐
upcoming **conference** 다가오는 회의
upcoming **event** 다가오는 행사
standing **structure** 직립 구조물
outstanding **qualification** 뛰어난 자격
appealing **furniture** 매력적인 가구
overwhelming **order** 압도적인 주문
overwhelming **success** 압도적인 성공
closing **shift** 마감근무조
encouraging **remark** 격려사

---

ex 050 The Seoul National University has an additional seven ----- parking spaces at its non-residential training center.
(A) designated (B) purchased (C) limited (D) confirmed

예050의 경우 designated가 정답이다. 지정된 주차구역이라는 뜻의 reserved parking area 또는 designated parking area는 자주 출제된다.

---

ex 051 These factors could well lead to another decade of disc-based movie watching as the consumer's ----- means.
(A) preferred (B) useful (C) proposed (D) compared

예051의 경우 preferred mean(선호되는 수단)이 빈출 어구이므로, 정답은 (A)이다.

---

ex 052 Kennels Corporation's annual report indicated that the volume of its exports to Canada had risen 1.5 percent as compared with the ----- year.
(A) preceding (B) preceded (C) precedes (D) precede

예052의 경우 이렇게 준동사 문법 문제로 출제될 때도, 위 박스 안에 있는 의미어구를 외워두면, 5-01의 내용을 떠올리지 않고도 풀 수 있다. 정답은 preceding year(전년)라는 의미어구가 있으므로 (A)이다.

1-20 '~에 관하여'라는 의미의 전치사 총모음

누구나 봐야 하는 어휘공식

토익은 비지니스 영어를 모토로 하기 때문에, 특정 주제에 관해 언급하고자 할 때 쓰는 '~에 관하여'라는 표현이 매달 출제될 수밖에 없다.

◎ '~에 관하여' 정답공식

____ 뒤에 명사가 있을 때 선지에 regarding이나 concerning이 있으면 정답일 확률이 매우 높다!

01 **about** ▶ inquire about, talk about
02 **on** ▶ concentrate on, impact on, work on
03 **over**
04 **as to / as for**
05 **concerning**
06 **regarding / in regard to / with regard to**
06 **with respect to**
07 **in reference to / with reference to**

참고 유사한 어구가 있으니 구별하자.
Given that = Considering = Considering that ~을 고려할 때
Pertaining to ~와 관련 있는

---

ex 053 If there are any changes ----- our program, they will be posted in the lobby at the convention center.
(A) concern (B) concerns (C) concerned (D) concerning

ex 054 All the employees of M communications are invited to participate in a May 12 workshop ----- maintaining physical health and well-being.
(A) on (B) with (C) at (D) over

1-03에서 본 것처럼 예053의 정답은 concerning이다. 예054의 정답 또한 '~에 관하여'에 관한 전치사로서 허무하게도 (A) on이다.

曹操 TOEIC

CHAPTER 02

500점에서 900점까지
누구나 봐야 하는 문장구조분석공식

2-01 누구나 봐야 하는 문장공식

문장의 뼈대가 매직아이처럼 떠올라야 한다

문장의 구조분석을 제대로 하지 못하는 토익커가 의외로 많다. 토익 문법은 매우 쉽게 출제되고 있기 때문에 중고교 과정에서 배운 문법사항 중에서도 일부만이 출제되고 있다고 보면 된다.

그럼에도 불구하고 토익 문법이 어렵다고 느껴진다면, 그것은 문장의 뼈대, 즉, 주어와 동사, 목적어, 보어를 파악하지 못하기 때문이다. 문장의 구조가 파악되면 잔가지가 아닌 문장의 뼈대(주어와 동사)가 매직아이처럼 떠오른다.

이를 위해서는 문장에서 뼈대 이외의 부분을 제거해버릴 줄 알아야 한다. 필자는 고등학생 때부터 문장의 필수 성분, 즉, 주어와 동사, 목적어와 보어가 아닌 나머지 부분(생략가능한 부분)을 '괄호'치는 습관을 들여왔다.

괄호를 친다 함은 곧, '생략가능함'을 의미한다. 생략하여도 문장이 '완전'하다고 평가될 때, 그 부분은 괄호쳐버릴 수 있다. 괄호쳐도 되는 부분은 문장의 필수 성분이 아닌 부분이 되며, 괄호를 칠 수 없는 부분은 곧, 문장의 필수 성분이다.

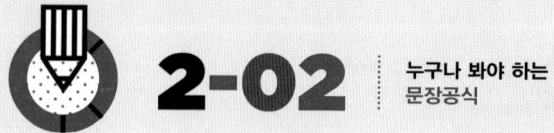

괄호치기법 VS 끊어읽기법

필자는 고교 시절 영어문장을 보면, 문장의 필수 성분(주어, 동사, 목적어, 보어)이 아닌 나머지 부분을 괄호치면서 해석을 하였다. 영어 공부를 위해 좋은 습관이라고 생각한다. 그런데 필자의 친구는 '괄호'가 아니라 '슬래쉬(/)'를 치면서 '끊어읽기'를 했다.

사실 두 가지 방법 중 ① 독해 지문의 속독속해, 직독직해를 위해서는 필자의 괄호치는 방법보다 친구의 끊어읽는 방법이 더 좋다. 끊어읽기는 앞에서 뒤로 가기만 하기 때문이다. 반면, ② 하나의 문장 내에서 구조분석을 위해서는 괄호를 쳐서 생략가능한 요소를 제거하는 방법이 더 좋다. 뒤에 있는 생략가능한 수식어구가 앞에 있는 무엇을 수식하는지까지 아래처럼 화살표로 표시할 수 있기 때문이다. (명사구로서 목적어로 묶이는 부분은 [ ]로 표시, 생략가능한 부분은 ( )로 표시하고, 피수식어가 수식하는 대상은 화살표로 표시하였음.)

> Applicants (interested in applying for the job openings) should submit [their curriculum vitae and three letters of reference] (by the first of next month.)

요컨대, 문장이 여러 개인 Part7 독해는 끊어읽는 방식으로 푸는 것이 바람직하고, 문장이 하나인 Part5,6 문법은 문장의 필수 성분이 아닌 거품구(수식구)를 괄호치는 방식으로 푸는 것이 좋다. 물론 문법문제를 풀 때도 괄호치기 방식을 주로 하되, 간간이 끊어읽기 방식도 병행해서 적용해야 한다.

그러나 시험장에서 시험지에 괄호를 치거나 슬래쉬를 하면서 푸는 것은 바보짓이다. 그래서는 시간이 부족해진다. 평소에 훈련을 그런 식으로 하고, 시험장에서는 눈으로만 보면서 마음속으로 그렇게 풀어나간다. 이하에서는 문장의 어떤 부분을 괄호치면서 읽으면, 문장의 구조(뼈대)가 드러나는지에 관한 '괄호치는 방법'을 설명하기로 한다.

2-03 | 누구나 봐야 하는 문장공식

괄호치기공식 6가지
(문장에서 생략가능한 부분 찾기)

각 괄호치기 공식의 기능상 공통점은 문장에서 생략가능한 '수식구(거품구)'를 괄호쳐서 문장의 필수성분이 아닌 부분을 제거한다는 점이다. 그렇다면 문장에서 생략가능한 대표적인 부분은 무엇일까? 바로 명사를 수식하는 부분과 동사를 수식하는 부분이다. 한마디로 문장의 의미를 풍성하게 해주는 것들이다.

ⓒ 괄호치기 문장공식01

전치사구인 '전치사 + 명사류', 즉 '전치사 + 명사/대명사/동명사'부분은 모두 괄호친다! 아래의 예가 있다.

01 (at / in / on / to / about + 명사), ~
02 명사 (of 명사) ~
03 ~ + (without 명사)
04 ~ + (with / along with + 명사)
05 (after / before + 명사) ~
06 (by / through / throughout+ 명사) ~
07 ~ (like/such as + 명사)
08 (자격의 as + 명사), ~
09 ~ (between / among + 명사)
10 (according to / in regard to + 명사) ~
11 ~ (about + 명사절) ▶예 about whether he is honest

'전치사+명사'부분은 문장의 의미를 보강하는 것이다. 따라서, 괄호쳐도 문장에 치명적 타격을 주는 것이 아니므로 당연히 생략가능하다. 이 '전+명' 생략공식에 의해 '전치사+관사+명사'나 '전치사+형용사+명사', '전치사+대명사', '전치사+동명사+목적어'가 모두 생략가능한 것임은 따로 설명하지 않아도 당연하다.

문장 중간에 끼어들어서 문장을 풍성하게 만들어주는 대표적인 것이 '전치사구'와 '부사구'이다. 전치사구란 전치사로 시작하는 어구이므로, 전치사부터 괄호로 묶는다 함은, 전치사가 보이는 순간 그 바로 앞에서 끊어 읽으라는 것과 같다(후술하는 끊어읽기 정답공식02).

> The USP event is an annual ceremony that is held (at the Deallocate Theater) (in Central Park).

> Millions (of students) (all over the world) use handwriting (without computer).

> (Despite these differences), the American and Chinese education systems share one common.

◎ 괄호치기 문장공식02

명사 뒤 '관계대명사/관계부사+주어+동사'부분은 모두 괄호쳐라!

01 명사 + (주격 관계대명사 + V ~)
02 명사 + (목적격 관계대명사 + S+V ~)
03 the place류의 장소명사 + (관계부사 where + S + V ~)
04 the time류의 시간명사 + (관계부사 when + S + V ~)
05 the reason + (관계부사 why + S + V ~)

'관계대명사+주어+동사'는 대표적으로 명사 뒤에서 명사를 수식하는 부분이므로, 문장의 필수성분인 골격에 해당하지 않는다. 따라서 당연히 생략가능하다. 다음 예에서 괄호 부분을 생략하고 읽어보자.

> The man (who wear red hat) is a game developer.
>
> I got this image (from a site) (where we met yesterday).
>
> Americans (who visit Chinese schools quickly) realize [that many of our beliefs and assumptions (about education) is wrong].

나아가, 위에서 '관계대명사+be동사'가 추가로 생략되면 아래 괄호치기 공식03으로 이어진다.

괄호치기 문장공식03

명사 뒤 Ving이하와 Ved, toV는 모두 괄호쳐버린다!
- **01** 명사 + (Ving ~)
- **02** 명사 + (Ved ~)
- **03** 명사 + (toV ~)

이 공식은 명사 뒤에서 명사를 꾸며주는 Ving와 Ved부분은 생략가능하기 때문에 성립하는 공식이다. 명사를 후치수식하는 형용사적 용법의 to부정사 부분도 생략가능하다. 예를 들면 다음과 같다.

> Customer to Customer (C2C) markets are innovative ways (to allow customers to interact with each other) .

> The first thing (I notice) is a little boy (wearing a dress).

> This is my video (for anyone) (interested in the game).

괄호치기 문장공식04

부사나 부사구는 모두 괄호쳐라!
- **01** -ly형의 모든 일반적 부사, -ly로 끝나지 않는 부사
- **02** 여러 단어 형태의 시간/장소 부사구
  - ▶ tomorrow, very, all the time, all over the world 등

ly가 붙은 일반적인 한 단어짜리 부사나, 여러 단어의 부사구는 모두 문장의 의미를 풍성하게 해주는 것에 불과하므로, 생략가능하다. 따라서 문장의 뼈대인 필수성분을 빨리 파악하려면, 부사나 부사구는 괄호쳐버리는 것이 좋다.

> Millions (of students) (all over the world) use handwriting (without computer).

괄호치기 문장공식05

Ving~, Ved~, toV~ 에서 끊고 앞부분은 괄호친다!
01 (Ving + O), S+V
02 (Ved ~), S+V
03 (To V), S+V

앞의 둘 ①과 ②는 '접+S+V, S+V'에서 앞부분인 종속절의 '접+S'를 지우고 V를 Ving나 Ved로 변경시킨 구조이다. 뒤의 ③은 '~를 위해서'라는 부사적 용법의 to부정사 부분이다. 셋의 공통점은 '주절'의 S+V가 문장의 골격이고, Ving~, Ved~, ToV부분은 종속적 성격을 띤다는 점이다. 따라서 모두 괄호로 묶고 생략가능하다. 예를 들면 다음과 같다.

> I spent several weeks (in China) reporting (on the country's schools), / (focusing in particular on the education of migrant children living in Beijing).

> (To get a high score in TOEIC,) you need to study hard with chochotoeic.

괄호치기 문장공식06

동격의 콤마에서 콤마 사이는 괄호친다!
01 주어, (~), 동사
02 주어, (~) 동사

이 공식은 콤마와 콤마 사이에 들어간 부분이 앞의 주어와 동격이면서 이 주어를 수식(구체화)하는 부분이기 때문에 생략가능하다는 공식이다. 두 개의 콤마 중 뒤의 콤마는 없는 경우도 있음에 유의하자. 뒤의 콤마가 없더라도 마찬가지로 생략가능하다. 예를 들면 다음과 같다.

> Dave Morin, (co-founder and CEO of Kiel Cosmetics Inc.) , announced [that sales income will go up over 50% in next year].

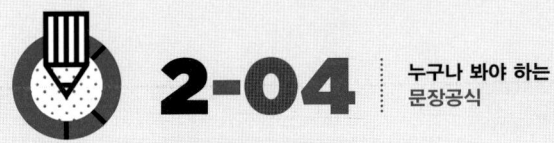

2-04 누구나 봐야 하는 문장공식

끊어읽기 공식 2가지

끊어읽기 문장공식01

연속되는 명사구를 잘 끊어내야 한다.

명사구는 문장 내에서 주어, 목적어, 보어 역할을 하기 때문에, 어디까지가 의미단위로서의 명사구인지 알아야 문장구조를 파악할 수 있다. 그런데 명사가 연속되는 경우, 의외로 어디까지가 그 명사구인지가 헷갈리는 경우가 있다. 이는 '명+명'으로 명사가 연속되는 경우에 '앞의 명사'가 형용사적 의미를 내포하기 때문이다. 잘 모르겠으면 아래처럼 익히 잘 아는 전치사인 ahead of 바로 앞에서 끊어 읽으면 좋다.

> Because Mr. Frank had completed [his monthly budget report] / ahead of time, he offered to help Ms. Eileen Finish hers.

위 문장에서 monthly는 -ly로 끝나지만 부사가 아니라 형용사이며, budget report라는 '명사+명사'가 이어지고 있다. 이런 경우 끊어읽기를 잘못하면, 문장 구조분석에 애를 먹게 된다. 끊어읽기 공식01은 ① '3-05 품사가 헷갈리는 단어'에서 공부할 access, increase, rise처럼 명사형과 동사형이 같은 경우, 그리고 ② '3-08 형용사자리를 대체하는 복합명사 공식'에서 공부할 명사가 연이어 이어지는 경우를 공부하고 나면, 그 중요성을 절감할 수 있는 공식이다. 아래 문장을 보자.

> Wage increases at Marnbetam Shipping Corporation are based on performance review.

두 번째 단어인 increase가 s까지 붙어 있어서, 누가봐도 3인칭 단수주어에 대한 동사로 착각하기 쉬우나, 뒤에 are가 있으므로 wage increases가 하나로 묶인 단어로서, '급여인상'이라는 명사구임을 알 수 있다. 이런 것을 잘 끊어 읽어야 한다.

> **끊어읽기 문장공식02**

01 전치사 바로 앞에서 슬래쉬(/) 쳐서 끊어읽고,
02 접속사+주어+동사 뒤에서 슬래쉬(/) 쳐서 끊어 읽는다.
 (접속사 + S+ V), / S+V

앞의 끊어읽기 공식01에서도 알 수 있겠지만, 자신이 모르는 단어가 연속되어서 어디서 끊어야 할지 잘 모르겠을 때, 전치사의 생김새는 대체로 알고 있으므로, 일단 전치사 바로 앞에서 끊어 읽으면 유리한 경우가 매우 많다.

> A friend of mine will give us some tips / (about the exam).

한편, 두 개의 문장 즉, 두 개의 S+V를 하나의 문장으로 연결하면서 접속사가 들어간 경우, 접속사가 있는 쪽을 '종속절', 접속사가 없는 쪽을 '주절'이라고 부른다. 따라서 당연히 종속절과 주절 사이를 슬래쉬로 끊을 수 있고, 종속절은 전체 문장의 입장에서 볼 때에는 종속적인 부분에 불과하므로, 괄호로 묶을 수도 있다.

> (If treated unfairly,) / you will start to think about racism in a more personal way.

> My first shock came / (when we arrived at theme park) .

나아가, 아래처럼 한 단어짜리 접속사가 아니라, now that(~이므로)이나 as long as(~하는 한)처럼 여러 단어가 묶여서 하나의 접속사 취급을 받는 경우도 있음에 유의하자.

> (Now that we need the oil,) / he will give us our oil back.

2-05 | 누구나 봐야 하는 문장공식
영어문장의 5형식과 문장의 필수성분

01 1형식동사와 1형식문장 (S+V)

동사만 있으면 더 이상 아무것도 필요 없는 동사가 1형식 동사(S+V; S가 V하다)이며, 이를 '완전 자동사'라고 부른다. 이런 동사들은 그 뒤로 부사나 부사구(전치사+명사) 또는 부사절(종속접속사+S+V)이 등장할 수 있다.
토익에서 출제되는 1형식 자동사는 한정적이다. 즉, 소수의 1형식 동사(완전 자동사)를 어느 정도 알고 있다면, 그 이외의 동사는 일단 모두 타동사라고 생각하는 것이 문제풀이에는 유리하다.

02 2형식동사와 2형식문장 (S+V+C)

동사가 나온 후에 '보어'라는 성분이 필요한 동사가 2형식 동사(S+V+C; S는 C이다)이며, 목적어는 불필요하나 보어는 필요하다는 점에서 '불완전 자동사'라고 부른다. 보어로는 명사나 형용사가 많이 쓰이며, 보어 이후에 다시 부사나 부사구 또는 부사절이 붙어서 이어질 수 있다.
'보어'라는 개념이 생소할 수 있는데, (주격)보어의 경우, 주어의 성질이나 형태를 설명하는 말이다. 따라서 보어가 명사이면 주어와 동격이고, 보어가 형용사일 때는 주어의 상태이다. (후술하는 5형식에서 등장하는 (목적격)보어의 경우, 목적어의 성질이나 형태를 설명하는 말로서, 보어가 명사이면 목적어와 동격이고, 보어가 형용사이면 목적어의 상태이다.)

03 3형식동사와 3형식문장 (S+V+O)

동사가 나온 후에 '목적어(명사나 명사의 역할을 하는 부정사, 동명사 또는 명사절)'가 필요한 동사가 3형식 동사(S+V+O; S는 O를 V하다)이며, 목적어는 필요하나 보어는 필요 없다는 점에서 '완전 타동사'라고 부른다. 목적어 이

111

후로 부사나 부사구 또는 부사절이 붙어서 이어질 수 있다. 한국어로 '~을'이라고 해석되는 부분이 목적어이다.

04 4형식동사와 4형식문장 (S+V+I.O.+D.O.)

동사가 나온 후에 목적어를 2개 가지는 동사가 4형식동사(S+V+I.O.+D.O.: S는 I.O.에게 D.O.를 주다)이다. 이 때 두 개의 목적어를 각각 간접목적어와 직접목적어라고 부른다. 간접목적어나 직접목적어 뒤에 부사나 부사구 또는 부사절이 붙어서 이어질 수 있다.

이 때 간접목적어는 사람이고, 직접목적어는 사물인 경우가 많다. 대개 어떤 사람에게 어떤 사물을 '준다'는 의미여서 '수여동사'라고 한다.

05 5형식동사와 5형식문장 (S+V+O+O.C.)

동사가 나온 이후 목적어가 나오고, 이어서 목적 보어가 나와야 하는 동사가 5형식동사(S+V+O+O.C.: S는 O를 O.C하도록 V하다)이다. 목적어를 필요로 하고, 보어도 필요하다는 점에서 '불완전 타동사'라고 부른다. 목적격와 보어 이후에 부사나 부사구 또는 부사절이 이어질 수 있다. 동사 뒤로 필수성분을 두 개 붙일 수 있는 동사는 전술한 4형식동사와 5형식동사뿐이다.

앞서 2형식문장에서의 보어는 '주격보어'였지만, 5형식문장에서의 보어는 '목적격 보어'이다. 주격보어는 주어와 같은 존재 내지는 주어의 상태를 설명하는 것이었다면, 목적격 보어는 목적어와 같은 존재 내지는 목적어의 상태를 설명하는 것이라고 이해하면 쉽겠다.

06 문장의 "필수성분"인 S, V, C, O

문장의 '필수성분'이란, 전술한 '문장의 5형식'이라는 구조를 완성시켜주는 요소를 말한다. 즉, 1형식(S+V)에서는 S와 V이며, 2형식(S+V+C)에서는 S, V, C이며, 3형식(S+V+O)에서는 S, V, O이며, 4형식(S+V+I.O+D.O)에서는 S, V, I.O., D.O.이며, 5형식(S+V+O+O.C.)에서는 S, V, O, O.C.이다. 따라서 S, V, C, O를 문장의 필수성분이라 표현할 수 있다. 하지만 각 문장형식마다 요구되는 필수성분은 다르다. 예컨대, 3형식(S+V+O)에서 C는 필수성분이 아니라 '있어서는 안 될 성분'이다.

07 문장의 필수성분이 아닌 "수식어"

그런데 대부분의 실제 문장은 문장의 필수성분만 있는 것이 아니라, 필수성분을 제외한 나머지를 갖고 있는데, 이를 '수식어 또는 거품구'라고 부른다. 수식어에는 명사를 꾸며주기 위한 형용사나 형용사구, 형용사절, 그리고 동사를 꾸며주기 위한 부사나 부사절이 있다.

수식어는 그 문장에서 그 부분을 괄호치고 완전히 지워버려도 (의미가 조금 썰렁할지언정) 완벽히 올바른, 적어도 틀리지 않은 문장으로서 성립하는 특징이 있다. 그래서 거품처럼 꺼져버려도 문제가 없다는 점에서 거품구라고 부르는 것이다.

해당 부분이 수식어인지 아닌지 헷갈린다면, 그 부분을 제외해 놓고 읽어본다. 이 때 5가지 형식의 문장이 요구하는 필수성분이 모두 갖추어져 있으면, 수식어라고 확정지어도 좋다. 한마디로, 수식어는 문장의 필수성분(S, V, C, O)을 제외한 나머지로서, 무언가를 꾸며주는(=수식하는) 성분이다. 애초에 '수식'이라는 말의 의미가 문장의 의미를 풍성하게 해준다는 것 아니던가!

08 문장과 문장을 연결하는 "접속사"

문장에는 기본적으로 주어와 동사가 하나씩 존재한다. 하지만 접속사를 통해 S+V와 S+V를 연결할 수 있다. 그래서 여러 문장을 접속사로 연결할 경우 '접속사의 개수+1=V의 개수'라는 공식이 성립한다(3-13 참조). 이렇게 문장의 필수요소와 수식어 및 접속사를 섞으면 문장은 점점 길어진다. 영어의 긴 문장은 모두 이런 과정을 거쳐서 탄생한다.

토익 Part5에서 출제되는 빈칸 채우기 문법 문제는 결국, 빈칸의 위치를 보고 그 빈칸자리가 ① 문장의 필수요소 자리인지, 아니면 ② 그저 수식어 자리인지, 그것도 아니라면 ③ 필수요소를 연결하는 접속사 자리인지를 파악할 줄 아는지 여부를 묻는 것이라고 정의할 수 있다.

2-06 | 누구나 봐야 하는 문장공식

어렵게 꼬은 5형식 구문에서 O.C.자리 눈치채기

여기 2-06에서 5형식 문장의 문법 전반을 한꺼번에 완벽히 정리하고 넘어갈 필요가 있다. 5형식 문장은 우리말의 언어 관념과는 상당히 이질적인 '주어+동사+목적어(O)+목적보어(O.C.)'라는 특이한 어순을 가지고 있다. 5형식에서 O와 O.C.는 전체 문장의 관점에서 보면 '목적어와 목적보어'의 관계이지만, O와 O.C. 둘만 놓고 보면 '주어와 술어'의 관계이다.

그런데 아마도 5형식 문장의 어순이 S+V+O+O.C.인 것을 모르는 토익커는 없을 것이다. 어순을 안다면, 그 다음 단계는 O.C.자리에 어떤 형태의 단어가 오느냐가 쟁점이 될 것이다.

5형식 문장에서 O.C.자리에 '일반 형용사'나 '명사'가 올 때는 아무런 문제가 없다. 형용사와 명사는 보어역할을 하는 대표적인 품사이기 때문이다. 그러나 O.C.자리에 동사류가 올 때에는 무슨 꼴이 오는지 반드시 알아두어야만 한다. 일단 아래 도표를 철저히 암기하자.

01 O와 O.C.가 능동관계일 때

S	V	O	O.C.
	사역 make, have, let		원형만 가능
	준사역 help, forbid		to부정사/원형 모두 가능
	지각 hear, see, perceive		원형/Ving 모두 가능
	일반 5형식동사 즉, 사전에 나오는 나머지 모든 5형식 동사 (get, order, want 등)		반드시 toV

02 O와 O.C.가 수동관계일 때

S	V	O	O.C.
	모든 5형식 동사		무조건 Ved 만 가능 사실은 (to be) + Ved의 축약이다

결과적으로 위 분류에서 알 수 있듯이, 외워야 할 동사는 make, have, let 3가지뿐이다. 그리고 O.C.자리에 Ved가 올 때(즉, O와 O.C.가 수동관계일 때)에는 V자리에 무슨 동사가 오는지 구분할 필요조차 없다.

특이한 점은, 토익에서는 O와 O.C.가 능동관계인 경우에 V자리에 사역동사나 지각동사가 오는 경우(그래서 O.C.자리에 원형동사가 오는 경우)보다, V자리에 일반적인 5형식 동사가 오는 경우(그래서 O.C.자리에 to부정사가 오는 경우)가 훨씬 많이 출제되고 있다는 사실이다.

위와 같은 기초지식 하에 아래의 몇 가지 5형식구문 정답공식이 도출된다.

🎯 5형식 정답공식01

**'주어+____+목적어+toV'가 있으면,
사역동사가 아닌 일반적 5형식 동사가 정답이다!**

토익이 자주 묻는 5형식 동사를 봐둘 필요가 있다. 아래는 모두 O.C.자리에 to부정사가 오는 일반적 5형식 동사의 경우이다. 이 중에서 특히 ask, enable, allow, encourage, persuade, urge, advise가 자주 출제되는 편이다.

일반적 5형식 동사 + O + to V			O로 하여금 toV 하길 ~하다			
ask	enable	allow	encourage	persuade	urge	
advise	get	expect	cause	want	lead	
tell	order	force	compel	provide	remind	
require	permit	consider	suppose	wait for	like	

> **참고**
> 5형식으로 쓰일 때 그 의미를 알기 어려운 5형식 동사
>
> 잘 알고 있는 5형식 동사인 make(~하게 만들다) 외에, 5형식으로 쓰일 때 그 의미를 알기 어려운 5형식 동사도 있다. 아래의 의미들을 알아두자.
>
> find O가 O.C함을 발견하다 keep O가 O.C인 상태를 유지하다
> consider O가 O.C라고 여기다   deem O가 O.C라고 여기다
> name O를 O.C라고 명명하다 call O를 O.C라고 부르다
> leave O를 O.C인 채로 남겨두다

결과적으로 토익에서는 5형식 문법을 다음의 예처럼 묻는 경우가 많다.

> ex 055 Money from her uncle ----- Jane to buy a laptop.
> (A) able (B) ability (C) prepared (D) enabled

예055는 O.C.자리에 to buy라는 to부정사가 있으므로, 빈칸에 들어갈 것은 사역동사가 아닌 일반적 5형식 동사이다. 따라서 정답은 (D)이다.

그런데 토익에서 5형식 문법을 위처럼 능동태인 5형식구문으로 묻지 않고, 아래처럼 수동태인 5형식구문으로 묻는 경우도 많다. 아래의 구문도 정확히 이해해야 한다.

> ex 056 All employees ----- to review the section on parking policies in Guidelines.
> (A) was encouraged (B) have encouraged
> (C) are encouraged (D) to be encouraged

예056은 일단 문장에 본동사가 없기 때문에 부정사 형태의 준동사인 (D)는 오답이며, 타동사 encourage의 목적어가 문장 내에 존재하지 않기 때문에 (B)도 오답이다. 이 문장은 encourage+O+toV의 능동태 문장에서 O를 앞으로 보내 S로 바꾸면서 S+be encouraged toV의 수동태 구조가 된 경우이다. 정답은 복수 주어 employees와 수일치까지 시킨 (C)이다. 이처럼 5형식 문장 구조가 애초에 수동태로 전환된 경우에 대해서는 5-01의 to부정사 정답공식02를 참조한다.

5형식 정답공식02

'주어+____+목적어+동사원형'이 있으면,
동사원형을 O.C로 취하는 사역동사가 정답이다!

앞 도표에서 보았듯이, O.C자리에 동사원형이 오는 경우, 빈칸이 동사자리이면 '사역동사'가 정답이므로 make, have, let, help를 외워야 한다. 그러나 토익 5형식 문법 문제는 사역동사 몇 개를 외웠느냐, 그렇지 않느냐를 단순히 체크하는 방식으로 출제되지 않는 경향이 있다.

사역동사 + O + 동사원형	O로 하여금 V하도록 시키다

make	have	let	help

5형식 정답공식03

'주어+____+목적어+Ved'가 있으면,
모든 5형식 동사가 정답이 될 수 있고, 해석으로 맞춘다!

O와 O.C.가 수동관계일 때, 빈칸이 동사자리이면, 정답공식01, 02에 나오는 모든 5형식 동사가 정답후보가 되므로, 해석으로 풀 수밖에 없다. 그런데 5형식 문제는 동사자리가 빈칸일 수도 있지만, O.C.자리가 빈칸일 수도 있다. 이 경우 해석상 O와 O.C.가 수동관계임을 파악하게 만들고, 그 결과 Ved 형태가 정답이 되도록 출제할 때가 많다. 이렇게 되면 5형식 문법 문제인 동시에, 4-03 능수동태 문법 문제이기도 하다.

 참고

5형식으로 쓰지 않고, that절을 목적어로 취해 3형식으로만 쓰이는 동사도 있다.
hope, propose, demand, say, suggest 등이 그것이다. 참고로, say의 경우 능동태의 5형식은 불가능하나 수동태인 be said toV는 가능하다. They say that he ~ = He is said to ~ 및 They believe that he ~ = he is believed to ~ 의 관계가 성립하기 때문이다.
C. T. Onions가 고안한 5형식 구문론의 한계를 보여주는 대목이기도 하다. They say that he is honest 로는 쓰지만, They say him to be honest로는 쓰지 않는다. 그렇다면 say는 과연 몇 형식 동사인가?! (5형식구문론의 한계는 7-03참조)

2-07 누구나 봐야 하는 문장공식

영문법에서의 완전/불완전의 개념

2-03의 괄호치기 공식을 통해 생략가능한 '잔가지'를 제거하고 나면, 문장의 '뼈대'가 남게 된다. 이는 곧 문장의 필수성분만 남은 것이므로, 이를 통해 완전/불완전 여부를 판단할 수 있다.

문장의 필수성분인 주어, 동사, 목적어, 보어가 모두 다 있으면 '완전' 한 문장이고, 이러한 필수 성분 중 하나라도 빠져 있으면 아직은 '불완전'한 문장이다.

영어 문장의 완전/불완전 여부는 영문법을 관통하는 주요한 것으로서, 아래와 같은 실질적 유용성을 지닌다.

01 본동사자리인지 / 준동사자리인지를 판별할 때 유용

'동사의 개수-1=접속사의 개수'라는 공식이 있다. '주어+본동사'가 있어야만 한 개의 문장이 성립한다. 그런데 마침표로 끊기지 않은 한 문장 내에 '주어+동사', '주어+동사'가 두 개 있다면 이를 연결하는 접속사가 하나 있어야 하기 때문에 성립하는 공식이다. 이에 따르면, 다음 두 가지 사실을 알 수 있다.

01 문장이 아무리 길어져도, 문장에 본동사가 하나도 안 보이면 빈칸은 본동사가 들어갈 자리이다.
(즉, 선지에 있는 준동사 Ving, Ved, toV는 모두 오답)

02 더 이상 추가할 성분이 없는 완전한 문장에서의 빈칸은 동사로 연결하기 위한 준동사형태가 들어가야 할 자리이다.
(즉, 선지에 있는 본동사는, 그 시제를 불문하고 모두 오답)

02 관계대명사의 that, 접속사로서의 that, 동격의 that 구별에 유용

01 관계대명사로서의 that 뒤에는 불완전한 문장이 와야 한다.
I am washing the car that I bought yesterday.

02 접속사로서의 that 뒤에는 완전한 문장이 와야 한다.
I think that she is beautiful.

03 동격의 that 뒤에는 완전한 문장이 와야 한다.
I heard the rumor that Oscar is a American.

03 관계대명사 / 관계부사의 종류를 판별하는데에 유용

이에 대해서는 뒤의 5-03에서 상세히 설명한다.

01 관계대명사 뒤에는 불완전한 문장이 와야 한다.
The man (who wears a red hat) is a game developer.

02 관계부사 뒤에는 완전한 문장이 와야 한다.
I got this image from a site (where we met yesterday).

04 as ~ as 라는 원급 비교표현에 들어갈 품사선택에 유용

as ~ as 라는 원급 비교표현에 있어서, as와 as 사이에 '형용사의 원급'이 들어가는지, '부사의 원급'이 들어가는지 판별하는 데에 도움을 준다. 이에 대해서는 4-02에서 다시 설명한다.

01 as~as부분을 생략하고 봤을 때 불완전하면, 형용사의 원급(=보어)
The machine is as efficient as the old one.
(as efficient as the old one이 없으면 문장은 불성립한다)

02 as~as 부분을 생략하고 봤을 때 완전하면, 부사의 원급(=거품)
He works as efficiently as his supervisor.
(as efficiently as his supervisor이 없어도 문장이 성립한다)

이는 곧, 보어를 필요로 하는 be동사(2형식 불완전자동사)와 목적어 및 보어를 필요로 하지 않는 work(1형식 완전자동사)의 차이이기도 하다.

曹操 TOEIC

CHAPTER 03

600점을 위한
품사자리 기초공식

3-01 　600점용 문법공식

선지 4개부터 보고
어휘문제인지 문법문제인지 판단한다

토익 Part5, 6 문법 문제를 풀 때 반드시 선지를 먼저 훑어보아야 한다. 이를 통해 해당 문제가 문법문제인지, 어휘문제인지 미리 판단할 수 있기 때문이다. Part5, 6 문제의 선지는 반드시 아래와 같은 방식으로 구성되어 있다. 여기에 문법공식이 통하는 이유가 숨어 있다.

(A) persuasiveness　(B) persuasively　(C) persuasive　(D) persuade

선지가 하나의 어근(persuade)으로부터 파생된 명사, 부사, 형용사, 동사로 구성된 경우 당연히 '문법'문제이다. 뿐만 아니라, 선지가 아래와 같다면

(A) persuade　(B) to persuade　(C) persuading　(D) to be persuaded

이 역시 하나의 어근으로부터 파생된 동명사(Ving), 현재분사(Ving), 과거분사(Ved) 부정사(toV), 동사원형이므로 역시 '문법'문제이다. 이들 문법 문제는 이 책의 제3장~제7장에 나오는 공식으로 해결해야 한다.

반면, 선지가 아래와 같다면

(A) persuade　(B) interest　(C) prospect　(D) make

이 문제는 어근이 모두 다르기 때문에 당연히 '어휘'문제이다. 따라서 이 책의 제1장에 나오는 공식으로 해결해야 한다. 그런데 어근이 모두 다르다고 해서 무조건 어휘문제라고 생각해서는 안 된다. 가령 선지가 아래와 같을 수도 있다.

(A) her　(B) his　(C) their　(D) your
(A) although　(B) despite　(C) because of　(D) unless

대명사 문법문제나 관계대명사, 접속사, 전치사 문법문제 등의 경우는 어근이 다른 4개의 선지지만 어휘문제가 아니라 문법문제이므로 주의한다.

3-02 문법공식(문법격언) 암기의 필요성

600점용 문법공식

실제 토익시험장에서는 문법 문제가 어떤 문법파트에서 출제된 것인지 모르고 풀게 된다. 이를 알고 푼다면 문제는 훨씬 쉽게 느껴질 것이다.

그런데 대부분의 문법 기본서는 실제 토익시험장에서의 문제풀이와 달리, 각각의 문법쟁점사항을 '설명'하는 데에 급급하고 있다. 명사에 관한 설명을 모두 읽고 나서 '명사'편의 예제를 풀 때는 당연히 정답이 명사일 것이고 '준동사'편의 예제를 풀 때는 당연히 정답이 준동사(Ving 또는 Ved 또는 toV)일 것이어서, 문제가 훨씬 쉽게 느껴질 것이다. 즉, 예제를 푸는 의미가 상당히 퇴색해버린다.

따라서 단순히 문법 설명을 이해하는 데 그치지 말고, 토익 문제풀이를 위한 이 책의 제3장 이하의 '문법공식', 이른바 '문법격언'을 암기하도록 한다. '문법격언'이란 '빈칸이 어디어디일 때 뭐뭐가 정답!'하는 식으로 만든 공식이다. 그래서 '공식' 혹은 '격언'이라고 이름 붙였다. 이렇게 외워두면 토익시험장에서 어느 파트에서 출제된 문법 문제인지 고민하는 시간이 줄어들어 정답을 현격히 빨리 맞출 수 있다.

문법은 '법'이라는 글자가 들어가 있듯이, 법학과 유사하다. 법조문은 끊임없는 원칙과 예외로 구성되어 있고, 그 원칙과 예외에 대한 규정을 통해 규율대상에 흠결이 없도록 물 샐 틈 없는 시스템을 구축하는 것이 목표이다. 이 책의 문법공식도 빈칸의 위치에 따른 토익 문법의 원칙과 예외를 빠짐없이 구현하도록 노력하였다.

이 책에는 제3장~제8장을 걸쳐, 여러 가지 토익 문법공식이 등장한다. 각 공식의 길이가 '짧은 한 문장' 수준임을 감안할 때, 그 문법공식을 모두 암기하는 것이 부담스러운 수준은 아니다. 그 정도도 외우지 않고 토익시험장에 들어가서 문법 문제를 풀 생각은 버리는 게 좋다.

3-03 | 600점용 문법공식

눈에 띄는 품사자리 문제부터 웬만큼 다 풀어 버린다

토익 Part5, 6에는 이른바 '품사자리' 문법 문제라는 것이 있다. 선지 4개가 서로 어근이 같으면서 품사만 다른 경우이다. 앞의 3-01에서 예로 들었던 (A) persuasiveness (B) persuasively (C) persuasive (D) persuade 같은 경우이다.

이런 경우 당연히 어휘문제가 아니고 문법 문제이다. 문법 중에서도 빈칸에 명사가 들어갈지 동사가 들어갈지 부사가 들어갈지 형용사가 들어갈지를 묻는 문법 문제이다. 이를 '어떤 품사가 들어갈 자리인지'를 묻는 문제라는 의미에서 일명 '품사자리' 문법 문제라고 부른다.

품사자리 문법 문제가 나오면, 이는 가장 쉬운 문제이므로 문제 번호에 개의치 말고, 이들 문제부터 이 책의 제3장에서 배운 기초공식에 터잡아 웬만큼 다 풀어버리는 게 속 편하다.

난이도가 매우 낮은 문제이나 매달 꽤나 많은 문제가 '점수 주는' 차원에서 나오고 있으므로 실수 없이 빠르게 푸는 방법을 터득하도록 한다.

3-04 <small>600점용 문법공식</small>
품사의 기본 생김새는 대체로 정해져 있다

품사의 기본 생김새(형태)는 대체로 정해져 있다. 여기서 '생김새'라는 말의 의미를 잘 생각해야 한다. 말 그대로 생긴 모양이라는 의미이다. 즉, 그 단어의 뜻을 몰라도 그 단어의 어미(끝부분)만 보면, 그 단어의 품사가 무엇인지 알 수 있다.

어떤 토익커들은 빈칸에 어떤 '품사'가 들어갈 자리인지는 모두 파악했는데, 선지 4개 중에 무엇이 명사이고, 무엇이 동사인지, 무엇이 형용사이고, 무엇이 부사인지를 몰라서 틀리는 경우가 있다. 가장 안타까운 경우이다. 무엇이 어떤 품사인지는 아래 공식을 암기하면 된다.

01 명사임을 보여주는 일반적 생김새

공식01	~tion, ~sion
공식02	~ance, ~ence
공식03	~sis
공식04	~ty
공식05	~ency
공식06	~ment
공식07	~th
공식08	~sure, ~dure
공식09	~er, ~or 사람명사
공식10	~ist 사람명사
공식11	~ee 사람명사
공식12	~an 사람명사

02 형용사임을 보여주는 일반적 생김새

공식01	~ful
공식02	~ble
공식03	~ous
공식04	~al
공식05	~ic
공식06	~tive, ~sive
공식07	~ant, ~ent
공식08	명사형+ly 주의 '형용사형+ly'와 반드시 구별할 것

03 부사임을 보여주는 일반적 생김새

| 공식01 | 형용사형+ly |

04 동사임을 보여주는 일반적 생김새

공식01	~ize
공식02	~ify
공식03	~ate
공식04	en+형용사
공식05	형용사+en

품사 생김새 공식이 들어맞는 예를 하나 풀어보자.

> ex 057　Many doctor presented ----- that Tina Thomas's death was a classic case of drowning.
> (A) evidence (B) evident (C) evidential (D) evidently

예057의 (A)는 -ence로 끝나므로 명사, (B)는 -ent로 끝나므로 형용사, (C)는 -al로 끝나므로 역시 형용사, (D)는 '형용사형+ly'이므로 부사이다. 그런데, 빈칸은 동사 presented의 목적어자리이자, that 앞의 선행사자리

(엄밀히는 이 때 that은 '동격의 that')이므로, '명사자리'이다. 따라서 정답은 명사인 (A)이다.

> **참고**
> **어근이 무엇인지 모를 때 쓰는 방법!**
>
> 어근이 무엇인지 모를 때 쓰는 방법이 있다. 과거형에서 ed를 뺀 나머지인 동사원형 또는 현재형에서 s를 뺀 나머지인 동사원형이 출발점이다. 따라서 선지 4개 중에서 —ed나 —s로 끝나는 것을 찾는다. 이 때 ed나 s를 제외한 앞부분이 '어근'이고, 그것은 대체로 '동사원형'일 때가 많다. 따라서 거기에 명사형 어미가 붙으면 명사가 되고, 형용사형 어미가 붙으면 형용사가 되는 것이다. 예를 들어, persuaded가 선지에 있으면 ed를 떼고 나서 보면, persuade가 원형임을 알 수 있다. 여기에 형용사형 어미인 sive가 붙으면 형용사 persuasive가 되는 것이고, 명사형 어미 ness가 붙으면 명사 persuasiveness가 되는 것이다.

아래처럼 동사형과 명사형이 같은 단어 또는 '형용사형+ly'가 출제되면, 그나마 높은 난이도에 해당한다. 아래의 예058을 가볍게 풀어보자.

> **ex 058** Initially, creating a computer-generated character is quite ----- and time consuming.
> (A) cost (B) costs (C) to cost (D) costly

예058의 빈칸은 'be동사 + 부사인 quite + ___'이므로, 후술하는 3-07 정답공식01에 따르면, 형용사가 들어갈 자리이다. 선지는 각각 무슨 품사인가? (B)에 costs가 있으므로, s를 뗀 나머지 cost가 동사원형이다. cost의 경우 동사형와 명사형의 생김새가 같은 단어이다. 따라서 cost가 명사이므로 여기에 ly가 붙은 costly는 형용사이다. (D) costly는 '값이 많이 드는'이라는 의미로서 정답이다. '명사+ly'는 형용사이고, '형용사+ly'는 부사라는 사실을 각별히 주의하자.

이상에서 살펴본 바와 같이, 단어의 뜻을 모르더라도 어미의 생김새를 통해 대체로 품사를 짐작할 수 있다. 그러나 만약 어미의 생김새까지 따지지 않아도 어떤 품사인지 느낌으로 알 수 있는 토익커라면 굳이 이런 어미공식을 따로 외우려 들지 않아도 된다. 그런 토익커는 이미 중고교 과정을 거치면서 위 어미공식을 몸에 익혔기 때문일 것이다. 그런 자는 오히려 다음 3-05에 나오는 '품사가 헷갈리는 단어들(생김새와 어긋난 품사들)'을 외워야 한다.

3-05 품사가 헷갈리는 단어들 암기

600점용 문법공식

품사가 헷갈리는 단어들이 있다. 이는 3-04의 품사어형의 일반원칙에서 벗어난 단어들이다. 토익에서는 토익커들을 헷갈리게 만들기 위해서 이런 단어들이 자주 출제되는 경향이 있다. 이는 반드시 따로 외워두는 것이 좋다.

01 명사처럼 생긴 동사

01 function^{기능하다} implement^{시행하다} supplement^{공급하다} compliment^{칭찬하다} experiment^{실험하다} 등은
-tion, -ment형으로 끝나지만 명사이기도 하고 동사이기도 하다.

02 lower^{내리다} weigh^{무게가 나가다} 등은
-er, -gh로 끝나서 명사 같지만 동사이다. (참고로, weight가 명사형)

02 형용사처럼 생긴 명사

01 applicant^{지원자} complaint^{불만} strategy^{전략} 등은
-ant, -y로 끝나서 형용사 같지만 명사이다.

02 denial^{거절} proposal^{제안} withdrawal^{인출} disposal^{처분} 등은
-al로 끝나서 형용사 같지만 명사이다.

03 부사처럼 생긴 형용사

01 hourly, timely, costly, quarterly, monthly, yearly, lovely, friendly 등은 '명사+ly'형으로서, 부사처럼 생겼지만, 형용사이다.
(부사는 보통 '형용사+ly'이므로 차이가 있다)

02 hourly train, weekly magazine, environment-friendly product 등도 따라서 '부+명'구조가 아니라, '형+명'구조이다.

04 명사, 동사, 또는 형용사의 형태가 같은 주요 단어들

prospect 전망/전망하다
request 요구/요구하다
leave 휴가/떠나다
effect 영향/영향주다
interest 관심/관심갖다
access 접근/접근하다
alternative 대안/대안의
individual 개인/개인적인
professional 전문가/전문적인
plan 계획/계획하다
experience 경험/경험하다
use 이용/이용하다

respect 존경/존경하다
offer 제공/제공하다
check 수표/점검하다
increase 증가/증가하다
raise 인상/올리다
complete 완전한/완성하다
representative 대표/대표하는
potential 가능성/잠재하는
cost 비용/비용이 들다
deliberate 고의적인/심사숙고하다
damage 손해/손해를 끼치다
relative 친척/관계된

① 명사와 동사의 형태가 같은 단어, ② 형용사와 동사의 형태가 같은 단어, ③ 형용사와 명사의 형태가 같은 단어는 2-04에서 공부한 끊어읽기를 어렵게 하여, 문장 구조분석을 어렵게 만드는 원인 중 하나가 되므로, 각별히 주의해서 외워두자.

이 중에서 특히 ① 명사와 동사의 형태가 같은 단어가 중요하다. 우리말은 동사와 명사의 형태가 항상 다르다. 그러나, 영어는 동사와 명사의 형태가 같은 단어의 비율이 의외로 매우 높다고 한다. 따라서 토익 Part5 문법문제에서 빈칸이 '명사자리'임이 밝혀졌을 때, 선지에 '-er로 끝나는 사람명사'와 '동사와 형태가 같은 개념명사'가 함께 있을 경우, 사람명사는 오히려 오답을 유도하는 낚시 선지이고, 동사라고 착각하기 쉬운 개념명사가 정답인 경우가 많다.

> ex 059 As companies ----- success, their emphasis tends to shift to protecting and maintaining the status.
> (A) experience (B) had experienced
> (C) were experienced (D) experiencing

예059의 빈칸은 접속사 As와 복수명사 companies의 다음에 있다. 그리고 빈칸 뒤에도 명사인 success가 있다. 따라서 빈칸 앞의 companies는 명사로서 주어이고, 빈칸 뒤의 success는 명사로서 목적어임을 알 수 있다. 그렇다면 빈칸은 '접+S+V'에서 V(동사)자리로서, 정답은 (A)이다.

그런데 experience가 명사 외에 동사이기도 하다는 점을 간과하면, (A)를 동사가 아니라고 생각하여, 자칫 (B)를 정답으로 고르기 십상이다. 이 문제에서 빈칸에 들어갈 것은 동사로서의 experience이다. experience가 빈칸에 들어간다고 해서 명사 세 개가 연속된 것이 아니다. 항상 명사인 동시에 동사인 단어는 주의한다. (참고로, 과거완료시제인 (B)가 오답인 이유는 주절의 시제가 tends to로서 현재시제이기 때문이다.)

05 어형과 관련된 주의해야 할 부사

01 **late**는 '늦게'라는 뜻의 부사 혹은 '늦은'이라는 형용사이고,
lately도 '최근에'라는 뜻의 부사이다.
02 **hard**는 '열심히'라는 뜻의 부사 혹은 '딱딱한'이라는 뜻의 형용사이고,
hardly, scarcely, rarely, barely, seldom거의~않는도 모두 부사이다.
03 **high**는 '높이'라는 뜻의 부사 혹은 '높은'이라는 형용사이고,
highly도 '매우'라는 뜻의 부사이다.
04 **near**는 '가까이'라는 뜻의 부사 혹은 '가까운'이라는 뜻의 형용사이고,
nearly도 '거의'라는 뜻의 부사이다.
05 **fast**는 '빠르게'라는 뜻의 부사 혹은 '빠른'이라는 뜻의 형용사이고,
fastly(×)는 영어사전에 없는 단어이다.

어형과 관련하여 주의하여야할 부사는 '4-06 -ly없이 형용사와 형태가 같은 부사구별공식'에서 상세히 다루고 있으므로 이를 참조하자. 토익에서 독립문제로 구성될 여지가 충분히 있기 때문이다.

3-06 명사자리를 보여주는 기초공식

600점용 문법공식

🔑 기초지식 쌓기

명사가 정답이 되는 8가지 경우의 수를 개괄하면 아래와 같다.

01 명사(주어)+동사
문장에서 명사가 주어역할을 하는 경우
02 형용사(분사)+명사
명사가 형용사의 뒤에서 수식받는 경우
03 전치사+명사
전치사 다음에 명사나 명사구가 오는 경우
04 타동사+명사(목적어)
명사가 문장에서 목적어 역할을 하는 경우
05 관사+명사
관사가 뒤에 명사가 있음을 표시해주는 기능어 역할을 하는 경우
06 소유격+명사
소유격 뒤의 명사가 누구의 것인지 표현해주는 경우
07 명사+명사
명사와 명사가 연이어 나오면서 복합명사를 이루는 경우
08 There be+명사
유도부사 there(있다/없다)가 형식상의 주어인 경우

위 어순을 일부러 외우려 들 필요는 없고 훑어보는 것으로 충분하다. 영어이기에 당연한 어순들이므로, 중고교 교과과정을 거치면서 머릿속에 당연하게 남아 있는 기본 어순이다. 정작 외울 것은 이하의 문제풀이를 위한 '정답공식(문법격언)'이다. 위의 개괄적 정리는 아래 정답공식을 외우기 위한 디딤돌로 생각하자.

명사자리 정답공식 01

'____(+거품삽입구)+동사'이면, 명사가 정답이다!
(이처럼 문장 첫 단어가 빈칸으로 된 경우가 많다)

'부사구/부사절, ____(+거품삽입구)+동사'로 출제될 수도 있다.
(빈칸이 문장 중간, 쉼표 다음인 경우)

물론 빈칸 앞에 a/the가 있다면 (후술하는 명사자리 정답공식04에 의해) 쉽게 명사가 정답인지 알 수 있다. 그러나 관사가 없다면 그만큼 품사 선택의 범위가 넓어지므로, 그런 상황 하에서 명사를 정답으로 고르기는 생각보다 쉽지 않다. 이 공식은 본동사 앞의 빈칸은 주어 자리이기 때문에 명사가 정답이라는 것이다.

물론 영어문장에서 주어 역할을 하는 것에는 명사 외에 대명사, 동명사구, to부정사구, 명사절이 있다. 하지만 토익에서 이들 중 대명사가 명사와 함께 선지에 등장하는 일은 절대로 없기에[2], 일단 대명사는 정답이 될 수 없다. 나아가 동명사와 to부정사는 간혹 명사와 함께 선지에 있을 수 있으나, 동명사나 to부정사가 주어가 되려면 거품삽입구 외에 동명사나 to부정사의 '목적어'가 있어야 하므로, 빈칸 뒤에 거품삽입구만 있다면 동명사나 to부정사는 정답이 될 수 없다. 따라서 토익 문법 문제에서 동사 앞쪽 주어부분 중 거품삽입구를 제외하면 빈칸이 하나 남을 경우, 명사가 정답이다.

---

ex 060   ----- conducted by the university show that drugs used to treat AIDS can prevent HIV infection.
(A) Study (B) Studies (C) Studying (D) Studied

Part5 문법문제는 항상 동사를 찾는 것에서 시작하는 것이 좋다. 예060에서 동사가 될 만한 것은 생김새로 볼 때 ed가 붙은 conducted와 show뿐이다.

---

[2] 토익 품사자리 문법 문제에서, 명사와 함께 선지로 나오는 것은 99% 동사, 형용사, 부사이다. 특히 명사와 대명사가 함께 선지에 등장하는 일은 절대로 없다. 대명사 문제는 선지 4개가 모두 대명사로 구성된 경우이다.

그런데 show that이 보이는 순간 본동사는 show임을 간파해야 한다(그렇다면 conducted는 본동사가 아니라 준동사임). 결국 본동사인 show 앞부분에서 거품삽입구인 conducted by the university를 제외하면 빈칸은 하나뿐이다. 게다가 문장의 맨 앞에 빈칸이 있는 경우이므로 위 공식이 적용되는 전형적인 경우이다. 정답은 (A)와 (B) 중, 수일치공식에 따라 (B)가 정답이다. (A)가 정답이 되려면 3인칭 단수이므로, 동사부분에 shows가 와야 한다.

이 유형은 매우 간단한 것 같지만, 아래와 같이 여러 유형으로 변형될 수 있다. 또한, 거품삽입구가 어디까지인지, 그리고 문장 전체의 동사가 무엇인지 파악하는 능력을 평가하기에 좋은 유형이다.

---

ex 061 Any ----- between your deposits and the final bills **can be settled when you check out.**
(A) differs (B) different (C) differences (D) differently

거품삽입구를 찾든가, 동사를 찾는 것이 우선이다. can be가 보이므로 이 부분이 동사이고, between으로 시작하는 부분이 거품삽입구이다. 그렇다면 빈칸은 명사(C)가 들어가야 한다. 실전에서는 이렇게 찍고 넘어가면 그만이다.
참고로, 빈칸 앞의 any(그 어떠한)는 형용사로서 그 뒤에 복수/단수/불가산/가산 어떤 유형의 명사가 와도 상관 없으므로, 추가적인 고민 없이 명사를 정답으로 고르면 된다(6-02 수량 대명형용사 정답공식05).

---

ex 062 ----- tend to buy **merchandise which they think cost less regardless of any differences in features.**
(A) Consume (B) Consumers (C) Consuming (D) Consumption

'~하기 쉽다'라는 뜻의 tend to를 보고서, 빈칸이 문장 전체의 주어임을 파악하는 것이 급선무이다. 그런데 tends to가 아니라 tend to이므로, 주어는 3인칭/단수가 아님을 알 수 있다. 따라서 정답은 단수명사가 아니라 복수명사이다. 정답은 (B) consumers(소비자들)이다. (D)도 명사이지만 단수명사여서 오답이다. 물론 해석을 통하여도 consumption(소비)은 맞지 않다.

> ex 063 As the Korean ----- spoke at the convention, Ms. Kim translated their speeches simultaneously.
> (A) delegated (B) delegate (C) delegates (D) delegating

이런 문제는 선지에 -ate형으로 끝나는 명사만 출제되어, 언뜻 선지에 명사가 없다고 느끼기 쉬운 문제이다. delegate는 중요 토익 단어로서 '권한을 위임받은 대표자들/위임하다'라는 의미의 명사이자 동사이다.
이 문제도 역시 문장 전체의 동사를 찾는 것이 급선무이다. spoke라는 과거시제의 동사가 빈칸 다음에 있고, 빈칸 앞에 as라는 접속사가 있으므로, 'the Korean ___'부분이 주어이다. 따라서 정답은 주어 역할을 하는 명사(C)이다. 복수명사가 정답인 이유는 their speeches에서 their가 복수대명사이기 때문이다. 명사자리 정답공식01을 적용하여 풀기에 가장 난이도가 높은 케이스에 해당한다고 할 수 있겠다.

> ex 064 Factory accidents can be prevented if ----- simply obeys all the rules that are clearly posted in every part of the building.
> (A) anything (B) everyone (C) themselves (D) which

역시 문장 전체의 동사를 찾는 것이 급선무이다. 그리고 문장 구조 분석을 해보면 접속사 if 바로 앞에서 끊어진다. 따라서 '접+주+동'공식에 의하여 빈칸에는 명사인 주어가, 그 뒤에는 동사가 와야 한다. obey(준수하다)에 s가 붙어 있으므로 이는 3인칭/단수의 주어를 받는 현재시제의 동사이다. 빈칸은 단수취급을 받는 대명사(B)가 들어가야 한다. (C)는 주격 대명사가 아니어서 애초에 오답이다.
다만, 실제 토익 시험장에는 선지가 이렇게 다양한 품사로 구성된 문제는 거의 출제되지 않는다. 또한 이 문제는 명사자리 정답공식01의 원리를 적용하여서 푸는 문제일 뿐, 전형적인 명사문제나 전형적인 대명사 문제라고 보기는 어려울 것이다.

명사자리 정답공식02

'형용사+____'이면, 명사가 정답이다!

형용사 다음에 빈칸이 있으면 명사가 정답이라는 공식이다. 형용사는 뒤에 나오는 명사를 꾸며주기 때문에 '형+명'공식이 성립한다. 여기서 형용사라 함은, 순수형용사 뿐만 아니라, 최상급형용사 및 분사형 형용사를 모두 포함하는 개념이다.

명사자리 정답공식은 비단 이 공식 뿐만 아니라 모두 빈칸 뒤에 명사가 없다는 것이 전제로 필요하다. 만약 '형용사+____+명사'처럼 빈칸 뒤에 이미 명사가 있다면, 형용사 다음이 빈칸이더라도 형용사가 정답이다. 이런 경우를 들어 이 공식에 반론을 제기하는 것은 무의미하다.

> ex 065 Suu Kyi announced her intention last month to run in the April elections but was waiting for the official ----- from the commission.
> (A) approving (B) approval (C) to approve (D) approved

예065는 Suu Kyi가 선거관리위원회의 공식 승인을 기다리는 중이라는 의미이다. 그러나 이렇게 해석할 이유가 없다. 빈칸의 위치가 'the + al로 끝나는 형용사' 뒤, 전치사 앞이다. 전치사 앞에서 끊으면, 빈칸은 명사자리이다. 다만 (B)는 특이하게도 생김새가 al로 끝나지만 명사라는 점은 주의해야 한다.

> ex 066 The homepage of Book Plaza Publishing has detailed ----- that can help potential authors locate agents for their manuscripts.
> (A) instructions (B) instruct (C) instructor (D) instructive

예066은 빈칸 앞이 detailed라는 과거분사이다. 순수형용사는 아니지만 분사가 형용사화된 형용사이며, 이런 것도 이 공식의 적용을 받는다. 따라서 빈칸에는 명사가 들어가야 한다. 따라서 사물명사인 (A)와 사람명사인

(C) 중 정답을 골라야 한다. 둘 중 detailed(상세한)와 어울림이 좋은 명사는 (A)이므로, 정답은 (A)이다. 참고로, that절 이하는 help라는 (준)사역동사가 이끄는 5형식문장이다.

---

ex 067 Kiumman Inc. has been a trustworthy ----- of lumber supplies for 50 years.
(A) manufacture (B) manufactures
(C) manufacturing (D) manufacturer

빈칸 바로 앞의 trustworthy가 y로 끝나므로 누가 보더라도 형용사이다. 그리고 빈칸 뒤를 보면 전치사인 of가 있으므로 '명사 of 명사'의 구조이다. 따라서 빈칸에는 무조건 명사가 들어가야 하는데, 문제는 선지에 명사가 3가지라는 사실이다. (A)는 사물명사, (D)는 사람명사이고, (B)는 복수명사인 동시에 동사이기도 하다. 따라서 manufacure(가구/제조하다)의 의미를 알고 해석해야 풀리는 문제 같지만, 실상은 trustworthy 앞의 a에 주목하면 빈칸에는 단수명사가 들어가야 함을 쉽게 알 수 있다. 또한, Inc.에 주목하면 Kiumman은 회사 이름이므로, 빈칸에는 사람명사(D)가 들어가야 함을 확신할 수 있다.

명사자리 정답공식03

'소유격(his, her, its, their, ~'s) +____'이면,
명사가 정답이다!

소유격(his, her, its, their, ~'s) 다음에 빈칸이 있으면 명사가 정답이라는 공식이다. 명사를 꾸며주는 것은 형용사인데, 소유격 대명사는 명사 앞에서 그 명사가 누구의 소유인지를 보여주는 형용사의 대용물이기 때문에 성립하는 공식이다. 명사자리 정답공식02의 확장판이라고 생각하면 쉽다.

ex 068 Politicians accused the American president of violating his ----- by speaking in favor of a particular party.
(A) neutralize (B) neutralization (C) neutrally (D) neutrality

예068은 빈칸이 소유격인 his 뒤이므로 명사자리이다. 그런데 선지에 명사형 어미는 -zation인 (B)와 -ity인 (D) 둘이 있다. 보통 zation어미는 (A)에 나오는 -ize라는 동사형 어미에 뿌리를 두고 있다. 즉, -zation은 '~화'라는 동사적 의미가 강하다. (B)는 '중립화'이고, (D)는 '중립성'이므로 (D)가 정답이다. [참고] accuse A of B : A를 B로 고소하다

ex 069 The new CEO, Parrick Sinclair, has requested your ----- at the annual company banquet at the end of this year.
(A) presence (B) present (C) presently (D) presented

예069는 your라는 소유격 뒤에 빈칸이 있고, 빈칸 뒤에 다시 at이라는 전치사로 새로운 거품구가 시작되므로 전치사 at 앞에서 끊어야 한다. 정답은 명사인 (A)이다.

명사자리 정답공식 04

'a/the + ___'이면 명사가 정답이다.
특히 a 다음에는 단수명사를 택해야 한다!

관사 a나 the 다음에 빈칸이 있으면 명사가 정답이다. 특히 a 다음에는 단수명사를 택해야 한다. the 뒤에는 단수명사가 올 수도 있고, 복수명사가 올 수도 있다.

물론, 'a/the+형용사+명사'인 경우도 있다. 거듭 말하지만 명사자리 정답공식은 빈칸 뒤에 명사가 없다는 전제 하에 명사가 정답이라는 의미이다. 'a/the ___ 명사'처럼 a나 the 뒤에 이미 명사가 있는 경우에도 a나 the 뒤라고 해서 무조건 명사가 정답이라는 뜻은 당연히 아니다. 그럴 때는 오히려 명사 앞이 빈칸이라는 점에서 '형+명'공식에 의해 형용사가 정답이다.

> **ex 070** EU ministers postpone a ----- on new Iran sanctions until their next meeting on Dec 1.
> (A) deciding (B) decision (C) decide (D) decided

예070은 해석할 것도 없이 a 다음의 뒷자리가 빈칸이고, on이라는 전치사 앞에서 끊어줘야 하므로, 빈칸은 명사자리이다. 정답은 -sion형 명사형 어미인 (B)이다. 동명사인 (A)가 정답이 되려면 빈칸과 전치사 on사이에 동명사의 목적어가 될만한 무언가가 더 있어야 한다.

> **ex 071** Transportation costs amidst rising oil prices and environmental issues are the toughest ----- for Partridge Rarms and Maple Crchard Mills.
> (A) challenge (B) challenging (C) challenged (D) challenges

예071은 빈칸 바로 앞에 a나 the가 있는 것이 아니라, 그 바로 앞에는 -est형 최상급이 있고, 그 앞의 앞에 the가 있는 경우이다. 이런 경우에도 정답은 명사인 (A) 또는 (D)이다. 복수명사인 (D)가 정답인 이유는 앞의

Transportation costs라는 주어와 are라는 동사에 수일치를 시켜주어야 하기 때문이다.

> ex 072　The fact that Mr. Morris grew up in Italy will likely be a major ----- in whether he gets posted to Europe.
> (A) factor　(B) factorial　(C) factored　(D) to factor

이 문제는 앞의 명사자리 정답공식02를 통해 풀 수도 있고, 여기 명사자리 정답공식04의 맥락으로도 풀 수 있다. 빈칸 앞의 major는 형용사이고, 그 앞의 a는 관사이기 때문이다. 따라서 단수명사 (A)가 정답이다.

> ex 073　Our marketing department is planning a meeting to review the ----- of different media and would appreciate your participation in the process.
> (A) effectiveness　　　　(B) most effective
> (C) most effectively　　　(D) more effectively

빈칸 바로 앞에 the가 있으므로, 명사가 정답이라 생각하고, 가볍게 (A)를 찍고 넘어가기 쉬운 문제이다. 그러나 사실 그것은 운이 좋아 정답을 맞췄다고 볼 여지도 있다. (B)가 유력한 오답선지이기 때문이다. 즉, 'the most+형용사'는 최상급이기에, 이것이 왜 오답인지까지는 체크하고 넘어가야 한다. 항상 빈칸 뒤를 보면 좋은데, 빈칸 뒤에 of가 있다. 이는 '명사+of+명사'의 구조임을 보여주는 것이다. 따라서 정답은 확실히 (A)가 맞다는 것을 검증할 수 있다(명사자리 정답공식05 참조).

> ex 074　We appreciate the ----- you have shown in our film.
> (A) confidently　(B) confidential　(C) confidence　(D) confident

빈칸 바로 앞에 the가 있으므로 정답은 명사 (C)이다. 참고로, 빈칸 뒷부분에 대한 문장 구조 분석을 해보면, you가 주어, have shown이 동사이다. 즉, '접+주+동'이 이어지면서 이 부분이 빈칸에 들어갈 명사를 뒤에서 수식해주는 형용사절이다. 다만 '접'이 생략된 구조이다.

명사자리 정답공식05

'관사+ ___ + 전치사'이면, 명사가 정답이다!

관사와 전치사 사이에 빈칸이 있으면, 명사가 정답이라는 공식이다. 특히 빈칸이 관사와 '전치사 of' 사이, 관사와 '전치사 for' 사이이면 명사가 정답이라는 점이 매우 자주 출제되므로 유용한 공식이다.

품사자리 문제를 풀면서 of에 주목하는 것도 하나의 테크닉이다. of는 대표적인 전치사이다. 따라서 전치사인 of 뒤는 '전+명' 공식에 의해 당연히 명사(류)자리이다. 그런데 of 앞은 어떤가? 관사인 a/an/the ___ of 이면, of 앞의 빈칸도 명사자리이다. 따라서 'the 명사 of 명사'로 외우면 매우 유용하다.

> ex 075 Leading manufacturer seeks the qualified ----- for the position of manager of Asian Sales.
> (A) applicants (B) applications (C) apply (D) applicable

예075는 빈칸의 위치가 the ___ for 이므로, 명사자리이다. 따라서 -ant형인 명사(A)와 -tion형인 명사(B)가 정답후보이다. 이 중 qualified(자질 있는)와 친한 '사람명사형 어미인 -ant'를 정답으로 고르면 된다. 그 외 문장을 쓱 훑어봐서, recruiter나 select, position 등의 단어가 있다면, '구인/구직'의 뻔한 스토리가 예상된다. 역시 position이 있으니 정답은 더 볼 것도 없이 '지원자'라는 뜻의 사람명사인 (A) applicants이다.

> ex 076 It has been found in most developing countries that an increase in average income usually leads to a ----- in the size of average families.
> (A) reduced (B) reducing (C) reduction (D) reduce

빈칸 앞에 관사 a가 있고, 빈칸 바로 뒤에 전치사 in이 있으므로, 빈칸은 명사가 정답이다. 그 중에서도 단수명사가 정답이다. 따라서 정답은 (C)

이다.

이 공식은 예외가 있을 수 없어서 매우 유용한 공식이지만, 주의할 점이 있다. 시험장에서 '전치사 앞'이 빈칸이라는 사실을 발견하고 지나치게 흥분하여, 섣불리 명사를 찍고 넘어가지 말라는 것이다. 항상 빈칸 뒤가 전치사라는 사실과 함께 빈칸 앞도 봐야 한다.

즉, '빈칸 뒤가 전치사'면서 그 빈칸 앞에 관사가 있다면, 명사자리 정답공식05에 따라 '명사'가 정답인 것이 명백하다.

그러나 '빈칸 뒤가 전치사'면서 그 빈칸 앞에 관사가 없다면, '부사' 자리인가도 의심해보아야 한다. 2-04에서 본 '전치사 앞에서 끊어읽으라'는 끊어읽기 정답공식02가 적용되는 경우일 수 있기 때문이다. 즉, 전치사 앞 부분이 부사까지로 완전한 문장을 형성하고 끝나버린 경우가 있다. 예를 들면 다음과 같은 경우이다.

> ex 077 The boss demanded that the planning team analyze the survey results ----- in the future.
> (A) attentive (B) attentions
> (C) most attentive (D) more attentively

빈칸 뒤에 분명히 in the future라는 전치사로 시작하는 전치사구가 있다. in을 보고 무턱대고 명사자리 정답공식05를 적용해서는 안 된다. 빈칸 앞에 관사가 없기 때문이다. 이 문제의 정답은 부사인 (D)이다. in the future는 뒤에 붙은 사족이고, 실제 문장은 그 앞에서 완전하게 끝났기 때문이다. analyze가 동사, the survey results가 목적어이므로, 더 붙을 것이 없고, 더 붙는다면 문장의 필수성분이 아닌 것, 즉, 부사나 부사구, 전치사구 같은 것만 와야 한다.

명사자리 정답공식06

'전치사+_____'이면, 빈칸은 명사류, 즉,
명사 아니면 대명사, 동명사가 정답이다!

01 전치사 뒤에 _____이 있고 바로 끝나거나
수식어구만 있고 문장의 필수성분없이 바로 끝나면
(동명사 아닌) 그냥 명사나 대명사가 정답!

02 전치사 + _____ + (관사) +명사 이면
동명사(Ving)가 정답!

*이 때 관사는 없을 수도 있고, 있을 수도 있음*주의

전치사 다음에는 기본적으로 명사류가 와야 한다. 따라서 일단 '전+명' 공식이라고 외운다. 이를 전치사의 목적어는 명사라고 표현하기도 한다.

전치사 자리는 접속사 자리와 비교해서 외우는 것이 좋다. 전치사 다음에는 명사가 오고(이른바 전+명 공식) 접속사 다음에는 주어와 동사가 온다 (이른바 접+주+동 공식). 예를 들어 because는 접속사로서 뒤에 '주어+동사'가 와야 하는 반면, because of는 전치사로서 of 다음에 명사나 동명사, 대명사가 와야 한다.

형용사 뒤에 명사가 온다는 '형+명'공식은 너무나 쉬운 문법이므로 '형+명'공식으로 명사자리를 맞추게 하는 문제보다는 '전+명'공식으로 명사 자리를 맞추게 하는 문제가 더 많이 출제되고 있으니 참고하자.

---

ex 078 In farmer's business, each period of ----- is followed by a downturn, some sharper than others.
(A) prosperity (B) prospering (C) prosperous (D) prosper

예078은 전치사 of 뒤가 빈칸이고, 본동사 is 앞에서 끊어야 하므로 명사자리이다. -ity형으로 끝나는 (A)가 명사로서 정답이다.
이렇게 '빈칸 뒤'에 '빈칸에 들어갈 단어의 목적어'가 될 만한 단어가 없으면, 그것으로서 명사구가 완결적이어야 하므로, 동명사가 아닌 순수 명사가 정답이다. 다음의 예와 비교해보자.

> ex 079　Almost half of readers get embarrassed by ----- flowers at work.
> (A) receiving (B) to receive (C) receipt (D) receive

예079에서 '전치사+명사'라고 외워서 명사형 어미 -ipt를 보고 (C)를 찍고 넘어가는 우를 범하지 말아야 한다. '전치사 ___ (관사 또는 소유격)+ 명사'일 경우 빈칸 뒤에 (빈칸에 들어갈 단어의) 목적어가 있으므로, 정답은 동명사(A)이다. 항상 빈칸 앞도 중요하지만, 빈칸 뒤도 중요하다!

 참고
여기 '전+명' 공식에서 파생되는 것들이 있다.
전치사+관사+명사,
전치사+소유격+명사,
전치사+형용사+명사 등이다.

이것들까지 모두 '전/관/명', '전/소/명', '전/형/명' 이런 식으로 머릿글자를 따서 공식화해서 외우려 들면 머리가 터진다. 이것들은 모두 '전+명'의 파생이므로 외우지 않아도 된다.

다만, 명사자리 정답공식06에서 **02**는 고도의 주의를 요하는 공식이다. 지난 4년간 조조토익 구판을 가지고 공부하였던 토익 독학러들로부터 가장 많은 질문을 받은 사항임을 꼭 알아 주었으면 한다.

즉, 명사자리 정답공식06 **02**에서, 빈칸 뒤에 관사는 있을 수도 있고, 없을 수도 있다. 만약 빈칸 뒤에 관사가 있는 경우라면, 빈칸은 다른 경우의 수를 고려할 것 없이 '동명사인 Ving'가 정답이다. 빈칸 뒤에 오는 '관사+명사'가 빈칸에 들어갈 동명사의 목적어가 되기 때문이다(여기서 전치사와 관사 사이가 빈칸이면 무조건 Ving가 정답이라는 '5-01 동명사 정답공식01'이 도출되는 것임).

그러나 만약 예079처럼 빈칸 뒤에 관사가 없는 경우라면, 빈칸은 '전치사 뒤가 빈칸인 경우'인 동시에 '명사 앞이 빈칸인 경우'가 된다. 따라서 '명사 앞이 빈칸'인 경우에 적용되는 형용사자리 정답공식02 또는 03에 의해, 그 뒤의 명사를 꾸며주는 '진짜 형용사', '현재분사인 Ving', '과거분사인 Ved'가 정답이 될 수도 있다. 즉, 예079에서 received가 선지에 있었더라면, receiving과 received 중 해석이 자연스러운 것을 고르는 수밖에 없다. 아래 문제가 바로 이 경우이므로 참고하기 바란다.

> **ex 080** With the growth of credit cards, debit cards, and Internet sales, the use of ----- checks has decreased considerably in recent years.
> (A) personal (B) personally (C) personalize (D) personalized

전치사와 명사 사이에는 동명사 외에, 명사를 수식하는 형용사나 형용사화된 분사가 올 수도 있다. 따라서 '개인수표'라는 의미인 personal check가 되는 (A)가 정답이다. 빈칸과 checks 사이에 관사가 없으므로 동명사 Ving 외에 이러한 가능성을 고려해야 하는 것이다.

> **ex 081** The building owner agrees to install new air conditioning if we will pay for ----- to the wall.
> (A) repairing (B) repairs (C) repairable (D) repaired

이 문제는 전차사 for 다음에 빈칸이 있고, 명사 없이 끝난 **01**의 경우이다. 따라서 동명사인 (A)는 오답이고, 명사인 (B)가 정답이다.

> **ex 082** The advertising of ----- that are aimed at young children <u>has</u> been banned from Saturday morning programming on many television stations.
> (A) product (B) productivity (C) production (D) products

이 문제는 빈칸 바로 앞에 전치사 of가 있고, 빈칸 뒤에 관계대명사절 that are가 이어지고 있다. has가 문장 전체의 동사이다. 따라서 빈칸에 들어갈 선행사가 복수명사임을 알 수 있다. 따라서 정답은 (D)이다.

명사자리 정답공식07

'일반동사V 또는 toV + ＿＿'이면,
명사류(명사,대명사,동명사) 또는 부사가 정답이다!

V가 자동사이면 부사가 정답, V가 타동사이면 명사류가 정답!

be동사 이외의 일반동사가 '본동사 자리 또는 to부정사 형태'로 있은 다음에 빈칸이 있으면, 그 동사가 타동사이면 목적어가 와야 하므로 명사가 정답, 그 동사가 자동사이면 목적어가 올 수 없으므로 부사가 정답이라는 공식이다.

거의 토익 시험에서 매달 나오는 유형이다. 이 명사자리 정답공식 역시 빈칸 뒤에 명사가 없다는 전제 하에 성립하므로, 빈칸 뒤에 명사가 있다면 빈칸에는 당연히 형용사가 정답일 수도 있다.

이런 유형에서 위 일반동사가 '자동사'인지 '타동사'인지 구별해야만 문제를 풀 수 있음은 당연하다. 그런데 그렇다고 하여 어떤 동사가 자동사인지 타동사인지를 평소에 모두 외워놓는 것은 매우 부담스럽다. 따라서 개별 동사의 뜻은 알고 있을 테니까, 우리말로 개별동사의 뜻을 생각했을 때 목적어가 필요한지 여부에 따라 선택한다.

> **ex 083** To find information about FAFSA, all candidates should visit fafsa.ed.gov and fill out the ----- and then submit them.
> (A) form (B) formation (C) formed (D) forms

예083은 fill out 뒤가 빈칸이므로, 일반동사 뒤가 빈칸인 문제이다. 물론 the 뒤에 빈칸이 있으므로 명사자리임이 더욱 더 명확하긴 하다. 따라서 (A)(B)(D) 중에서 정답이 있다.

그런데 (B)의 -ation은 동사적 의미가 강한 명사이므로 '형성'이라는 오답이다. 반면 (A)의 form은 '지원서류양식'을 의미하므로 (A)와 (D) 중에서 정답을 골라야 한다. 이 중 주어에 있는 all과 수일치를 시켜주려면 (D)

가 정답이다. 또한 뒤에 submit them이 forms를 받으므로 반드시 복수형이 와야 하는 자리이다.

> **ex 084** Accept what the speaker is saying; listen ----- without judging.
> (A) objection (B) objective (C) objects (D) objectively

예084는 전치사 without 앞에서 끊어야 하므로, listen ___인 문제이다. 일단 정답공식07에 따라 명사 아니면 부사가 정답이다. listen이 자동사인지 타동사인지 이미 알고 있다면 부사인 (D)를 정답으로 고를 수 있다.

만약 listen이 자동사인지 타동사인지 몰랐다면 어떤가? 즉, 혹시 listen이 타동사라고 의심하여 빈칸에 listen의 목적어인 명사가 들어와야 하는 것이 아닌가 의심해볼 수 있겠다. 그러나 빈칸 바로 뒤의 '판단 없이(without judging)'라는 문구를 토대로, 이는 곧 의미상 '객관적으로(objectively)' 들어야 한다는 의미이므로 (D)를 정답으로 고를 수 있다.

다른 문제풀이 방법도 있다. listen to my heart 같은 귀에 익은 문구(SM소속가수 '보아'의 노래제목)를 떠올려 보면, listen은 전치사 to 없이는 목적어가 올 수 없는 자동사임을 알 수 있다. 결국 정답은 (D)이다. (이렇게 자동사인지 타동사인지 헷갈릴 때에는, 그 동사 뒤에 올 법한 전치사가 머릿속에 떠오르면 자동사, 그렇지 않으면 타동사라고 생각하면 쉽다.)

> **ex 085** The law appoints a deputy minister whose job it is to establish ----- for inter-state transportation.
> (A) regulation (B) regulations (C) regulatory (D) regulating

이 문제는 establish가 자동사라면 빈칸에 부사가 들어가야 하고, establish가 타동사라면 빈칸에 목적어인 명사가 들어가야 한다. 그런데 마침 선지에는 부사가 없으므로 명사가 정답이다. 하지만 선지에는 단수명사인 (A)와 복수명사인 (B)가 있다. 단수명사인 regulation은 빈칸 앞에 관사 a나 the가 없기 때문에 오답이다. 정답은 (B)이다.

명사자리 정답공식08

'____+명사'일 때,
빈칸에 형용사를 넣으면 '형+명'으로 어색하지 않는데,
빈칸에 명사를 넣어서 '명+명'으로도 문맥이 통하면,
오히려 명사가 정답인 때가 많다.(이른바 복합명사 공식)

빈칸이 명사 앞인데, 명사가 정답인 경우이다. 이는 3-07에서 형용사자리 공식을 모두 공부한 뒤에 나오는 3-08를 참조하기로 한다. '형용사+명사'나 '명사+명사'나 둘 다 우리말로는 어색함이 없다. 그러나 관용적으로 '명사+명사'로 사용하는 경우에 대한 문제이므로 외우는 수밖에 없다.

> **ex 086** Measuring ----- satisfaction is a relatively new concept to many companies that have been focused exclusively on income.
> (A) customer (B) customary (C) custom (D) customers

예086은 customer satisfaction(고객만족)이라는 복합명사가 있으므로, 정답은 customer이다. customary satisfaction은 왜 될 수 없는지 묻지 말라. 그저 관용적으로 그렇게 쓰는 것이다.

이상으로 명사가 정답이 되는 경우를 모두 살펴보았다. 이들 명사자리 공식을 모두 외우고, 토익 문제를 풀 때 그대로 따라해 보면, 100% 적중할 것이다.

다만 거듭 주의할 점은, 앞서 여러번 언급한 것처럼 빈칸 뒤에도 신경을 써야 실수를 줄일 수 있다는 것이다. 명사자리 정답공식은 모두 빈칸 뒤에 명사가 없다는 전제 하에 빈칸에 들어갈 정답은 명사라는 공식이기 때문이다. 만약 빈칸 뒤에 이미 명사가 있다면, 빈칸은 도리어 형용사가 정답이 될 수 있다.

이는 후술하는 형용사자리 정답공식도 마찬가지이다. 형용사자리 정답공식 역시 모두 빈칸 뒤에 형용사가 없다는 전제 하에 빈칸에 들어갈 정답

은 형용사라는 공식이다. 만약 빈칸 뒤에 이미 형용사가 있다면, 빈칸은 도리어 부사가 정답이 될 수 있다.

> ex 087 To prevent any injuries, employees in the warehouse must observe all safety ----- at all times.
> (A) regulate (B) regulation (C) regulatory (D) regulations

safety regulations는 복합명사 중에서 가장 자주 출제되는 것이다. 그런데 regulation과 regulations 중에서는, 빈칸 앞에 형용사 all(모든)이 있으므로 복수명사인 (D)가 정답이다.

> ex 088 All employment ----- must include the names and telephone numbers of at least two personal references.
> (A) applicants (B) applying (C) applied (D) applications

형용사 all 다음에는 복수명사가 올 수 있기 때문에, 명사이고 또한 복수명사인 applicants(지원자)와 applications(신청서)가 일단 정답 후보가 된다. 이 둘 중 해석상 어울리는 것은 (D)이다.

> ex 089 After years of research, many western physicians are beginning to acknowledge health ----- of green tea.
> (A) benefit (B) beneficial (C) beneficially (D) benefits

빈칸은 동사 acknowledge 뒤이자, 전치사 of 앞이다. 다만 health가 명사인데, 이것이 형용사라면 안성맞춤이겠다. 이럴 때 health benefit(건강상의 혜택)라는 복합명사 문제라는 것을 간파해야 한다. 그런데 선지에서 benefit도 명사이고 benefits도 명사이다(물론 이들은 동사와 명사의 형태가 같아서 동사이기도 하다). health 앞에 관사 a가 있으면 단수명사가 정답이겠지만, 관사 a가 없기 때문에 복수명사(D)가 정답이다.

3-07   600점용 문법공식

형용사자리를 보여주는 기초공식

🔑 기초지식 쌓기

형용사가 정답이 되는 6가지 경우의 수는 아래와 같다.

01 be동사(혹은 become동사류) + 형용사
  형용사가 be동사나 become류의 보어 역할을 하는 경우
02 형용사+명사
  형용사가 명사 앞에서 명사를 수식하는 경우
03 부사+형용사+명사
  부사가 형용사를 수식하고, 형용사가 명사를 수식하는 경우
04 관사+형용사+명사
  관사와 명사 사이에서 형용사가 명사를 수식하는 경우
  (앞의 2와 동일맥락)
05 형용사 and 형용사
  등위접속사 앞뒤에서 형용사가 병렬적으로 열거되는 경우
06 전치사+형용사+명사
  '전+명'공식에서 형용사가 삽입되어, 형용사가 뒤의 명사를 수식하는 경우

위에 나오는 어순은 일부러 외우려 들 필요는 없다. 한번쯤 훑어보면 충분하다. 정작 외울 것은 이하의 문제풀이를 위한 '정답공식'이다. 위의 개괄적 정리는 아래 문법공식을 외우기 위한 디딤돌로 생각하자.

형용사자리 정답공식 01

'be / to be + ____' 혹은
'become류/ to become류 +____'이면
형용사가 정답이다!

be (become, remain, seem, stay, appear)동사 또는 to be (become, remain, seem, stay, appear) 다음에 빈칸이 있으면 형용사가 정답이라는 공식이다.[3]

이는 be, become, remain, seem, stay, appear 동사 뒤에서 '주격보어' 역할을 하는 품사는 '형용사'이기 때문에 성립하는 공식이다. 이들 동사는 뒤에 형용사가 붙어야 문장의 필수성분이 완전하게 구비된다.

그런데 이들 여러가지 2형식 동사 중 토익 시험에는 be와 become의 출제 빈도가 90%가 넘을 만큼 압도적으로 높고, 나머지 동사들은 거의 출제되지 않는다. be와 become으로 출제하되 오히려 출제방식만 바꾸어, 형용사 앞에 빈칸을 만들어 놓고 become을 채워넣는 문제로도 출제된다.

참고
존재를 나타내는 유도부사

단, be동사 다음인데도 there is , there are 같은 존재를 나타내는 부사 뒤에 빈칸이 있으면 '명사'가 정답이다! 너무 빨리 풀다가 유도부사 뒤임을 놓치지는 말 것!

그런데 혹자는 He is a student처럼 be 동사 뒤에 '관사+명사'가 올 수 있고, 진행형이나 수동태가 존재하므로 be Ving, be Ved도 가능함을 이유로, 형용사자리 정답공식 01을 폄하한다.

그러나 이는 바람직하지 않다. 토익 문법 문제에서 품사자리 문제는 동일한 어근을 가진 서로 다른 품사 4개를 선지로 구성하여 출제하기 때문이다. 즉, 형용사형이 없는 student 같은 단어는 토익 문법의 품사자리 문제

---
[3] 이 역시 형용사자리 정답공식이므로 빈칸 뒤에 형용사가 없다는 전제 하에 성립하는 공식임은 당연하다. 만약 빈칸 뒤에 형용사가 있다면, 빈칸에 들어갈 정답은 부사이다.

의 선지로 출제될 수 없다.

위 공식을 적용해야 하는 문제는, 대부분 속임수 요소로 be/become 동사 다음에 very, so, quite, rather, always, often, not, still, already, at all, even, much, far 같은 부사를 빈칸 앞에 삽입하거나 비교급인 more나 less, as ~ as를 삽입한다.

실전 문제풀이를 위해서는 이런 속임수형태를 반드시 알아야 하므로 아래 문제 몇 개를 살펴보자.

> **ex 090** Most of our students prefer to online classes since it is more ----- than traditional classes.
> (A) convenient (B) conveniences
> (C) convenience (D) conveniently

예090처럼 be와 빈칸 사이에 more를 넣어서 헷갈리게 만들기도 한다. 그래도 정답은 -ient로 끝나는 형용사형인 (A)이다.

> **ex 091** Over time, that number will reduce on its own and become much more ----- .
> (A) manageable (B) manageably (C) managing (D) manage

예091처럼 become과 빈칸 사이에 much more를 넣어서 헷갈리게 만들기도 한다. 그래도 정답은 -able로 끝나는 형용사형인 (A)이다.

> **ex 092** We should consider the alternative of the current program that is not ----- to all Americans.
> (A) accessible (B) accessed (C) accessing (D) access

예092처럼 not을 끼워넣어서 헷갈리게 만들기도 한다. 그래도 정답은 -ible로 끝나는 형용사형인 (A) accessible이다.

형용사자리 정답공식02

'___+명사'이면 형용사가 정답이다!

명사 바로 앞에 빈칸이 있으면 형용사가 정답이라는 공식이다. 명사를 앞에서 수식하는 것은 형용사이기때문에 성립하는 공식이다. 가장 쉬운 유형으로서 점수 주는 유형이다. 아래와 같은 파생공식들을 생각해볼 수 있다.

① be + 관사 + ____ + 명사
② 전치사 + 관사+ ____ + 명사
③ ____ + 복합명사(명사+명사)

그러나 이와 같은 관사와 명사 사이가 빈칸이면 형용사가 정답이라는 파생공식까지 외울 이유는 없다. 위 '형+명'공식으로 모두 처리되기 때문이다. 특히 뒤의 명사가 불가산명사이거나 복수형일 경우 관사는 있을 수도 있고 없을 수도 있으므로, '형+명'공식 하나로 처리하는 편이 더 간명하다.

> **ex 093** If you use these three tips, then you can find a great watch that will last a long time at a ----- price.
> (A) reasonable (B) reason (C) reasonably (D) reasoning

예093의 정답도 이 공식에 따라 당연히 (A)이다.

> **ex 094** The politician offered a very ----- argument against lowering taxes but it seems nobody changed their minds.
> (A) persuasive (B) persuaded
> (C) persuasion (D) persuasively

빈칸이 관사 a와 명사 argument 사이이므로, 빈칸에는 형용사가 와야 한다. 따라서 정답은 (A)이다.

> ex 095 Despite a ----- decrease in sales, we managed to increase net profits through better financial management.
> (A) slightness (B) slight (C) slightest (D) slightly

빈칸이 관사와 명사 사이이므로 형용사자리이다. 정답은 (B)이다.

> ex 096 The whole mood of our new country home is affected by ----- variations in the colors of the surrounding trees and grass.
> (A) season (B) seasonally (C) seasonal (D) seasoned

빈칸은 명사 앞이므로, 빈칸에는 명사 variations를 수식하는 형용사가 와야 한다. seasonal variations(계절적 변화)이므로 (C)가 정답이다.

> ex 097 Parents and teachers met at the ----- hearing to discuss their concerns about the budget reductions.
> (A) publicize (B) public (C) publicness (D) publicly

빈칸 앞이 관사, 빈칸 뒤가 hearing(공청회)으로서 명사이므로, 빈칸에는 형용사가 들어가야 한다. 정답은 (B)이다.

그런데 이 공식과 관련하여 주의할 것이 하나 있다. 'the ___ 명사'의 경우 정답이 형용사인 것은 옳으나, 형용사의 '원급'이 아니라 아래처럼 'the most+형용사'로 최상급이 오는 경우도 있다. 이는 4-02 비교급과 최상급 문법공식에서 다시 공부할 내용이기는 하나, 관사가 a가 아니라 the인 경우는 다시 한번 주의하는 습관을 기르자.

> ex 098 CEO Paul Zahra says that electronics is the ----- category within the department store's broad range.
> (A) challenged (B) to challenge
> (C) most challenging (D) more challenged

빈칸 앞에 the가 있으므로 예098의 정답은 최상급인 (C)이다. 특히 뒤 쪽 within이하의 전치사구의 존재가 최상급과 어울리는 경우가 많다.

> **ⓒ 형용사자리 정답공식3**
>
> (선지에 진짜 형용사는 없을 때) '____+명사'이면,
> 형용사화된 준동사 (Ving 혹은 Ved)가 정답이다!
> 이 때, Ving인지 Ved인지를 고르는 구별공식은,
> 해석상 'V하는'으로 해석되면 Ving가 정답이고,
> 'V되는'으로 해석되면 Ved가 정답이다.

명사 바로 앞에 빈칸이 있으면, Ving 혹은 Ved가 정답이라는 공식이다. 명사 앞에서 명사를 꾸며주는 역할을 하는 것은 '형용사'인데, 진짜 형용사가 아니면서 형용사 역할을 하는 2가지인 '준동사 Ving와 Ved'가 명사 앞의 빈칸에 들어갈 수 있다는 공식이다.

여기 형용사자리 문법인 3-07에서 '준동사인 Ving와 Ved'를 다루는 이유는, Ving와 Ved가 '동사'를 '형용사'로 바꾸어주는 방법 중 하나이기 때문이다. 즉, 동사를 형용사화시켜주는 방법이 동사원형에 ing를 붙이거나 ed를 붙여주는 것이다. Ving와 Ved는 형용사가 아니지만 형용사 역할을 하는 형용사의 대용물이다.

원래 이 공식은 전통적인 영문법 체계로 따지면, 형용사자리 문법이라기보다는 준동사 중 분사 Part에서 다루는 내용이다. (실제로 이 책도 5-01의 분사자리 정답공식02에서 이 내용을 반복적으로 다루고 있기도 하다) 그러나 Ving와 Ved가 마치 원래 형용사인 것처럼 빈번히 쓰이는 것들이 많으므로, 자주 출제되는 것들은 형용사 어휘(1-19 참조)로서 암기하기 바란다.

> **ex 099** David Eldridge definitely left a ----- impression on their last deployment to Afghanistan.
> (A) lastly (B) lasting (C) lasted (D) lasts

예099는 일단 부사형인 (A)와 동사형인 (D)는 오답이다. 따라서 정답후보는 현재분사인 (B)와 과거분사인 (C)이다. 이 중 해석상 '지속하는 감흥'이므로 정답은 현재분사인 (B)이다. 주목할 점은 위 예099에서 선지에

진짜 형용사가 없다는 점이다. 이런 문제는 '지속적인'의 뜻을 갖는 진짜 형용사형이 없게 출제된다.

> ex 100 This represents a significant administrative burden and an inefficient use of ----- capacity.
> (A) limiting (B) limited (C) limit (D) limitation

예100도 예099처럼 진짜 형용사형이 선지에 없다. 따라서 Ving와 Ved 중에서 해석상 '~제한된 수용용량'이므로 정답은 과거분사 (B)이다.

예099과 100에서 알 수 있듯이, 토익에서는 명사 앞에서 '명사를 수식하는 준동사' 중 Ving(현재분사)가 정답인지, Ved(과거분사)가 정답인지를 구별하는 문제가 매우 자주 출제된다. 이 때 구별기준은 해석상 '능동/수동'이다.

분사가 뒤의 명사를 수식하는 경우, '수식받는 명사'와 '분사'의 관계가 능동관계이면 Ving가 정답, '수식받는 명사'와 '분사'의 관계가 수동관계이면 Ved가 정답이다. 즉, Ving는 '적극적으로 남을 V하게 시키는, V하게 만드는, ~하는'의 능동적 의미(주체)이고, Ved는 '피동적으로 남에 의해 V하게 된, ~되는'의 수동적 의미(객체)이다. 예를 들면, exciting scene은 '흥분시키는 광경(흥분을 야기하는 주체)'의 의미이고, excited spectator는 '흥분된 구경꾼들(흥분된 객체)'의 의미이다. '현재분사인 Ving=능동적 성격, 과거분사인 Ved=수동적 성격'이라는 원리는 영어 전반을 관통하는 매우 중요한 것이다.

'앞의 분사'를 기준으로 설명하지 않고, 수식받는 '뒤의 명사'를 기준으로 바꿔 말하면, 대체로 뒤의 명사가 '감정을 야기하는 주체(원인야기 사물)'이면 Ving, 뒤의 명사가 '감정을 느끼는 피조물(가령 사람이나 동식물)'이면 Ved가 정답이라고 표현하는 것도 가능은 하겠다.

참고로, Ving와 Ved가 '명사를 수식할 경우' 뿐 아니라, '보어로 쓰이는 경우'에도 위 능/수동에 따른 분사구별공식은 통한다. 즉, 보어의 해석이 '~

하는'이라는 능동의미이면 Ving가, '~하게 된'이라는 수동의미이면 Ved가 올바른 표현이다.

① You are interesting. : 넌 (남을) 재미있게 한다/만든다(능동)
  ▶ 주어 you라는 명사가 감정을 야기하는 원인물인 경우
② You are interested. : 넌 (남에 의해) 관심을 갖게 되었다(수동)
  ▶ 주어 you라는 명사가 감정을 느끼는 주체인 경우

01 the surprising scene 놀라게 하는 광경
  ▶ scene이 surprise를 주체적으로 야기하는 원인물인 경우
  the surprised man 놀라게 된 사람
  ▶ man이 다른 것에 의해 야기된 surprise를 피동적으로 느끼게 된 경우
02 embarrassing mistake 당황시키는 실수
  embarrassed tour group 당황하게 된 여행단
03 boring game 지루하게 만드는 게임
  bored people 지루하게 된 사람들
04 governing 지배하는
  governed 지배된
05 involving, concerning, including, containing ~을 포함하는
  involved, concerned, included, contained ~과 관련된
06 proposed plan 제안된 계획
  preferred means 선호되는 수단
  experienced assistant 경험이 많게 된 보조자
  requested information 요청된 정보
07 leading company 시장을 선도하는 회사
  lasting impression 지속하는 중인/지속적인 인상
  existing equipment 존재하는 기존의 장비
  rising price 상승하는 중인 가격
  growing concern 증가하는 우려
  remaining guest 남아있는 손님

주의 rise, last, exist, grow, remain 등은 자동사이므로, 자동사는 수동태화시킬 수 없어서 Ved형으로는 사용하지 않는다.

1-19에서 이미 보았듯이, 형용사화된 빈출 Ving와 Ved는 수없이 많겠으나, 수식받는 명사와 분사와의 관계가 능동관계인지 수동관계인지에 초점을 맞춰 중요한 몇 가지를 꼽자면 위와 같다.

수식받는 명사와 분사와의 관계가 능동관계인지 수동관계인지는 의외로 매우 헷갈리는 문제이다. 위에서 언급된 existing equipment의 경우, equipment가 exist하는 주체이므로, existed equipment가 아닌 것이다. 또, company가 lead하는 주체이므로, leading company가 맞고 leaded company가 아니다(물론 exist와 lead는 애초에 자동사여서 수동태형이나 Ved형이 없기도 하다).
반면, requested information의 경우 '요청되어진' 정보이지, 정보가 사람처럼 나서서 request하는 주체가 아니므로 requesting information이 아닌 것이다.

---

ex 101 Jameson assured me the work on the forecasts was proceeding as planned and we could expect the ----- marketing plan by Friday.

(A) completely (B) completed (C) completion (D) completing

이 문제는 빈칸이 관사와 명사 사이이므로, 빈칸에는 명사를 수식하는 형용사나 분사가 와야 하는데, plan(계획)이 완성되어지는 수동적 의미이므로 과거분사 (B)가 정답이다.

---

ex 102 Under this insurance policy, repairs to a damaged vehicle are covered, provided they are performed by an ----- dealership.

(A) authorized (B) authorization (C) authority (D) authorizing

이 문제는 빈칸이 관사와 명사 dealership(판매 대리점) 사이이므로, 빈칸은 명사를 수식하는 형용사 또는 분사자리인데, 수동적 의미이므로 과거분사 (A) authorized(허가된)가 정답이다.

참고
'감정동사'의 형용사화된 Ving와 Ved

여기서 잠깐! 위 '명사를 수식하는 Ving와 Ved 구별'과 관련하여, 준동사자리에 오는 동사가 '감정동사'(alarm, amaze, amuse, annoy, delight, embarrass, excite, shock, confuse, bore, satisfy, surprise, please, worry 등)인 경우, 뒤에 수식받는 명사가 '사람인지/사물인지 여부'에 따라 판별하라는 문법책이 시중에 꽤 많다.

즉, 감정동사가 무엇인지 외우고, ① 이들 감정동사의 수식을 받는 명사가 '사람'이면 Ved 형태가 그 사람을 꾸며줘야 하고, ② 이들 감정동사의 수식을 받는 명사가 '사물'이면, Ving가 사물을 꾸며줘야 한다고 가르친다. 예를 들면, movie가 사람이 아니고 사물이니까 movie 앞이 빈칸일 때, interested movie가 아니라 interesting movie가 옳다는 것이다. 물론 대체로 옳은 말이다.

그러나 필자는 굳이 이들 동사를 감정동사라고 해서 따로 외우는 것에는 반대한다. 왜 이것들을 외워야 하는 거창한(?) 공식처럼 가르치는지 모르겠다. 그냥 앞서 Ving와 Ved를 구별하는 일반원칙으로 돌아가서, 해석상 '적극적으로 남을 V하게 시키는, V하게 만드는, ~하는'의 능동적 의미이면 Ving이고, '피동적으로 남에 의해 V하게 된, ~되는'의 수동적 의미이면 Ved이다는 공식으로 해결하면 된다. 앞의 movie의 예에서, movie가 남에 의해 관심을 가지게 된 것이 아니라, movie가 남의 관심을 적극적으로 유발하는 것이므로 interesting movie인 것이다.

또 심지어는 '기대하다'라는 뜻의 expect, anticipate 같은 동사마저 감정동사라고 한다.[4] 그런데 '(신작이어서 재미있을 것이라고) 기대되는 영화'라는 의미로 쓸 때 anticipated new movie 혹은 expected movie라고 사용하기 때문에, 과연 '사물'을 수식하는 경우에는 Ving를 쓰라는 공식이 옳은 공식인지도 강한 의문이다. 오로지 능/수동 관계를 통해 Ving와 Ved를 구별해야 하는 것이 바람직한 이유가 여기에 있다.

> **ex** A research which is conducted by KDA center ----- to show the effects of demand for oil in Europe on international commerce.
> (A) is expecting (B) expect (C) is expected (D) expected

expect를 감정동사로 잘못(?) 알고 있고, 감정동사의 경우 주어가 사물이면 Ving, 사람이면 Ved라고 기계적으로 외우게 되면, 위 문제에서 research(연구결과)를 보고 정답을 (A)로 잘못 고르게 된다. 정답은 명백히 (C)이다.

---

[4] expect를 감정동사와 구별되는 의지동사로 분류하는 경우도 있다. 의지동사이기에 the unexpected movie처럼 Ved가 사물인 movie를 수식하는 현상을 설명할 수 있다는 주장이다. 필자는 도대체 감정동사와 의지동사의 개념적 구별기준이 무엇인지부터 명확히 밝혀야 한다고 본다. 그렇지 않으면 감정동사를 외우는 것 자체가 더 힘들기 때문이다. 과연 expect(기대하다)는 감정인가 아닌가?

그런데 한편, 선지에 '진짜형용사'와 '준동사 Ving, Ved'가 함께 있다면, 정답공식02와 정답공식03이 충돌하는 것이 아닌가 하는 의문을 가질 수 있다. 가끔 선지에 진짜 형용사도 있고, 준동사 Ving와 Ved까지 있어서, 이들 셋이 선지에서 충돌하는 경우가 있다. 이럴 때 어떤 것이 정답인지 갈등인 이유는, 형용사 자리에는 '진짜 형용사' 외에 '형용사 역할을 하는 준동사인 Ving나 Ved'도 들어갈 수 있기 때문이다.

앞에서 본 예제099~102의 경우, 다행히 선지에 진짜 형용사는 없었고, 단지 Ving와 Ved를 구별하는 문제였으므로, 정답공식02와 03이 충돌하는 문제는 애초에 생기지 않았다.

그런데 만약 선지에 '진짜 형용사'와 '형용사 역할을 하는 Ving나 Ved'가 모두 있는 경우에는 어떤가? 이 경우에는, 셋을 모두 넣어봐서 수식받는 명사와 분사와의 관계가 해석상 ①수동관계이면 Ved를, ②능동관계이면 진짜형용사 혹은 Ving를 선택하는 것이 일반적 원칙이다. 하지만 능동관계일 때, 정답이 진짜 형용사인지 Ving인지는 다시 관용구의 암기 문제로 귀결되므로 매우 어려운 문제이다.

따라서 이 경우는 900점을 위한 '6-03 어근과 품사가 같으나 뜻이 다른 단어 암기'에서 다루고 있다. 만약 700점을 위하거나 잘 모르겠으면 Ving, Ved, 진짜형용사 셋이 충돌할 경우 진짜 형용사가 정답이라는 '3-14 본래 품사 우선의 법칙'에 따라 풀면 90%는 맞추게 되어 있다. 다음의 예를 보자.

> ex 103 If the action taken by the IOA is not -----, he will threaten to shift his businesses to other countries.
> (A) satisfying (B) satisfaction (C) satisfied (D) satisfactory

예103의 경우 선지에 진짜 형용사인 (D), 현재분사인 (A), 과거분사인 (C) 가 모두 있지만, 진짜 형용사인 (D)가 정답이다. 일단은 이렇게 푸는 것이 원칙이다. 다만, 간혹 만점 방지용 문제로서, 진짜 형용사와 준동사인 형용사의 뜻이 다른 경우를 출제하는 수가 있기는 하다. 이런 문제는 결국 '6-03 어근과 품사가 같으나 뜻이 다른 단어 암기'로 단순암기하는 수밖에 없다. 최고난이도의 문제이므로 목표점수가 낮은 경우 이런 문제는 과감히 버리는 것도 한 방법이다.

---

ex 104 June Lee was the editor of many ----- newspapers before he took a job on the magazine.

(A) succeeded (B) successful (C) successfully (D) succeeding

빈칸이 명사 앞이므로, 명사를 수식하는 형용사나 형용사화된 분사가 와야 한다. 해석상 succeeded(계승된)는 newspapers(신문)를 수식하기에 적절하지 않기 때문에, successful(성공적인)이 정답이다. 일단은 3-14 본래 품사 우선의 법칙에 따라, 진짜 형용사를 답으로 찍는다.

---

ex 105 Many ----- advertising ideas are weakened by input from clients who have little or no marketing expertise.

(A) creator (B) created (C) creative (D) creatively

빈칸이 명사 앞이므로, 빈칸에는 advertising ideas(광고 아이디어)를 수식하는 형용사나 형용사화된 분사가 와야 한다. created(창조된)는 문맥에 맞지 않아 오답이고, creative(창의적인)가 정답이다. 일단은 3-14 본래 품사 우선의 법칙에 따라, 진짜 형용사를 답으로 찍는다.

ⓒ 형용사자리 정답공식04

'5형식동사+목적어+_____'이면 형용사가 정답후보이다!

5형식동사의 목적보어(O.C.)자리가 한 칸일 때에는 형용사가 정답후보 1순위라는 공식이다. 2-06에서 공부한 5형식 구문은 S+V+O+O.C.인데, O.C.자리에 올 수 있는 것은 형용사 / 동사원형 / to부정사 / Ved / Ving 5가지이기 때문이다.

어떤 경우에 O.C.자리를 각 형용사, 동사원형, to부정사, Ved, Ving가 채울 수 있는지에 대해서는, 2-06에서 5형식 구문에 대해서 총정리한 부분으로 되돌아가서 한꺼번에 공부하는 것이 효과적이다.

형용사자리 정답공식01이 주격보어 자리라면, 형용사자리 정답공식04는 목적격 보어 자리이다. 정답공식01은 매우 자주 출제되나, 정답공식04는 1년에 1~2번밖에 출제되지 않는다. 따라서 후반부에 배치시켰다.

> ex 106 If there are some technical problems with this computer, your guest will have their money -----.
> (A) to refund (B) refunding (C) refunded (D) refund

예106의 경우 2-06에서 보았듯이 5형식에서 O와 O.C.가 수동관계일 때는 동사의 종류에 관계없이 O.C.자리에는 Ved형태가 정답이므로, 정답은 (C) refunded이다. 동사 자리에 have라는 사역동사가 있는 것은 신경 쓸 필요 없다.

> ex 107 To make community service more ----- to its students, the university gives a course credit for every 150 hours of volunteer work done by a student.
> (A) attractive (B) attracting (C) attracted (D) attractively

make는 5형식 동사이기 때문에, 목적어 community service 뒤에 형용사가 목적보어로 와야 한다. 따라서 (A) attractive(매력적인)가 정답이다.

---

ex 108 The new elevator and walkway system will make all levels of the museum ----- to the handicapped and the elderly.
(A) accessed (B) accessible
(C) accesses (D) accessing

make가 5형식 동사이므로 빈칸 뒤의 all levels of the meseum이 목적어이고, 그 다음 빈칸이 목적보어자리이다. 따라서 형용사인 (B) accessible이 정답이다.

형용사자리 정답공식05

'____+형용사+명사'이면 부사가 정답일 수도 있지만,
형용사가 연속되어 형용사 앞의 빈칸에 형용사가 정답인 경우가 있다!

'형용사+명사'가 덩어리로 하나의 명사로 취급받는 경우가 있다. 의미상 형용사가 뒷명사의 '종류'를 보여주는 경우이다. 예를 들면, medical problem, economic difficulty, environmental issue 같은 경우이다. 이런 경우에 이들 '형용사+명사'의 앞자리에는 부사가 아니라 형용사가 정답이다.

사실 이 공식은 형용사자리 정답공식02와 동일한 원리인데, 05의 경우 출제빈도가 현격히 떨어져서 후반부에 배치한 것이다.

보통의 경우 beautiful scene처럼 형용사는 뒷명사의 상태나 성질을 보여준다. 이런 일반적인 경우, 형용사를 수식하는 것은 부사이므로 '부+형+명'의 어순을 갖게 마련이다. 그러나 정답공식05의 경우는 '형용사+명사'가 덩어리라 하나의 명사로 취급되므로 그 앞의 빈칸은 부사가 아니라 '형용사'가 온다는 점에 주의하자.

ex 109   The first step to build a ----- financial plan is to devise a start-up budget.
(A) sound (B) soundly (C) sounding (D) sounded

예109의 정답은 형용사 financial 앞이니까 -ly로 끝나는 부사 (B)가 이 형용사를 수식해야 한다고 생각하기 쉽다. 그러나 의미상 financial plan이 덩어리로 움직이는 하나의 명사처럼 취급되므로, 그것을 수식하는 형용사 (A)가 정답이다. (C)와 (D)는 이를 형용사화된 분사라고 보더라도, 후술하는 3-14 본래 품사 우선의 법칙에 따라 정답이 될 수 없다.

이 유형은 크게 자주 출제되는 유형은 아니다.

3-08 | 600점용 문법공식

형용사자리를 대체하는 복합명사 공식

🔑 기초지식 쌓기

일반적 영문법 지식으로 생각하면, 명사 앞자리가 빈칸일 경우, 당연히 명사를 수식하는 형용사자리일 것 같다. 그러나 명사가 들어가야 하는 경우가 있다. attendance records(출석기록) 같은 몇 가지 복합명사는 외우는 수밖에 없다. 특히 자주 출제되는 복합명사는 safety(안전), procedure(절차), productivity(생산성)가 들어간 복합명사이다.

복합명사를 '어휘'파트인 제1장에 편제할까도 생각해보았다. 그만큼 복합명사는 관용적으로 그렇게 쓰는 것이지, 달리 왜 형용사로 쓰면 안 되는지에 대한 이유는 없어서 어휘문제적 속성이 있기 때문이다. 그러나 결과적으로 '형+명'공식의 예외이므로 문법파트인 제3장에 편제하기로 하였다. 문법성과 어휘성이 접합되는 지점이다.

명사 앞이 빈칸인 경우 우리말로는 형용사를 넣어도 말이 되고, 명사를 넣어도 말이 되기 때문에, 아래 정리되어 있는 복합명사는 외우는 수밖에 없다. 앞쪽 명사 자리에 왜 형용사형태는 들어갈 수 없는지 묻는 것은 영어의 관용적 표현에 대한 도전이다.

> ex 110 These are employers who list job ----- on their company websites.
> (A) open (B) opens (C) opened (D) openings

예110의 경우는 명사 뒤가 빈칸이다. 이 경우 job openings(공석)라는 관용화된 복합명사를 알지 못하면, 문제를 풀면서 망설이게 된다. 정답은 (D)이다.

job openings 공석/일자리 ▶ openings는 가산 명사임에도 주의
job vacancy 공석
job opportunity 직무기회
safety procedure 안전 절차
safety precaution 안전 수칙 ▶ 가장 자주 출제되며, safe 불가
safety standards 안전 기준
security guard 경비원 ▶ secured 불가
security reasons 보안상 이유
consumer awareness 소비자 인식
consumer loan 소비자 대출
consumer satisfaction 소비자 만족
customer satisfaction 고객만족
customer complaint 고객 불만
maintenance division 시설물 관리과
performance appraisal 업무평가
work performance 직무 수행
job performance 업무 실적
savings account 예금 계좌
saving bank 저축 은행
electronics company 전자 회사
luggage allowance 비행기 탑승시 수화물 허가 한도
advertising strategy 광고 전략
advertising plan 광고 계획
delivery schedule 배달 일정
attendance records 출석기록
accounting certification 회계 증명서
accounting department 회계부서
sales projection 판매전망 sales department 판매부서
sales figures 판매수치(매출액) sales tax 영업세
expiration date 유효 만기일
media coverage 언론보도

employee productivity 근무 효율성 staff productivity 직원 생산성
employee participation 직원 참여
home improvement / house development 주택 개량
assembly line 조립생산 라인
road / highway construction 도로 건설
maintenance crew 시설 관리직원
reference letter 추천서
maximum secret / top secret 극비
bottom line 총결산, 결론, 요점
product availability 제품 이용
production schedule 생산 계획
production facility 생산 설비
system analysis 시스템 분석
reminder notice 독촉장 ▶ 참고 remainder 나머지
verification purpose 조회 목적 ▶ verified 불가
transportation system 교통 체계 ▶ transporting 불가
communication system 통신 체계 ▶ communicating 불가
research program 연구 프로그램
feasibility study 타당성 조사
revision procedures 수정 절차
installment payment 할부금(=mortgage)
maternity leave 출산 휴가
insurance coverage 보험 적용범위
flight attendant 승무원
toll collection 통행료 징수
emergency exit 비상구
sports complex 스포츠 복합단지
service desk 상담 창구
rare book collection 희귀본 수집품
art collection 미술 수집품
communication skills 의사소통 기술

> **복합명사 정답공식01**
>
> 뜬금없이 '명사+____'처럼, 명사 뒤가 빈칸이면
> 명사가 연속되는 복합명사가 정답일 때가 많다!

> **ex 111** Living ----- is the consolidated expenses of accommodation, utilities, food and living, transportation etc.
> (A) budget (B) prices (C) expense (D) credits

예111의 정답은 (C) living expense(생활비)라는 복합명사이다. 복합명사 문제는 선지 4개의 어근이 같은 문법문제로도 나올 수 있고, 선지 4개의 어근이 다른 어휘문제로도 나올 수 있다. 예111은 어휘문제로 나온 경우이다.

이 때 복합명사 문제라는 사실을 간파하지 못하면, 빈칸에 들어갈 단어가 '동명사인 living의 목적어'가 아닐까 하는 황당한 발상에 빠질 수 있으므로 주의한다.

> **ex 112** Savings ----- are a safe way to store and grow your money.
> (A) accounts (B) budget (C) money (D) funds

예112도 마찬가지이다. saving을 동명사라고 착각해서는 안 된다. 빈칸은 save의 목적어가 오는 것이 아니다. savings account가 한 덩어리로 마치 하나의 명사처럼 쓰이므로, 정답은 (A)이다. 빈칸 뒤의 동사가 are이므로 account에 s가 붙어야 하는 것이다.

한 가지 주의할 점은, 명사와 명사가 나열될 경우 첫번째 명사는 의미상 복수더라도 단수를 쓰는 것이 원칙이라는 사실이다. 단, 위의 savings account나 sales department, sports complex 같은 경우는 앞의 명사를 복수로 쓰는 경우이니 주의하도록 하자.

> **ex 113** Vacation ----- for new comers may be granted after working for 12 consecutive months of employment.
> (A) requests (B) to request
> (C) requested (D) will be requested

빈칸은 '명사+명사'가 되는 복합명사 자리이다. 다만, 빈칸 앞의 명사 vacation에 관사가 없으면 (빈칸에 들어갈 명사가 가산명사 request라는 전제 하에) 빈칸에는 단수명사가 들어갈 수 없음을 기억한다. 따라서 vacation requests(휴가요청)라는 표현으로서, (A)가 정답이다.

> **ex 114** Mr. Turner has asked his secretary to make travel ----- for his business trip to Mexico next week.
> (A) arranging (B) arrangements (C) to arrange (D) arranged

빈칸은 '명사+명사'가 되는 복합명사 자리이다. 다만, 이 문제의 경우도 빈칸 앞에 있는 명사 travel 앞에 관사가 없으므로, 빈칸에는 복수명사나 불가산명사가 와야 함을 알 수 있다. 따라서 정답은 (B)이다. 실제 토익시험에서도 이렇게 뒷단어가 복수형으로 출제되는 복합명사가 꽤 많으므로 기억해두자. business hours(영업시간), parking permits(주차증), building permits(건축허가증), safety regulations(안전 규정) 등을 기억해 두면 좋다.

> **ex 115** Permission for the event will not be given unless all safety ----- are complied with.
> (A) regulate (B) regulation (C) regulatory (D) regulations

safety regulations는 복합명사 중에서 가장 자주 출제되는 것이다. 그런데 regulation과 regulations 중에서는, 빈칸 앞에 형용사 all(모든)이 있으므로 빈칸은 복수명사가 정답이다. 정답은 (D)이다.

📎 복합명사 정답공식02

'___+명사'라서 형용사 자리 같은데
선지에 있는 명사를 넣어도 말이 될 때는
복합명사가 정답일 때가 많다!

---

ex 116　In 2002, DEFRA stated that 1,212 initial reports resulted in 490 ----- forms being issued, just 200 of which were returned.
(A) complaint　(B) complain　(C) complainer　(D) complaining

예116의 정답은 (A)이다. complaint form(고객 불만신고양식)이라는 복합명사가 있기 때문이다. 명사 앞이어서 형용사 자리라는 점에 집착하면, 형용사처럼 쓰이는 준동사인 현재분사 (D)를 정답으로 고르기 십상이다. (C)는 명사이지만 사람명사이므로 form과 의미상 어울림이 좋지 않아서 오답이다.

---

ex 117　The general oral ----- skills along with those needed for leading a good professional life are presented below.
(A) communicate　(B) communicative
(C) communication　(D) communicating

예117의 경우 communication skills(의사소통 기술)라는 복합명사가 있으므로, 정답은 명사인 (C) communication이다. 까딱하면 형용사형인 (B)를 고르기 십상이다.

복합명사는 단순암기 문제이다. 앞서 정리한 도표 안에 있는 복합명사 정도는 외우고 시험장에 들어가는 것이 안전하다. 줄줄 외우기는 쉽지 않더라도 복합명사를 자주 보다보면, 어감상 어떤 때에 복합명사가 와야 하는지 대충 감이 온다. 따라서 외우는 것에 너무 부담감을 갖지는 말자.

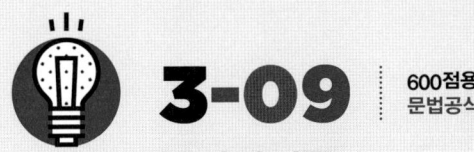

3-09 부사자리를 보여주는 기초공식

600점용 문법공식

🔑 기초지식 쌓기

부사가 정답이 되는 7가지 경우의 수를 개괄하면 아래와 같다.

01 be동사+부사+형용사
부사가 보어인 형용사를 앞에서 수식하는 경우

02 동사+부사 또는 부사+동사
부사가 일반동사를 앞 또는 뒤에서 수식하는 경우

03 부사+형용사+명사
부사가 형용사를 수식하고, 형용사가 명사를 수식하는 경우

04 부사+Ving 또는 Ving+부사
부사가 '현재분사(Ving)'를 Ving의 앞 또는 뒤에서 수식하는 경우

05 부사+Ved 또는 Ved+부사
부사가 '과거분사(Ved)'를 Ved의 앞 또는 뒤에서 수식하는 경우

06 조동사+부사+동사원형
부사가 조동사를 포함한 동사를 수식하는 경우

07 have+부사+Ved
부사가 '완료형인 동사'를 수식하는 경우

위를 요약하면, 부사는 ①동사(분사), ②형용사, ③부사를 수식한다.

부사자리 정답공식01

'be+_____+형용사'이면 부사가 정답이다.

be 동사와 형용사 사이에 빈칸이 있으면 부사가 정답이라는 공식이다. 부사가 형용사를 수식하기 때문에 성립하는 공식이다.

> **ex 118** Both the yellow diamond and the small round stones around the ring give the ring enough excuse to be ----- expensive among all the rings.
> (A) extreme (B) extremely (C) extremity (D) extremes

예118은 빈칸이 to be와 expensive 사이이므로 -ly인 (B)가 정답이다.

부사자리 정답공식 중에서 이것이 가장 기본이 된다. 즉, 후술하는 부사자리 정답공식04에서 be동사와 분사 사이가 빈칸인 경우도 사실은 이 공식의 확장판으로서, 그 실질이 같다. 이 공식에서의 형용사에는 순수 형용사만 포함되는 것이 아니라, 형용사화된 Ved나 Ving도 포함된다고 볼 수 있기 때문이다.

> **ex 119** Shareholders voted that Deborah LaSalle is ----- suited for the position of chief operating officer given her experience.
> (A) ideal (B) ideally (C) idealized (D) ideality

예119가 바로 be동사와 suited라는 Ved 사이가 빈칸인 경우로서, 정답은 부사인 (B)이다. [참고] 여기서 given은 '~을 고려하여 볼 때'라는 뜻의 전치사

> **ex 120** The hull of your boat will need some reinforcement to be ----- strong to pass inspection.
> (A) sufficient (B) more sufficient
> (C) sufficiently (D) most sufficient

예120은 빈칸이 be와 형용사 사이이므로, 일단 빈칸은 부사자리이다. 별다른 사항이 없으므로 부사의 원급인 (C)가 정답이다.

ex 121　The last section of the subway line is ----- under construction so we will have to take a bus from Lansdowne Station.
(A) most current　(B) current　(C) more current　(D) currently

예121은 부사자리 정답공식01이 적용되는 전형적인 경우는 아니다. be동사 다음에 있는 under construction^{공사 중인}이 형용사가 아니라 형용사구이기 때문이다.

be동사는 2형식 동사로서 보어가 필요하고, 보어는 명사 또는 형용사이다. 토익 문제에서는 2형식 동사인 be동사 다음 보어자리에 대체로 형용사가 온다. 그런데 보어자리에 형용사 기능을 하는 형용사 '구'가 올 수도 있는데, 이 문제가 그런 경우에 해당한다. 전치사구는 형용사의 대용물이므로, 이들 형용사구 앞에도 수식어로 부사가 위치하게 된다. 정답은 (D)이다. 아래는 토익에 자주 출제되는 형용사구이다.

under renovation 리모델링 중인　**under consideration** 고려 중인
out of order 고장난　**out of date** 오래된
out of stock 재고가 다 떨어진　**out of print** 절판된
in stock 재고가 있는　**of interest = interesting** 흥미있는
of use = useful 유용한　**on strike** 파업 중인

ⓒ 부사자리 정답공식02

'____+형용사+명사'이면 부사가 정답이다.

'부사+형용사(분사)+명사'의 어순처럼, 분사나 형용사가 명사 앞에서 명사를 수식하는 경우, 이 분사나 형용사를 수식하는 것이 부사이기 때문에 성립하는 공식이다. 물론 이 공식은 3-07의 '형용사자리 정답공식05'가 성립하지 않는다는 전제 하에 성립하는 공식임에 주의한다.

---

ex 122 Youths age 14 and 15 are not allowed to work in ----- hazardous jobs, limiting the danger of workplace accidents for teens.
(A) potential (B) potentialize (C) potentially (D) potentiality

예122는 -ous로 끝나는 형용사 hazardous를 수식하는 부사(C)가 정답이다.

---

ex 123 Research shows that plastic surgery becomes an ----- popular option for men in United State.
(A) increase (B) increased (C) increasingly (D) increasing

예123에서 an ~ option은 하나의 명사구로서, 동사 become에 대해 보어 역할을 하고 있다. popular는 형용사이므로 형용사 앞자리인 빈칸에는 이 것을 수식할 부사가 필요하다. 또, 빈칸이 없어도 문장 구성에 이상이 없다는 점으로 미루어보아도 빈칸에는 형용사를 추가적으로 꾸며주는 부사가 들어가야 함을 알 수 있다. 따라서 정답은 (C)이다.

---

ex 124 Your insurance policy will not cover you for ----- risky activities like sky diving or horseback riding.
(A) inherit (B) inheritance (C) inherent (D) inherently

예124는 빈칸이 형용사의 앞이므로, 빈칸에는 형용사 risky(위험한)를 수식하는 부사가 와야 한다. 정답은 (D)이다.

ex 125　The subtlety of that water color will be lost unless you put it in a ----- delicate frame.
(A) corresponding (B) corresponded
(C) correspondingly (D) correspondent

예125는 빈칸 앞의 a가 관사이고 빈칸 뒤의 delicate가 형용사이므로, 빈칸에는 형용사를 수식하는 부사 (C)가 와야 한다.

ex 126　To achieve long-term success, one must set ------ defined goals and must know what competitors in the industry are trying to accomplish.
(A) clear (B) clearly (C) clearer (D) clearest

이 문제는 빈칸이 동사 set과 목적어 defined goals(구체적인 목표) 사이이다. 따라서 부사 (B)가 정답이다. 이 때 defined는 형용사화된 과거분사로서 형용사의 대용물이다. 동사라고 오해해서는 절대로 안 되겠다.

ex 127　In southern Ontario, there are special bus tours to view the many ----- colored leaves and grasses in the countryside.
(A) differs (B) different (C) difference (D) differently

형용사나 형용사화된 분사 앞에는 그 형용사나 분사를 수식하는 부사가 와야 한다. 따라서 (D)가 정답이다.

부사자리 정답공식03

'동사(또는 to부정사) + 목적어(명사) + ____.'이면, 부사가 정답이다!

(5형식 이외의) 동사+목적어 다음에 빈칸이 있으면 부사를 선택해야 한다는 공식이다. 목적어까지로 이미 문장의 필수성분이 구비되어 문장이 '완전하게' 끝났으므로, 그 뒤에 붙을 수 있는 것은 부사처럼 문장의 필수성분이 아닌 것이 와야 하기에 성립하는 공식이다. 이 때 주로 빈칸 뒤에는 마침표, 전치사, 접속사, 부사적 용법의 toV가 온다.

단, 이 공식에서 동사는 5형식 이외의 동사임에 주의해야 한다. 만약 '5형식 동사+목적어+___'의 경우라면, (목적보어 자리이므로) 형용사 등 목적보어가 될 수 있는 것들이 정답이다. 5형식 구문은 특별구문이라고 보아야 하므로, 5형식 동사가 등장했다면 2-06에서 공부한 5형식 정답공식들이 다른 일반적인 문법공식들보다 우선적용되어야 한다. 법학에서 일반법과 특별법 간의 '특별법 우선의 법칙'이 있듯이, 특별공식이 먼저 적용되는 셈이다.

---

ex 128 Analysts are expecting Finance Minister to raise taxes ----- to find money for the National Health Insurance.

(A) substantiation (B) substantial
(C) substantiate (D) substantially

예128은 5형식 문장으로서 문장 전체는 expect+O+O.C.의 구조이다. 그러나 목적보어(O.C.)부분인 to raise taxes ___만 떼어서 보면, 동사+목적어로 문장이 완전하게 끝난 것이다. 빈칸 뒤에 부사적 용법의 toV가 새롭게 왔기 때문이다. 1-08에서 보았듯이 raise substantially는 서로 짝이므로, 정답은 부사 (D)이다.

---

ex 129 OPTIMUS is the leading provider of security software that helps companies share information -----.

(A) security (B) secure (C) secured (D) securely

예129는 help+O+O.C.의 5형식 문장으로서, O.C.자리에 동사원형 share가 온 것이다. O.C.부분만 떼어놓고 보면 share information으로서 완전하게 끝났으므로 share를 수식하는 부사 (D) securely가 정답이다. 빈칸 뒤에 마침표가 온 경우이다.

---

ex 130 Even though Mary never receives anything but junk mail, she checks her electronic mail -----.
(A) periodic (B) periodical (C) periodically (D) period

빈칸 앞은 명사이고, 빈칸 뒤는 마침표이다. 목적어(her electronic mail) 다음까지로 문장은 완전하게 필수성분을 구비했다. 정답은 부사 (C)이다.

---

ex 131 Everything has been arranged to your satisfaction but if there is anything we have overlooked, please contact me -----.
(A) direct (B) directing (C) directed (D) directly

빈칸 앞은 대명사이고, 빈칸 뒤는 마침표이다. 타동사 contact 뒤에 목적어 me가 옴으로써, 빈칸 앞에서 문장은 필수성분을 모두 구비하고 끝났다. 정답은 부사(D)이다.

---

ex 132 The reason the speakers stop working sometimes is that the wires are not connected ---- to the amplifier.
(A) tight (B) tighten (C) tightly (D) tightening

수동태 다음에는 목적어를 취할 수 없다(4-03 능수동태 판별을 위한 공식 참조). 따라서 수동태 동사를 자동사라고 표현할 수도 있는데, 이렇게 되면 그 뒤에 목적어가 올 수 없으므로, 부사나 부사구, 전치사구, 또는 부사적 용법의 to부정사 등이 오게 된다. 이 문제에서도 be connected라는 수동태가 있고 그 다음에 빈칸이 있으므로, 빈칸에는 문장의 필수 성분이 아닌 것들이 와야 한다. (C)가 정답이다.

Ⓒ 부사자리 정답공식04

수동태인 'be ___ Ved'
진행형인 'be ___ Ving'
현재완료인 'have ___ Ved'처럼
be/have동사와 Ving/Ved사이 빈칸은 **부사가 정답이다!**

이 유형은 토익문법에서 가장 자주 출제되는 유형이다. 특히 be/have와 Ved/Ving 사이가 빈칸인 사실은 눈에도 잘 띄어서, 이 공식을 잘 떠올리기만 하면 1초 만에 1문제를 푸는 경우도 생긴다.

단, 문제는 이렇게 출제되지만, be Ved + 부사 또는 be Ving + 부사, 혹은 have/has Ved + 부사의 어순도 문법적으로 아무런 문제가 없다는 사실은 알고 있어야 한다. 즉, 부사는 분사 앞에 올 수도 있고 뒤에 올 수도 있다는 점을 이 공식을 통해 마음 속에 각인하기 바란다.

---

ex 133 Art, history, culture, sport and science have ---- impacted this mammal's mental, physical and social development.
(A) strong (B) strongly (C) strength (D) strengthen

예133은 긴 문장을 해석할 것도 없이, 빈칸이 have와 impacted 사이이므로, -ly인 (B)가 정답이다.

ex 134 The professor told her that the paper was ----- written and that she had no chance of getting a passing grade.
(A) poor (B) poorly (C) poorest (D) poorer

예134는 be동사인 was와 Ved인 written 사이가 빈칸이므로, (B)가 정답이다.

ex 135 My golf and country club is ----- located only five kilometers away from home.
(A) convenience (B) conveniently (C) convening (D) convene

빈칸이 be동사와 Ved 사이에 있으므로, 부사 (B)가 정답이다. 특히 conveniently located는 자주 출제되는 의미어구이기도 하다.

---

ex 136 Since the plants are crowded, they will be stealing water and nutrients from each other, and will need to be watered -----.
(A) period (B) periodical (C) periodic (D) periodically

예136의 경우 부사는 be와 Ved 사이에 올 수도 있고, 또한 be Ved 뒤에 올 수도 있으므로 정답은 -ly형인 (D)이다.

---

ex 137 We are ----- interested in radio and television advertising.
(A) specific (B) specify (C) specifically (D) specifying

빈칸이 be동사와 Ved 사이에 있으므로, 부사 (C)가 정답이다.

---

ex 138 Mr. Torrence will be ----- reprimanded because he has once again missed an important meeting.
(A) severity (B) severeness (C) severely (D) severe

빈칸이 be동사와 Ved 사이에 있으므로, 부사 (C)가 정답이다.

---

ex 139 A private collector's donation of rare books was ----- received by the library staff and town officials.
(A) favors (B) favored (C) favorable (D) favorably

빈칸이 be동사와 Ved 사이에 있으므로, 부사 (D)가 정답이다.

부사자리 정답공식05

'(a/the) ____ Ving 명사'
혹은 '(a/the)____Ved 명사'이면 부사가 정답이다!

현재분사(Ving)나 과거분사(Ved) 앞에서 분사를 수식하는 것은 부사이기 때문에 성립하는 공식이다. 분사는 동사를 형용사 또는 부사로 만들어 주는 것이지만, 그 태생이 동사인 바, 동사의 성질을 여전히 가지고 있어서, 동사처럼 목적어와 보어를 가질 수 있고, 부사의 수식을 받는다. 이것은 3가지 준동사의 공통점이기도 하다(5-01 참조).

예를 들면 total computerized system은 틀린 표현이고, totally computerized system이 옳은 표현이다. 또, real convincing presentation은 틀린 표현이고 really convincing presentation이 옳은 표현이다. 즉, 분사가 형용사의 수식을 받는다고 착각하면 안 된다.

참고
'분사 또는 동명사'를 꾸며주는 품사

형용사가 Ving나 Ved를 꾸며줄 수 있다고 착각하는 경우가 꽤나 많다. 특히 Ving에서 그 착각이 더 심해지는데, Ving를 동명사라고 생각하여 명사를 수식하는 것은 형용사라고 자기만의 그럴듯한 논리를 세우는 것이다. 일단 부사자리 정답공식05에서의 Ving는 (명사 역할을 하는) 동명사가 아니라 (형용사 역할을 하는) 분사이므로, 이런 생각은 애초에 기본 가정이 완전히 잘못된 것이다.
나아가서, 분사나 동명사는 공히 동사에 뿌리를 둔 것인 바, 동사를 수식하는 것이 부사인 이상, 부사의 수식을 받는 것이 원칙이다. 다만, 형용사가 동명사를 수식하는 예외적인 경우도 있긴 있다. 이는 위 부사자리 정답공식05와는 무관한 문제로서, 부사자리 정답공식07을 참고하기 바란다.

이 공식에서 Ving와 Ved는 형용사의 대용물이지만, 이 때는 부사가 분사 뒤가 아닌 분사 앞에서만 수식할 수 있으므로, 앞의 부사자리 정답공식04와 구별한다(부사자리 정답공식04에서는 부사의 위치가 분사의 앞 또는 뒤 어느 곳에 위치하여도 상관없었음. 다만 시험문제로 출제될 때에는 분사 앞에 있는 형태가 더 많이 출제됨.).

ex 140   The ----- established human rights commission should work together with civil organizations in order to improve human rights protection.
(A) new (B) newly (C) renew (D) renewal

예140은 분사 established를 수식하므로 부사인 (B) newly가 정답이다.

ex 141   For more information about SpringBack 2.0, call us 1-800-555-5555, or visit our site on the World Wide Web at http://www.discotech.com for ----- updated information.
(A) frequent (B) frequently (C) frequency (D) frequents

빈칸이 전치사 뒤, 분사 앞이므로, 빈칸은 부사 (B)가 와야 한다.

ex 142   The new development will be built on ----- acquired land, most of which is actually reclaimed swamps and low-lying marshes.
(A) recent (B) recently (C) more recent (D) most recent

빈칸이 전치사 on과 분사 acquired 사이에 있으므로, 분사 acquired(구입된)을 수식하는 부사가 올 자리이다. 정답은 (B)이다. 동명사든 현재분사든 그 원류는 동사이므로, 이를 수식하는 품사는 부사이지 형용사가 아니다. 동명사의 경우, 동'명사'이므로 형용사가 수식하는 것이라고 착각해서는 안 된다.

ex 143   In order to perform Tchaikovsky's 1812 Overture as ------ intended, the orchestra will play outdoors and will use real cannons.
(A) origin (B) original (C) originally (D) originate

접속사 as 다음에 있는 intended는 과거분사이다. 따라서 빈칸에는 분사를 수식하는 부사 (C)가 와야 한다. [참고] as originally intended 처음 의도대로

부사자리 정답공식06

**'명사+____+Ving' 또는 '명사+____+Ved'처럼
명사와 분사 사이가 빈칸이면, 부사가 정답이다!**

명사와 Ving 사이에 빈칸이 있으면 부사가 정답이라는 공식과 명사와 Ved 사이에 빈칸이 있으면 부사가 정답이라는 공식이다. 이 공식은 다음 2가지를 보여준다. 즉, ①분사가 명사를 뒤에서 수식하는 경우 '명사+부사+분사'의 어순으로 써야 한다는 점과, ②분사를 수식하는 것은 형용사가 될 수 없고 '부사'여야 한다는 점을 나타낸다.

> **ex 144** Lawmakers seek to strip citizenship from people ----- supporting terrorism against U.S.
> (A) completely (B) completeness (C) complete (D) completed

예144에서 분사 supporting을 수식하는 것은 부사이므로, (A)가 정답이다.

참고
논리적 공식 vs 확률적 공식

시중에 부사자리 정답공식 04, 05, 06, 07을 묶어서, "Ving와 Ved 바로 앞의 빈칸은 100% 부사가 정답이다!"라고 가르치는 책이 발견된다. 이는 굉장히 그럴듯하게 들리지만, 확률적 공식이지 항상 성립하는 공식은 아니다. 따라서 100% 성립하는 공식처럼 설명한다면, 명백한 오류이고 위험한 발상이다.

> **ex** Rosewater Medical Center employs pharmaceutical ----- affiliated with Huron University.
> (A) professions (B) profession (C) professionals (D) professionally

토익에서는 선지에 명사와 부사가 함께 있는 경우가 빈번하다. 그런데 빈칸이 affiliated(소속된, 계열의)라는 Ved 바로 앞이라고 해서, "Ving나 Ved 앞은 100% 부사"라는 확률적 공식에 따라 부사를 정답으로 고르면, 오답을 고르게 된다. 항상 빈칸 뒤만 중요한 것이 아니라 빈칸 앞도 중요한데, pharmaceutical은 형용사이기 때문에, '명사+____+ed인 경우'에 적용하는 부사자리 정답공식06은 적용될 수 없다. 이 경우는 오히려 employs라는 동사에 s가 붙어있는 것으로 볼 때, employs가 본동사이고, 본동사 뒷자리가 빈칸인 경우로서, 명사자리 정답공식07이 적용되어 정답은 사람명사인 (C)이다.

부사자리 정답공식07

'전치사+____+Ving+명사'이면 부사가 정답이다!

일단 이 공식은, 그 전제로서 전치사의 목적어는 명사, 대명사, 동명사같은 명사류라는 명사자리 정답공식06을 알고 있어야 한다.

> ex 145　Helio Co. Ltd is well known for ----- processing the document.
> (A) promptly (B) prompt (C) prompted (D) promptness

예145에서 전치사 for와 Ving인 processing의 사이가 빈칸이므로 정답은 부사인 (A)이다. 이 때 Ving는 동명사이다. 즉, 분사가 아니다. 그렇다면 동명사는 명사 역할을 하니까 형용사가 수식하여야 하는 것이 아닐까?

결론부터 말하면 그렇지 않다. 기본적으로 분사나 동명사는 그 원류가 공히 동사로서, 동사에 뿌리를 둔 것인 바, 동사를 수식하는 것이 부사인 이상 부사의 수식을 받는 것이 원칙이라 생각하면 쉽다.

> ex 146　Korea and Japan demonstrated tremendous cooperation in ----- hosting an incredibly successful World Cup tournament.
> (A) collaborate (B) collaborates
> (C) collaborative (D) collaboratively

이 문제 또한 hosting을 수식하는 품사를 묻는 문제이다. 여기서 hosting의 품사는 동명사이다. 동명사라고 단정적으로 판단하지 못한 사람일지라도 Ving라는 형태 때문에 hotisng이 최소한 동명사 아니면 분사라는 것은 판단할 수 있다. 다행히도 그 둘을 수식하는 것은 부사뿐이다. 따라서 정답은 (D)이다. 동명사든 현재분사든 그 원류는 동사이므로, 이를 수식하는 품사는 부사이지 형용사가 아니다. 동명사의 경우, 동'명사'이므로 형용사가 수식하는 것이라고 착각해서는 안 된다.

> ex 147 Your balances can be transferred quickly and effortlessly-
> by ----- following the directions on the cards.
> (A) simplicity (B) simply (C) simplest (D) simplicities

'by+동명사(~함으로써)+명사' 구문에서 빈칸이 by와 동명사 사이에 있으므로, 빈칸에는 동명사를 수식하는 부사가 들어가야 한다. 따라서 (B)가 정답이다. 동명사의 경우, 동'명사'이므로 형용사가 수식하는 것이라고 착각해서는 안 된다.

다만, 영어 일반에서 동명사는 예외적으로 문맥에 따라 형용사가 수식하는 경우(아래 참고의 경우)도 있긴 하다. 그러나 토익에서는 대체로 부사가 동명사를 수식하는 경우만 출제된다.

 참고
형용사가 Ving를 수식하는 예외적인 경우

구체적으로 형용사가 동명사인 Ving를 수식하는 경우는 언제인가?
Talking loudly is prohibited in a library.
Loud talking is prohibited in a library.
둘 다 가능하다. 전자의 경우에는 '큰 소리로 말하는 것'이라는 뜻으로서 동사(talk)가 동명사로 변형되어 쓰인 경우이므로 부사의 수식을 받는 것이고, 후자는 '큰소리의 담화'라는 뜻으로서 명사(talking:담화)로 쓰인 경우이므로 형용사의 수식을 받는다.
다시 말하면, Ving가 동명사로만 쓰인다면 당연히 부사가 수식하는 것이 옳다. 그러나 동명사와 명사로 둘 다 쓰이는 단어의 경우는 동명사로 쓰이면 부사가, 명사로 쓰이면 형용사가 수식하는 것이 옳다.

부사자리 정답공식08

'주어+____+동사'이면 부사가 정답이다!
'주격 관계대명사인 which 또는 who + ____+동사'여도 부사가 정답이다!

주어와 동사 사이에 빈칸이 있으면 부사가 정답이라는 공식이다. 이 때 동사가 자동사이든 타동사이든 불문하고, 부사가 정답이다. 동사를 수식하는 것은 부사라는 아주 간단한 사실을 묻고자 하는 문제이다.

이 유형이 의외로 출제빈도가 매우 높다. 토익은 역시 기본적인 문장 구조 파악을 할 수 있는지를 묻는 시험이지, 구석에 처박혀 있는 문법사항을 묻는 시험이 아님을 여실히 보여주는 대목이다.

다만, 토익에서는 이 유형을 출제할 때, 3-05에서 본 -ment, -ate로 끝나서 생김새가 명사처럼 생긴 동사를 출제하거나, 명사와 동사의 형태가 같은 동사를 출제함으로써, 문장구조 파악을 어렵게 한다. 결국 토익커들이 이들 동사를 명사로 착각하여 형용사를 정답으로 찍도록 유도하는 경향이 있다.

> ex 148 Its versatile conference halls ----- accommodate from 500 to 4000 participants, and the facility is scheduled for official opening in November 2013.
> (A) totally (B) total (C) totalizing (D) totalize

예148의 정답은 -ly형 부사인 (A)이다. 이 문제 역시 동사자리에 accommodate라는 -ate형의 동사를 출제하여 다른 품사로 헷갈리게 만들고 있다.

> ex 149 The votes have been tabulated, and now we ----- introduce your new Historical Society president, Wilma Leakes.
> (A) pride (B) prides (C) proud (D) proudly

빈칸은 주어와 동사 사이이므로, 빈칸에는 동사를 수식하는 부사가 들어가야 한다. 따라서 정답은 (D)이다. 공식이 들어맞는 가장 전형적인 경우이다.

> ex 150 AC and DC electricity technologies were developed concurrently but AC ----- became the standard.
> (A) quicker (B) quickest (C) quickly (D) quickness

but 이후로 새로운 S+V가 있다. 그렇다면 빈칸은 주어와 동사 사이이므로, 동사를 수식하는 부사가 온다. 정답은 (C)이다.

> ex 151 The Chicago Cubs and the Boston Red Sox ----- agreed to compensation for President of Baseball Operations Theo Epstein, who left the Red Sox to join the Cubs after the 2011 season.
> (A) final (B) finally (C) finalize (D) finalized

예151의 경우 역시 빈칸은 '주어'와 'agreed to라는 동사'의 사이이다. 주어가 조금 길지만 '고유명사 and 고유명사'일 뿐 별다른 것은 아니다. 정답은 부사 (B) finally이다.

> ex 152 Orange Swipe, a plant derived household cleaner, ----- disinfects without the use of harmful chemicals.
> (A) effect (B) effects (C) effective (D) effectively

예152는 s가 붙어 있는 disinfects가 문장 전체의 동사이다. 그리고 콤마와 콤마까지는 삽입구로서 주어를 수식하는 부분에 불과하므로 생략가능하다. 그렇다면 주어는 Orange Swipe이다. 그렇다면 빈칸이 주어와 동사 사이이므로, 동사를 수식하는 부사 자리이다. 정답은 (D)이다. 이 유형을 어렵게 만들려고 주어를 고유명사로 출제한 뒤, 삽입구를 끼워넣어 주어부를 길게 만들어 놓는다.

부사자리 정답공식09

**'조동사+_____+동사원형'이면 부사가 정답이다!
즉, 동사 앞이 빈칸이면, 부사가 정답이다!**

조동사(can, must, should, do, did, may 등)와 동사원형 사이에 빈칸이 있으면 부사가 정답이라는 공식이다. 동사를 꾸며주는 것은 부사이기 때문에 성립하는 공식이다. 이 자리에 형용사가 들어갈 수 없다. 가령 can easy be done처럼 '조동사+형용사+동사'는 잘못된 표현이다.

ex 153 This service should ----- do something every couple of seconds using a Timer Task.
(A) continue (B) continuation (C) continuous (D) continuously

예153은 should라는 조동사와 do라는 본동사 사이가 빈칸이므로, 부사인 (D)가 정답이다.

ex 154 Figures do not balance because the clerks did not ----- account for lost or stolen goods when they took inventory this month.
(A) conversely (B) appropriately
(C) protectively (D) dissentingly

빈칸이 조동사 do와 본동사 account for 사이이다. 따라서 account for를 수식하는 부사 (B) appropriately가 정답이다.

ex 155 The sales budget, which necessarily contains an allowance for expenditures to replace lost accounts, was ----- higher than we expected.
(A) consider (B) considerate
(C) considerably (D) consideration

빈칸은 be동사와 비교급 형용사 higher사이로서, 부사(C)가 정답이다.

> ### 부사자리 정답공식10
>
> '조동사+____'
> 'be동사+____'
> '____+일반동사'인 부사자리는, 빈도부사 자리일지 의심해봐야 한다!

빈도부사의 위치를 묻는 문제이다. 빈도부사는 ① 조동사가 있을 경우 조동사의 뒤에 와야 하고, ② be동사가 있을 경우 be동사의 뒤에 와야 하며, ③ 일반동사가 있을 경우 일반동사 앞에 와야 한다는 공식이다. 출제빈도는 낮다.

일단, 여기서 빈도부사가 무엇인지는 확실히 알아두자.

always 항상	**often** 자주
usually 대개	**sometimes** 때때로
never 결코 ~않다	**seldom/hardly/rarely/scarcely** 거의~않다

> **ex 156** Two superstitions that are ----- done on a ship did not happen on the titanic.
> (A) yet (B) ever (C) once (D) usually

예156의 경우, 늘 행해지던 미신적 행위를 의미하므로 usually가 정답이다.

> **ex 157** All Barcelona's schools can open ----- this morning.
> (A) usually (B) finally (C) as usual (D) yet

빈도부사 문제가 예157처럼 나올 수 있다. 빈도부사는 일반동사 앞에 와야 하므로, 동사 뒤에 빈칸이 있는 이 문제의 정답은, 빈도부사인 (A)가 아니라, 빈도부사는 아니지만 빈도부사와 유사한 뜻을 가진 (C) as usual 이다.

ex 158　The secretary will set up a conference call with Seoul and New York ----- between 3 pm and 5 pm.
(A) tomorrow (B) there (C) sometime (D) often

빈도부사 sometime은 과거나 미래의 불특정한 때를 지칭한다. sometime between 3 pm and 5 pm³시와 5시 사이, sometime next week다음 주 즈음처럼 사용된다.

ex 159　Employers and employees ----- have different goals and sometimes the differences can lead to a breakdown in communication.
(A) sooner (B) often (C) yet (D) greater

동사 have의 시제가 현재시제인 것으로 보아 일반적, 보편적인 사실을 언급하고 있다. 따라서 정답은 빈도부사인 often종종이다.

추가로, 빈도부사 중 '거의 ~않다'는 부정적 빈도부사인 scarcely, barely, seldom, hardly ever, rarely, never, nor 등이 문두에 오면, 아래의 예160에서처럼 도치가 일어난다는 점도 알아두자. (5-05 도치구문 정답공식 참조)

ex 160　----- have I seen such a various ship in the workplace.
(A) Ever (B) Although (C) Hardly (D) Even

예160은 have I seen으로 주어와 동사가 도치되어 있으므로, Hardly가 정답이다.

부사자리 정답공식11

'as ＿＿ as'이면 형용사나 부사의 원급이 정답이다!

as ~ as 사이는 원급이 정답인데, 형용사의 원급 또는 부사의 원급이 정답이라는 공식이다. 이 때, as ~ as 사이는 형용사구 또는 부사구가 되는 것이다.

이는 비교급에 관한 문법사항인 4-02에서 다시 자세히 다룰 내용이기는 하나, as ~ as 부분을 제외하고 문장을 읽어 보았을 때 완전한 문장이면 'as+부사+as'가 정답이고, 그렇지 않으면 'as+형용사+as'가 정답이다(2-07 영문법에서의 완전/불완전 개념 참조).

---

ex 161 Basic business mail should contain the information as ----- as possible to enable your request to be properly processed.
(A) clear (B) clearer (C) clarity (D) clearly

예161의 경우 일단 문장 전체에서 as ＿＿ as 관련 부분을 제외하고 읽어 보자. Basic business mail should contain the information to enable ~이 되어서, as ~ as possible을 빼고 읽어도 문장은 완전하다. 따라서 부사의 원급인 (D)가 정답이다. 'as+형용사+as'만 가능한 것이 아님에 주의한다.

---

ex 162 The recently enlarged sewage system can handle twice the volume and enables us to process wastewater as ----- as possible.
(A) efficiency (B) efficient (C) much efficient (D) efficiently

wastewater는 to process(처리하다)의 목적어이다. 목적어 다음에는 to process를 수식하는 부사가 올 자리이다. 따라서 as ＿＿ as possible 사이에도 부사가 들어가야 한다. 정답은 (D)이다.

참고
한 단어인 부사 vs 여러 단어인 부사구와 부사절

참고로, 단독 부사 외에, 덩어리로 부사 역할을 하는 것들이 있다. 단독부사가 아니면서 덩어리로 부사역할을 하는 것들을 부사구 또는 부사절이라고 한다.

구체적으로, ___ S+V(완전한 문장) 또는 S+V(완전한 문장) ___ 의 구조에서 빈칸에 들어갈 수 있는 것은 ① 전치사+명사 ② to부정사(toV) ③ 접속사+S+V 뿐이다. ①과 ②는 부사구이고 ③은 부사절이다.

원래 완전한 문장 옆에 추가될 수 있는 것은 부사뿐인데, 빈칸에 들어갈 것이 한 단어가 아니라 여러 단어라면, 빈칸에 들어갈 수 있는 것은 부사구와 부사절뿐이다. ①과 ②는 부사구이고 ③은 부사절이니, 당연한 이치이다.

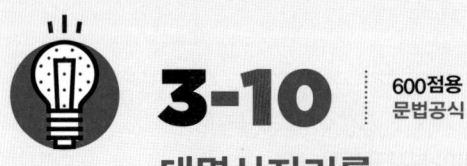

3-10 대명사자리를 보여주는 기초공식

600점용 문법공식

🔑 기초지식 쌓기

대명사가 정답이 되는 8가지 경우의 수를 개괄하면 아래와 같다.

01 주격 대명사+동사
주격 대명사(~가)는 주어 자리에 쓴다.

02 타동사+목적격 대명사
전치사+목적격 대명사
목적격 대명사(~를)는 타동사 뒤와 전치사 뒤에 쓴다.

03 소유격 대명사+명사
소유격 대명사(~의)는 명사 앞에 쓴다.

04 소유대명사(누구누구의 것)
소유대명사는 '소유격+명사'로서, 주어, 목적어, 보어 자리에 쓴다.

05 이중소유격(a 명사 of 대명사)
이중소유격은 전치사 뒤지만 목적격이 아니라 소유대명사를 쓴다.

06 대명사의 수/성 일치
대명사가 지칭하는 명사와 대명사는 단복수 및 성이 일치해야 한다.

07 재귀대명사
일반대명사와 재귀대명사의 특수한 구별 문제가 출제된다.

08 특수대명사 those
특수대명사 that/those의 특수한 구별 문제가 출제된다.

대명사의 격을 묻는 문제는 거의 매달 출제된다. 문법 문제 중 가장 기초적인 것으로서, 실수하지 말아야 한다. 대명사의 격은 소유격, 주격, 목적격의 순으로 자주 출제된다는 사실을 알아두면 좋다. 일단 가장 기초라고 할 수 있는 인칭별 대명사의 격에 따른 형태변화부터 암기하고 시작하자.

구분			주격 (은/는/ 이/가)	소유격 (~의)	목적격 (~을/를)	소유대명사 (~의 것)
1인칭	단수		I	my	me	mine
	복수		we	our	us	ours
2인칭	단수		you	your	you	yours
	복수		you	your	you	yours
3인칭	단수	남성	he	his	him	his
		여성	she	her	her	hers
		사물	it	its	it	-
	복수		they	their	them	theirs

> **참고**
> **소유격 대명사 vs 소유대명사**
>
> 소유대명사란, '소유격+명사'의 축약형으로 mine, yours, his, hers, theirs, ours처럼 '~의 것'을 의미하는 대명사이다. 소유대명사는 주어, 목적어, 보어 자리에 올 수 있으며, of의 목적어로 오는 경우와 주어 자리에 오는 경우가 자주 출제된다(대명사자리 정답공식03 참조).
> 물론 Ms. Olga took Ms. Sera's report because she mistakenly thought it was hers. 처럼 소유대명사가 보어로 쓰일 수도 있다.

선지를 보고 대명사 문제인지를 미리 알고 푸는 경우와 그렇지 않은 경우는 문제 푸는 속도가 천양지차이다. 선지를 보면 금새 대명사 문제인지 알 수 있으므로, 마치 토익 문법 문제가 주관식 문제인양 빈칸에 들어갈 단어를 나름대로 생각해보는 일은 하지 말기를 바란다. 일단 선지가 다음과 같으면, 대명사 문제이다.

(A) his (B) your (C) our (D) their

첫째, 위처럼 전부 소유격으로서 격은 같지만 대명사의 종류가 다르거나

(A) her (B) she (C) herself (D) hers

둘째, 위처럼 같은 대명사에 격이 다른 경우이다.
이와 같이 선지 4개가 대명사라는 전제 하에, 즉, 대명사 문제라는 전제 하에 후술하는 대명사자리 정답공식을 살펴보자.

> ### 대명사자리 정답공식01
>
> '____+동사'이면, 주격이 정답이다.
> 즉, 동사 앞의 빈칸이 대명사 자리이면, 주격이 정답이다.
>
> 유형01 접속사+____+동사
> 유형02 선행명사(+목적격 관계대명사+)____+동사
> 유형03 ____+동사(+구/절/수식어)

주격 대명사 문제를 출제할 때, 단문 구조의 문장 맨 처음을 빈칸으로 만들어서 출제하면 문제가 너무 쉬워진다. 따라서 주격 대명사를 골라야 할 문제는 복문 구조의 문장을 출제한 뒤, 접속사와 동사 사이 또는 목적격 관계대명사(which, whom, that)와 동사 사이에 빈칸을 뚫어 놓는다. 그렇게 되면, '접+주+동' 공식을 아는지를 묻는 문제가 되므로, 훌륭한 문제가 될 수 있다.

ex 163 The chief executive officer announced that ----- will collaborate on the plan.
(A) theirs (B) their (C) they (D) themselves

예163의 경우 접속사인 that과 동사인 will collaborate 사이에 빈칸이 있으므로 주격인 (C)가 정답이다.

ex 164 This is how he won over the company with which ----- worked.
(A) he (B) his (C) himself (D) him

예164의 경우 관계대명사 which는 주격과 목적격의 모양이 같은데, 목적격으로 쓰였는지 여부는 which 앞에 with가 있음으로써 알 수 있다. 원래 work with company의 구문인데 company가 앞으로 나감으로써 with도 앞으로 나갔기 때문이다. 그러나 주격 관계대명사인지 목적격 관계대명사인지 설령 모르더라도, 관계대명사와 동사 사이의 빈칸이므로 정답은 (A) 주격대명사이다.

대명사자리 정답공식02

'____+명사'이면, 소유격이 정답이다!
즉, 명사 앞의 빈칸이 대명사 자리이면, 소유격이 정답이다.

유형01　전치사+____(+형용사)+명사
유형02　동사+____(+형용사)+명사
유형03　____+own+명사

명사 앞이 빈칸이면, 대명사 중 소유격(my, your, our, his, her, their, its)이 정답이라는 공식이다. 뒤의 명사가 누구의 것인지를 보여주는 대명사가 소유격대명사이기에 성립하는 공식이다.

토익선지에 형용사와 대명사가 함께 있는 법은 없지만, 만약 선지에 형용사가 끼어있다면, 당연히 명사 앞의 빈칸에 형용사가 들어갈 수 있다. 따라서 이 공식은 선지들이 모두 대명사이되, 격이 다른 대명사라는 전제 하에 성립하는 공식이다.

ex 165　A rough draft is to put ----- idea down on paper and see what needs improving.
(A) you (B) your (C) yourself (D) yours

예165의 경우 명사 idea 앞이 빈칸이므로 소유격 대명사(B)가 정답이다. 선지가 모두 대명사이므로 일단 대명사 문제임은 전제하고 푸는 것이다. 만약 대명사 문제가 아니라면, 빈칸은 명사 앞이어서 형용사도 고려될 수 있다.

ex 166　The board of directors wish to extend ----- best wishes to employees for a prosperous new year.
(A) they (B) their (C) theirs (D) them

선지가 모두 대명사이고, 빈칸 뒤가 '형용사+명사' 앞이므로, 빈칸에는 명사 wishes를 수식하는 소유격 대명사 (B)가 와야 한다.

> **ex 167** People are reluctant to complete a survey to give ----- opinions about anything if they think their personal information will be misused.
> (A) they (B) their (C) them (D) themselves

선지가 모두 대명사이므로 일단 대명사 문제이다. 빈칸이 동사와 명사 사이이므로 명사를 수식하는 소유격 대명사가 정답이다. 따라서 (B)가 정답이다.

> **ex 168** The best way Mr. Lee can help ----- team is simply to listen carefully to what others say.
> (A) he (B) him (C) his (D) himself

선지가 모두 대명사이므로 일단 대명사 문제이다. 빈칸이 동사와 명사 사이이므로 명사를 수식하는 소유격 대명사가 정답이다. 따라서 (C)가 정답이다.

> **ex 169** She quit her job and embarked on ----- own business.
> (A) she (B) her (C) herself (D) hers

최근에는 예169처럼, '소유격+own+명사' 표현도 자주 출제되고 있으므로, 빈칸 뒤가 own인 경우에도 주목하는 것이 좋다. 역시 정답은 소유격인 (B)이다.

> **ex 170** The financial health of ----- own company will be in doubt as long as we delay restructuring our sales department.
> (A) we (B) us (C) our (D) ours

own 앞에는 소유격이 와서 그 소유격을 강조하는 역할을 한다. our own(우리의, 우리만의)을 알아둔다. 정답은 (C)이다.

대명사자리 정답공식03

01 '(a) 명사 +of+ ____'이 대명사 자리이면,
소유대명사가 정답이고, (소유대명사는 명사의 대체재)

02 '(a) 명사 +of+____+명사'이 대명사 자리이면,
소유격 대명사가 정답이다! (소유격 대명사는 형용사의 대체재)

이른바 '전+명' 공식(명사자리 정답공식06)에 따라, 전치사 뒤에는 전치사의 목적어 역할을 할 수 있는 명사, 대명사, 동명사가 올 수 있다. 따라서 일반적으로는 전치사 뒤에 대명사가 온다면, 그 대명사는 all of them, house for them, go with him처럼 목적격 대명사이다.

그러나 '명사+of'의 경우는 이중소유격이란 것이 있어서 특이한 문제가 발생한다. 우선 ①'(a) 명사 of + 빈칸'처럼 of 뒤가 빈칸으로 바로 끝나면 소유대명사가 정답이다. a friend of mine을 떠올려 보면 쉽다. 이를 이중소유격이라 한다. 반면, ②'(a) 명사 of +빈칸 + 명사'처럼 of 뒤에 빈칸이 있고 다시 뒤에 명사가 있으면 소유격 대명사가 정답이다. 가령 a union of their activities가 있다.

소유대명사는 단독으로 of의 목적어 역할을 하는 반면, 소유격 대명사는 뒷명사를 수식하는 형용사 역할을 하여 '형용사+대명사'가 덩어리로 of의 목적어 역할을 하기 때문이다. 결국 '소유대명사(yours, hers 등)' 자리와 '소유격 대명사(your, her 등)' 자리를 구별하는 문제이다. 소유대명사와 소유격 대명사는 한 글자 차이지만 전혀 다른 것이다.

> **ex 171** I went to the funeral to pay my respects as the deceased had been a very old friend of -----.
> (A) mine (B) I (C) myself (D) me

예171은 'a 명사 of 빈칸(이중소유격)'이므로, 정답은 소유대명사(A)이다. a cousin of mine, a friend of mine, a colleague of mine은 자주 출제되는 어구이므로 함께 알아둔다.

> ex 172   This super low interest rate can be ----- when transferring outstanding balances on other accounts to your Americana MasterCard account by July 10.
> (A) you (B) your (C) yours (D) yourself

일단 선지가 모두 대명사이므로 대명사문제이다. be동사 다음이 빈칸이고, 빈칸 뒤에는 when이 있으므로 when 앞에서 끊긴다. 그렇다면 빈칸은 보어자리인데, 보어는 형용사 또는 명사가 기본이다. 명사의 대용물인 소유대명사 yours(당신의 것)가 정답이다.

> ex 173   When the course is finished, she must return all the study materials except the textbook, which is ----- to keep.
> (A) she (B) her (C) hers (D) herself

역시 선지가 모두 대명사이므로 일단 대명사 문제이다. 그런데 빈칸 앞이 be동사이므로 빈칸은 주어나 목적어자리는 아니고 보어자리이다. 그렇다면 일단 (대)명사 또는 형용사가 정답후보로 떠오른다. (영어의 8품사 중에는 문장의 필수성분이 될 수 있는 것과 그렇지 못한 것이 있다. 일단 8품사 중에서 부사, 전치사, 감탄사는 문장의 필수성분이 될 수 없다. 반면, 주어는 명사와 대명사만이, 서술어는 동사만이, 보어는 명사, 대명사, 형용사만이, 목적어는 명사와 대명사만이 각각 될 수 있다.) 한편, 빈칸 뒤의 to keep은 그 앞 단어를 수식하는 형용사적 용법으로 쓰인 것이다. 그렇다면 빈칸은 형용사적 용법의 toV의 수식을 받을 수 있는 (대)명사를 떠올리는 것이 기본이다.

따라서 빈칸은 형용사의 꾸밈을 받을 수 있으면서, 보어자리에 올 수 있는 소유대명사 hers(그녀의 것)가 정답이다. 주격대명사 (A), 소유격 대명사 (B), 재귀대명사 (D)는 형용사적 용법의 toV의 꾸밈을 받을 수 없다.

참고로, which로 시작하는 부분이 선행사 text book(교재)을 수식하는 관계대명사절임을 염두에 두고 해석하면, 교재는 '그녀의 것이다'가 적합한 해석이다.

Ⓒ 대명사자리 정답공식04

'타동사의 원형 +___' 또는 '타동사의 toV형+___'이 대명사 자리이면,
일반대명사의 목적격(him, them, her, it, us, me, you 등)이 정답
일 확률이 70%,
재귀대명사(himself, herself, yourself, ourselves 등)가
정답일 확률이 30%이다.

즉, 동사 뒤의 빈칸이 대명사 자리이면, 목적격이 정답일 확률이 높다!

타동사 다음에 빈칸이 있으면 정답은 그 동사의 목적어이어야 하기 때문에 성립하는 공식이다. 동사의 목적어 역할을 할 수 있는 대명사는 ①대명사의 목적격(him, them, her, it, us, me, you 등)과 ②재귀대명사 (himself, herself, yourself, ourselves 등)가 있다.

전자의 예로 I help him.을 들 수 있고, 후자의 예로 I help myself.를 들 수 있다. 즉, 도움을 주는 주체인 주어와 도움을 받는 객체인 목적어가 동일인일 때 I help me.라고 쓰지는 않고, me 대신 myself를 쓴다는 의미이다. 이렇게 주체와 객체가 동일할 때 동사 뒤의 빈칸에 어떤 대명사가 들어갈지 여부는 후술하는 재귀대명사 정답공식02에서 다시 상세히 설명한다.

그런데 이 두 경우 중 출제빈도를 따져 보면, 정답확률은 7:3정도 된다. 따라서 헷갈리면 일단 동사 뒤에는 목적격 대명사가 정답이라고 생각하고 푼다.

ex 174   Her little boy's lack of good manners displeased -----.
(A) she (B) hers (C) herself (D) her

예174는 본동사 displeased의 목적어 자리이므로, 정답은 목적격인 (D)이다.

ex 175 If you make the necessary changes to the specifications, we can approve ----- immediately.
(A) their (B) them (C) theirs (D) themselves

타동사 approve 다음이 빈칸인데, 주어 we와 선지에 있는 they류는 다르다. 따라서 목적격 대명사가 정답이다. 따라서 정답은 (B)이다.

ex 176 While the manager was at the lawyer's office, Ms. Johanson escorted the clients to the hotel and helped ----- register.
(A) themselves (B) their (C) them (D) they

빈칸이 본동사 helped 다음이므로 목적격 대명사가 와야 한다. 정답은(C)이다. 참고로 빈칸 뒤에 동사원형 register가 있으므로, 5형식 문장이고, O.C자리에 원형동사 register가 온 것이다. (2-06 참조)

ex 177 The sales department expected to have their brochures for the new line by mid-June but the art department hadn't even begun to design ----- at the end of May.
(A) they (B) themselves (C) their (D) theirs

빈칸 앞에는 타동사 design이 있고, 빈칸 뒤로는 전치사 at이 있어서 끊기므로, 빈칸에는 design의 목적어가 와야 한다. 빈칸은 앞에 나온 their brochures(그들의 팜플렛)를 받아야 하기 때문에, them(그것들)이 아닌 theirs(그들의 것)가 더 적합하다.

ex 178 While talking to the security guards about the new digital ID cards, Ms. Vernon also reminded ----- to submit their recommendations for alarm system upgrades.
(A) herself (B) them (C) themselves (D) her

remind(다시 알리다) 다음에는 사람(알리는 상대방)이 목적어로 와야 한다. 빈칸은 앞에 나온 security guards(경비원들)를 받아야 한다. 이를 지칭하는 대명사로서 them이 정답이다. [참고] remind A to B : A에게 B할 것을 상기시키다

재귀대명사자리 정답공식01

'동사+명사(목적어) + _____'이면,
재귀대명사(myself, himself, themselves 등)가 정답이다!

일반대명사와 달리 재귀대명사라는 것이 있다. 재귀대명사는 self로 끝나는 대명사를 말하는데, 전통적인 문법책을 보면 재귀대명사에 강조용법과 재귀용법이 있다고 설명한다. 우리나라 법전과 영문법책의 공통점은 일본법과 일본 영문법책을 무분별하게 번역하여 들여오면서, 일반인이 알아듣기 어려운 용어로 가득찼다는 점이다.

재귀대명사 정답공식01이 강조용법을, 재귀대명사 정답공식02가 재귀용법을 적용한 결과 도출된 결론이다. 그리고 재귀대명사 정답공식03은 강조용법이나 재귀용법이 아니라, 그냥 관용구 문제이다.

재귀대명사 정답공식01은 대명사 문제에서 명사(목적어) 뒤에 빈칸이 한 칸만 있으면, 재귀대명사(myself, himself, themselves 등)가 정답이라는 공식이다. 명사로 끝났으므로 목적어까지로 문장의 필수성분이 모두 구비되어, '완전하게' 끝났기 때문에 그 뒤에 붙을 수 있는 것은 부사나 강조의 재귀대명사 따위이기 때문이다.

> ex 179 Anyone who will be attempting a monitor repair ------ should do so as the product instruction requests.
> (A) himself (B) yourself (C) itself (D) oneself

예179의 정답도 (D) oneself이다. 문장이 빈칸에 들어갈 단어 없이도 완전하게 끝났기 때문에, 더 이상 있을 필요가 없는 단어인데, 강조를 위해 들어온 단어이므로, '강조용법'이 되는 것이다.

이에 반해, 후술하는 정답공식02의 재귀용법이란, 목적어와 주어가 의미상 같은 사람이므로, 목적어가 주어로 다시 복귀(회귀)한다는 의미에서 '재귀'라고 이름 붙인 것이다. 최초번역자가 복귀용법 또는 회귀용법이라

이름 붙였다면 조금 더 이해하기 쉽지 않았을까?

---

ex 180   With the automated system, we don't need to hire a professional because we can operate the printing equipment -----.

(A) we   (B) us   (C) ourselves   (D) ours

빈칸 앞은 명사, 빈칸 뒤는 마침표이다. equipment는 operate(작동시키다)의 목적어이므로, 그것으로서 문장이 완전하게 끝났다. (당연히 빈칸은 부사가 떠오를 수 있는 자리이다. 하지만 선지가 모두 대명사인 대명사 문제이므로, 부사는 논외로 한다) 그렇다면 목적어 다음에는 강조적 용법의 재귀대명사가 와야 한다. 이 경우 재귀대명사의 역할은 주어인 we가 직접 operate 했음을 강조하기 위한 것이다. 정답은 (C)이다.

---

ex 181   We should move the office equipment ------ after the telephone lines have all been installed by the technicians.

(A) ours   (B) ourselves   (C) us   (D) our

빈칸 앞에서는 명사가 있고, 빈칸 뒤에는 접속사가 있다. 접속사나 전치사 앞에서 끊어 읽으면 되므로(2-04 끊어읽기 공식 참조), 이 문장은 주어 We, 동사 should move, 목적어 office equipment로 구성되는 3형식 문장이다. 이로써 after 앞쪽 문장의 필수 성분이 완전히 구비되었으므로, 빈칸에는 부사나 단순히 강조 역할을 하는 재귀대명사가 와야 한다. 재귀대명사 oneself(스스로, 직접)는 주어 본인이 직접 행위나 동작을 했음을 강조할 때 쓰는 대명사이다. 정답은 (B)이다.

재귀대명사자리 정답공식02

**빈칸(목적어)에 들어갈 대명사가
동일한 절 속 동사의 의미상주어와 같을 때, 재귀대명사가 정답이다!**

이 문제는 빈칸에 들어갈 대명사가 '일반적인 목적격 대명사'인지 '재귀대명사'인지 구별해내라는 문제이다. 앞의 대명사자리 정답공식03에서 이미 다룬 내용이기도 하다.

동일한 절의 ① '동사의 의미상 주어'와 '동사의 목적어'가 같으면 재귀대명사가 정답이고, ② '동사의 의미상주어'와 '동사의 목적어'가 다르면 일반대명사의 목적격이 정답이다. 예를 들어 주어가 I(내가)인데, 목적어자리에 me(나)가 들어가게 생겼으면, me(나)를 대신해서 myself(나 자신)가 들어가야 한다는 의미이다. I love me라고 하지 않고 I love myself 라고 하는 이치이다.

> ex 182 The book required by workshop participants is useful for helping ----- find out the best way to use the last five minutes of your day.
> (A) themselves (B) they (C) their (D) them

예182는 required by workshop participants가 the book을 수식하는 구조이다. 즉, participants에 의해 요청된 book은 participants가 가장 좋은 방법을 찾는 데 도움을 준다는 의미이다. (help ___ find out 부분은 V+O+O.C.인 5형식이다) 따라서 빈칸에 들어갈 help의 목적어는 본래 participants이다. 이것을 대명사로 바꾼다면, them이냐 themselves냐의 문제이다. 그런데 help동사의 목적어는 participants이고, help동사의 의미상 주어는 book이므로 양자가 불일치한다. 따라서 재귀대명사 themselves가 아니라, them이 정답이다.

> ex 183 Mariano Rivera doesn't consider ----- the best reliever ever, but history begs to differ.
> (A) by himself (B) his (C) himself (D) he

예183은 주어 Mariano Rivera(최고의 구원투수로 알려진 마리아노 리베라)가 스스로를 어떻게 여기는지에 관한 내용이다. 주어인 Mariano Rivera와 목적어 자리인 빈칸이 일치하므로, 정답은 himself이다.

> **ex 184** Only after 5 years in business, Mr. Wu's company is positioning ----- as a leading supplier of computer equipment in the Redondo area.
> (A) it (B) itself (C) them (D) themselves

빈칸 앞의 is Ving라는 형태로 볼 때, 이 부분이 전체 문장의 동사이다. 즉, 빈칸 앞이 동사 is positioning이고, 빈칸 뒤는 전치사 as로 끊긴다. 그런데 position은 목적어를 필요로 하지 않는 자동사이다. 따라서 빈칸에는 동사의 목적어가 올 필요 없고, 문장의 필수 성분이 아닌 부사류가 와야 한다. 그러려면 목적격대명사가 아니라 재귀대명사가 와야 한다. 따라서 정답은 (B) itself이다. 회사가 시장 지배적 사업자로서 자리매김했다는 의미이다.

재귀대명사자리 정답공식03

선지가 모두 대명사인데, 'for/by ____'이면, 재귀대명사가 정답일 확률이 매우 높다!

선지가 대명사인데, for나 by 뒤에 빈칸이 있으면 대개 일반 대명사가 아닌 재귀대명사가 정답일 확률이 매우 높다는 공식이다. 즉, for him(그를 위해), by him(그에 의해), for his power(그의 힘을 위해) 등의 표현도 당연히 가능하므로, 위 공식은 by나 for 뒤라고 해서 무조건 성립하는 100% 공식이 아니라, 확률적 공식임에 주의한다.

이 공식은 '스스로'라는 의미의 for oneself와 by oneself라는 재귀대명사를 포함한 관용구가 존재하기 때문에 성립하는 공식이다. 이 문제는 재귀대명사의 용법에 관한 문제라기보다는 그저 관용구의 단순암기 문제에 불과하다.

ex 185 This theory says that immigrants choose to go into business for ----- when they apply their cultural traditions of working hard.
(A) they (B) their (C) them (D) themselves

예185는 '스스로' 사업을 영위해 간다는 의미이므로, 정답은 (D)이다.

 참고
재귀대명사를 포함한 관용구

재귀대명사를 포함한 관용구인 for oneself와 by oneself는 둘 다 '홀로/스스로'라는 의미이다. 둘의 의미 차이가 크지 않아서 다행히 토익에서는 둘의 구별문제가 출제되지 않는다. 그래서 토익에서는 차라리 for/by oneself = on one's own = alone을 암기하는 편이 문제풀이에 유리하다. of one's own은 '그 자신만의'라는 의미로서 전혀 다름에 주의한다. 참고로 of itself(저절로)도 알아둔다.

ex 186 Many people can judge the truth by ----- instead of trusting a bias article.
(A) they (B) their (C) them (D) themselves

예186은 by them인지 by themselves인지가 관건이다. 능동태 문장이고, 해석상 '그들 스스로 판단한다'는 의미이므로, 정답은 재귀대명사인 (D) 이다.

---

ex 187 When the golf cart stopped working, Mr. Lucas and the other golfers tried to repair it by -----.
(A) himself (B) oneself (C) herself (D) themselves

빈칸 앞이 by이고, 선지는 모두 재귀대명사이다. 이는 재귀대명사를 포함한 관용구 by oneself(스스로, 직접)를 묻는 문제이다. 해석상 Mr. Lucas와 다른 골퍼들 스스로 고쳤다는 의미이므로 by themselves(그들 스스로)가 정답이다.

---

ex 188 If the new recruits don't become used to handling stress on -----, they will usually quit after a short time.
(A) themselves (B) they (C) their own (D) them

숙어 on one's own = by oneself (스스로, 직접)가 자주 출제된다. 따라서 이 문제에서는 on their own = by themselves(그들 스스로, 그들이 직접)의 관계를 적용하면 된다. 정답은 (C)이다.

---

ex 189 They both have a lot of experience in hiring so it is expected that Mr. Luis and Mr. Simon will be able to interview the entire group by ------.
(A) himself (B) ourselves (C) yourself (D) themselves

빈칸 앞이 by이고, 선지는 모두 재귀대명사이다. 이는 재귀대명사를 포함한 관용구 by oneself(스스로, 직접)를 묻는 문제이다. 해석상 Mr. Luis와 Mr. Simon 둘이서 직접 면접을 보는 것이므로 by themselves (그들이 직접, 그들 스스로)가 정답이다.

특수대명사자리 정답공식

선지에서 those와 that이 함께 있으면,
대체로 those가 정답이다!
those는 빈칸이 아래의 3가지 위치일 때 정답으로 출제되기 때문이다.
- **01** ___ of ~
- **02** ___ who ~
- **03** ___ interested ~

02, 03의 경우는 those 대신 anyone이 정답으로 출제되기도 한다.

최근에 those문제가 자주 출제되고 있고, 특히 위 **02**유형인 those who구문이 자주 출제되고 있다. 따라서 우선, 선지가 대명사로만 구성된 대명사문제인데 who 앞이 빈칸이면 those가 정답이라는 사실을 명심한다.

위 **01, 02, 03**의 경우를 종합하여 보면, those 뒤에는 **01** 전치사구(of+명사), **02** 관계대명사 who, **03** 분사(Ving 또는 Ved) 셋 중 하나가 반드시 있어야 한다는 결론을 도출할 수 있다. 다만, **01**의 경우와 **02, 03**의 경우에 둘 다 those가 들어가 있다고 해서, 그 용법이 같은 것이라고 착각해서는 안 된다.

01 01의 경우(지시대명사로서의 those)

that과 those는 한 문장 안에서 앞에 언급된 명사(대개는 'the+명사' 혹은 '소유격+명사')의 반복을 피하기 위해 쓰는 대명사이다. 그 특정단어가 단수이면 that으로 받고, 복수이면 those로 받는다. 이 때 that과 those 바로 뒤에는 '~of '로 시작하는 전치사구가 붙어서 의미를 제한한다.

이 때, of 앞 빈칸에 들어갈 단어가 that인지 those인지가 문제된다. 만약 'of 이하의 전치사구'의 수식을 받는 대명사가 ①복수일 때는 those가 들어가서 'those of 명사'의 구조가 되고, ②단수이면 that이 들어가서 'that of 명사'의 구조가 된다. 이 때, 우리말 관념으로는 that자리에 this나 it이 올 수 있을 것 같지만 영어에서는 불가능하고, those자리에 these가 와도 될 것 같지만 역시 불가능하다.

> **ex 190** The product version is higher than ----- of System Console Server.
> (A) them (B) they (C) that (D) those

예190에서 빈칸에 들어갈 원래 단어는 앞의 version이다. 이는 단수이므로 정답은 (C)이다.

02 02와 03의 경우 ('~하는 사람들'이라는 뜻의 those)

그러나 토익에서는 위 **01**용법보다는 those who(~하는 사람들)의 의미로 쓰이는 **02, 03**의 용법이 더 자주 출제된다. 즉, who 앞이나 interested 앞에서는 those가 정답이다. 결과적으로 토익은 특수한 대명사 those를 좋아해서 자주 출제하는 셈이다.

02에서 who 앞에 있는 빈칸의 정답이 those가 되는 이유는 선행사가 명사가 아니라 대명사일 때, 선행사 역할을 할 수 있는 대명사는 those뿐이기 때문이다. it, he, they 같은 일반적인 다른 인칭대명사는 선행사 역할을 할 수 없기 때문에, 선행사 자리에 들어갈 수 없다.

03에서 interested 앞에 있는 빈칸의 정답이 those가 되는 이유도 those (who are) interested('~하는 사람들'의 의미)로 쓰일 때, '관계대명사+be동사'가 생략되어 분사구문의 수식을 받는 선행사 자리에 those가 들어가야 하기 때문이다.

> **ex 191** ----- who would give up essential liberty to purchase a little temporary safety deserve neither liberty nor safety.
> (A) Those (B) These (C) That (D) This

예191은 빈칸뒤에 who가 있으므로 선행사가 될 수 있는 Those가 정답이다. 만약 선지에 anyone이 있다면, anyone도 정답이 될 수 있다. '~한 사람들'이라는 의미로 쓰이는 those이다 보니 anyone으로 치환(대체)될 수 있기 때문이다.

> **ex 192** We must give encouragement to ----- who risked their lives to save that of many other fellow citizens.
> (A) ones (B) us (C) them (D) those

대명사 those(사람들)는 항상 관계대명사(who), 전치사구 또는 분사의 수식을 받는다. 따라서 빈칸 다음의 who만 보아도 those가 정답이다.

> **ex 193** We are considering trimming the advertising budget to expand our design department, which would concentrate on ----- which most directly affect profit margins.
> (A) that (B) them (C) those (D) theirs

다른 대명사와 달리 those는 그 뒤에 반드시 관계대명사나 전치사구, 분사 같은 수식어가 와야 한다. 빈칸 뒤에 관계대명사 which가 있기 때문에 (C)가 정답이다. 여기서 those which는 '~하는 사람들'이 아니라 '~하는 것들'을 의미한다.

> **ex 194** In contrast to companies that concentrated all their efforts <u>domestically</u>, ---- having pursued <u>foreign</u> markets have survived the recession without too much difficulty.
> (A) this (B) those (C) which (D) whose

In contrast to가 전치사이고, companies가 명사이므로, 앞부분은 '전+명'구이다. 전치사구가 끝나고 콤마가 찍힌 뒤 주절이 시작된다. 빈칸은 주절의 주어자리이고, 그 뒤에 있는 have survived가 전체 동사이다. 일단 빈칸에 들어갈 주어는 복수명사이다. 이 문장에서 those(그것들)는 companies를 받는 대명사이고, 복수취급하기 때문에 정답이 된다. 문장 내에서 의미적으로는 domestically와 foreign이 대조되고 있다.

3-11 동사자리를 보여주는 기초공식
600점용 문법공식

기초지식 쌓기

동사 문제는 결국 문장구조 파악 문제로 귀결되는데, 동사 문제를 어렵게 만드는 요소는 대체로 다음 2가지이다.

첫째, 주어와 동사 사이에 분사구, 관계사절, 전치사구, 부사구 등 각종의 수식어구들을 끼워넣어, 문장을 길게 늘리고 문장구조를 복잡하게 만든다. 따라서 우선 각종 거품구에 괄호칠 수 있는 능력이 필요하다(동사 자리 파악을 어렵게 하는 요소).

둘째, 동사의 태, 시제, 수일치를 종합적으로 따져 올바른 동사형태를 고르도록 한다. 이를 위해서도 문장구조 파악능력이 선행되어야 한다. 주어가 무엇인지를 찾아내야만, 그 주어에 맞게 태, 시제, 수를 일치시켜 줄 수 있기 때문이다(동사 형태 파악을 어렵게 하는 요소).

따라서 동사 문제는 어떻게 출제되든 (본)동사자리와 준동사자리를 구별하는 작업이 선행되어야 할 때가 대부분이다. 본동사자리인지를 찾는 것까지는 600점대 문법사항이라 할 수 있다.

그러나 600점대 문법사항인 동사자리 문법이, 700점대 문법사항인 4-03(능수동태), 4-04(시제), 4-05(수일치) 및 800점대 문법사항인 5-01(준동사 판결을 위한 공식)과 서로 결합하여, 그 경계가 모호한 측면이 없지 않다.

영어는 동사를 정복하면 끝이다. 특히 준동사 형태에는 Ving, Ved, toV가 있는데, (본)동사의 과거형과 완료형의 형태가 Ved이고, 진행형의 형태가 Ving여서, 전후 고려 없이 단어 하나의 형태만으로는 준동사와 본동사를 구별할 수 없다. 그 점이 바로 동사 문제가 기초인 것 같지만 쉽지 않은 이유이다.

동사자리 정답공식 01

'주어+(거품구)+___'처럼, 문장에 주어는 있는데
동사가 없으면, 동사가 정답이다!
단, 동사의 형태는 맞추어 주어야 한다.

제2장에서 배운 문장구조분석 공식을 통해서, '거품구'를 괄호치고 나면, 주어와 동사 자리가 도출된다. 이 때, 문장에 주어는 있는데 동사가 없는 경우, 동사가 정답이라는 공식이다. 문장 내에서 주어와 동사는 반드시 있어야 하는 필수 성분이기 때문에 성립하는 공식이다.

ex 195 Recent research ----- that married people are not only happier than unmarried people, but also healthier.
(A) has indicated (B) is indicated (C) to indicate (D) indicating

예195의 경우 빈칸 앞에 Recent research라는 명사만 있어 빈칸은 본동사 자리이다. 그리고 빈칸 뒤에 있는 that이하가 빈칸에 들어갈 동사의 목적어이다. 따라서 빈칸에 들어갈 동사는 능동태여야 하므로 (B)는 오답이다. (C)와 (D)는 형태 그 자체로 준동사이므로 본동사 자리인 빈칸에 들어갈 수 없다. 따라서 정답은 (A) has indicated이다.

ex 196 The purchasing department ----- supplies through a Web site that offers a wide range of products.
(A) purchase (B) purchasing (C) purchases (D) to purchase

예196의 경우 빈칸 앞에 The purchasing department라는 명사만 있어 이것이 주어이고, 빈칸은 본동사 자리인데, 수일치까지 묻는 문제이다. 특히 빈칸 바로 뒤에 속임수로 supplies(공급품들) 같은 s로 끝나는 복수형 명사를 둠으로써, 마치 supply(공급하다)의 3인칭 단수 동사형인양 함정을 파둔다. 이것도 동사자리 문법에서 심심찮게 나오는 속임수이므로 반드시 기억해 두자. supply처럼 동사와 명사형의 생김새가 같을 때 만들 수 있는 함정이다. 본동사 자리인 이상 준동사인 (B)와 (D)는 당연히 오답이다. 정답은 (A)와 (C) 중 s가 붙어 3인칭 단수형 동사인 (C)이다.

> ex 197　The next apartment that becomes vacant ----- the first to be refurbished with new plumbing and lighting.
> (A) are (B) will be (C) being (D) to be

빈칸 앞의 that becomes vacant는 주어 apartment를 꾸며주는 관계대명사절이다. 따라서 문장 전체를 다 읽어보지 않더라도, 문장 전체의 본동사가 없다는 사실을 쉽게 알 수 있다. 결국 빈칸에는 동사가 들어가야 한다. (A)와 (B)중에서, 동사 are는 주어가 복수명사일 때 쓰일 수 있는 것이므로 오답이다. 따라서 정답은 (B)이다.

> ex 198　Although demand ------ seasonally and depends on weather conditions, total annual sales of such things as umbrellas and boots are predictable.
> (A) variable (B) variety (C) varying (D) varies

Although가 접속사, demand(수요)가 주어인데, and 앞쪽까지 동사가 없다. '접+주+동'공식에 의해 빈칸에는 동사가 와야 한다. and depends는 although절 내에서 빈칸에 들어갈 동사와 병렬구조를 띤다. 따라서 정답은 vary라는 동사원형에 3인칭/현재/단수여서 s가 붙은 (D)가 정답이다.

> ex 199　The robot explorer ----- by means of a radio-control device here on Earth.
> (A) operators (B) operating (C) operates (D) operation

'by means of+명사' 부분을 괄호쳐서 삭제하고 나서 전체문장을 보면, 문장 전체의 본동사가 없기 때문에 빈칸에는 동사가 정답이다. 따라서 정답은 동사원형에 s가 붙은 현재시제의 (C)이다.

동사자리 정답공식02

'조동사+____' 혹은 'Please +____'이면
동사원형이 정답이다!

조동사 또는 명령문을 이끄는 Please 바로 뒤가 빈칸이면 동사원형이 정답이라는 공식이다. 조동사는 본동사를 '조력(助力)'하는 동사이다. 즉, 본래의 동사를 도와주는 역할을 하는 동사이다. 조동사가 능수동태, 시제, 수에 따라 형태가 변화하므로, 그 뒤에 오는 본동사의 형태는 '동사원형'으로 늘 고정되어 있다는 내용의 기초 문법공식이다. 점수주는 쉬운 문제이지만 자주 출제되는 편이다.

따라서 can(could), will(would), may(might), shall(should), do, does, did, must, have to, ought to, be used to, had better, would rather 등이 조동사라는 사실을 암기하고, 이들 바로 뒤가 빈칸이면 동사원형을 정답으로 고른다.

한편, please는 명령문 앞에 온다. 명령문은 주어를 생략하는 것이기 때문에 성립하는 공식이다. 따라서 please 바로 뒤가 빈칸이면 동사원형이 오는 것은 당연하다. 이 유형은 Part6에서 점수 주는 문제로 출제되는 경향이 있다. 이 유형에서 주의할 점은, please마저 생략될 수 있다는 사실이다. 명령문의 시작에 반드시 please가 있어야 하는 것은 아니기 때문이다.

> ex 200　To protect the sauce from sticking, you should ----- it constantly when it cook in a low flame.
> (A) stir　(B) stirring　(C) to stir　(D) stirred

예200의 정답은 빈칸이 조동사 should 뒤이므로 동사원형인 (A)이다.

> ex 201　If you locate the missing document, ----- Lucy immediately.
> (A) will contact　(B) have contacted　(C) contacted　(D) contact

예201의 경우, If/when+S+V, (please) ____ ~ 구문으로서, please가 생략

된 명령문이므로 동사원형인 (D)가 정답이다.

> **ex 202** Tickets for paragliding may ----- from the attendant in the beach activities booth.
> (A) purchase (B) purchased
> (C) have purchased (D) be purchased

조동사 뒤에는 동사원형이 와야 하는데, 선지에 동사원형은 purchase와 be purchased이다. 이 둘의 차이는 능동태와 수동태이다. 빈칸 뒤는 전치사 from으로 시작되므로 전치사 앞에서 끊어야 하는데(2-04참조), 그렇게 되면 목적어가 없다. 빈칸 뒤에 목적어가 없으므로(4-03 참조) 수동태 (D)가 정답이다. 해석을 하여 확인하여 보아도 주어 Tickets가 구입되어지는 것이므로 수동태가 정답이다.

> **ex 203** ----- your ID card at any High Ten Cinema theatre and you will receive a $3 discount on any movie, any time of the day.
> (A) To show (B) Showing (C) For showing (D) Show

빈칸 뒤에 and이하는 새로운 S+V가 나오므로, and 앞쪽에 빈칸을 포함한 부분도 S+V가 있어야 한다. 그런데 주어도 동사도 없다. 주어는 생략될 수 있으나 동사마저 생략될 수는 없다. 그렇다면 명령문이 와야 하고, 따라서 (D)가 정답이다.

> **ex 204** ----- the human resources department before January 15th, if you are interested in this position.
> (A) Contact (B) To contact (C) Contacting (D) Contacted

문장 내에 최소한 1개의 동사는 있어야 한다. 그리고 접속사 if이하는 종속절이므로 if 앞에는 주절이 와야 하는데, 이 주절 부분에 주어와 동사가 없다. 주어는 생략될 수 있으나 동사는 생략될 수 없다. 그렇다면 동사원형으로 시작하는 명령문이 와야 한다. 따라서 정답은 (A)이다.

ⓒ 동사자리 정답공식03

병렬구조에 의해 동사가 정답인 자리가 있다!

'동사 and 동사'의 문장구조를 띠는 경우이다. 이는 병렬구조 문제이므로, '5-02 병렬구조 판별을 위한 공식'에서 한꺼번에 공부한다.

---

ex 205 Police told the court that the attacks were planned and executed by Teddy and ----- to the court some documents suggesting his involvement in the cases.
(A) to submit (B) submit (C) submitting (D) submitted

예205의 경우 일단 and 뒷자리가 빈칸이므로 병렬구조문제임을 간파하는 것이 좋다. 그리고 and 앞뒤를 보면, told 동사와 대등한 동사가 들어갈 자리이므로, told와 시제, 수가 똑같은 동사인 (D) submitted가 정답이다. police가 the court(법원)에 말하고(told) 제출했다(submit)는 의미이기 때문이다.

---

ex 206 The attached sheet explains the details of acquiring the service and ----- it in the most efficient manner.
(A) use (B) using (C) used (D) will use

등위접속사 and 뒤가 빈칸인 경우는 병렬구조 문제이다. 따라서 and 앞에 '동명사+목적어(acquiring the service)'가 있으므로, 빈칸에도 동명사가 와야 한다. 정답은 (B)이다.

동사자리 정답공식 04

'명사+주격 관계대명사+___'이면 동사가 정답이다!

정답공식 04가 의외로 자주 출제되는 경향이 있다. 주격 관계대명사가 무엇인지를 알아두는 것이 중요하다. 선행사가 사람일 경우 주격 관계대명사는 who이고, 선행사가 사물일 경우 주격 관계대명사는 which나 that임을 알아야 한다. 관계대명사 문법에 대하여는 5-03을 참조하자.

> ex 207 Nearly all of the doctors who ----- in the John's surgery said the video did not change their view of his illness.
> (A) participated (B) participate (C) participating (D) participates

예207의 경우 주격 관계대명사 who 다음에 빈칸이 있으므로 (본)동사자리인데, said라는 과거시제에 맞추면, 빈칸에도 역시 과거시제인 (A) participated가 정답이다.

동사자리 정답공식 05

'be+___'(수동태) 또는 'have+___'(현재완료)이면, Ved형태의 동사가 정답이다!

정답공식 05까지 동사자리 공식이라고 거창하게 부르기에는 너무 기초적인 문법이다. 당연히 수동태는 be+Ved이고, 현재완료시제는 have+Ved 형태이기 때문이다. 하지만 역시 점수주는 차원에서 출제되고 있다.

> ex 208 All the republican presidential candidates have ----- Bernanke on various policy.
> (A) critical (B) criticism (C) criticized (D) critic

예208의 경우 have+Ved라는 현재완료의 어형을 묻는 단순한 문제이다. 정답은 당연히 (C)이다.

3-12 전치사 종류를 보여주는 기초공식

600점용 문법공식

기초지식 쌓기

전치사란, 이미 문장의 필수성분(주어, 목적어, 보어, 동사)이 완벽히 구비되어 있는 문장에서, 그 외의 명사를 추가하고 싶을 때 사용한다. 즉, 그냥 명사를 추가할 수 없으므로 전치사를 끼워 넣어서 명사가 들어올 자리를 만들어주는 것이다. 여기서 '전치사+명사', 이른바 '전+명'공식이 도출된다.

전치사로 시작하는 전치사구는 문장 전체에서 명사역할, 형용사 역할, 부사 역할을 할 수 있다. 즉, ① 전치사구 앞에 자동사가 있으면 전치사구는 그 자동사의 목적어이므로 명사 역할을 하는 것이고, ② be동사의 보어 자리에 전치사구가 오면 전치사구는 그 be동사의 보어이므로 형용사 역할을 하는 것이며, ③ 완전한 문장에 추가되어 장소나 시간을 보여주는 전치사구로 쓰이면 부사 역할을 하는 것이다.

그래서 전치사로 시작한다는 형식에 주목하면 이들은 모두 전치사구라고 표현할 수 있지만, 이들 전치사구를 그 역할에 따라 다시 분류하면 명사구, 형용사구, 부사구라고도 부를 수 있는 것이다.

한편, 토익 시험에서의 전치사 문제는 4가지 유형으로 나뉜다.

첫째, 선지 4개가 모두 전치사로 나오면서, 전치사 자리임을 전제로 빈칸에 어떤 종류의 전치사가 들어가야 하는지를 묻는 전치사 종류 찾기 문제가 그 첫 번째 유형이다.

둘째, 선지 중 일부는 전치사, 일부는 접속사, 일부는 (접속)부사로 구성되면서, ①전치사 자리인지 아니면 ②접속사자리인지 아니면 ③접속부사 자리인지를 묻는 문제이다. 그러나 두 번째 유형은 사실상 '접속사'가 정답인 접속사 문제로 분류함이 더 타당하므로 이는 다음 3-13에서 다루기로 한다. 즉, 이 유형에서 선지 속에 있는 전치사는 '들러리'로서 '오답'선지에 불과할 때가 많다.

셋째, 여러 전치사 중 전치사 to만의 고유한 문제로서, 'to부정사'의 일부인 to와 '전치사+동명사'의 구조에서 전치사로서의 to를 구별하는 문제가 출제된다. 이는 두 가지 to가 우연히 '스펠링'이 같아서 발생하는 문법 문제로서, 개별적인 숙어를 암기를 하지 않으면 맞출 수 없는 문제이다. 따라서 이는 800점을 위한 문법 사항 중 하나로서, 5-01 중 '동명사 정답공식03'에서 상세히 다룬다.

넷째, 전치사를 포함한 관용구를 묻는 문제가 있다. 이는 단순 암기밖에 방법이 없다. 이에 대한 해결책은 990점 만점을 위한 7-04 '전치사를 포함한 숙어모음'을 참조한다. 이는 사실상 어휘문제이므로 전치사 문제 중에 가장 까다로운 문제라고 느껴질 수도 있겠다.

따라서 여기서는 위 네 가지 유형 중에서, 첫 번째 유형의 전치사 문제만을 대비하기 위해 기초적인 전치사의 종류 및 그 의미를 철저히 암기하고 넘어가자. 이러한 유형의 전치사 문제는 매달 2~3개씩 출제되는 문제로서, 선지가 전부 전치사로 되어 있다.

전치사는 그 문법적 중요성에 비해 굉장히 어려운 테마이다. 전치사 문법은 사실은 미묘한 뉘앙스 차이를 묻는 것이기도 하여서, 영어의 수준이 높아질수록 마지막까지 알쏭달쏭한 영역이기도 하다. 하여, 토익 시험을 준비하면서 너무 전치사 공부량을 늘리지 않기 바란다.

대신 토익시험에 자주 출제되는 전치사인 during, through, throughout, within, by, until 정도만이라도 확실히 알아두고 시험장에 들어가도록 한다. 이 때 어휘편에서 상술한 것처럼 '전치사+명사'로 이루어진 콜로케이션 의미어구를 외워두면, 문제를 빨리 풀 수 있다.

전치사자리 정답공식01

'____+시점'인 전치사자리는 일차적으로 at/on/in 중에 골라라.

01 ____ + 하루내 특정시각(at 2 o'clock)이면, at이 정답!
02 ____ + 특정날짜(on July 20)이면, on이 정답!
____ + 특정요일(on Friday)이면, on이 정답!
03 ____ + 월, 년도, 계절(in April)이면, in이 정답!

결국, 시점 앞이 빈칸이면, 시점 앞에 붙는 전치사 셋 중에서 고른다. at ▶ on ▶ in 으로 갈수록 뒤에 붙는 시간단위가 길어진다고 생각하면 된다. 다만, 빈칸 뒤의 단어가 '월'까지만 있으면 정답은 in이고, 빈칸뒤에 '월+날짜'로 특정일이 지정되면 정답은 on임에 주의한다. 아래처럼 이 둘을 구별하는 치사한 문제도 나온다. in은 '포함'의 뉘앙스가 강하고 on은 '접촉'의 뉘앙스가 강하므로, on뒤에 좀 더 '짧은' 특정 시점이 오는 셈이다.

ex 209 ----- August 13 the Indiana State was hosting a outside concert in spite of inclement weather, including high winds.
(A) In (B) At (C) On (D) For

예209는 빈칸 뒤의 단어가 August 13(월+일)이므로, 정답은 (C) On이다. 월까지만 특정되어 있지 않고, 일까지도 특정되어 있기 때문에 in은 오답이다. 시점 앞에 붙는 at, in , on 가운데 무엇이 정답인지를 찾는 문제가 나온다면, 의외로 쉬운 문제가 아니다. 아래의 의미어구를 입에 익혀 감각적으로 찾도록 한다.

on a Saturday night 토요일밤에
starting on Monday 월요일부터
at 9 o'clock 오전9시에
on July 20 7월 20일에
in April 4월에 **in 2017** 2017년에 **in summer** 여름에
at the end of the day 하루가 끝나갈 무렵
in the near future = in the foreseeable future 가까운 장래에

전치사자리 정답공식02

'___ + 장소'인 전치사자리는 일차적으로 at/in/on/from/to 중에 골라라.

01 ___+구체적인 장소(office, cafe 따위)이면, at이 정답!
___+고유명사(특히 회사명)이면, at이 정답!
02 ___+넓든 크든 장소(country, area)이면, in이 정답!
03 ___+접촉면, 표면(floor, wall)이면, on이 정답!
04 ___+출발장소이면, from이 정답!
05 ___+목적지이면, to가 정답!
06 ___+특히 가까운 장소이면, near가 정답!

장소 앞에 붙는 at, in, on 가운데 무엇이 정답인지를 찾는 문제가 나온다면, 의외로 쉬운 문제가 아니다. 아래의 의미어구를 익혀 감각적으로 찾도록 한다.

at the conference 기자회견장에서
at an off-site location 떨어진 장소에서
at trading company 트레이딩 컴퍼니에서
in the receptacle 용기 안에
in the container 용기 안에
in the envelope provided 제공된 봉투안에
in the office refrigerator 사무실 냉장고 안에

---

ex 210 The tour group will meet ----- the corner of the Dragon Bridge in Slovenia.
(A) of (B) to (C) in (D) at

예210은 빈칸 뒤에 좁은 장소인 the corner가 있으므로 정답은 (D) at이다.

ex 211 NASA's Terra satellite snaps giant storm ----- the sea.
(A) at (B) under (C) within (D) along

예211은 토익에서 under처럼 기초적인 전치사도 정답이 될 수 있음을 보여준다. 빈칸이 장소 앞이면 일차적으로 at/in/on을 떠올리는 것이 좋지만, 이는 무조건 공식이 아니라 확률적 공식임에 주의한다.

ex 212 All of the shopping mall's restaurants are located ----- the fourth floor and overlook the park outside.
(A) on (B) at (C) in (D) around

floor 앞에 오는 전치사는 on이다. on the fourth floor(4층에)를 의미어구로 외워두면 좋겠다. 기본적으로 on은 '~위에'라는 의미로서 '접촉'을 의미하는 전치사이다.

ex 213 She kept the buttons ----- an old ice-cream container.
(A) down (B) into (C) above (D) at

container는 '작은 용기'에 해당하므로 장소를 나타내는 in이 정답이다.

ex 214 The file cabinet is located ----- the photocopy machine in the stock room.
(A) away (B) beyond (C) apart (D) near

'복사기 근처에 위치하였다'라는 의미로서, near가 적절하다.

ex 215 More importantly, if we don't arrive in Busan by 7:40, we will miss the plane ----- Fukuoka and will have to take the ferry.
(A) on (B) to (C) as (D) at

도시명 Fukuoka와 어울리는 전치사를 고르는 문제이다. at은 좁은 장소나 지점을 나타내므로 도시 같은 넓은 장소와 어울리지 않기 때문에, 방향을 나타내는 전치사 to(~을 향한)가 정답이다. 비행기나 기차의 종착지를 나타낼 때는 to를 쓴다.

> ### 전치사자리 정답공식03 : until/by/during의 구별문제
>
> '____+시점(end of the year)'이면
> by, until(~까지) 중에서 정답이고,
> '____+기간(5 minutes)'이면
> during, within, for(~동안) 중에서 정답이다!
>
> **01** 시점과 함께 쓰이는 전치사 : by, until, before, since, at, on
> **02** 기간과 함께 쓰이는 전치사 : during, within, for, throughout, over

'시작점(~부터)' 또는 '기한점(~까지)'류의 전치사인 by, until과 '기간(~동안)'류의 전치사인 during을 구분하는 문제는 토익에서 자주 출제되는 문법사항이다. 우리말에서도 '시각'(오후2시 정각)과 '시간'(2시간)이 다른 것과 같은 이치이다.

이는 토익 전치사 문제 중 가장 자주 출제되는 유형이다. 특히 during은 1년에 3회 이상 출제될 정도로 자주 출제된다. 따라서 during이 포함된 아래의 어구는 익혀둔다.

> **during regular hours of operation** 정상 영업시간동안
> **during his absence** 그의 부재시에
> **during the weekend** 주말 동안
> **during the summer vacation** 여름휴가동안
> **during the keynote speech** 기조연설동안
> **during the movie** 영화가 상영되는동안

> ex 216 President Barack Obama announced on Friday that all U.S. troops will leave Iraq ----- the end of the year.
> (A) on (B) by (C) during (D) within

예216은 빈칸 뒤에 the end of the year라는 '시점'이 있으므로, 빈칸에는 '~까지'라는 기한을 나타내는 전치사가 들어가야 한다. 따라서 정답은 by 이다.

ex 217 If the manager dose not approve the purchase of the new office equipment soon, we may not be able to get the delivery ----- next week.
(A) in (B) by (C) to (D) for

전치사 by 다음에는 날짜, 요일, 시각 등 '시점'에 해당하는 명사가 온다. by next week(다음 주까지)와 같은 식이다. '시점' 앞에 오는 전치사와 '기간' 앞에 오는 전치사를 구별하는 습관을 들인다. 정답은 (B)이다.

ex 218 The project leader expects all of the revisions to be completed ----- the end of the year.
(A) for (B) by (C) on (D) in

빈칸 뒤의 the end of the year는 '기간'이 아니라 '시점'이다. 'by + 시점'은 '~까지'라는 의미이다.

ex 219 Thanks to extensive public education programs, the number of species in danger of extinction has actually decreased ----- the last decade.
(A) again (B) over (C) further (D) more

decade(10년)가 기간에 해당하므로 기간을 나타내는 over(~를 넘는 동안)가 정답이다.

ex 220 ----- the high season for tourists, the street vendors who are clustered around bus and train stations are often instructed to move by the police.
(A) During (B) Every (C) About (D) Only

전치사 during(~동안) 다음에는 '기간'에 해당하는 단어가 와야 한다. during the high/peak season(성수기 동안)을 외워두면 좋다. 항상 그 뒤에 '시점'이 오는 전치사와 그 뒤에 '기간'이 오는 전치사를 구별한다. 정답은 (A)이다.

전치사자리 정답공식 04

토익에서 전치사 by 및 until과 각각 친한 동사가 있다.

01 '지속'의 의미를 갖는 동사(stay, discontinue, last, wait)와 '지연'의 의미를 갖는 동사(postpone, delay, put off)가 보이면, until이 정답이다!

02 '행위의 완료'의 의미를 갖는 동사(submit, receive, notify, register, finish, inform, let us know)가 보이면, by가 정답이다!

둘 다 '기한(~까지)'의 의미로서, 우리말로는 구분이 가지 않는 by와 until을 구분하는 문제도 자주 출제된다. 이 때 위 공식을 알면 동사를 보고 1초 만에 전치사를 찍을 수 있는 유용한 공식이다. 즉, 전치사와 친한 동사 짝이 있다는 뜻이다. 언제까지 '쭉' 지속 또는 연기된다는 의미의 동사는 until과 친하고, 어느 '시점'까지는 행위를 완료한다는 의미의 동사는 by와 친하다.

즉, by는 submit, receive, notify, register, finish, inform, let us know처럼 1회적 행동의 완료를 나타내는 동사와 함께 쓰이는 반면, until은 stay, discontinue, last, wait처럼 지속의 의미를 가지고 있는 단어나 특정시점까지 연기한다는 postpone, delay, put off 동사와 함께 쓰인다.

until과 by는 둘 다 '기한(~까지)'이므로, 그 뒤에 오는 단어는 아래처럼 서로 같다. 따라서 뒤에 오는 단어로는 구별할 수 없다. 앞의 동사로 구분한다.

by/until the end of this week 이번 주말까지
by/until the end of the day 오늘까지
by/until 5:00 p.m. on Friday 금요일 오후5시까지
by/until next Friday 다음 금요일까지

> ex 221　Discussion of military's status may be postponed ----- after elections.
> (A) by (B) until (C) while (D) within

예221처럼 postpone이 보이는 순간 정답은 until이다.

위는 모두 '기한(~까지)'을 의미하는 전치사 by와 until 중 세부적으로 고르는 공식이다. 그런데 한편, '기간(~동안)'을 나타내는 전치사 for, during, within 중에서도 다시 세부적으로 골라야 하는 문제도 이론적으로 상정해 볼 수 있다. 그러나 이는 지나치게 세부적인 문법이라서 토익에서는 무시하여도 좋다. 즉, 토익에서는 일단 '기한'류 전치사와 '기간'류 전치사 간에 크게 구별할 줄만 알아도 대체로 문제는 풀린다.

참고적으로, 토익에서는 전치사 by 및 until과 친한 동사가 있듯이, 전치사 before와 친한 동사도 있다. 아래 문제를 풀어보자.

> ex 222　Alex told his supervisor that he will not be able to return to work ----- August 21st for some reasons.
> (A) at (B) within (C) throughout (D) before

예222에서 보듯이, 토익에서 'not ~ return' 동사는 before와 친하다. ~하기 전까지는 돌아오지 않는다는 의미로 자주 쓰이기 때문이다. 정답은 (D)이다.

ⓒ 전치사자리 정답공식05

'전후'를 나타내는 전치사는 since/before/after 중에 골라라.
01 since+시점 (~이래로)
02 before(=prior to)+시점 (~하기 전에)
03 after(=following)+시점 (~한 후에)

우선, before = prior to와 after = following이 성립한다. 이들은 문법적 용례까지 같아서, 완전히 같은 자리에 치환가능한 단어임을 알아두자. 다음의 의미어구를 익혀 두자.

before 9:00 a.m. 오전 9시 전에
prior to buying a new car 새 차를 구입하기 전에
after shipment 선적 후에
following widespread speculation 무성한 추측 끝에

또, since, before, after는 접속사도 될 수 있고, 전치사도 될 수 있음에 주의한다. 따라서 뒤에 S+V가 올 수도 있고, 명사만 올 수도 있다.

ex 223 South Korean lawmakers have held a series of rallies in front of the Chinese Embassy here ----- last week.
(A) since (B) at (C) in (D) for

예223은 전치사자리 정답공식03에서처럼 시점전치사 since와 기간전치사 for를 구별하는 문제라고 생각하면 된다. 정답은 last week라는 시점이므로 (A)이다. since와 for 모두 완료시제와 결합할 때가 많으므로, 그 뒤에 오는 단어로 둘을 구별해야 하는 문제가 출제되곤 한다.

ex 224 We haven't seen such high attendance in the monthly self-motivation seminars ----- the beginning of the year when we had 2460 to show up.
(A) previously (B) then (C) since (D) shortly

빈칸 뒤에 명사 the beginning이 있으므로, '전+명'공식에 의해 빈칸은 전치사가 올 자리이다. 주절의 시제가 현재완료이므로 since(~이후로 지금까지)가 정답이다.

ex 225 ----- weeks of negotiation delays, a copy of the new employee health insurance plan was finally distributed to all staff.
(A) Except (B) After (C) Unlike (D) During

빈칸 뒤의 weeks는 '수주의 기간'을 의미하는 명사이다. 따라서 빈칸에 들어갈 전치사는 기간 표현과 잘 어울려야 하고, 빈칸 뒤쪽의 negotiation delays(협상지연) 및 finally(마침내)와 논리적으로 연결되어야 한다. 따라서 정답은 After(~한 후에)이다. Dunring은 '기간'을 받는 전치사이기는 하나 finnally와 어울리지 않아 오답이다. 주의를 요한다.

전치사자리 정답공식06 : 특수전치사 throughout(~에 걸쳐)

'일생, 긴 기간', '비교적 큰 지역' 앞이 빈칸일 때는 throughout이 정답이다!

throughout은 '~에 걸쳐'의 의미임에 반해, through는 '~을 통해서'(수단)의 의미이다. throughout 뒤에는 '기간'과 '장소'가 모두 올 수 있다.

영문법 일반에서 throughout이 중요한 전치사가 아니지만, 토익시험에서는 1년에 3회 이상 출제될만큼 throughout은 정답일 확률이 높은 단어이다. 따라서 아래 의미어구를 반드시 외워둔다.

01 **throughout my life** 일생에 걸쳐
throughout next few months 다음 몇달에 걸쳐
throughout the year 연중 내내
throughout the day 하루 종일
throughout the summer 여름 내내

02 **throughout the country** 국가 전체에 걸쳐서
throughout the province 지방 전역에
throughout the region 지역 전역에
throughout the industry 산업 전반에 걸쳐서
throughout the manual 메뉴얼 전반에 걸쳐
throughout the building 건물 곳곳에

ex 226 Over 800 more telco towers will be set up in rural areas ----- the country by the end of the year.
(A) throughout (B) within (C) in (D) at

예226은 빈칸 뒤에 country가 있으므로, throughout이 정답일 확률이 매우 높다. '국가 전체에 걸쳐서'라는 의미로 많이 쓰이기 때문이다. 실제로 (A)가 정답이다.

ex 227 The regular programming was interrupted ----- the day with bulletins about the President's trip.
(A) throughout (B) on (C) in (D) from

throughout을 기간에 해당하는 명사와 함께 사용하면 '그 기간 내내'를 의미한다. throughout the day(하루 종일)가 대표적인 의미어구이다. 정답은 (A)이다.

ex 228 Because of the development of alternative energy sources such as wind and solar power, conventional energy consumption has actually dropped ----- North America.
(A) among (B) behind (C) across (D) over

'across+장소'는 '그 장소 전역에'라는 의미이다. 따라서 across North America(북미 전역에)가 정답이다. throughout과 동의어라고 생각하면 된다.

ex 229 Centennial Publishers was recently acquired by The Reed Group. The Reed Group is well known for its successful and innovative publishing companies ----- North America.
(A) after (B) between (C) throughout (D) inside

throughout 다음에 장소명사가 오면, 그 장소 전역, 전체를 나타낸다. throughout North America = across North America(북미 전역에)가 대표적이다. 따라서 정답은 (C)이다.

전치사자리 정답공식07

'____수단'이면, 전치사 by/with가 정답이고,
'~없이도'의 의미일 때는 without이 정답이고,
'____수단 또는 기간'이면 through가 정답이다!

일단 기본적으로 수단의 전치사는 by이다. 능동태 구문을 수동태로 바꿀 때 '누군가에 의해'라는 의미의 by를 쓰는 것도 같은 맥락이다. 그런데 수단의 전치사에는 by 외에 with와 through가 있다.

①with의 기본 의미는 '~와 함께'이므로, 이로부터 '~를 가지고'라는 수단의 의미가 파생된다. 또한 with에 out이 붙으면 반의어가 되어 '~없이'라는 의미가 된다. ②through도 '~을 통해서'이므로 역시 수단의 의미이다. 그런데 수단의 의미 외에 '관통'의 의미가 있어서, '~을 통해 내내'라는 의미로 '기간' 앞에 쓰이기도 한다. through는 1년에 3회 이상 출제될 만큼 토익이 좋아하는 전치사이므로 아래의 의미어구를 익혀두어야 한다.

> **through the years** 수년에 걸쳐 (기간)
> **through years of experience** 수년의 경험 통해 (기간)
> **through a campaign** 캠페인을 통해 (수단)
> **through the questionnaire** 설문조사를 통해 (수단)
> **through our catalog** 카탈로그를 통해서 (수단)
> **through the east entrance** 동쪽 출입을 통하여 (관통)

ex 230 Our co-operation with the French prevents most people from coming ----- the tunnel.
(A) through (B) within (C) without (D) throughout

예230은 관통의 의미를 가지므로 정답은 (A) through이다.

ex 231 The company, having paid off its short-term debt, saw the value of its stock increase ----- 25 percent in two months.
(A) as (B) for (C) in (D) by

한편, by는 '수단'의 의미 외에 '차이'를 나타내는 전치사이기도 하다. 예 231에서 increase 다음에 '얼마만큼' 증가분이란 의미의 '차이(~만큼)'를 나타내는 전치사 자리에도 by가 들어간다. 정답은 (D)이다.

---

ex 232 No cancellation or postponement of catering service will be allowed on the date of the function. Reservation may be cancelled or postponed ----- penalty at least 2 days before the schedule.
(A) until   (B) among   (C) without   (D) along

penalty(벌금)와 가장 잘 어울리는 전치사는 without(~없이)이다.

---

ex 233 We recently hired Cindy Hauser, a professional cake decorator ----- years of experience in everything from Snoopy birthday cakes to elaborate wedding cakes.
(A) with   (B) along   (C) until   (D) from

전치사 with는 '~을 갖고 있는'이라는 '소유'의 의미를 갖는다. with years of experience(수년의 경력을 갖고 있는)가 대표적이다. 따라서 정답은 (A)이다.

---

ex 234 We want to produce four 30-second television spots, two 60-second television spots, and five radio spots to be aired ----- the fall on local stations and cable systems.
(A) through   (B) with   (C) within   (D) by

through 다음에 '시점'이 오면 '~하는 동안'이라는 의미가 된다. through the fall(가을 내내)이 대표적이다. 따라서 정답은 (A)이다. 전치사 throughout과 반드시 구별한다.

ex 235 This feature allows you unlimited access to your checking and commercial accounts online ----- any transaction fees.
(A) by (B) from (C) for (D) without

전치사는 뒤에 있는 명사의 뜻에 의해 결정되므로 문맥상 transaction fees(거래수수료)와 가장 어울리는 전치사를 고르면 된다. 따라서 정답은 (D)이다.

ex 236 Even though they have been licensed by the government to do automobile repairs in Europe, they cannot do business here in Asia ----- passing a government exam first.
(A) by (B) without (C) upon (D) in

'전치사+ing' 구문으로 without passing^{통과하지 않고}이 정답이다. 토익시험에는 by Ving^{~함으로써}, upon Ving^{~하자마자}, in Ving^{~하는 데 있어서}가 자주 출제된다.

전치사자리 정답공식08

**for+기간(~하는 동안)으로 해석되거나,
for+목적(~을 위해)으로 해석되거나,
'관사+명사 ____ 명사'이면 of 또는 for가 대부분 정답이다!**

앞의 정답공식03에서 'for+기간(~하는 동안)'의 의미로 쓰이는 경우를 공부하였다. 그 외에 for가 '~를 위해서'라는 '목적'의 전치사로도 자주 쓰인다. 아래의 의미어구를 익혀두자(참고로, for가 접속사로 쓰일 때에는 because와 같은 '~ 때문이다'의 의미임).

for your convenience 당신의 편의를 위해
for a smaller model 더 작은 모델을 위해

---

ex 237 The recommendations to improve computer security is to establish a set of standards ----- computer users to ensure confidentiality.
(A) as (B) for (C) in (D) by

예237의 정답도 'user를 위한'이므로 (B) for이다. 또한 'for+명사'는 그 이후에 나오는 to부정사구 to ensure confidentiality 부분의 '의미상 주어'이기도 하다. 즉, for는 to부정사의 의미상 주어를 나타낼 때 쓰이는 전치사임도 기억하자.

---

ex 238 To explain any state ----- the economy, the economist always depends on statistics.
(A) as (B) for (C) in (D) of

of의 기본의미는 '~의'이다. 3-06의 명사자리 정답공식05에서 'the 명사 of 명사'를 강조한 바 있다. 여기서는 the 대신 any가 들어왔지만, the와 any는 둘 다 명사 앞에 쓰이는 한정사라는 점에서 같게 볼 수 있다. 따라서 그 공식의 연장선 상에서 예238의 정답은 (D) of이다. 경제'의' 어떤 상

태든 그것을 설명하기 위해서 경제학자는 항상 통계에 의존한다는 의미이다.

> ex 239　The annual sales workshop is an opportunity ----- salespeople and division managers to discuss new ideas to strengthen the southwestern division.
> (A) with　(B) for　(C) to　(D) of

salespeople(영업사원)과 어울리는 전치사는 for(~을 위한)이다. 전치사 for는 그 뒤에 '기간'이 올 수도 있고, '목적'이 올 수도 있다.

전치사자리 정답공식09 : 특수전치사 as(~로서;자격)

'___+직업/신분'이면, as가 정답이다!

as가 접속사로 쓰일 때에는 '~할 때 / ~함에 따라'의 2가지 의미를 가진다. 하지만 as가 전치사로 쓰이면 '~로서'라는 '자격'의 의미이다.

ex 240 Two companies will be selected ----- a final winning bidder in the auction of the properties.
(A) as (B) for (C) in (D) by

예240은 '마지막 두 입찰자'로서 뽑혔다는 의미이므로 정답은 as이다.

work as physician 외과의사로서 일하다
as an artist 아티스트로서
as a member 회원으로서

ex 241 As the chief -----, Mr. Armani is responsible for them even if someone else actually made the errors.
(A) accountant (B) accounted
(C) accountable (D) accounts

전치사 as(~로서) 다음에는 직책에 해당하는 명사가 자주 오기 때문에, 해석상 Mr. Armani의 직업을 의미하는 명사인 accountant(회계사)가 정답이다.

ex 242 That's why I am delighted to announce John Ross, division manager of the northwestern region, as a ----- of the sales presentation portfolio concept.
(A) speak (B) speaker (C) speech (D) speaking

전치사 as는 'as+직책/직업(~로서)' 구문으로 자주 쓰인다. 즉, 전치사 as 뒤에는 직책이나 직업이 오는 경우가 많다. 정답은 (B)이다.

전치사자리 정답공식10 : 특수전치사 within(~내에)

'____+기간/장소/한도'이면, within이 정답이다!

within도 의외로 토익에서 정답일 확률이 매우 높은 단어이다. throughout에 비하면, 비교적 작은 지역, 비교적 짧은 시간 앞에 within을 쓴다.

> within the article 기사 내에
> within twenty days of purchase 구입한지 20일 이내에
> within the warranty period 보증기간 안에
> within a year 1년 안에   within six weeks 6주 안에
> within three business days 3영업일 안에
> within the company / firm 사내에서
> within the limits of the budget 예산 한도내에서

ex 243   In October 2011, the eastern, coastal region of Orissa, was hit by two severe cyclones ----- a span of just 11 days.
(A) on (B) within (C) without (D) throughout

예243은 비교적 짧은 기간 내에 심한 태풍을 2번 맞았다는 의미이므로 정답은 (B) within이다.

전치사자리 정답공식11 : 그 외 특수한 전치사/숙어형 전치사

01 such as 가령 ~와 같은
02 around the corner 모퉁이 주위에, 둘레에
03 beside the table 테이블 옆에
04 beyond our expectation/ability/capacity 기대치/능력/수량을 넘어선
05 between A and B A와 B 둘 중에
　　among+복수형 3개 이상 중에서
　　amid 와중에, 한창인 때에
06 under construction 공사중인
　　under investigation 조사중인
　　under our present terms 현행 조건에 따라
　　under the circumstances 어떤 환경 하에
07 underneath the front seat 앞좌석 밑에
08 in the way / in the manner ~한 방식으로
09 above expectation 기대치 이상으로
　　below the average 평균 이하로
　　below normal 정상 이하
10 against ~에 반대하여
　　opposite ~의 반대편에, 반대에
11 except for ~을 제외하고
12 aside from ~과는 별개로
　　instead of ~을 대신하여
　　in case of ~할 경우에
　　in the event of ~할 경우에
　　on top of ~뿐만 아니라
　　on behalf of ~을 대표하여
13 because of ~때문에
　　due to ~때문에
　　owing to ~때문에
14 in compliance with ~을 준수하여
　　in accordance with ~에 따라, ~에 준수하여
　　in conjunction with ~와 함께

전치사자리 정답공식11은 그 외 출제 가능한 기타 특수전치사들이다. 이들은 단순 암기하는 수밖에 없다. 특히 여러 단어로 구성된 숙어형 전치사도 있다는 사실에 주목한다. 다만, 크게 어려운 단어들은 아니고 자주 출제되는 것도 아니므로 한번 훑어보고 넘어가는 것으로 충분하다.

> **ex 244** Using Apple's remote app, you can use Wi-Fi to control Apple products ----- a Mac or Apple TV.
> (A) such (B) such as (C) along with (D) unlike

예244는 product와 그것을 구체화한 제품 사이에 빈칸이 있으므로, 정답은 전치사 such as(가령 ~와 같은)이다. 전치사 such as는 Part6에서 비교적 자주 출제되는 편이다.

> **ex 245** In recent years, there has been a noticeable increase in the study of ancient languages ----- Latin and Sumerian.
> (A) concerning (B) regarding (C) such as (D) prior to

라틴어와 수메르어는 languages의 예시에 해당하므로, such as(예를 들어~같은)가 정답이다.

> **ex 246** The director's comments about possible staff changes created some apprehension ----- employees who are still in their probationary period.
> (A) about (B) over (C) among (D) of

전치사 among(~사이) 다음에는 반드시 복수명사가 와야 한다.

> **ex 247** ----- the new management that came into office last month, the chain of command has become even more hierarchical.
> (A) By (B) Under (C) From (D) As

under는 '영향, 감독, 지배, 지도하에'라는 의미를 갖고 있으므로, under

the new management^{새로운 경영진 하에}가 출제된 것이다. 정답은 (B)이다. under the supervision^{감독 하에}, under the guidance^{지도 하에} 등도 출제된다.

> **ex 248** The successful candidate has decided to accept their offer because, ----- an attractive salary, they would give him with company housing.
> (A) because of (B) aside from (C) by far (D) ahead of

콤마~콤마 구문을 빨리 파악해야 한다. 이 문장은 because와 they would 사이에 aside from an attractive salary가 삽입구로 끼어든 구조이다. company housing 외에 attractive salary도 준다는 의미이므로, 정답은 aside from = apart from(~과는 별도로)이다.

> **ex 249** ----- you meet the criteria, you should submit your original artwork by 20 March.
> (A) Excluding (B) Assuming (C) Otherwise (D) Furthermore

빈칸 다음에 '주어+동사(you meet)'가 왔기 때문에, 빈칸에는 '접+주+동' 공식에 의하여 접속사가 와야 한다. 선지에서 접속사 역할을 할 수 있는 것은 assuming = assuming that^{~라는 전제 하에}뿐이다. 유사한 분사형 접속사로 provided that = given that^{~을 고려하면, ~라는 전제 하에}도 출제될 수 있다.

참고
분사형 전치사

Ving나 Ved 형태면서, 실질적으로 전치사의 의미로 쓰이는 단어들이 있다.
regarding ~에 관해
involving ~에 관해
including ~을 포함해
excluding , barring ~을 제외하고
given , considering ~을 고려할 때
assuming ~을 가정할 때(=if)
following ~이후에(=after)
preceding ~이전에(=before)

> ex 250 Every measure possible, ----- hiring armed security guards, will be considered to reduce the level of shoplifting we have experienced recently.
> (A) inclusively (B) including (C) included (D) includes

역시 콤마~콤마 구문을 빨리 파악해야 한다. measure(조치)가 문장 전체의 주어이고, will be considered(고려되다)가 문장 전체의 본동사이다 (possible은 다른 형용사와 달리 명사 뒤에서 명사를 꾸밀 수 있다).
따라서 빈칸이 포함된 부분은 콤마와 콤마 사이로서, 거품구(수식구)가 와야 한다. 그런데 빈칸 다음에 Ving가 있기 때문에 '전+명' 공식에 의하여 빈칸은 전치사 자리이다. 분사형 전치사인 including(~을 포함하는)은 concerning, regarding처럼 전치사로도 쓰이기 때문에, (B)가 정답이다.
다만 including hiring이 되어 Ving가 연속되는 것이 어색하게 느껴질 수 있으나, 전혀 문제가 없는 표현이다.

> ex 251 ----- the very big salary increase the company gave to the members of the project, they must do their jobs well.
> (A) If (B) Given (C) Either (D) That

이 문장 전체의 주어는 they이다. 그렇다면 그 앞의 the company gave는 문장 전체의 주어와 동사가 아니라, 명사 salary increase(봉급인상)를 수식하는 which가 생략된 관계대명사절에 해당한다. (increase는 동사와 명사 형태가 같은 단어로서, 여기서는 명사로 쓰였다)
increase 뒤쪽은 생략가능하므로, '____+명사 salary increase'의 구조이다. 따라서 '전+명' 공식에 의하여 빈칸은 전치사 자리이다. 선지에 전치사는 given(~을 고려하면)뿐이다.

> ex 252 The shopping mall is still ----- construction even though it was supposed to open over a month ago.
> (A) over (B) for (C) down (D) under

숙어 under construction^{공사중}, under consideration^{고려중}, under discussion

논의중 등이 자주 출제된다. 정답은 (D)이다.

> **ex 253** As a professional baseball player, Jeremy Jones travels a lot and hardly ever spends more than 3 days in a row at home ----- during the winter.
> (A) while (B) before (C) except (D) since

접속사 while을 제외한 나머지 선지는 전부 전치사이므로 문맥에 맞는 전치사를 고르면 된다. 빈칸 뒤의 during the winter와 의미상 어울리는 전치사는 except(~을 제외한)뿐이다. expect와 during이 연속하여 전치사가 두 번 연속한다는 것이 어색하게 느껴질 수 있으나, 가능한 표현이다.

> **ex 254** ----- an accident in the plant, workers must notify their immediate supervisors about the circumstances and how the situation was handled.
> (A) However (B) Accordingly
> (C) In the event of (D) Provided that

workers가 주어, must notify가 동사이다. in the plant는 생략가능하다. 따라서 빈칸은 '_____+명사 an accident'의 구조이므로, 빈칸은 전치사 자리이다. 선지에서 전치사는 in the event of(~의 경우에)뿐이다.

전치사 Part를 끝내면서 마지막으로 다시 한 번 당부하고 싶은 말은, 전치사라는 것이 그 문법적 중요성에 비해 굉장히 어려운 테마이다. 전치사 문법은 사실 미묘한 뉘앙스 차이를 묻는 것이기도 해서, 영어의 수준이 높아질수록 마지막까지 알쏭달쏭한 영역이기도 하다.

하여, 토익 시험을 준비하면서 너무 전치사 공부량을 늘리지 말기 바란다. 서두에 강조하였던 during, through, throughout, within, by, until 정도만이라도 확실히 알아두고 시험장에 들어가면 된다.

3-13 접속사자리를 보여주는 기초공식

600점용 문법공식

🔑 기초지식 쌓기

'문장'과 '문장'을 연결할 때 쓰는 기능어가 '접속사'라는 사실은 누구나 다 안다. 여기서 '문장'이란 무엇인가? '문장=주어+동사'를 의미한다. 즉, 한 문장 내에서 '주어+동사'와 '주어+동사'가 연결될 때, 반드시 그 사이에 접속사가 들어가야 한다는 뜻이다.

그런데 양쪽의 주어가 같을 때, 주어는 생략되는 경우도 많으므로, 결국 '동사' 2개가 있을 때에는 반드시 '접속사'가 있어야 한다는 결론이다. 여기서 바로 '접속사의 개수+1=동사의 개수'라는 공식이 도출되는 것이다.

> 가장 기본적으로 접속사가 들어갈 자리는
> 아래처럼 한 문장 내에서 '주+동'과 '주+동'을 연결해주는 자리이다.
> ① __+주+동, 주+동 (이 때는 콤마를 쓰는 것이 원칙)
> ② 주+동+__+주+동 (이 때는 콤마를 쓰지 않는 것이 원칙)
> 따라서, 접속사의 개수+1=동사의 개수

토익에서는 '접속사'와 '전치사' 및 '(접속)부사'의 셋을 구별하는 문제는 매달 1~2문제 반드시 출제된다. 처음에는 어렵게 느껴지지만, 결국에는 쉬운 문제이므로 반드시 맞추도록 한다.

결론부터 말하면, 선지에 전치사와 접속사가 함께 등장했다면, 둘 중 하나가 정답이라는 의미이다. 그런데 전치사는 목적어로 명사류를 수반하고, 접속사는 절(S+V)을 수반한다. 따라서 **선지에 같은 의미의 접속사와 전치사가 함께 있을 때, 명사류 앞에 빈칸이 있으면 전치사가 정답이고, 절(S+V) 앞에 빈칸이 있으면 접속사가 정답**이다.

특히 같은 의미를 가진 접속사와 전치사가 선지에 함께 등장하는 경우가 상당히 많으므로, '같은 의미를 가진 전치사와 접속사'를 반드시 구별해야 한다.

그 중에서도 ①'양보'의 의미를 갖는 though(접속사), although(접속사), despite(전치사), in spite of(전치사)의 구별, ②'기간'의 의미를 갖는 while(접속사)과 during(전치사)의 구별, ③'이유'의 의미를 갖는 because(접속사)와 because of(전치사)의 구별이 가장 자주 출제된다. 이들은 의미가 같은데 품사가 다르므로, 들어갈 자리가 다르기 때문이다.

접속사, 전치사, 접속부사 구별문제를 어려워하는 토익커가 많으므로, 각각에 대한 배경지식을 먼저 설명하고 나서, 접속사자리 정답공식을 보기로 한다.

기초지식 01 접속사

접속사 뒤에는 '접+주+동'공식에 의해 주어+동사가 이어져야 한다. 일단 아래의 기본적인 접속사와 그 의미를 암기해두자. 이 중에서 특히 뜻이 여러 가지 있는 as와 since, while에 주목하자.

when ~할 때
as ①~할 때 ②~함에 따라 ③~때문에
while ①~하는 동안 ②반면에
whereas / while 반면에
though / although / even if / even though 비록~이지만
before ~하기 전에
after ~한 후에
as soon as ~하자마자
as long as ~하는 한
once 일단 ~하면(once는 '한번'이라는 부사이기도 함)
since ①~이래로 ②~ 때문에(since는 '~부터'라는 전치사이기도 함)

in that ~때문에
so (that) / in order that ~를 위해서
until ~할 때까지
unless ~아니라면
in case 만일 ~할 경우에 대비하여
if ~라면   **only if** ~일때만
whether ~이든 아니든

---

ex 255 ----- there was a low turnout for the past four years, the company has cancelled the annual picnic.
(A) Therefore (B) Since (C) Unless (D) However

빈칸 다음의 내용은 야유회가 취소된 이유에 해당되므로 접속사 중에서도 Since(~이기 때문에)가 정답이다.

---

ex 256 ----- the ownership will change, the name will remain the same.
(A) Until (B) Although (C) Despite (D) Otherwise

종속절에 있는 change(변하다)와 콤마 다음의 주절에 있는 remain the same(똑같게 남아있다)는 서로 상반된 개념이므로, 빈칸에는 역접접속사 혹은 양보접속사인 although(비록~일지라도)가 들어가야 한다.

---

ex 257 Those countries will succeed in drafting new trade agreement ----- if they can settle their old dispute about lumber prices.
(A) even (B) just (C) so (D) only

접속사 if 앞에 올 수 있는 부사는 only와 even뿐인데, only if는 '오직~인 경우에만'이라는 뜻이고, even if는 '심지어~일지라도'라는 의미이다. 따라서 해석상 문맥에 맞는 정답은 (D)이다.

> ex 258 ----- you're not one of the lucky fans, you can still expect a great deal.
> (A) In fact (B) Even if (C) Whenever (D) Nonetheless

문맥상 팬이 아니어도 많은 것을 기대할 수 있다는 의미이므로, Even if(심지어~일지라도)가 정답이다.

기초지식 02 전치사

in, at, to 같은 기초 전치사를 접속사로 헷갈릴 이유는 없겠지만, 아래처럼 접속사로 헷갈리기 쉬운 전치사도 있다. 접속사와 비슷한 기능을 하기 때문이다. 따라서 아래의 것들이 전치사라는 사실과 더불어, 그 기본적인 의미를 알아두자.

> **instead of** ~을 대신해
> **because of / on account of / due to / owing to / thanks to** ~때문에
> **in spite of / despite** ~임에도 불구하고
> **in addition to / besides / on top of** ~외에 추가로

as, since, for, before, after, until처럼 시간 관련 전치사는 전치사도 되고, 접속사도 되는 것이 있으니, 주의해야 한다.

기초지식 03 접속부사

한편, 부사 중에는 접속사처럼 느껴지는 '(접속)부사'라는 놈(?)이 있다. 접속사는 전치사와도 구별해야 하지만, 그 외에 접속사로 착각하기 쉬운 '(접속)부사'와도 구별해야 한다. 이것이 '접속사'와 '접속부사'의 구별문제이다.

'(접속)부사'는 '접속'이라는 말이 앞에 붙어 있지만, '접속'의 의미를 갖는다는 것일 뿐, 절대로 접속사가 아니고 '부사'이다. 따라서 접속부사는 '한 문장 내에서' S+V와 S+V를 연결하는 접속사 자리에 들어갈 수 없고, '두 문장'을 연결하는 부사자리에만 들어갈 수 있다는 사실을 기억해야

한다. 통상 앞문장이 '마침표'로 끝나거나 '세미콜론'으로 끝났을 때, 앞문장과 연결하는 의미를 가질 뿐이다. 세미콜론(;)은 마침표의 일종[5]이라고 생각하면 쉽다.

그런데 선지에 접속사, 전치사, 접속부사 셋이 섞여 있으면, 대체로 '접속사'문제이므로 어느정도 접속사가 정답이라고 예측할 필요도 있다. 따라서 선지 4개 중에서 일단 대표적인 '(접속)부사' 5개(however, therefore, nevertheless, otherwise, then)를 오답으로 미리 '찜'하는 테크닉도 염두에 둔다. 특히 앞문장이 존재하는 Part6가 아닌 한, Part5에서 문장 맨 앞에 빈칸이 있거든 위 5가지 접속부사는 무조건 오답이다.

접속'부사'자리 기초공식은 다음과 같다. 토익커들이 전치사와 접속사는 비교적 잘 구별하는데, 접속부사와 접속사는 구별하지 못하는 경향이 있다.

아래의 빈칸에는 모두 접속부사가 정답이다.

01 앞문장. ___(,) 주어+동사 : 앞문장이 마침표로 끝나고, 뒷문장이 시작하면서 문두에 접속부사가 오는 경우이다.(앞문장을 마침표로 끝낸 유형)

02 앞문장. 주어, ___, 동사 : 앞문장이 마침표로 끝나고 주어와 동사 사이에 콤마를 두번 찍으면서 그 사이에 접속부사가 들어오는 경우가 있다.(①유형과 같이 앞문장을 마침표로 끝냈으나, 접속부사를 문장 중간에 넣었으므로 콤마 생략 불가유형)

03 앞문장; ___(,) +주어+동사 : 앞문장이 마침표가 아닌 세미콜론으로 끝나고, 문두에 접속부사가 오는 경우이다. 이 때 접속부사 뒤의 콤마는 생략가능하고, 특이하게 접속부사 앞에 세미콜론이 온다.(앞문장을 세미콜론으로 끝내는 특이한 유형)

04 앞문장. 분사구문, 주어+___ +동사 : 일단 앞문장이 마침표로 끝났고, 종속절의 접속사가 생략되어 분사구문으로 바뀐 문장에서, 주절의 주어와 동사 사이에 접속부사가 오는 경우이다.(절을 분사구문인 구로 바꾼 유형)

05 앞문장. 주어+동사 and ___(,) 주어+동사 : 일단 앞문장이 마침표로 끝났고, 다시 시작된 문장이 and로 이어지면서, 뒷문장의 문두에 접속부사가 오는 경우이다.(then이 대표적)

빈칸 바로 좌측에 세미콜론(;)이 있거나 빈칸 바로 우측에 콤마(,)가 있으면 일단 접속사 자리는 아니므로 접속부사자리이다. 하지만 빈칸 우측 콤마(,)는 생략될 수도 있으므로, 빈칸 우측에 콤마가 없다고 해서, 접속사자리라고 단정하거나 접속부사자리가 아니라고 단정할 수는 없다.

---

[5] 세미콜론은 마침표(.)보다 가볍고, 콤마(,)보다는 무거운 구두점이다.

ex 259　Market participants had begun to fear that Greece would default ; ----- , some were worrying about the consequences of a euro break-up scenario.
(A) accord with (B) according to
(C) accordingly (D) in accordance with

예259는 세미콜론과 콤마 사이가 빈칸이므로, 앞문장이 마침표나 세미콜론 등으로 끝났을 때 쓰는 접속부사 (C)가 정답이다. (B)와 (D)는 전치사, (A)는 동사이다.

토익 Part5에서는 접속부사가 대체로 오답이다. 접속부사는 여러 문장을 이어주는 역할을 하는 것이지, 하나의 문장 속에서 절과 절을 이어주는 것이 아닌데, Part5는 하나의 문장만으로 출제되기 때문이다. (한편, 예259처럼 여러 문장이 연속해서 등장하는 Part6에서는 접속부사가 정답인 경우가 많다.)

기초지식 04　접속사/전치사/접속부사 암기방법

일단 무엇이 접속사, 전치사, 접속부사인지부터 외우고 나서 시작해야 한다. 접속사자리인지 알아채놓고서, 선지에서 접속사를 고르지 못하는 토익커가 있다. 따라서 아래의 암기 테크닉에 따라 무엇이 접속사인지부터 외운다.

① 일단 접속사의 개수보다 (접속)부사가 개수가 더 적으므로 대표적인 '(접속)부사 5개'(however, therefore, nevertheless, otherwise, then) 및 'ly로 끝나는 형태는 부사라는 사실'을 필히 먼저 외운다. ② 그리고 나서, 전치사는 대체로 to나 of로 끝나는 '전치사 모양'을 하고 있으므로 쉽게 제낄 수 있다. ③ 그렇게 앞의 것들을 제외하고 남는 것들은 대체로 접속사라고 생각하면 쉽다. (물론 접속부사에는 위 5가지만 있는 것이 아니므로, 더 정확히 하려면 개별적으로 하나하나 외워야 한다. 개별적으로 외울 것은 다음이다.

01 인과 therefore, as a result, consequently, accordingly, thus, hence
02 역접 however, still, on the contrary
03 양보 nevertheless, nonetheless
04 조건 otherwise
05 유사 similarly, in the same way, likewise
06 추가 then, also, moreover, furthermore, in addition, additionally, besides
07 강조 in fact

특히 but이 접속사인 것과 대조적으로, 같은 의미의 however가 부사라는 사실이 의외라고 느껴지므로 주의해야 한다. in spite of, despite는 역접의 의미를 가진 전치사이고, due to, because of, without도 당연히 전치사임을 주의하자.

최근 토익 문제집에는 콩글리쉬 선지도 나온다. 이를테면, in spite, in order 같은 식인데, 이런 영어는 없다. in order to나 in order that이 있을 뿐이다. 또 despite와 in spite of가 있을 뿐, despite of라는 표현은 영어사전에 존재하지 않는다는 사실도 알아두자.

> ### ⓒ 접속사자리 정답공식01
>
> 01 '주어, 동사 ~ _____ 주어, 동사 ~'이면, 접속사가 정답이고,
> 02 '_____+명사구'이면, 전치사가 정답이다.
>
> 즉, 빈칸 뒤에 S+V로 된 절이 있으면 '접속사'가 정답,
> 빈칸 뒤에 단어나 구가 있으면 '전치사'가 정답이다!

접속사자리와 전치사자리는, 접속사 뒤에는 '접+주+동' 공식에 의해 주어+동사가 이어지는 반면, 전치사 뒤에는 '전+명' 공식에 의해 명사류(진짜 명사, 대명사 또는 동명사)가 이어진다는 사실로 구별한다. 예를 들어 because는 접속사로 뒤에 '주어+동사'가 와야 하고 because of 는 전치사로서 그 다음에 '명사류'가 와야 한다.

> **ex 260** Premium Insurance Group, Inc. was a managing general agent ----- it was first established in 1973.
> (A) nevertheless (B) in spite of (C) when (D) since

예260은 '주+동, _____ 주+동'이므로, 정답은 접속부사나 전치사가 아닌 접속사이다. 접속사인 when과 since는 모두 그 뒤에 단순 과거시제가 올 수 있지만, since는 그 앞쪽 절에 현재완료시제가 와야 하므로, 정답은 (C)이다.

> **ex 261** At the end of the year key steps should be taken ----- owners of expensive houses and cars pay more tax next year.
> (A) in case of (B) moreover (C) so that (D) even though

예261은 빈칸 뒤에 owner of expensive houses and cars라는 주어, 그리고 pay라는 동사가 나오므로 S+V가 이어진다. 정답은 접속사인 (C)와 (D) 중 하나가 정답이다. (A)는 전치사, (B)는 접속부사, (D)는 양보의 접속사이다. (C)와 (D) 중에는 해석을 통해 풀 수밖에 없는데, '~하기 위해서'라는 의미인 (C)가 앞의 should와 호응을 이루므로 정답이다. (D)는 '비록 ~하더라도'라는 의미여서 오답이다.

> ex 262   We will concentrate on the European market for now -----
> Mrs. Smith comes back from her trip.
> (A) by (B) from (C) until (D) for

s가 붙어 있는 동사 comes로 비춰볼 때, 빈칸 뒤에 '주어+동사'가 이어진다. 따라서 '접+주+동' 공식에 의해 빈칸은 접속사 자리이다. by, from, for는 전치사이고 until은 접속사와 전치사 둘 다로 사용된다. 따라서 정답은 (C) until이다.

> ex 263   We have used that company's security service for a few years ----- we have not been completely satisfied with it.
> (A) but (B) however (C) and (D) unless

빈칸 다음에 '주어+동사'가 있으므로, '접+주+동' 공식에 의해 빈칸은 접속사 자리이다. 선지에서 접속부사인 however는 일단 오답이다. 해석상 앞쪽은 긍정문, 뒤쪽은 부정문이므로 역접관계에 해당된다. 따라서 역접 접속사인 but이 정답이다.

> ex 264   ----- the comments received from the preview audiences, the ending of the movie was changed.
> (A) That (B) Because (C) Provided (D) Due to

received이하는 comments를 뒤에서 수식하는 분사이므로, received부터 콤마까지는 생략가능하다. the comments를 주어로, received를 동사라고 착각해서는 안 된다. 따라서 '____ the comments' 부분이 '전+명'를 이루는 부분이 되는 것이다. 빈칸에는 전치사가 와야 하는데, 선지에서 전치사는 due to(~이기 때문에)뿐이다. 정답은 (D)이다.

> ex 265   The author must deliver the keynote speech and moderate a debate ----- chairing the panel discussion.
> (A) instead (B) except that (C) in addition to (D) rather

빈칸 다음에 동명사인 chairing(의장직을 맡다)이 있기 때문에, '전+명' 공식에 의하여 빈칸에는 전치사가 와야 한다. 선지에서 전치사는 in addition to뿐이다.

---

ex 266 The CEO mentioned ----- he has a serious concern for the employees who might lose their jobs as a result of the merger.
(A) which (B) that (C) what (D) how

빈칸 뒤에 '주어he+동사has'가 있으므로, '접+주+동' 공식에 의해 빈칸은 접속사자리이다. 나아가, 빈칸에는 타동사 mention의 목적어가 와야 한다. 목적어 역할을 할 수 있는 것은 명사인데, 명사 한 단어가 아니므로 명사구 또는 명사절이 이어지는 것이다. 빈칸 이후에 '주어he+동사has'가 이어지므로 빈칸에는 명사절을 이끌 수 있는 접속사가 와야 한다. 따라서 that(~라는 사실, ~라는 것)이 정답이다.

---

ex 267 ----- marketing expenditures bring immediate returns, research and development spending is usually a long-term investment.
(A) Due to (B) While (C) Once (D) Except for

동사 bring에 비춰볼 때 빈칸 다음에 '주어+동사'가 있다. 따라서 '접+주+동'공식에 의하여 빈칸에는 접속사가 와야 한다. 선지에서 접속사는 While(~하는 동안/~인 반면에)과 Once(~한 후에)뿐이다. 그 다음에는 해석상 풀 수밖에 없는데, immediate와 long-term은 상반된 개념이므로, 역접접속사인 While이 정답이다.

---

ex 268 The instructions specify that ----- the items are packed in fireproof materials, the shipper will not take them.
(A) in case (B) given (C) even so (D) unless

빈칸 다음에 '주어+동사'가 있기 때문에, 빈칸은 '접+주+동'공식에 의해 접속사 자리이다. 접속사인 in case(~인 경우에), unless(만약~하지 않으면) 중에서 해석을 통하여 풀어야 한다. 어떤 조건이 충족되지 않으면 배송업체가 물건을 받지 않는다는 것이므로 unless가 정답이다.

접속사자리 정답공식02

Part6가 아닌 Part5에서 문장 맨 앞이 빈칸이면, 접속부사는 무조건 오답!

'(접속)부사'는 '접속'이라는 말이 앞에 붙어 있지만, '접속'의 기능을 한다는 의미일 뿐, 접속사가 절대로 아니고 '부사'이므로, 접속사 자리에는 들어갈 수 없고, 두 문장을 연결하는 부사자리에만 들어갈 수 있다. 여기서 '두' 문장을 잇는다는 말의 뜻은, 앞문장이 마침표나 세미콜론 등으로 완전히 끝났음을 의미한다. 그런데 이는 곧, 일단 앞에 문장이 존재함을 전제하는 것이다. 따라서 문장 맨 앞이 빈칸이면, 일단 접속부사는 무조건 오답이다.

> ex 269 ----- he was in a coma*, he was able to understand some of what the doctors were saying. [*coma: 혼수상태]
> (A) Except (B) Although (C) Unlike (D) However

예269는 문장 맨 앞이 빈칸이므로 접속부사(D)는 가장 먼저 오답이고, 뒤에 S+V가 오므로 전치사인 (A)와 (C)도 오답이다. 정답은 (B) Although 이다.

> ex 270 ----- our intention to keep our services as reasonable and affordable as possible, we will have a price increase after June 1.
> (A) However (B) Even though (C) Nevertheless (D) Despite

Part6가 아닌 Part5에서 문장 맨 앞이 빈칸이므로 접속부사(A)(C)는 가장 먼저 오답이다. 그리고 빈칸 바로 뒤에 있는 our intention이 주어라면 그 다음에 동사가 왔을 터이다. 그러나 to keep은 준동사이므로 our intention 다음부터 콤마까지 동사로 볼 것이 없다. 따라서 빈칸에는 '전+명'공식에 의하여 전치사가 와야 한다. (B)는 접속사이므로, 결국 해석 없이도 (D)가 정답이다.

접속사자리 정답공식03

문장의 맨 앞에 접속사자리가 빈칸이면서 복문구조인 경우
(즉, '_____ S+V~, S+V~'의 구문일 때)
선지에 ①양보의 접속사 although, though, even though, even if, while, whereas 또는 ②once(일단 ~하면)가 있으면 정답일 확률이 높다!

이 공식은 빈칸 뒤에 S+V가 오면 접속사 자리라는 기본전제 하에, 그런 접속사 중에서도 특히 '양보'나 '역접'의 접속사가 토익에 매우 자주 출제되기 때문에 성립하는 공식이다. 이는 반드시 성립하는 공식은 아니고 토익의 출제경향에 따른 확률적 공식임에 주의한다. 이 중에서도 토익은 양보의 접속사, 특히 although를 병적으로 좋아해서 although가 정답인 경우가 매우 많다.

> **ex 271** ----- they are not hired permanently, interns can meet networking sources who can eventually lead them to other jobs.
> (A) Otherwise (B) Even if (C) Whether (D) Instead

예271의 정답은 문두의 접속사 자리면서 양보구문이므로 Even if이다.

> **ex 272** ----- the manager presented persuasive arguments for delaying the product launch, the president insisted that we proceed as planned.
> (A) For (B) Until (C) While (D) How

빈칸 다음부터 콤마까지 사이에 '주어the manager+동사presented'가 있으므로 빈칸은 접속사 자리이다. 해석상 the president와 the manager가 상반된 의견을 갖고 있으므로, 역접에 해당하는 접속사가 와야 한다. 따라서 while(~인 반면에)이 정답이다. while은 '~하는 동안에'라는 의미 외에 '~인 반면에'라는 의미도 있음에 주의한다.

접속사자리 정답공식 04

접속사가 아니라고 생각하기 쉬우나 접속사인 것이 정답으로 자주 출제된다.

once ~한 후에
in case 만일 ~할 경우에 대비하여
in the event ~인 경우에

so (that) ~하기 위해서(이 때는 that은 생략 가능)
in order that ~하기 위해서(이 때는 that은 생략 불가)

provided / providing / provided that ~라면(if의 대용어)
assuming / assuming that ~라면(if의 대용어)
in case that / in case ~라면(if의 대용어)

now that ~이므로(because, as, since의 대용어)
given / given that / considering / considering that ~을 고려할 때

by the time ~할 때까지 **until** ~할 때까지
as soon as ~하자마자 **as long as** ~하는 한
as if/as ~처럼

whether / whether or not ~인지 아닌지
즉, whether 뒤에 or not이 붙어도 덩어리로 접속사라는 뜻이며, or not은 whether 바로 뒤가 아니라 whether가 이끄는 절의 맨 끝으로 가도 된다.

only if 오직 ~일 경우에만
unless ~가 아니라면
and 그리고 **or** 또는
and so 따라서(=so)
and then 따라서(=then)
or else 그렇지 않으면(=or)

while ~하는 동안, ~인 반면
whereas 반면

이와 같이 언뜻 보기에는 여러 단어로 구성되어 접속사처럼 보이지 않는 것이 있다. 이것들이 모두 한 덩어리로 접속사 취급을 받고, 토익에서도 자주 출제된다. 특히 whether or not의 경우 부사절 뿐만 아니라, 명사절도 이끈다.

> ex 273   We need to find new fast player ----- else we will find it difficult to defeat even Bangladesh soccer team.
> (A) either (B) or (C) but (D) so

예273은 접속사 or else(그렇지 않으면)를 출제한 문제이다.

> ex 274   The CEO has not made a decision yet about whether ----- he should launch the new product, since he think the time is not ripe.
> (A) and (B) and not (C) or (D) or not

예274는 명사절을 이끈 경우의 whether or not을 출제한 것이다. 즉, whether는 뒤에 or not까지 합쳐서 접속사이며, '~인지 아닌지'로 해석한다.

참고
비교적 자주 출제되나, 익숙하지 않은 접속사 whether

whether는 명사절을 이끌기도 하고, 부사절을 이끌기도 하는데, 명사절 접속사로 쓰이면, '~인지 아닌지'의 의미이고, 부사절 접속사로 쓰이면 '~이든 아니든 간에'의 의미이다. whether 뒤에는 다음 3가지 형태가 온다는 사실을 외우자.
① whether 뒤에 S+V의 완전한 문장이 오는 경우이다. whether or not S+V도 가능하고, or not을 맨 뒤로 뺄 수도 있으며, or not을 생략할 수도 있다.
② whether 뒤에 toV가 오는 경우이다. whether or not toV도 가능하고 or not을 맨 뒤로 뺄 수도 있으며, or not을 생략할 수도 있다(5-01 to부정사 정답공식06 참조).
③ whether 뒤에 A or B 가 오는 경우이다. 이 때 A와 B는 한 단어짜리 명사일 수도 있고, S+V일 수도 있으며, 명사구일 수도 있으나, 대등 병렬해야 한다.

> ex 275   You should familiarize yourself with these brochures ----- you can answer the questions.
> (A) while (B) though (C) so that (D) but also

해석상 '질문에 답하기 위해'라는 뜻이고, 빈칸 뒤에 '주어+동사'가 오므로 접속사 so that이나 in order that이 정답이다. (C)가 정답이다.

---

ex 276 Several projects for the lobby renovation are scheduled to begin next month ----- a sufficient amount of funding is procured.
(A) as a result (B) provided (C) in place of (D) as well as

빈칸 뒤에 '주어+동사'가 있으므로 '접+주+동' 공식에 의해 접속사가 정답이다. 선지에 접속사는 provided(~라는 전제 하에) 하나뿐이다.

---

ex 277 Please be assured that the problem will be dealt with ----- we receive all the relevant information.
(A) on the other hand (B) as well as (C) by (D) as soon as

빈칸 다음이 '주어+동사'이므로 '접+주+동' 공식에 의해 빈칸은 접속사 자리이다. 선지에 접속사는 as soon as(~하자마자) 하나뿐이다.

---

ex 278 You will be given a week off ----- you can finish this work by Friday.
(A) as long as (B) whereas (C) so does (D) as to

빈칸 다음이 '주어+동사'이므로 '접+주+동' 공식에 의해 빈칸은 접속사 자리이다. 휴가를 받는 조건에 해당하므로 as long as(~하는 한)가 정답이다.

---

ex 279 Maps are displayed all over the campus for visitors ----- they easily know where they are.
(A) because of (B) in spite of (C) so that (D) even though

빈칸 다음이 '주어+동사'이므로 '접+주+동' 공식에 의해 빈칸은 접속사 자리이다. 그런데 빈칸 앞은 원인, 빈칸 뒤는 결과에 해당하므로, 인과관계를 나타내는 접속사 so that(그래서/그리하여)이 정답이다.

ex 280 ----- the information becomes available, we will inform you of the new rates for home and automobile loans.
(A) By the time (B) In order for (C) As much as (D) Now that

빈칸 다음에 '주어+동사'가 있으므로 '접+주+동'공식에 의해 빈칸은 접속사 자리이다. 해석상 By the time(~할 무렵)이 정답이다.

ex 281 The Opera cancelled its program, ----- we must make alternative arrangements to fill the last evening's performance.
(A) so (B) unless (C) because (D) although

해석해 보면 취소했다는 것은 원인에 해당하고 대안을 마련하는 것은 그에 따른 결과이다. 따라서 인과 관계를 나타내는 접속사 so(그래서, 그러므로)가 정답이다.

ex 282 Repairs to the roof necessitated by weather damage will be covered, ----- you pay the premium for comprehensive coverage.
(A) so (B) provided that (C) although (D) however

빈칸 다음에 '주어+동사'가 있기 때문에, '접+주+동'공식에 의해 빈칸은 접속사 자리이다. 보험료(premium)를 내야만 수리된다는 것이므로 조건 접속사인 provided that(~라는 전제 하에)이 정답이다.

ex 283 It would be easy to overcome this temporary budget difficulty ----- Milligans Department Store increases their order by 5%.
(A) whereas (B) provided (C) whether (D) but for

빈칸 다음에 '주어+동사'가 있으므로, '접+주+동'공식에 의해 빈칸은 접속사 자리이다. 주문을 늘려야만 어려움을 극복할 수 있다는 의미이므로, 조건 접속사 provided(~라는 전제 하에)가 정답이다.

> **접속사자리 정답공식05**
>
> **01** '[____+주어+동사]+동사'이면,
> 즉, 문장 맨 앞이 빈칸이면서 동사가 2개이면,
> 빈칸은 '명사절'을 이끄는 접속사자리이다.
> **02** '[____ 주어+동사],+ 주절(주어+동사)'이면,
> 즉, 문장 맨 앞이 빈칸이면서, 뒤에 콤마가 등장하면,
> 빈칸은 부사절을 이끄는 접속사자리이다.

보통 접속사 문제의 경우, 문두보다는 문장 중간에 빈칸을 만들어서 출제하는 경향이 있다. 문두는 접속부사가 올 수 없는 자리이기에, 접속사와 접속부사를 헷갈리게 만들려면, 문장 중간에 빈칸을 만들어야 하기 때문이다.

그런데 가끔 문두에 빈칸이 있는 경우도 출제된다. 이 때에는 명사절을 이끄는 접속사가 들어갈 자리가 아닌지 의심해 보아야 한다. 그 명사절이 한 덩어리로서 '주어'가 되는 것이다. 통상 복문은 콤마가 있는 경우만 많이 보아왔기 때문에, 문장 첫 부분이 빈칸이면 부사절을 이끄는 접속사만 떠올리기 쉬운데, 명사절을 이끄는 접속사를 물음으로써 허를 찌르는 것이다.

'명사절'을 이끄는 접속사에는 ①that ②if ③whether가 있고, 명사절을 이끄는 ④의문사에는 who, what, which, how, where, why, when이 있으며, 명사절을 이끄는 ⑤복합관계대명사에는 whatever, whoever, whichever 등이 있다. 이것들은 모두 'S+V 덩어리'를 명사화시킬 수 있는 도구들이므로, 암기해 두는 것이 좋다. 특히 이 중에서는 that과 what의 구별문제 및 that과 if의 구별문제가 자주 출제된다(5-03 관계대명사 정답공식04와 07 각 참조).

참고로, '명사구'를 이끄는 것에는 to부정사와 동명사가 있다(5-01 동명사 정답공식04 참조). 다만, 토익에서 to부정사나 동명사가 명사구를 이끄는 경우가 자주 출제되는 것은 아니다.

이들 명사절이나 명사구는 (본래 명사가 문장 내에서 하는 역할을 하므로) 문장의 필수성분인 ①주어 ②목적어 ③보어 역할을 하는 것이 원칙이다. 다만 if의 경우만큼은 명사절을 이끄는 접속사임에도 목적어 역할을 할 때에만 쓰인다(5-03 관계대명사 정답공식07: that과 if의 구별 참조).

> ex 284 ----- an admission committee might choice the applicant is still unrevealed.
> (A) What (B) Although (C) How (D) So

예284는 문두에 있는 단어가 an admission committee라는 주어(S), might choice라는 동사(V), the applicant라는 목적어(O)를 이끌고 있다. 그리고 그 뒤에 문장 전체의 본동사 is가 있다. 따라서 명사절을 이끌 수 있는 접속사(또는 의문사)인 (A)와 (C) 중에 골라야 하는데, 명사절 부분이 S+V+O로 완전한 문장이므로 What은 오답이다. 의미상으로도 How가 맞다. 정답은 (C)이다.

> ex 285 ----- a board member resigns, the vice-chairman will be in charge of elections.
> (A) What (B) If (C) That (D) Even

예285처럼 문장의 맨 처음이 빈칸이고, 뒤에 콤마가 등장하면, (그 뒤에 주절이 나온다는 의미이므로) 빈칸에 들어갈 수 있는 후보는 ① 부사절을 이끄는 접속사 또는 ② to부정사 또는 ③ 분사이다. 즉 콤마를 중심으로 앞은 문장 전체에서 부사의 역할을 하는 셈이고, 콤마 뒤는 주절이다. 이 셋 중 콤마 앞쪽만 놓고 볼 때, ① 빈칸 뒤에 S+V가 나오면 접속사가 정답이고, ② 그 이외의 경우에는 to부정사나 분사가 정답이다. 콤마 앞쪽으로 주어인 a board member와 동사 resigns가 있으므로, '접+S+V'자리이다. 따라서 정답은 (B)이다.

> ex 286 We anticipate ----- the mentoring program will increase our students' chances of finding employment after graduation.
> (A) that (B) these (C) those (D) what

빈칸 다음에 '주어+동사'가 있으므로, 빈칸은 '접+주+동' 공식에 의해 접속사 자리이다. 동사 anticipate 다음이 빈칸이므로, 빈칸에 들어갈 접속사는 명사절을 이끄는 that(~라는 사실) 또는 whether(~인지 아닌지)뿐이다. 정답은 (A)이다.

> ex 287 ----- the two pharmaceutical companies will merge next month remains to be seen as they agreed.
> (A) Like (B) So (C) When (D) Whether

이 문장에서 동사는 will merge와 remains 2개이다. 그렇다면 빈칸 다음에 주어(companies)와 동사(will merge)가 하나의 절이고, 문장 전체의 동사는 remains이다. 이 문장은 빈칸에 들어갈 접속사에서부터 next month까지가 주어부이다. 따라서 빈칸은 명사절을 이끄는 접속사가 들어가야 한다. 토익에 등장하는 명사절 접속사는 whether(~인지 아닌지)와 that(~라는 사실)뿐이라는 사실을 기억해두자.

> ex 288 The board of directors has yet to decide ----- they should raise the issue of Christmas bonuses at the next meeting.
> (A) how (B) with (C) while (D) whether

빈칸 다음 '주어+동사'가 있으므로, 빈칸은 '접+주+동'공식에 의해 접속사 자리이다. 그런데 빈칸 앞의 to decide의 목적어 역할을 하려면 빈칸에는 명사절 접속사가 와야 한다. 토익시험에 나오는 명사절 접속사는 that(~라는 사실)과 whether(~인지 아닌지)뿐이다. 그리고 특히 목적어 역할을 하는 명사절이 포함된 문장이 출제된 경우, 그 앞의 동사는 decide, determine, choose일 때가 많다는 것도 알아두면 좋다.

> ex 289 Please be reminded that you must wear proper eye protection ----- at work.
> (A) while (B) during (C) after (D) still

접속사 다음에 '주어와 be동사'가 모두 생략된 형태의 표현이다. 따라서 정답은 (A)이다. while at work^{일하는 동안}, while on duty^{근무중인 동안}, where applicable^{해당사항이 있는 곳에}, whenever possible^{가능한 언제라도} 등이 출제된다.

접속사자리 정답공식 06

01 '____+(주어 없이)+Ving, 주어+동사'
02 '____+(주어 없이)+Ved, 주어+동사'
03 '주어+동사 ____+(주어 없이)+Ving'
04 '주어+동사 ____+(주어 없이)+Ved'
이면, 빈칸은 접속사자리(특히 when, while, before, after 빈출)이다.

최근에 '접속사+주어+동사'에서 '주어'를 생략하고, '동사'를 분사형태로 바꾼 문장이 자주 출제되고 있다. 이 때 분사 앞이 빈칸으로 뚫려 있고 선지에 접속사, 전치사, 접속부사가 섞여 있으면 접속사가 정답이다. 주어는 어차피 주절의 주어와 같으니 생략가능한 것이고, 접속사까지 생략하여도 무방하나 접속사의 의미를 살려두고 싶어 놔둔 것이다.

이렇게 주어가 생략되어 '접속사+Ving'형태로 출제되는 경우는 특히 다음 4가지 접속사가 자주 출제된다. **when Ving** ~할 때에, **while Ving** ~할 동안, **before Ving** ~하기 전에, **after Ving** ~한 후에가 바로 그것이다.

따라서 선지가 접속사 또는 접속부사일 때, 빈칸 뒤에 주어없이 곧바로 Ving나 Ved가 있으면, when, while, before, after를 재빨리 떠올려 이들 접속사가 들어갈 자리인지 확인한다. 물론 아래처럼 위 4가지 이외의 접속사가 출제될 수도 있기는 하다.

> ex 290　Contest entry forms will be discarded ----- accompanied by a proof of purchase of one of the company's products.
> (A) as soon as (B) as long as (C) then (D) unless

예290은 매우 중요한 리딩케이스 문제라 할 수 있다. 우리가 흔히 '접+주+동' 공식만 외우고 있다 보니, 접속사 뒤에 주어가 생략된 형태에 익숙하지 않다.
하지만 접속사 다음에는 '주어+동사' 이외에도 '분사'가 올 수 있기 때문에, 빈칸에 들어갈 정답은 접속사가 된다. 이 문제의 선지에는 접속부사와 접속사가 섞여 있는데, 문맥상 '동반되지 않는다면'이라는 의미이므로 unless가 정답이다.

이 문제는 원래 문장인 unless contest entry forms are accompanied가 unless accompanied로 줄어든 것이다. 즉, '접+S+V'에서 S가 생략된 경우이다. accompanied가 있으면 대체로 '~와 동반되지 않으면, 사용불가/입장불가'라는 식의 스토리가 많다는 것도 알아두자.

여기서 unless 뒤에 있어야 할 S(주어) contest entry forms(경연대회참가신청서)는 앞쪽 주절의 주어와 같아서 생략된 것이다. 특히 보통의 경우 '종속절+주절'이 많은데, 이 문제는 '주절+종속절'이다. 종속절이 앞에 올 때에는 문두에 접속사가 오고 중간에 콤마가 찍히는 반면, 이렇게 주절이 앞에 오게 되면 콤마가 찍히지 않아서 더 헷갈린다.

앞서 말했듯이, 최근 '접+S+V'에서 S가 생략된 유형, 그래서 분사 앞이 빈 칸으로 뚫려 있고, 선지에는 접속사와 접속부사가 섞여 있으며, 정답은 접속사인 문제의 출제빈도가 늘고 있다. 따라서 유사한 예를 몇 가지 더 살펴보자.

> ex 291 ----- switching on the air conditioner, make sure you have closed all the windows.
> (A) Just as (B) Except for (C) Before (D) Regarding

빈칸 뒤의 switching이 분사라면 빈칸에는 접속사가 와야 하는 반면, 빈칸 뒤의 switching이 동명사라면 빈칸에는 전치사가 와야 한다. Before는 접속사와 전치사를 겸하므로 해석상으로나 문법적으로 정답이다. 토익 시험에 when Ving~할 때에, while Ving~할 동안, before Ving~하기 전에, after Ving~한 후에가 자주 출제되므로, Ving를 보면 그 앞에 when, while, before, after를 재빨리 떠올려야 한다.

> ex 292 Please remember to sign each of the contracts ----- distributing copies to the other parties.
> (A) since (B) before (C) over (D) ahead

분사 distributing 앞에는 접속사가 와야 하므로 접속사인 since나 before가 정답이다. since(~이후로 지금까지)는 주절이 현재완료 시제가 아니기 때문에 오답이다.

> ex 293　The Human Resources department needs to know if the applicant has an accounting certification ----- calling her for an interview.
> (A) as (B) because (C) before (D) in

분사 calling 앞에는 접속사가 와야 하므로 접속사인 before나 because가 정답이다. 해석상 정답은 (C) before이다.

> ex 294　We will need to shut off the water supply to the house for about an hour ------ installing your water heater.
> (A) by (B) when (C) despite (D) except

분사 installing 앞에는 접속사가 와야 하므로 선지에서 유일한 접속사인 when이 정답이다. 해석을 통해 확인해보면, 온수기를 설치할 '때(When)'에는 물을 잠그라는 의미이므로 (B)가 정답이 맞다.

> ex 295　Your research indicated this was a reasonable way to maintain steady sales growth ----- minimizing our advertising costs.
> (A) until (B) after (C) while (D) almost

분사 minimizing 앞에는 접속사가 와야 한다. 문맥상 while minimizing(~을 줄이는 반면)이 정답이다.

> ex 296　----- reviewing your work, we will contact you to set up a meeting to discuss Southwestern Telephone Connections' options.
> (A) Except (B) Since (C) After (D) During

분사 revieiwing 앞에는 접속사가 와야 한다. 문맥상 After reviewing(~를 검토한 후에)이 정답이다.

ex 297 Without the help of a local guide, it is difficult to know how much to spend for items when ----- a foreign country.
(A) visited (B) to visit (C) visiting (D) are visiting

예290~296은 분사 앞이 빈칸으로 뚫려 있고 선지에 접속사, 전치사, 접속부사가 섞여 있는 경우여서 접속사가 정답인 경우이다. 반면, 예 297~299는 거꾸로 접속사 다음이 빈칸이고, 선택지에 Ving와 Ved가 섞여있는 경우이다. 이렇게 출제되면 4-03의 능수동태 정답공식에 따라 풀면 되므로 되려 쉽다. a foreign country는 목적어이기 때문에 수동의 의미를 갖는 과거분사는 오답이고 현재분사 visiting이 정답이다.

ex 298 Before ----- the label to any garment, we make one final check for loose threads or tears.
(A) place (B) placing (C) placement (D) placed

이 문제도 '접+주+동'에서 '주어'를 생략하고, '동사'를 분사형태로 바꾼 구조의 문장이다. 이 문제처럼 before Ving구문이 자주 출제되는데, 접속사 다음에는 분사가 올 수 있으므로, 분사가 정답이다. 빈칸 뒤의 the label이 빈칸에 들어갈 분사의 목적어이므로, 목적어를 취할 수 없는 과거분사는 오답이고, 현재분사인 placing이 정답이다.

ex 299 As ----- by the efficiency expert, shortening the workday by 30 minutes did not lead to a reduction in overall productivity.
(A) prediction (B) predicted (C) predictably (D) predictable

문장 맨 앞의 As가 접속사이므로 빈칸에는 '주어+동사'가 줄어든 분사가 와야 한다. 접속사 as 다음에 과거분사만 오는 경우 '~처럼/~한 대로'라고 해석된다. 따라서 As predicted(예측한 대로)가 맞다. 정답은 (B)이다.

3-14 | 600점용 문법공식
공식 간의 부진정충돌과 본래품사우선의 법칙

이상 3-06부터 3-13까지 8가지 '품사자리 정답공식'을 공부하였다. 언뜻 품사자리 정답공식 간에 서로 충돌하는 경우들이 있지 않은가 의문을 가질 수 있다. 문법공식 간에 충돌이 일어난다면 이를 어떻게 해결할 것인가?

문법공식 간의 충돌에는 '진정 충돌'과 '부진정 충돌'이 있다(가짜 충돌이라는 의미에서, 이른바 '부진정 충돌'이라 칭함). 부진정 충돌의 대표적인 예로, '형용사+____+명사'처럼 빈칸 앞뒤의 문법공식이 겹치는 경우를 꼽을 수 있다. 형용사 뒤가 빈칸이므로 3-06 명사자리 정답공식02가 적용되는 동시에, 명사 앞이 빈칸이므로 3-07 형용사자리 정답공식02가 적용된다. 그러나 명사자리 정답공식은 그 뒤에 명사가 없다는 전제가 있어야 한다고 했으므로, 명사자리 정답공식02가 후퇴하게 되어, 애초부터 문법공식 간의 충돌은 없는 셈이다.

또 다른 예로, 'S+V+O+____'인 경우가 있다. 이 경우 3-09 부사자리 정답공식03에 의하면 부사가 정답인 반면, 2-06 5형식 정답공식이나 3-07 형용사자리 정답공식04에 의하면 목적보어가 정답이다. 이런 경우는 5형식 문장이 특별구문이므로 5형식과 관련된 문법공식이 우선적용된다. 즉, 문법공식 간에 일반-특별의 관계가 존재하여, 어느 한쪽 공식을 우선적용하여 해결할 수 있는 경우는 진정한 의미의 충돌이라 할 수 없다.

그렇다면, 문법공식 간 충돌이 정말로 문제되는 '진정 충돌'은 ①진짜 형용사와 준동사인 형용사 간의 충돌문제와 ②진짜 명사와 동명사 간의 충돌문제이다.

01 진짜 형용사와 준동사인 형용사의 충돌

3-07에서 이미 설명하였듯이 형용사자리 정답공식에서 정답공식02와 정답공식03이 충돌하는 것이 아닌가 하는 의문을 가질 수 있다. 물론 토익에서는 진짜 형용사와 준동사인 형용사가 선지에 함께 있지 않은 경우가 더 많다. 이런 때에는 서로 충돌하는 것이 아니므로 정답공식02와 정답공식03에 따라 그냥 각각 진짜 형용사를 고르거나 알맞은 준동사를 고르면 정답이다.

그러나 '진짜 형용사'와 '형용사화된 준동사 2가지(Ving, Ved)'가 함께 선지에 있을 때, 무엇이 정답인지 충돌하는 경우가 있다. 이럴 때 어떤 것이 정답인지 갈등인 이유는, 보어 자리에 들어갈 것은 '형용사'인데, 진짜 형용사 외에 형용사 역할을 하는 준동사인 'Ving나 Ved'가 들어갈 수도 있기 때문이다.

이에 대한 해결책은 다음과 같다. 선지에 '진짜 형용사'와 '형용사 역할을 하는 Ving나 Ved'가 있는 경우, 셋을 모두 넣어봐서 해석이 ①수동이면 Ved를, ②능동이면 진짜형용사 혹은 Ving를 선택하는 것이 1차적인 원칙이다. 하지만 능동일 때에는 다시 정답이 진짜 형용사인지 Ving인지 해결해야 한다. 정석대로 하자면, 이는 비슷한 단어뜻의 암기 문제로 귀결되므로 매우 어려운 문제이다(따라서 이는 900점을 위한 6-03에서 다루고 있다.). 그러나 만약 잘 모르겠거나 목표점수가 낮으면 Ving나 Ved와 형용사가 충돌할 경우 진짜 형용사가 정답이라는 '본래 품사 우선의 법칙'에 따라 풀면 90%는 맞추게 되어 있다. 다음의 예를 보자.

> **ex 300** The press says that the fire service's response was ----- and speedy.
> (A) satisying (B) satisfaction (C) satisfied (D) satisfactory

예300은 선지에 진짜 형용사인 (D), 현재분사인 (A), 과거분사인 (C)가 모두 있지만, 진짜 형용사인 (D)가 정답이다. 일단은 이렇게 푸는 것이 원칙이다.

> ex 301 We wish you a ----- stay in Venice, and a successful conference.
> (A) pleased (B) pleasure (C) pleasant (D) pleasing

예301도 pleasing, pleasant, pleased 각각의 의미를 알고 푸는 것이 정석이지만, 잘 모르겠으면 본래품사 우선의 원칙에 따라 (C)를 고르면 정답이다.

> ex 302 Another ----- accomplishment of Ford's happened when he purchased the Detroit, Toledo & Ironton Railway.
> (A) impressive (B) impression (C) impressing (D) impress

예302도 진짜 형용사인 impressive와 분사형용사인 impressing의 충돌이다. impressive accomplishment(인상적인 업적)의 경우와 impressing accomplishment(감명주는 업적)의 경우이다. 역시 본래 품사 우선의 법칙에 따라서 (A)가 정답이다.

그러나 아래처럼 본래 품사 우선의 원칙의 예외가 있다. 만점 방지용 문제로서, 진짜 형용사와 준동사인 형용사의 뜻이 다른 경우를 출제하는 수가 있기는 하다. 이런 문제는 결국 '6-03 어근과 품사가 같으나 뜻이 다른 단어'로 단순암기하는 수밖에 없다. 최고난이도의 문제이다.

> ex 303 Residents are ----- with the way the Cavite police are conducting their patrol especially during rush hour.
> (A) pleasing (B) pleased (C) pleasant (D) to please

예303은 빈칸이 be동사 뒤 빈칸이므로 일단 형용사자리이다. 따라서 (D)를 제외한 모든 선지가 정답 후보이다. 이런 문제는 6-03을 공부하고 나서, pleasing, pleasant, pleased 각각의 의미를 알고 푸는 것이 정석이다. 즉, be pleased with(~에 만족하다, 기뻐하다)라는 표현은 토익에서 자주 출제되는 관용구이다. 빈칸 뒤의 with를 보고 풀면 정답은 (B)이다.

바로 이런 예303의 경우가 본래품사우선의 법칙의 예외가 된다. 토익문제를 많이 풀다 보면, 예301, 예303처럼 선지 4개가 하나의 셋트가 되어 반복적으로 출제되고 있음을 발견할 수 있다. pleasant, pleased, pleasing은 함께 선지로 구성되는 빈출선지 셋트이다. 아래 예304도 마찬가지이다.

---

ex 304　The children were ----- with their new computers.
(A) pleasant (B) pleased (C) pleasing (D) to be pleased

예304도 정답이 pleased이다. 셋 모두 형용사로 보어자리에 올 수 있을 것 같은데 왜 pleased만 정답이 되는지 궁금해하는 사람이 많을 테지만, be pleased with가 관용구이기 때문이다.

02 진짜 명사와 동명사의 충돌

2005년 이전의 舊토익 Part6에서는 본래 명사형이 존재하는데 쓸데 없이 동명사를 쓰거나, 본래 형용사형이 존재하는데 동사의 Ving형이나 Ved형으로 쓰인 부분에 밑줄이 그어져 있으면, 해당부분은 틀린 부분으로서 정답인 경우가 종종 출제되었다.[6]

新토익에서도 빈칸에 명사가 들어가야 하는 것인지 동명사가 들어가야 하는지 헷갈리는 경우가 있다. 이른바 명사와 동명사의 충돌이다. 본래품사우선의 법칙에 따라, 진짜 명사 자리에 동명사를 쓰면 잘못된 표현이다. 즉, 목적어가 뒤에 이어져서 반드시 동명사를 써야만 하는 경우를 제외하고는 모두 진짜 명사를 써야 한다는 의미이다.

복합명사를 만들 때에도 진짜 명사가 존재하면, 본래의 명사형을 써야한다. 예를 들면, transporting industry는 틀린 표현이고 transportation industry가 옳은 표현이다.

---

[6] 구 토익 Part6는 문장에서 밑줄 그어진 부분 중 문법적으로 틀린 부분을 정답으로 고르는 방식이었다.

> ex 305 Detroit's problematic public ----- system has gotten a new leader and some new buses.
> (A) transportation (B) transporting
> (C) transported (D) transport

예305에서 동명사인 (B)가 올 수 없으므로, 정답은 진짜 명사인 (A)이다.

물론 명사형이 없는 동사는 Ving를 명사의 대용물로 쓴다. 그러나 그 경우를 제외하고는 일반적으로 동명사를 명사 대용으로 쓰지는 않는다. 예를 들면, the educating of는 틀린 표현이다. 본래의 명사인 education이 있기 때문이다.

> ex 306 The Massachusetts progressive school proposal was rejected prior to a vote by the State Board of ----- in the preliminary stages.
> (A) educating (B) education (C) educate (D) educated

예306의 경우도 마찬가지이다. 일단 빈칸 뒤가 전치사 in으로 시작하므로, 거품구만 있는 경우이다. 즉, 빈칸 뒤에 목적어가 없는 셈이다. 따라서 준동사 자리가 아니라면, 특별한 이유 없이 동명사를 진짜 명사 대신 쓰지 않는다. 따라서 정답은 (B)이다.

曹操 TOEIC

CHAPTER 04

700점을 위한 문법 기본공식

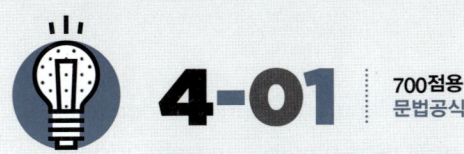

4-01 700점용 문법공식
점수 주는 특수구문 몇 개는 암기하자

Ⓒ 특수구문 정답공식01

상관접속사
선지 중에 either, nor, or, both, neither 등이 보이면
특수 구문을 떠올린다!
  either A or B
  neither A nor B
  whether A or B
  both A and B
  between A and B
  not only A but also B
  such ~ that

특수구문 문제가 점수 주는 차원에서 매달 1~2문제 출제되고 있다. 정답공식01에 나온 접속사를 상관접속사라고 한다. 그 중에서도 토익은 either A or B구문을 병적으로 자주 출제해왔다.

선지에 both가 뜨면 and를 정답으로, A and B 앞이 빈칸이면 and를 보고서 both나 between을 정답으로 고르는 식으로 문제를 풀면 된다.

> ex 307 This makes the Super Bowl a strange animal, neither a home game ----- a road game for either team in any traditional sense.
> (A) or (B) either (C) nor (D) and

예307은 neither A nor B 구문이므로, 정답은 (C) nor이다.

ex 308 You can ----- claim the travelling and technical consulting expenses now or wait until next pay to get them added to your check.
(A) either (B) neither (C) both (D) not only

either A or B 구문(A 또는 B)이 자주 출제된다. 정답은 (A)이다.

ex 309 Running the boat onto that sandbar ----- cracked the hull but also caused extensive damage to the wiring system.
(A) in addition (B) over and above
(C) not only (D) nevertheless

not only A but also B(A뿐 아니라 B도) 구문이 자주 출제된다. 정답은 (C)이다.

ex 310 We will undertake an extensive survey ----- to determine which design scheme the public likes better and to project first year sales potential.
(A) or (B) about (C) both (D) whether

both A and B(A와 B 모두)라는 특수구문이 자주 출제된다. 정답은 (C)이다. 이 유형에서 and 좌우의 명사구가 길어지면 정답이 눈에 잘 띄지 않는다. 따라서 선지에 both가 있으면, 거꾸로 주어진 문장에 and가 있는지를 재빨리 검토하는 것도 필요하다.

ex 311 An adult should fasten the safety belt of any young child in the car to ensure that it is neither too loose ----- too tight.
(A) or (B) nor (C) yet (D) but

neither A nor B 구문(A도 아니고 B도 아닌)이 자주 출제된다. 정답은 (B)이다.

특수구문 정답공식02
요구/주장/명령 동사 뒤의 that절에 있는 빈칸은 동사원형이 정답이다!

요구(require, request, ask, demand), 주장(insist), 명령(order), 제안(suggest, recommend, propose) 동사 뒤에 있는 that절 내에는 항상 동사원형이 와야 한다는 공식이다. 이 중에서는 request가 가장 자주 출제되고 있다.

이 공식은 that절의 주어와 동사 사이에 의무의 should가 생략되었기 때문에 성립하는 공식이다. 위 동사 속에 당위성(~해야 한다)이 내포되었다고 본다.

ex 312 Five territorial attorneys have requested that Google ----- its recently changed privacy policy.
(A) has revised (B) was revised (C) revised (D) revise

예312의 정답도 request의 that절 속 동사자리이므로 동사원형인 (D)이다. 참고로 It is requested that처럼 that절 앞의 동사가 수동태로 되어 있어도, that절 속 동사는 동사원형이 와야 한다. 당위인 것은 마찬가지이기 때문이다.

ex 313 Thousands of protesters took to the streets to express disagreement with the government and ----- that less violent approach be taken.
(A) announced (B) commented (C) demanded (D) referred

이 문제는 어휘문제로 보이지만, 문법적으로 접근하는 편이 빠르다. that절에 동사원형 be taken이 있으므로, 빈칸에 들어갈 동사는 주장(insist), 제안(suggest, recommend), 요구(ask, demand, request, require), 명령(order)의 동사이다. 정답은 (C)이다.

특수구문 정답공식03

'중요한'의 의미인 형용사 뒤의 that절에 있는 빈칸은 동사원형이 정답이다!

'중요성/필요성'의 의미를 갖는 형용사(important, imperative, essential, necessary) 다음에 있는 that절 내에는 항상 동사원형이 와야 한다는 공식이다. 이 역시 정답공식02처럼 이들 형용사에 당위성이 내포되어, that절 속의 주어와 동사 사이에 의무의 should가 생략되었다고 보아 성립하는 공식이다.

> ex 314　It is critically imperative that the US & China ----- a strong working relationship to help bring stability, order and security.
> (A) develop　(B) develops　(C) is developed　(D) to develop

예314도 imperative의 that절 속 동사자리이므로 동사원형인 (A)가 정답이다.

> ex 315　It is ----- that the policyholder contact the claims adjuster before making any repairs to the damaged car.
> (A) executed　(B) elevated　(C) essential　(D) enthusiastic

that절의 주어 policyholder가 단수인데도 동사 contact에 s가 붙어있지 않고 원형동사 형태인 것에 착안하면, 빈칸에는 important, necessary, essential, vital 등이 들어가야 한다. 정답은 (C)이다.

비교급과 최상급 문법공식

기초지식 쌓기

기본적으로 비교급과 최상급의 형태를 모르는 사람이 있다. 일단 ① 2음절 이하의 형용사나 부사는 -er을 붙이면 비교급, -est를 붙이면 최상급이 되고, ② 3음절 이상의 형용사나 부사는 앞에 more를 붙이면 비교급, most를 붙이면 최상급이 된다.

보통 형용사의 비교급/최상급 형태를 모르는 사람은 거의 없으나, 부사의 비교급/최상급 형태를 물으면 갑자기 멍 때리는 사람이 많다. 부사의 비교급/최상급을 만드는 방법도 형용사의 비교급/최상급을 만드는 방법과 기본적으로 같다.

다만, 보통 부사는 -ly로 끝나므로, easy처럼 형용사는 2음절이라도, 부사는 easily처럼 애초에 3음절이 대부분이다. 따라서 부사의 비교급은 결과적으로 -lier형보다는 more __ly형이 훨씬 많게 되는 것이다. (형용사와 부사의 형태가 같은 early는 애초에 2음절이므로 earlier - earliest로 변화한다) 요컨대 more + __ly가 '부사의 비교급'의 한 가지 모양임을 명심하자. more + __ly는 독해지문에서 흔히 보기는 어려우나, 절대로 잘못된 형태가 아니다.

토익에서 비교급 문법은 결과적으로 ① the/소유격 + 최상급, ② as 형용사원급/부사원급 as, ③ er/more + than 세 가지만 외우면 사실상 다 풀린다.

No sooner ~ than이 출제되고 있지만, 이는 비교급 문법이라기보다는 부정어 도치 문제라고 분류함이 옳다.

> **비교급 정답공식01**
>
> 선지에 비교급과 최상급이 있다는 전제 하에,
> 빈칸 뒤에 than이 있으면,
> 비교급(-er, more)이 정답이고,
>
> 정관사 the 뒤 또는 소유격 뒤에 빈칸이 있으면,
> 최상급(-est, most)이 정답이다.

선지에 비교급과 최상급이 있으면, 일단 비교급 또는 최상급 문제임을 간파하는 것이 좋다. 비교급 및 최상급은 서로 번갈아 가면서 출제되는 경향이 있다. 비교급은 than을 보고 맞추고, 최상급은 the 또는 소유격을 보고 풀 정도로 단순하게 출제되고 있다.

than 앞에는 반드시[7] 비교급이 오기 때문에, 만약 than 앞에 최상급이 있으면 오답이다. 다만, than이 있으면 꼭 비교급이 와야 하지만, I'm faster!(난 더 빨라!)처럼 than이 없다고 해서 비교급이 올 수 없는 것은 아님에 주의한다.

한편, 최상급 앞에는 the 또는 소유격이 있어야 함이 원칙이고, 그렇게 출제된다. 최상급은 명사를 수식하는 이상 the를 수반하기 때문이다. 토익 비교급 문제에서 than이 문제풀이의 단서가 되듯, 최상급 문제의 힌트는 in, among, of처럼 '~중에서'류의 전치사이다. 최상급은 '우리 반에서/이 학교에서/경쟁업체 중에서' 같은 범위한정표현과 친하기 때문이다.

나아가서, 뒤집혀진 구조로 문제가 출제될 수도 있다. 즉, 문제에서 than을 보고 선지에서 비교급(-er이나 more)을 정답으로 고르게 할 수도 있지만, 문제에서 -er이나 more를 보고 선지에 있는 than을 고르도록 출제할 수도 있다.

---

[7] than이 없는 비교급이 토익에서는 거의 출제되지 않는다.

> ex 316 We found that there's a relatively ----- than average risk of future transaction issues.
> (A) high (B) highest (C) highly (D) higher

예316은 선지에 비교급과 최상급이 있고, 빈칸 뒤에 than이 있으므로, 전체 문장을 해석할 것도 없이 정답은 (D) higher이다.

> ex 317 The new portable generator will produce ten percent more electricity ----- the old one and will use less gasoline.
> (A) than (B) as (C) over (D) during

선지에서 either를 보면 or을 연상하듯이, 선지에서 than을 보면 문제에서 재빨리 비교급(more~ 또는 ~er)을 찾아야 한다. 문제에 more가 있으므로 선지에서 than을 찾아야 한다.

> ex 318 The cloth bags are ----- than the plastic ones and last a lot longer.
> (A) light (B) lighten (C) more lightly (D) lighter

비교급 문장에서만 쓰이는 than(~보다)이 있으므로 비교급이 와야 한다. be동사 다음에는 보어로서 형용사가 올 수 있으므로 비교급 형용사인 lighter가 정답이다.

> ex 319 It's not hard to understand why the President of the United States has one of the ----- jobs in the world.
> (A) challenging (B) more challenged
> (C) most challenging (D) more challenging

예319는 선지에 비교급과 최상급이 있고, 'the+___+명사'이므로, 빈칸의 위치상 형용사나 분사가 올 자리이다. 그런데 빈칸 앞뒤의 정관사 the와 범위한정표현 in the world로 인해 최상급 (C)가 정답임을 알 수 있다.

ex 320 Sending a man to the mars and back was the ----- project scientists faced in the 21th century.
(A) challenging (B) most challengingly
(C) most challenging (D) more challengingly

앞의 예319와 구조가 똑같다. 빈칸 앞에 정관사 the가 있고, 빈칸 뒤에 in the 21th century라는 범위한정표현도 있기 때문에 최상급 형용사인 (C)가 정답이다. (B)는 부사의 최상급이라서 오답이다.

ex 321 Because members of the board reacted ----- than expected, the president is reconsidering his plan to launch a new sales strategy.
(A) stronger (B) strongly (C) more strongly (D) strongest

일단 than이 있으므로 빈칸에는 비교급이 와야 한다. 그런데 비교급 중에서 형용사의 비교급이 와야 하는가 아니면 부사의 비교급이 와야 하는가? 이럴 때에는 비교급이 포함된 부분(than expected)이 없다고 생각하고 읽어본다. react(반응하다)는 자동사이므로 더 이상 문장의 필수성분이 필요 없고 부사만 있으면 된다. 따라서 부사의 비교급인 (C)가 정답이다.

ex 322 To obtain a free repair, you must take your automobile to your ----- service center within 7 days of receiving this notice.
(A) nearest (B) nearer (C) nearly (D) nearing

빈칸은 소유격 your와 명사 service center 사이이다. 소유격과 명사 사이에는 형용사나 분사가 올 수 있다. 그런데 선지에 -er과 -est가 있으므로 비교급이나 최상급문제이다. 문제 속에 than(~보다)이 없기 때문에 비교급 형용사 nearer는 오답이고, 최상급 형용사인 nearest가 정답이다. 이 문제처럼 소유격(your, their, our 등)이 있으면 the가 없어도 최상급이 정답이 됨에 주의한다.

비교급 정답공식02

more+____ly가 부사의 비교급이므로,
'more ____'이면, 빈칸은
1차적으로 형용사가 정답후보, 2차적으로 부사도 정답후보이다.

시험장에서 -er형 비교급 외에 more형 비교급이 나오면 괜히 당황하기 쉽다. 'more ____'의 빈칸 속에 '형용사의 비교급'이 들어가는지, '부사의 비교급'이 들어가는지 여부는, 제2장의 문장구조분석 기법을 통해 형용사 자리인지 부사자리인지를 판단하면 된다. 즉, more+ ____ly부분을 빼고 문장구조를 보았을 때, 문장이 완전하면 부사가 정답이고, 불완전하면 형용사가 정답이다.

ex 323   In this post I will be showing you 7 simple steps on how to play the guitar more -----.
(A) easy (B) easily (C) easier (D) eased

예323의 경우, 'more ____'이므로 일단 비교급이 정답이다. 그런데 부사의 비교급인가, 형용사의 비교급인가? 'more ____'를 제외하고 문장의 필수성분이 모두 구비되었으므로 부사자리이고, 부사인 easily의 비교급은 easily가 3음절이므로 more+____ly이다. 따라서 (B)가 정답이다.

ex 324   Forms sent before February will be processed ----- than usual pending receipt of all required documents.
(A) quicker (B) more quickly (C) quickest (D) quickly

'more ____'의 형태는 아니지만, 앞에서 본 예321처럼 선지에 more가 포함된 경우이다(따라서 엄밀히 말하면, 비교급 정답공식02가 아니라 01이 적용되는 케이스이다).
빈칸 뒤에 than이 있으므로 비교급이 와야 한다. 빈칸이 수동태 동사 다음으로서, be processed까지로 문장이 완전하게 끝났으므로, 빈칸에는 문장의 필수성분이 아닌 부사의 비교급 (B)가 와야 한다.

> ex 325 By using an X-ray, employees can make resources visible without mining at all so that they can be obtained ----- in the past than it is now.
> (A) easy (B) more easily (C) easily (D) easier

예325는 'more _____'의 형태는 아니지만 앞 예324처럼 선지에 more가 포함된 경우이다(따라서 엄밀히 말하면, 비교급 정답공식02가 아니라 01이 적용되는 케이스이다).
be obtained까지로 문장이 완전하게 끝났으므로 부사자리이다. 따라서 부사의 비교급(B)가 정답이다. than이 있다고 형용사의 비교급 easier를 찍지 말아야 한다. more easily가 답인 경우가 꽤나 많다.

> ex 326 She was absorbed in the novel and found it ----- than the previous ones.
> (A) more enjoyable (B) enjoyable
> (C) most enjoyably (D) more enjoyably

예326도 'more _____'의 형태는 아니지만, 앞 예324, 325처럼 선지에 more가 포함된 경우이다. 예326도 비교급 부분(than the previous ones) 부분을 빼고 읽어보면 쉽다. find가 5형식 동사이므로 빈칸은 목적보어(O.C.) 자리이다. 따라서 형용사가 와야 하는데, than이 있으므로, 형용사의 비교급인 (A)가 정답이다.

> ex 327 Direct flights are generally more expensive ----- using commuter carriers, but they do save a lot of valuable time.
> (A) but (B) so (C) than (D) once

than은 무언가를 비교할 때 쓰는 표현이므로, 선지에 than이 보이면, 비교급 문제임을 간파해야 한다. 더구나 빈칸 앞에 more expensive(더 비싼)가 있기 때문에 확실히 비교급 문제이다. 이렇게 아예 than 자체가 정답인 경우도 가끔 출제된다.

비교급 정답공식03

비교급 바로 앞이 빈칸이면
비교급만 수식하는 다음의 부사(매우/훨씬)가 정답이다!
- **01** much, even, far, still, a lot 훨씬
- **02** a little 약간
- **03** rather 다소
- **04** considerably, substantially, significantly 상당히

비교급(-er, more~, less~)을 강조하는 부사 중 much, even, far, still, a lot은 반드시 외워두도록 한다. 암기하는 방법은 머릿글자를 따서, S M E F A(스메파; 만화주인공) 또는 E M F A S(엠파스: 포털사이트)이다. 최상급 강조 표현보다는 비교급 강조표현이 자주 출제된다.

ex 328 KwiClick is a tool that helps you complete tasks ----- more efficiently by making it easier to retrieve information.
(A) much (B) so (C) really (D) very

예328의 정답은 비교급을 수식하는 (A) much이다.

ex 329 New model is ----- wider than the outgoing car.
(A) a few (B) a little (C) many (D) really

예329의 정답은 (B) a little이다. a few는 정답이 될 수 없음에 주의하자.

ex 330 This project is ----- as complete as the last one.
(A) quite (B) almost (C) near (D) justly

as ~ as 구문 바로 앞에 빈칸이 있다면, 이는 원급 강조 부사를 묻는 문제로서 대체로 nearly, almost, just 중 하나가 정답인 경우가 대부분이다. 정답은 (B)이다.

> **ex 331** Until we replaced the old heater, heating was the single ----- overhead expense we had.
> (A) large (B) largely (C) largest (D) most largely

single(단 하나의)은 최상급과 함께 쓰여 최상급을 강조하는 역할을 한다. overhead expense가 복합명사이므로 빈칸에는 최상급 형용사가 정답이다. (C)가 정답이다. [참고] overhead expense 고정비용

참고
원급과 최상급 강조부사

위의 비교급 강조부사 외에 원급과 최상급을 강조하는 부사도 있다. 출제 빈도는 떨어지나 함께 기억해두자.
① 원급강조: very, so, really, nearly, almost, just, too, extremely 등
② 최상급강조: by far, quite는 the 앞에서 (quite the largest building)
　　　　　　　single은 the와 최상급 사이에서 (the single biggest factor)
　　　　　　　ever, possible은 최상급 뒤에서 (the biggest ever)

참고
than이 없는 비교급(토익에서는 출제되지 않는다)

than이하가 생략된 것이 아니라, 애초에 than이 없어도 되는 2가지 예외가 있다.
　01 the+비교급, ~ the+비교급 구문(~할수록 점점 더 ~하다)이 있다.
　02 prior to(~보다 먼저)가 옳고, prior than은 틀린 표현이다.
-er로 끝나지 않고 -or로 끝나는 '-or형의 비교급'(prior이전에, superior월등한, inferior열등한, senior연장자의, junior연소자의, prefer A to B 등)은 than이 아니라 to와 함께 사용된다. 이들은 라틴어에서 유래한 비교급이어서 than을 쓰지 않는다고 한다.
라틴어비교급 중에서 특히 prior to = earlier than = ahead of(~보다 먼저)임을 기억하자.
참고로, 이들과 비슷한 뜻이지만 formerly(이전에는) 부사의 원급으로서 단독으로 사용되므로 than이나 to와 함께 쓰이지 않는다.

참고
the와 비교급 및 최상급(토익에서는 출제되지 않는다)

예외 01 비교급 앞에 the를 쓰는 경우
　둘 중에서 비교할 때 최상급을 쓰지 않는 대신 비교급 앞에 the를 쓴다.
　He is the taller of the two.
예외 02 최상급 앞에 the가 없는 경우
　명사를 수식하지 않고 다른 품사를 수식하는 최상급에는 the를 붙이지 않는다.
　① 동사를 수식하는 최상급
　Traffic moves slowest around the west-side circle.
　② 서술적 용법의 형용사나 부사를 수식하는 최상급
　This project is most important.

비교급 정답공식04

관용적 최상급 표현

문장 속에 다음 표현이 있고, the 바로 뒤가 빈칸이면, 최상급이 정답이다!
the _____ in the world 세상에서 최상
the _____ in the country 한 국가에서 최상
the _____ of all 모든 것들 중 최상
one of the _____ 가장 ~한 것 중 하나
the _____ among ~들 중에서 최상
the _____ ~ that ~ has ever seen 여지껏 본 것 중 최상

참고 the most probably/likely + 명사 : 가장 가능성이 큰 '무엇'

관용적 비교급 표현

선지가 모두 Ved이고, 비교급(-er/more~)+than+_____이면,
anticipated, expected, predicted 기대치 이상
doubled, tripled 두배이상/세배이상
ever 그 이전 어느 때보다 더

가 정답이다! 참고 no later than = by : ~까지

범위한정표현 world, country, all, among, ever 등이 뜨면 최상급이 떠올라야 한다. 그리고 빈칸 앞에 the가 있다는 사실을 추가로 확인하고 최상급을 찍어야 한다. 이런 테크닉이 통하는 이유는 '여러가지 중 최상'이라는 문구가 와야 최상급이 정답이라는 점에 이견이 없기 때문이다.

---

ex 332 The City Parks Department had extra 25 portable toilets brought in for the outdoor concert, but the crowd was even ----- than anticipated.
(A) large (B) largely (C) larger (D) the largest

비교급 문장에서만 쓰이는 than(~보다)이 있으므로 비교급(C)가 정답이다. 특히 than anticipated / expected 등이 있으면 비교급 문제이다.

---

ex 333 Sales figures for the last quarter are even higher than -----.
(A) agreed (B) opened (C) featured (D) expected

than + anticipated/expected(기대치/예상치보다)라는 표현은 관용적으로 자주 쓰이므로, 정답은 (D)이다.

> **ex 334** Because it took longer than ----- to get our visas approved, we had to postpone our trip.
> (A) anticipation (B) anticipates
> (C) anticipating (D) anticipated

거꾸로 비교급 than 다음에 쓰는 관용적 표현 than anticipated = than predicted = than expected(예상했던 것보다)를 물어본 문제이다.

> **ex 335** It is probably ----- useful of all free Android Apps ever devised.
> (A) the more (B) the most (C) even (D) a little

빈칸 뒤에 범위한정표현 of all이 있으므로, 최상급인 the most이다.

> **ex 336** Before the onset of the recent recession, Celtic Trinkers, Inc. was the ----- of the region's manufacturers.
> (A) more success (B) succession
> (C) most successfully (D) most successful

정관사 the 다음에는 명사만 오는 것이 아니라 최상급 형용사도 올 수 있다는 점에 주의한다. 특히 빈칸 뒤에 범위한정표현 of the region's manufacturers(지역 제조업자 중에서)가 있다. 빈칸에는 was의 보어역할을 하는 형용사가 와야 하므로, most successful이 정답이다.

> **ex 337** Of these two applicants, the one with more experience in the field is clearly the ------ qualified for this position.
> (A) better (B) good (C) best (D) well

범위한정 표현 중 of these two(둘 중에서)만큼은 그 뒤에는 비교급 표현이 와야 하는 반면, of all, of the three(또는 셋 이상 숫자) 다음에는 최상급 표현이 와야 한다. 비교급임에도 그 앞에 the가 붙은 것은 '둘'로 한정이 된 특수한 문장이기 때문이다. 따라서 정답은 (A)이다.

🎯 원급비교 정답공식

as ____ as 사이는 형용사의 원급 또는 부사의 원급이 정답이다!
(특히 '부사'의 원급도 정답이 될 수 있음)

as를 보는 순간 '원급'을 떠올리는 것이 중요하다. 이 때, 형용사의 원급만 정답이 될 수 있는 것이 아니라, '부사'의 원급도 정답이 될 수 있다는 것을 아는 것이 중요하다. as와 as 사이에는 형용사의 원급만 들어 갈 수 있고, 부사의 원급이 들어가면 어색하다고 착각하기 쉬우나, 이는 잘못된 생각이다.

형용사의 원급과 부사의 원급 중 무엇인지에 대한 구별 기준은, 제2장의 문장구조분석을 통해, 형용사자리인지, 부사자리인지를 판단하면 된다. 즉, as __ as부분을 빼고서 문장을 봤을 때, 문장이 완전하면 부사가 정답이고, 불완전하면 형용사가 정답이다. (여기서 as _ as부분을 빼고서 본다는 말의 구체적인 의미는, 앞의 as는 없다고 생각하고, 뒤의 as는 전치사나 접속사라고 생각하여 뒤의 as이하에 문장의 필수성분이 아닌 전치사구나 부사절이 있다고 생각하는 것이다.)

물론 동사의 종류가 몇 형식 동사인지 보고 풀 수도 있겠다. 몇 형식 동사이냐에 따라 문장의 완전/불완전 여부가 결정되기 때문이다. 즉, as ____ as 앞의 동사가 ① be동사, become, seem, remain, stay와 같은 2형식 동사이면, 빈칸은 '보어'자리이므로 '형용사의 원급'이 정답이고, ② 2형식 이외의 일반적 동사들이면 이들 동사를 수식하는 '부사의 원급'이 정답이다.

> ex 338 There are some obvious signs that your windows should be replaced as ----- as you possibly can.
> (A) quick (B) quickly (C) quickness (D) quicker

예338의 경우, 앞의 as는 없다고 보고, 뒤의 as는 접속사라고 생각하여 as you possibly can은 부사절이라고 생각하자. 그러면 as you possibly can

은 부사절로 문장의 필수성분이 아니므로 결국 없는 것과 마찬가지이다. 앞의 as가 없다고 보면, 빈칸은 수동태 동사 be replaced의 바로 뒤이다. 따라서 be replaced까지로 문장이 완전하게 끝났으므로, 빈칸은 문장의 필수성분이 아닌 부사자리이다. 따라서 부사의 원급인 (B) quickly가 정답이다.

---

ex 339 The BENZ E220 model is considered as being ----- and versatile as the old one.
(A) efficient (B) efficiently (C) efficiency (D) efficiencies

예339의 경우도, 뒤의 as는 전치사로서 as the old one은 전치사구로 보고 (그러므로 as the old one전체가 생략 가능), 앞의 as가 없다고 보면 be동사 다음이 빈칸이므로 빈칸은 being의 보어자리이다. 따라서 빈칸에 올 품사는 형용사이다. 또한 병렬구조로 봐도 and 뒤의 versatile이 형용사이므로 빈칸은 명백히 형용사자리이다. 따라서 (A) efficient가 정답이다.

 참고

원급비교와 as의 용법

토익에서 as가 출제되면, 후술하는 원급비교 정답공식처럼 as와 as 사이에 형용사나 부사의 원급이 오는 경우가 대부분이지만, as의 그 외 용법도 참고로 알아둔다.
as + many/much/few/little+명사 + as (~만큼 많은/적은)
as+형용사+as+명사 (명사처럼 형용사한)
the same as (~와 같은)

---

ex 340 Jungsoo Kim learned to operate this copier quickly because it is the same ----- the one he worked with at his previous job.
(A) with (B) that (C) along (D) as

숙어로서 the same as~(~와 똑같은)가 자주 출제된다. 따라서 (D)가 정답이다.

4-03 | 700점용 문법공식

능수동태 판별을 위한 공식
(목적어의 유무)

🔑 기초지식 쌓기

동사자리 문법은 ①첫째, 다른 품사가 아니라 동사가 들어갈 자리임을 결정하는 문법과, ②둘째, 동사가 들어간다는 전제 하에 어떤 형태의 동사가 적합한지를 결정하는 문법 2가지를 내포한다.

4-03(능수동태), 4-04(시제), 4-05(수일치)는 위 ②를 다루는 동사자리 문법이라는 공통점이 있다. 즉, 동사가 들어갈 자리임이 결정되었다는 전제 하에, 어떤 형태의/어떤 수의/어떤 시제의 동사가 빈칸에 들어갈지를 결정하는 방법론이다.

그러다보니, 책의 기획시에 여기서 다루는 위 ②의 내용을, 위 ①을 다루는 3-11의 '동사자리 문법공식' 바로 뒤에 이어서 구성할까도 생각해보았다. 그러나 능수동태/시제/수일치 테마는 모두 워낙 중요하고, 각 테마 하나만으로도 방대한 내용을 담고 있으므로, 각각 4-03, 4-04, 4-05에서 '700점을 위한 문법공식'의 하나로서 다루기로 한다.

4-03에서는 먼저 능수동태 정답공식을 살펴보자. 능수동태 판별을 위한 공식의 핵심은 (타동사라는 전제 하에) '목적어의 유무'로 판단한다는 점이다.

 참고
'준동사자리 문법'과 '(본)동사자리 문법'의 구별이 필요하다.

5-01 준동사 쳅터를 공부하기 전에, 4-03부터 4-05까지에서 '(본)동사자리 문법공식'을 공부해야 한다. 준동사는 동사원형이 아니라 toV, Ving, Ved의 형태로서, 동사는 아니지만 동사 역할을 하는 것들을 의미하고, (본)동사는 말 그대로 '동사 그 자체'이다.

> ### 능수동태 정답공식01
>
> 빈칸에 들어갈 동사가 타동사라는 전제 하에
> '____ + 목적어無'이면 수동태가 정답이고,
> '____ + 목적어有'이면 능동태가 정답이다.
> (여기서 '목적어無'란, 전치사구, 부사, toV, 콤마, 마침표처럼
> 문장 필수 성분이 아닌 요소만 있음을 의미)

(빈칸에 들어갈 동사가 타동사라는 전제 하에) 빈칸 뒤에 목적어가 있으면 능동태가 정답이고, 빈칸 뒤에 목적어가 없으면 수동태가 정답이라는 공식이다. 빈칸이 자동사가 들어갈 자리라면, 빈칸 뒤에 목적어가 없어도 당연히 Ving가 가능하다. 자동사는 애초에 수동태형이 없기 때문이다.

이 공식은 S+V+O라는 3형식의 능동태 문장에서 목적어O를 앞으로 내보내어 O가 수동태 문장의 주어가 되면, O+be Ved+(by S)라는 수동태 문장으로 바뀌기 때문에 성립하는 공식이다. 즉, 능동태 문장의 V 뒤에는 목적어가 있는 반면, 수동태 문장에서 be Ved 뒤에는 목적어가 없음에 주목해야 한다.

동사의 올바른 능동/수동 형태를 묻는 문제는 매월 출제된다. 능동태와 수동태 중 무엇이 정답인지는 문장 전체의 해석이 아니라 '목적어의 유무(有無)'로 판단한다. (해석은 오로지 빈칸 속 단어가 자동사인지 타동사인지에만 개입한다) 이 공식은 이 책에서 가장 유용한 공식 중 하나이다.

능동태 자리인지 수동태 자리인지를 문장 전체의 해석이나 be동사의 존재여부, 혹은 뒤에 'by+행위자'의 존재여부 등으로 판별하려고 들면, 문제 푸는 속도와 정확도가 너무 떨어진다. 반드시 빈칸 뒤의 목적어의 존재여부로 판단한다. 요컨대 뒤에 목적어가 바로 이어지면 빈칸에는 능동태가 와야 하고, 뒤에 목적어가 없으면 빈칸에는 수동태가 정답이다.

| ex 341 | ----- in this package are detailed instructions for assembling your new shelving unit.
(A) To enclose (B) Enclosed (C) Being enclosed (D) Enclosing

예341은 일단 enclose는 타동사이고, 빈칸 뒤에는 괄호쳐 버릴 수 있는 '전치사구 in~'만 있고 목적어가 없으므로, 수동태인 Enclosed가 정답이다. 이 문장은 원래 detailed instructions이하가 주어인 문장으로서, Detailed instructions for assembling your new shelving unit are enclosed in the package.라는 문장이 도치된 구문이다. 통상 Enclosed는 관용구처럼 문장 처음으로 도치되는 경우가 많다. 참고로 주어인 instructions처럼 가산의 복수명사는 s가 붙는 대신 a가 없어야 하며, s가 붙었을 때 the는 없어도 되고 있어도 된다(6-01 참조).

| ex 342 | Require the UAE to improve labor practices and legal standards before ----- agreements.
(A) sign (B) signing (C) signed (D) being signed

예342는 빈칸 뒤에 목적어인 명사 the agreements가 있으므로, 능동태인 signing이 정답이다.

| ex 343 | No specific locations have yet been chosen, but the proposed dog parks would be ----- by field fence.
(A) enclose (B) enclosing (C) enclosure (D) enclosed

예343도 역시 동사의 능동/수동 구별 문제이다. 일단 enclose는 '둘러싸다'라는 뜻의 타동사이다. 그러나 문장 전체를 해석할 필요는 없다. be동사 다음 자리가 빈칸이므로 Ving 아니면 Ved가 들어갈 수 있는데, 빈칸 뒤에 목적어가 없으니까 Ving가 아니라 Ved인 (D)가 정답이다. 즉, 목적어 유무로 Ving와 Ved를 구별한다는 사실을 다시 한 번 강조하고 싶다.

> **참고**
> 뒤에 목적어가 있음에도 불구하고 수동태 동사가 정답이 될 수 있는 예외
>
> 능동태 문장일 때부터 원래 목적어를 2개 갖는 4형식의 경우 뒤에 목적어가 있음에도 불구하고 수동태 문장이 될 수 있는 예외가 된다. 4형식 문장은 원래부터 '주어+동사+목적어1+목적어2'이기 때문에, 이를 수동태로 만들면, 목적어 둘 중 하나가 수동태문장의 주어가 되어 앞으로 빠져나간다 하더라도, 목적어 둘 중 하나는 be Ved 뒤에 남게 된다.
> 그러나 이 경우는 토익에서 거의 출제되지 않으므로 무시해도 된다. 토익에서는 3, 4, 5형식 문장을 수동태로 바꾼 문장 중 3형식을 수동태로 바꾼 문장이 압도적으로 많이 출제되기 때문이다(애초에 1, 2형식 문장은 목적어가 없어서 수동태로 만들 수 없음).
> 즉, 빈칸 뒤의 목적어 유무에 따라 빈칸에 들어갈 동사가 능동태인지 수동태인지 구별하는 공식은 토익시험에서 능수동태 문제가 대부분 3형식을 수동태로 바꾼 문장에서 출제된다는 암묵적 전제에 서 있는 셈이다.

ex 344 As a result of the recent acquisition of Overland Transport Co. by Brock Distribution, Inc., the Overland's distribution division -----.
(A) is eliminating (B) has eliminated
(C) is to be eliminated (D) had eliminated

동사의 태는 목적어의 유무에 의해 결정되는데, 빈칸 뒤에 목적어가 없기 때문에 수동태 동사를 골라야 한다. 정답은 (C)이다.

ex 345 Starting January 3, all of our accounting needs ----- by Overland's accounting department in Los Angeles.
(A) will be handled (B) were handled
(C) will handle (D) are handle

빈칸 뒤에 목적어가 없고, 빈칸 뒤에 'by+행위자'가 있다는 점을 고려하면, 정답은 수동태 동사인 (A)와 (B) 중 하나이다. Starting은 미래의 어느 시점부터 발효한다는 의미이므로 미래시제 (A)가 정답이다.

ex 346 A sample ----- for your inspection.
(A) enclosed (B) is enclosed
(C) has enclosed (D) had enclosed

빈칸 뒤에 for로 시작하는 전치사구만 있으므로, 목적어가 없는 것이 되어, 수동태가 정답이다. 정답은 (B)이다.

---

ex 347 ----- what you're paying versus what we charge, we think we can save you 20 percent on your monthly shipping bill.
(A) Compare (B) Compared
(C) Comparing (D) Comparable

we think이하가 주절이기 때문에, 빈칸에 본동사인 (A)가 또 오게 되면 한 문장 안에 본동사가 2개가 되어 문법적으로 틀린 문장이 된다. 따라서 빈칸에 포함된 부분은 종속절의 역할을 하는 분사구문이 와야 하는데, 능동태냐 수동태냐만이 문제된다. 빈칸 바로 뒤의 what에서부터 charge까지가 목적어이므로, 능동태 (C)가 정답이다. [참고] versus = VS

---

ex 348 I'm sorry to inform you that the XL-360 demonstration we scheduled for next month -----.
(A) canceled (B) to be canceled
(C) will be canceled (D) has been canceled

선지가 모두 본동사 또는 준동사인 경우 능수동태를 먼저 따져보면 유리할 때가 많다. 빈칸 뒤에 목적어가 없으므로 수동태 (C)가 정답이다. 접속사 that 다음에 새로운 절이 시작되고, we scheduled 부분은 주어 demonstration을 뒤에서 꾸며주는 삽입구이다.

---

ex 349 Our "Donate Toy" bin would ----- with gifts by now if we had done a better job in promoting the campaign.
(A) have filled (B) fill (C) be filling (D) be filled

선지를 보면 (D)만 수동태이고 나머지는 전부 능동태이다. 능수동태는 목적어의 유무에 따라 판단하는 것이 가장 정확하다. 빈칸 뒤에 나오는 if 앞에서 끊고, 빈칸부터 다음 절인 if가 시작되기 전까지를 보면, with gifts by now라는 거품구만 있고 목적어가 없다. 따라서 수동태 (D)가 정답이다.

ex 350 Any work ordered prior to the end of the fiscal year ----- as an expense even if it is not paid for until next year.
(A) treated (B) is to be treated (C) to treat (D) will have treated

선지가 모두 본동사 및 준동사로 되어있는 문제는 시제보다 태를 먼저 파악할 때 유리한 경우가 많다. 따라서 빈칸 뒤의 목적어의 유무를 통하여 능수동태를 파악한다. 빈칸 뒤를 보면 as로 새롭게 시작하는 전치사구, even if로 새롭게 시작하는 접속사만 있고, 목적어가 없다. 따라서 수동태인 (B)가 정답이다. 해석을 해보더라도 주어인 work(작업)가 처리하는 것이 아니라 처리되어지는 것이므로 수동태가 정답이다.

ex 351 All trainees work under the close supervision of senior personnel for 6 months before they are ----- their own accounts.
(A) assumed (B) assigned (C) inspected (D) installed

이 문제는 어휘문제이지만, 실제로는 문법적으로 접근하는 것이 좋다. 선지 4개가 모두 수동태인데도 불구하고, 뒤에 목적어 accounts가 있다는 점이 특이하다. 모든 수동태 문장은 목적어를 취하지 않지만, 4형식 동사가 수동태로 전환된 경우 예외적으로 목적어를 취한다. 따라서 4형식 동사(B)가 정답이다. be assigned+목적어~을 배정받다, be sent+목적어~을 받다, be granted+목적어~을 제공 받다, be offered+목적어~을 제공 받다, be awarded+목적어~상을 받다, be told+that절~을 듣다 등이 가끔 출제된다.

ex 352 Unless feasible alternatives to fossil fuels ----- soon, the world will face a devastating energy shortage in the coming decades.
(A) developing (B) developed
(C) are developed (D) have developed

먼저 선지를 보면 능수동태가 섞여 있으므로, 능수동태를 구별하면 쉽게 풀리는 문제이다. 능수동태의 구별은 빈칸 뒤 목적어의 유무로 판단한다. 빈칸 뒤 콤마까지 목적어가 없으므로 수동태(C)가 정답이다.

ex 353 Your rental skis and other equipment may ----- to the shop any time before the slopes close for the day.
(A) return (B) be returning (C) be returned (D) have returned

빈칸이 조동사 다음이므로 동사원형이 와야 할 자리인데 능동태냐 수동태냐 문제만 남는다. 빈칸 뒤에 to로 시작하는 전치사구, before로 시작하는 접속사절만 있으므로, 정답은 수동태 (C)이다.

ex 354 Customer service experience and communication skills ----- for this position.
(A) required (B) has require (C) have required (D) are required

선지가 전부 동사이면 시제 판단보다 태 판단을 먼저 하는 것이 좋다. 문장 전체의 주어는 experience and communication skills이다. 빈칸 뒤에 for로 시작하는 거품구만 있고 목적어가 없다는 점에 착안하면 수동태 (D)가 정답임을 알 수 있다.

ex 355 An enormous amount of garbage ----- so that we should arrange for waste disposal before we start renovating the lobby.
(A) is expected (B) expects (C) expected (D) had expected

빈칸 뒤가 접속사 so that으로 시작하는 부사절이므로, 빈칸 뒤에 목적어가 없다. 따라서 수동태 (A)가 정답이다.

ex 356 The project to restore the older government buildings ----- when the economy slowed down and tax revenues fell.
(A) halted (B) was halted
(C) has been halted (D) is being halted

빈칸 바로 뒤가 when으로 시작하므로, 목적어가 없는 경우이다. 따라서 수동태가 정답이다. 종속절의 시제가 과거(slowed)이므로 주절의 시제 역시 과거이어야 한다. 정답은 (B)이다.

능수동태 정답공식02

**능/수동태만 맞추는 게 아니라,
시제/수일치와 함께 묻는 문제가 많이 출제되는데, 태 판단을 먼저한다!**

이로부터 본동사자리 문법 문제를 푸는 기본 순서가 아래와 같음을 알 수 있다.

① 우선, 선지에서 본동사가 아닌 준동사(Ving, Ved, toV)부터 제낀다.
② 다음, 능수동태를 결정한다. 앞서 설명한 것처럼, 빈칸 뒤에 명사(목적어)가 있으면 능동태가 정답이고, 빈칸 뒤에 명사(목적어)가 없으면 수동태가 정답이다(이 단계에서 정답이 확정될 때가 의외로 많다).
③ 마지막으로 주어와 동사의 수의 일치를 확인한다. 대표적으로 is와 are, have와 has를 구별하는 경우가 많이 출제된다.

이런 순서로 체크하면서 오답선지를 지워나가면, 본동사자리 문법 문제는 대부분 풀리게 되어 있다. 이 순서가 가장 오답을 제끼는 속도가 빠르다. 만약 그래도 정답이 결정되지 않는다면, 시제문제까지 결합된 형태이다.

ex 357 Using the machine which ----- at a cost of 100 euro, it would have been possible to conduct neurological surgeries without opening the brain.
(A) is installing (B) is installed
(C) are installed (D) has installed

예357은 빈칸 뒤 목적어가 없으므로 수동태가, 그리고 which 앞의 선행사 the machine이 단수이므로, 수동태이면서 단수인 (B)가 정답이다.

ex 358 Major television campaigns urging people to conserve water ----- in only 5% reduction in consumption after 3 months.
(A) was resulted (B) results
(C) being resulted (D) have resulted

일단 result in은 자동사로서 수동태가 존재하지 않기 때문에 (A),(C)는 오답이다. 이 문장에서 주어가 복수명사 television campaigns이므로 (B)는 수일치에 위반된다. 따라서 정답은 (D)이다.

---

ex 359 The preliminary plans for the shopping center will ----- to the city Zoning Review Board by next Monday.
(A) be submitted (B) submit
(C) be submitting (D) have submitted

(A)를 제외한 나머지 선지는 전부 능동태로서, 능수동태를 구별하면 문제가 풀린다. 빈칸 뒤에 to로 시작하는 전치사구와 by로 시작하는 전치사구 밖에 없으므로, 목적어가 없다. 따라서 수동태 (A)가 정답이다.

---

ex 360 Before buying a truck for cross-border shipments, make sure that the models you ----- comply with emission standards for both the U.S. and Canada.
(A) were selected (B) have selected
(C) are selected (D) being selected

that이 접속사, the models가 주어, 본동사는 comply with이다. 'you ___'는 뒤에서 models를 수식하는 관계대명사절이다. 따라서 빈칸이 능동태 동사냐 수동태 동사냐 문제만 남는다. select의 목적어였던 models가 선행사로서 앞으로 나간 형태이므로, 이 경우는 목적어가 있는 경우에 해당한다는 사실에 주의한다. 정답은 능동태 (B)이다.

---

ex 361 We are currently unable to forward the document you ----- about the project last week.
(A) requested (B) are requested
(C) being requested (D) were requested

'you ___'는 document를 수식하는 관계대명사절이므로, the document는 목적어가 앞으로 빠져나간 선행사이다. 즉, 목적어가 있는 경우에 해당하므로 수동태 (B),(D)는 오답이다. 정답은 (A)이다.

293

능수동태 정답공식03 명사를 뒤에서 수식하는 후치수식의 경우

'명사 ____'처럼 명사 뒷자리에 빈칸이 있는 경우,
Ving냐 Ved냐 구별은 역시 '해석'이 아니라
'목적어 유무(有無)'로 판단한다!
▶ 5-01 분사자리 정답공식01과 연결됨!

명사를 후치수식하는 분사가 Ving인지 Ved인지를 구별하는 기준도 목적어의 유무이다. 한편, 정답공식03처럼 명사의 뒷자리에 준동사가 들어가는 경우와 달리, 후술하는 정답공식04처럼 명사의 앞자리에 준동사가 들어가는 경우도 있다. 두 공식을 비교하면서 공부한다.

> **ex 362** HB 1294 was introduced to amend existing laws -----
> how utilities could recover costs.
> (A) governor (B) govern (C) governed (D) governing

예362의 경우, [명사 ____ (형용사) + 명사]일 때 빈칸에는 무조건 Ving가 들어간다는 공식(뒤의 5-01의 분사자리 정답공식01)을 알고 있다면 가장 쉽고 빨리 풀릴 것이다. how utilities could recover costs는 명사절로서, 빈칸 뒤에 명사가 있는 것과 마찬가지이기 때문이다.
그러나 굳이 이 분사자리 정답공식을 모르더라도, 여기 4-03의 능수동태 정답공식으로 풀 수 있다. 즉, 선지를 보면 빈칸에 들어갈 govern은 타동사인데, 빈칸 뒤에 목적어인 '명사절 how utilities could recover costs'가 있으므로 Ving가 정답이다.

> **ex 363** Skin experts say that long exposure to UV rays is believed to lead to skin cancer after a study ----- at Oxford University last year.
> (A) releases (B) released (C) has released (D) will be releasing

after는 접속사와 전치사를 겸하는데, after가 접속사라면 '접+주+동' 공식에 의해, 주어 study 바로 뒤인 빈칸에는 동사가 들어가야 한다. 그런데 빈칸 뒤에 목적어가 없고, at으로 시작하는 거품구만 있으므

로, 빈칸에 동사가 들어간다면 수동태이다. 그럼에도 선지에 수동태 동사가 없으므로 after는 접속사가 아니라 전치사이다. 따라서 본동사인 (A),(C),(D)는 오답이다. study를 후치수식하는 분사 released가 정답이다.

> **ex 364** The company requests that workers ----- to foreign branches make sure that they register with the embassy if they will be there longer than 2 weeks.
> (A) travel (B) will travel (C) traveled (D) traveling

빈칸 뒤에 이미 본동사 make sure가 있어서 빈칸은 주어 workers를 뒤에서 수식하는 분사 자리이다. 빈칸 뒤에는 to로 시작하는 전치사구뿐이어서 목적어가 없다. 그럼에도 불구하고 왜 Ving가 정답인가? 목적어 유무로 Ving와 Ved를 구별하는 것은 빈칸에 들어갈 동사가 타동사임을 전제하기 때문이다. 따라서 정답은 (D)이다.

> **ex 365** Our monthly payroll forms will supply you with the specific information ----- to complete your income tax return.
> (A) required (B) are required (C) requiring (D) is requiring

문장 전체의 본동사 will supply가 있는 문장이므로, 본동사의 진행형인 (B),(D)는 오답이다. 결국 information을 뒤에서 후치수식하는 분사를 고르는 문제인데, 빈칸 뒤에 목적어 없이 to부정사만 있을 뿐더러, be required to구문에 해당하므로 정답은 (A)이다.

> **ex 366** If any false or misleading information ----- in the job application is found, it will be rejected automatically.
> (A) provided (B) provide (C) to provide (D) providing

if절 내에서만 볼 때에도 빈칸 뒤에 이미 본동사 is found가 있기 때문에, 빈칸에는 information을 뒤에서 수식하는 분사가 와야 한다. 본동사 is 앞까지 in으로 시작하는 거품구밖에 없으므로, 목적어가 없는 경우이다. 과거분사 (A)가 정답이다.

능수동태 정답공식04 — 명사를 앞에서 수식하는 전치수식의 경우

'____ 명사'처럼 명사 앞자리에 빈칸이 있는 경우,
Ving냐 Ved냐 구별은 3-07에서 본 바대로
'수식받는 명사'와 '준동사'가
능동관계인지/수동관계인지에 따라 해결한다!

▶ 3-07 형용사자리 정답공식03과 연결됨!

분사가 명사를 앞에서 수식하는 경우, 수식받는 명사와 분사의 관계가 능동관계이면 Ving, 수동관계이면 Ved가 정답이라는 공식이다. 이는 앞의 형용사자리 문법인 3-07에 수록된 정답공식03에서 '명사를 수식하는 Ving(현재분사)와 Ved(과거분사)'와 같은 내용이다.

즉, 분사가 명사를 앞에서 수식하는 경우, '수식받는 명사'와 '분사'가 능동관계이면 Ving가 정답, '수식받는 명사'와 '분사'가 수동관계이면 Ved가 정답이라고 설명하였다. Ving는 '적극적으로 남을 V하게 시키는, V하게 만드는, ~하는'의 능동적 의미이고, Ved는 '피동적으로 남에 의해 V하게 된, ~하게 된'의 수동적 의미이다. 예를 들면, leading company는 '시장을 리드하는 회사'이고, proposed plan은 '제안된 계획'이다.

'현재분사인 Ving=능동적 성격, 과거분사인 Ved=수동적 성격'이라는 원리는 영어 전반을 관통하는 매우 중요한 공식이다. 여기 능수동태 정답공식04와 05에서 다시 정리하기로 한다.

> ex 367 ----- vacation hours from the previous year will expire at the end of March.
> (A) Unused (B) Using (C) Useful (D) Useless

예367의 정답은 (A) Unused이다. 빈칸 뒤에 있는 vacation hours와의 의미를 볼 때, '사용하지 않는'이 아니라, '사용되지 않은'으로 해석된다. vacation hours가 스스로 use하는 주체가 될 수 없고, 누군가에 의해 use되는 객체의 입장이기 때문이다. 앞의 3-07 형용사자리 정답공식03에서 본

예와 똑같은 맥락이므로 반드시 이를 복습한다.

> ex 368 All the public parking spots were full but the ----- spaces at the back were empty.
> (A) reserve (B) reserved (C) reserving (D) reservation

관사 the와 명사 spaces 사이에는 형용사나 분사가 들어가는데, 해석상 '예약하는' 공간이 아니라, '예약된' 공간이 적절하므로 과거분사 (B)가 정답이다.

> ex 369 Henry Noble has been described as a very ----- artist by a number of leading critics in New York.
> (A) dedicated (B) dedicate (C) dedicating (D) dedication

빈칸은 관사 뒤, 명사 앞이므로, 명사 artist를 수식하는 형용사 또는 분사 자리인데, 명사를 전치 수식하는 형용사자리에 형용사화된 분사가 들어가는 경우이다. 의미상 형용사 dedicated(헌신적인)가 정답이다.

능수동태 정답공식05

분사가 보어인 경우 보어 자리에 Ving냐 Ved냐 구별문제

'주어와 보어'의 관계 혹은 '목적어와 보어'의 관계가
능동관계이면 Ving,
수동관계이면 Ved가 정답이다!

정답공식05는 토익에서 비교적 출제빈도가 떨어진다. 하지만 이 때도 앞서 본 Ving는 '적극적으로 남을 V하게 시키는, V하게 만드는, ~하는'의 능동적 의미이고, Ved는 '피동적으로 남에 의해 V하게 된, ~하게 된'의 수동적 의미라는 공식이 그대로 적용된다. 이를 통해 주격보어인 경우와 목적격 보어인 경우를 들면 다음과 같다.

01 분사가 주격보어인 경우

The game is interesting.
주어 game과 보어 interesting의 관계를 보면 주어가 감정을 야기하는 원인물로서, game이 interest하게 만드는 것으로서 둘은 능동관계여서 Ving이다.

02 분사가 목적격 보어인 경우

The man made his shoes polished.
목적어 his shoes와 polished는 구두 스스로 polish할 수 없고, 구두가 누군가에 의하여 닦여지는 즉, polished되는 수동관계이므로 Ved이다.

> **ex 370** Although he had been ----- about buying the new car, he now regretted it.
> (A) excite (B) exciting (C) excited (D) excites

예370의 정답은 he의 주격보어인데, 주어가 남을 흥분시키는 것이 아니라, 다른 어떤 것에 의하여 흥분되어진 것이므로 Ved인 (C) excited가 정답이다.

4-04 시제 판별을 위한 문법공식

700점용 문법공식

🔑 기초지식 쌓기

토익에서 Part5에서 시제문제는 비교적 쉽게 출제되는 편이다. 쉬운 대신, 특정 시제를 보여주는 문두나 문미의 시간 부사구를 보고 풀 수 있는 문제보다는, 해석을 하도록 유도해서 의미와 논리상 어떤 시제가 들어갈 자리인지를 맞추게 하는 문제가 많다.

특히 ①현재시제, 과거시제, 미래시제와 같은 '단순시제'와 ②현재완료시제와 과거완료시제 및 미래완료시제와 같은 '완료시제'가 자주 출제되는 편이다. Part6에서는 8-01에서 설명하듯이 미래시제가 유독 자주 출제된다.

다만, 이 중 과거완료시제와 관련하여서는, 과거완료시제의 경우 과거보다 더 과거일 때만 쓰는 시제이므로, 복문구조에서 다른 한쪽의 시제가 반드시 과거동사로 되어 있어야만 정답이 될 수 있어, 출제빈도는 떨어지는 편이다.

또, 이 중 미래완료시제와 관련하여서도, 대체로 접속사 by the time과 for가 동시에 등장할 때만 정답으로 출제되고 있어, 빈칸 앞뒤에 by the time과 for가 함께 보일 때만 will+have+Ved가 정답이라고 생각하면 쉽다.

의외로 단순 현재시제가 정답인 경우도 많은데 토익응시자들이 '이렇게 쉬울 리가 있나?'하면서 괜히 어려운 시제를 정답으로 고르는 경향도 있으니 주의한다.

> ### 시제 정답공식01
>
> **01** have/has ____이면, 현재완료로서 Ved가 정답이고,
>   (의미상 '과거부터 현재까지 이어진 사실')
> **02** had ____이면, 과거완료로서 Ved가 정답이다.
>   (의미상 '더 과거부터 과거까지 이어진 사실')

'have류+____'이면 Ved가 정답이라는 공식이다. '완료시제'는 그 형태가 have+Ved라는 단순한 사실만 알면 되는 어형 문제가 의외로 많이 출제되는 편이다. 시제문제라고 명하기에 민망한 점수 주는 문제이다.

has, have, had 뒤에 바로 빈칸을 뚫어 놓으면 너무 쉽게 되므로, 이들과 빈칸 사이에 아래처럼 already 같은 부사를 끼워넣는 경우가 있으니, 염두에 두자.

> **ex 371** Whether right or wrong, the Government has already ----- to engage in recent conflicts.
> (A) choose (B) chosen (C) chooses (D) choosing

예371의 정답은 has와 빈칸 사이에 already를 넣었지만 Ved인 (B)이다.

> **ex 372** The close was fast approaching, and he had not yet ----- even half of what he needed to.
> (A) finished (B) been finished (C) finishing (D) finish

예372의 정답은 had와 빈칸 사이에 not yet을 넣었지만, Ved인 (A)이다.

시제 정답공식02

문장주어에 거품 수식구가 길게 붙어서 주어를 찾기 힘들지만, 주어가 3인칭 단수 현재이면, 동사원형에 s가 붙은 형태가 정답이다!

이 공식은 시제문제이기도 하나 수일치에 관한 4-05에서도 복습하는 것이 좋다. ①주어가 '3인칭 단수'이고, 동사가 '현재시제'일 때 동사에 s를 붙인 것이 정답이라는 점과, ②그 이외의 경우, 즉, 주어가 '복수'이거나 동사가 '현재시제'가 아닌 경우 동사에 s가 붙지 않아야 한다는 점이 둘 다 자주 출제된다.

> **ex 373** Most employees ----- that using the Internet for personal reasons at work does not lower their overall productivity.
> (A) say (B) is said (C) says (D) was said

예373은 복수형 주어 employees 때문에 s가 붙지 않은 (A)가 정답이다.

> **ex 374** Given that the cost of components has remain unchanged in the past 3 years, ----- knows why the price of computer games has risen steadily for several months.
> (A) whoever (B) somebody (C) each other (D) no one

빈칸에 들어갈 동사에 s를 붙일 것이냐 말 것이냐의 형태로 물을 수도 있지만, 이렇게 동사에 s가 붙어있는 것이 문제풀이의 단서가 되는 경우도 많다.
빈칸 뒤 동사 자리에 s가 붙은 knows가 있다. 따라서 빈칸은 주어가 들어갈 자리인데, knows의 s때문에 3인칭 단수의 주어여야 한다. 그렇다면 단수취급하는 대명사 somebody와 no one 중 무엇이 정답인가? 종속절의 remain과 주절의 has risen이 문맥상 반의어이므로, 순접의 흐름인 somebody(누군가)는 오답이다. 역접의 흐름인 no one(아무도~않다)이 정답이다. [참고] Given that ~을 고려하건대

시제 정답공식03

next week, tomorrow, soon, shortly, immediately가 나오면, 단순 미래시제가 정답이다!

토익 Part5에서는 특정한 미래시점을 나타내는 부사 또는 '곧'을 의미하는 부사가 문장 내에 있으면, 단순미래시제가 정답이다. 다만, 실제 영어에서는 정답공식03의 부사들이 있다고 해서 무조건 미래시제가 정답이라고 단정할 수는 없다. Tomorrow we can expect light scattered showers. 같은 문장처럼 expect 동사와 결합할 경우 현재시제와도 쓰일 수 있기 때문이다.

> then은 '그 때'의 의미로서, '미래시제'와 결합할 수도 있고 '과거시제'와 결합할 수도 있다. 따라서 then은 전후 문맥을 봐야 하는 Part6에서 문제화되기 쉽다.

ex 375 The final result of the negotiation ----- sometime next week.
(A) will be announced (B) was announced
(C) will announce (D) has announce

예375의 경우 문장 뒤에 sometime next week라는 미래부사구가 있으므로 정답은 (A)와 (C) 중에서 골라야 한다. 그 중에서 빈칸 뒤에 목적어가 없으므로 수동태인 (A)가 정답이다.

ex 376 Century Pharmaceuticals ----- two new factories and employ at least 600 more workers over the next six months.
(A) will open (B) opened
(C) had been opening (D) has opened

이 문제처럼 선지가 모두 본동사로 구성된 문제에서, 선지의 태는 모두 같고 시제가 각기 다르면, 시제 문제이다. 시제는 그 문장 내의 부사나 부사구가 암시해 준다. 빈칸 뒤의 over the next six months(다음 6개월 동안)라는 부사구로 인해 미래시제가 와야 한다. 정답은 (A)이다. 중요한 문제 풀이의 단서는 over가 아니라 next이다.

ex 377 While the company is upgrading the inter-office communication system over the next 3 days, all offices ----- open.
(A) remain (B) will remain (C) have remained (D) remained

시간을 나타내는 부사구 over the next 3 days가 있으므로, 주절의 시제는 미래시제인 (B)이어야 한다. 중요한 문제풀이의 단서는 over가 아니라 next이다.

ex 378 If you order the products through our website, 5 % of your puchasing price ----- into your next purchase.
(A) are saved (B) will be saved (C) is saved (D) saving

into your next purchase에 next가 있기 때문에 정답은 미래시제인 (B)이다.

이렇게 부사를 보고서 미래시제를 맞추는 것이 전형적인 시제문제이다. 한편 아래와 같이, 미래시제를 보고 부사를 맞추는 어휘문제로도 출제될 수 있으니 참고하자.

ex 379 Mallory's new novel is a huge success and its second edition will hit the book stands -----.
(A) shortly (B) remotely (C) freely (D) mistakenly

토익에서 shortly, soon(곧, 금방)은 미래시제와 함께 쓰이는 부사이다. 정답은 (A)이다.

ex 380 Caroll Kim, also known as the inventor of Caroll Tutoring Program, will ----- publish a new book.
(A) soon (B) previously (C) already (D) currently

미래 시제 will이 있기 때문에 정답은 (A)이다.

시제 정답공식 04

문장 안에 '기간'을 의미하는 아래의 부사구가 있으면
현재완료시제가 정답이다!

01 지난 3년 '동안'의 의미
in the last three years
in the past three years
over the last three years
over the past three years

02 '~동안'의 의미
for three years
over the year

04 '~이래로 쭉'의 의미
since+과거시점
since+주어+과거시제동사

즉, since 뒤에 단순과거시제가 와야 하고, since 앞에 현재완료시제가 와야 한다.

이 공식이 성립하는 이유는, 과거의 어느 시점에서부터 현재까지 '얼마의 기간 동안' 이어진 현상을 나타내는 시제가 바로 현재완료시제이기 때문이다.

현재완료시제는 토익 Part5에서 자주 출제되는 시제 중 하나이다. 의미상으로 볼 때, 과거에 발생한 동작이나 상태가 현재까지 영향을 미치는 경우, 즉 '과거부터 지금까지 쭉 ~해오고 있다'는 의미로 해석될 때, 현재완료시제를 쓴다. 그래서 '기간'을 나타내는 전치사나 부사구와 친한 것이다.

참고
시제 문제를 뒤집으면 전치사 문제

시제문제가 아니라 시제를 보여주고 거꾸로 전치사자리가 빈칸으로 되어 있을 수도 있다. 즉, 전치사 문제와 맥락이 닿아있다. 뒤에 '과거 시점'이 있으면 전치사 since가 정답, '기간'이 있으면 전치사 for가 정답이다(3-12의 전치사종류를 보여주는 기초공식03 참조).

ex 381 The board meeting ----- going on since 10 o'clock in the morning.
(A) is (B) was (C) has been (D) will be

예381은 'since+과거시점(~이래로)'이 있으므로 완료시제인 (C)가 정답이다.

ex 382 In the last 10 years, the number of household owning more than one car set ----- by over 50% in the nation.
(A) will have risen (B) has been risen
(C) has risen (D) was rising

in the last 10 years(지난 10년간)는 10년전부터 지금까지의 기간 전체를 의미하는 표현이다. 만약 문제에 Over the past 10 years가 있었어도 마찬가지이다. '10년전부터 지금까지 ~해왔다'는 의미로서, 현재완료 (C)와 어울리는 표현이다.

ex 383 The cost of coffee ----- since the farmers went on strike in Brazil and Columbia.
(A) doubled (B) will double
(C) has doubled (D) is being doubled

since만 봐도 주절의 시제가 현재완료임을 알 수 있다. 즉, since 뒤에 단순과거시제가 와야 하고, since 앞에 현재완료시제가 와야 한다.

ex 384 According to the internal news, the board has ----- changed the name of our company from LG academy to Langstore.
(A) previouly (B) soon (C) routinly (D) already

현재완료시제를 꾸며주는 현재완료와 친한 부사들이 있다. recently(최근에, 과거시제와도 쓰임), already, just(지금 막), consistently(지속적으로) 등이 있다. 정답은 (D)이다.

305

> **시제 정답공식05**

문장 안에 ago, yesterday, in the past, in 2003, recently, when I was, last spring, last year 처럼 분명한 과거의 특정시점을 나타내는 부사구가 있으면, '단순 과거시제'가 정답이다!

Part6는 단순시제 중 미래시제가, Part5에서는 단순시제 중 과거시제가 자주 출제되는 경향이 있다.

ex 385 Supplies of the product they ----- just two months ago are already running short.
(A) launched (B) launch (C) has launched (D) to launch

예385는 명확한 과거 시점을 보여주는 부사구 two months ago가 있으므로 정답은 (A)이다.

ex 386 Total salaries for temporary and part time staff came close to the amounts that ----- last month.
(A) are projecting (B) were projected
(C) projected (D) being projected

선지를 볼 때 본동사의 시제 및 태를 맞추는 종합적인 문제이다. 우선 빈칸 뒤에 목적어가 없으므로 수동태가 정답이다. 나아가 last month(지난 달)가 과거시제여야 함을 알려주고 있다. 따라서 수동태이면서 과거시제인 (B) were projected가 정답이다.

ex 387 Because we ----- more than usual on our vacation last summer, we will wait an extra year to buy a new car.
(A) spend (B) spent (C) were spending (D) have spent

시제문제에는 항상 시제를 암시하는 부사(구)가 있기 마련인데, 이 문제에는 last summer(지난 여름)가 과거시제임을 알려주고 있다. 정답은 (B)이다.

시제 정답공식06

01 usually, often, each year가 나오면
단순 현재시제가 정답이고,
02 now, currently, presently가 나오면
단순 현재시제나 현재진행시제가 정답이다!

단순 과거시제가 정답인 경우가 정답공식05라면, 단순 현재시제가 정답인 경우가 정답공식06이다. 토익에서는 단순시제가 정답인 경우도 의외로 많다는 점에 유의해야 한다. '시제를 보여주는 부사'가 힌트가 될 때가 많으니 외우도록 한다.

ex 388 Reviews found that departments often do not ----- their business models well.
(A) communicate (B) communicated
(C) be communicating (D) is communicated

예388의 정답은 often이라는 부사가 있으므로, 단순 현재시제인 (A)이다.

ex 389 Each month, Easy Mart ----- more than 20% of their revenues to the charitable organization.
(A) donates (B) donated
(C) will have donated (D) is donated

빈칸은 문장 전체의 본동사가 와야 할 자리이므로 (A),(B),(D) 중 하나가 정답이다. 빈칸 뒤에는 more than 20%라는 목적어가 있으므로 수동태인 (D)는 오답이다. (여기서 more는 형용사가 아니라 '더 많은 것'이라는 의미의 대명사이다.) 규칙적, 반복적 행위를 의미하는 부사 each month가 있기 때문에 현재시제인 (A)가 정답이다.

> ex 390　The Department of Defense in conjunction with Zebron Aerospace, is ----- developing a secret new satellite.
> (A) extremely (B) definitively (C) enormously (D) presently

현재진행시제와 함께 쓰이는 부사 presently나 currently(현재에)가 정답 후보로 머릿속에 떠올라야 한다. 정답은 (D)이다.

> ex 391　All of the customer surveys and the focus group results have been analyzed and we are ----- finalizing our recommendations for a new marketing strategy.
> (A) ordinarily (B) commonly (C) lately (D) currently

현재진행형 동사인 are finalizing을 수식하는 부사를 고르는 문제로서, currently(현재에)가 정답이다.

> ex 392　Savings banks that ----- increased their interest rates on deposits have begun to attract more investors from other financial institutions.
> (A) recently (B) late (C) presently (D) shortly

과거시제의 동사 increased를 수식하는 적절한 부사를 고르는 문제이다. 따라서 recently(최근에)가 정답이다. presently는 현재(진행)시제와, shortly는 미래시제와 함께 사용한다.

> ex 393　We regret that we are not ----- able to fill your ink cartridge replacement order because the manufacturer's shipping staff is on strike.
> (A) still (B) just (C) now (D) ever

still(여전히)은 not 앞에 와야 하므로 오답이고, 동사 are의 시제가 현재라는 점에 착안하면 now가 정답이다. now, presently, currently는 현재시제 또는 현재진행시제와 같이 사용된다.

ⓒ 시제 정답공식 07

by the time, by next year, by next Friday처럼,
'by+미래시점(~까지)'이 있고,
문장 내에 for 같은 기간 전치사가 있으면,
'미래 어떤 시점이 되면 어떤 일이 완료될 것'이라는
의미의 미래완료시제가 정답이다!

미래완료시제(will have Ved)는 미래의 특정시점 앞에 붙는 전치사 by(~까지) 및 기간 전치사(for)와 친하기 때문에 성립하는 공식이다. 다만, 'by+미래시점'이 있다고 해서 무조건 미래완료시제를 써야만 하는 것은 아니다. 가령 'by+미래시점'이 '~까지 제출해야 한다'는 내용의 의무성 현재시제의 조동사와 결합할 수도 있다.

ex 394   By next Friday, we will ----- all our sales projections for the next year.
(A) have revised (B) revise (C) be revised (D) be revising

예394의 경우, By next Friday(다음 금요일까지)라는 시간 부사구가 있고, 맨 뒤에 for the next year(내년 한해 동안)라는 기간 전치사까지 있으므로, 미래완료시제인 (A)가 정답이다.

ex 395   Mr. Smith ----- for almost 40 years by the time he retires.
(A) will have served (B) served (C) had served (D) serve

예395의 경우는 by the time 뒤 retires에 s가 붙은 만큼, by the time+과거시점이 아니라 미래시점이다. 그리고 기간 전치사 for가 있다. 그렇다면, 미래의 어느 시점에 가서야 40년의 기간을 채운다는 의미가 되므로, 정답은 미래완료시제인 (A)이다.

ex 396 Dr. Jacky Mason ----- for 20 years as a physician for the World Health Organization by the time she retires.
(A) is being served (B) has been served
(C) served (D) will have served

앞 예395와 같은데 문장만 길어졌을 뿐이다. by the time she retires(그녀가 은퇴할 때까지)라는 부분이 문제풀이의 단서로서, 이 시점은 미래 시점이다. 기간 전치사 for가 있고, retire하는 시점이 미래의 특정시점이므로, 그 시점에 가서야 20년 일하는 것이 완료된다는 의미이다. 이럴 때 쓰는 시제가 미래완료시제이다. 미래완료는 미래의 어느 시점에 가야 동작이 완료될 때 쓰는 시제이기 때문이다.

ex 397 At the end of next month, executive chef Choi ----- the kitchen at the Elbon The Table for ten years.
(A) will have supervised (B) has supervised
(C) had been supervising (D) is supervising

미래완료시제가 정답이 되게 문제를 출제하려면, 명확한 근거가 있어야 한다. 이 문제는 by the time 대신 At the end of next month로 바뀌었을 뿐, 기간 전치사 for가 있다는 점까지 완전히 동일하다. 정답은 (A)이다. 주의할 것은 아래 예398의 By the time처럼, by 뒤에 오는 시점이 미래시점이 아닌 경우이다. 이 때는 미래완료시제가 정답이 아니다. 따라서 by 뒤에 오는 시점이 미래시점인지 반드시 확인해야 한다.

ex 398 By the time he was fifty, he ----- as many as twenty books.
(A) had written (B) has written (C) was written (D) writes

예398의 경우는 조금 다르다. By the time만 보고서 미래완료시제를 찍으면 안 된다. By the time이 있지만, 그 뒤에 was가 있는 만큼 해석상 훨씬 이전부터 그가 쉰 살이 되었던 과거시점까지의 저술 행위를 나타내므로 과거완료시제를 써야 한다. 정답은 (A)이다. 또한, 이 문제에는 기간 전치사 for도 없다는 차이가 있다.

시제 정답공식08

시간절(when절), 조건절(if절) 속의 동사는,
'현재시제'가 '미래시제'를 대신한다.

시간절이나 조건절은 모두 '부사절'로 분류된다. 그런데, 위 공식은 부사절에만 적용되고 명사절에는 적용되지 않는다. 즉, 명사절에서는 현재시제가 미래시제를 대신할 수 없다.

대표적인 시간절로서 when으로 시작하는 절이 있지만, 그 외에도 as soon as(~하자마자), before(~하기 전에)로 시작하는 절도 시간절이다. 따라서 이에 뒤따르는 동사의 시제도 마찬가지 논리가 적용된다.

한편, 대표적인 조건절로서 if로 시작하는 절이 있지만, unless(만약 ~하지 않으면)나 once(일단 ~하면), as long as(~하는 한)로 시작하는 절도 조건절이다. 따라서 이들에 뒤따르는 동사의 시제에도 마찬가지 논리가 적용된다.

ex 399 As soon as the new processing plant -----, our production capacity will almost double.
(A) is completed (B) completing
(C) will be completed (D) complete

예399는 빈칸 뒤에 목적어가 없으므로 빈칸은 수동태이고, 빈칸이 as soon as라는 시간절 속이므로 현재시제인 (A)가 정답이다.

ex 400 If we ----- the warehouse in New Mexico, we will lessen the likelihood of missing shipments because of bad weather.
(A) use (B) used (C) have used (D) had used

주절의 시제가 미래(will lessen)인데, 종속절이 시간절(when)이나 조건절(if)일 때에는, 종속절에서 현재시제가 미래시제를 대신한다. 정답은 (A)이다.

> **ex 401** If the government ----- the tax deduction for advertising, many small firms will go bankrupt.
> (A) reduces (B) reduced (C) will reduce (D) had reduced

주절의 시제(will go)가 미래시제이므로, 조건을 나타내는 종속절에는 현재시제가 와야 한다. 종속절이 시간절(when)이나 조건절(if)일 때에는, 종속절에서 현재시제가 미래시제를 대신하기 때문이다. 정답은 (A)이다.

> **ex 402** We ----- you your 10% manufacturer's rebate as soon as we receive your proof of purchase.
> (A) sent (B) will send (C) have sent (D) had send

때(as soon as)를 나타내는 종속절의 시제가 현재(receive)이므로, 주절에는 미래시제가 와야 한다. 시간절, 조건절 속의 동사는 현재시제가 미래시제를 대신하기 때문이다. 정답은 (B)이다.

 참고

시제 문제를 뒤집으면 접속사 문제

이 유형은 시제 문제로 출제되지 않고, 접속사 문제로 출제될 수도 있다. 즉, 접속사 자리에 빈칸을 뚫어 놓고, 시간접속사인 when이나 조건 접속사인 if를 골라내라는 문제이다. 이렇게 선지에 시간/조건의 접속사가 보이면, 빈칸 앞에 will이 있는지 여부를 한 번 살펴본다. will이 없다면 다른 문제이겠지만, will이 있다면 시간/조건의 접속사를 선택하라는 문제일 가능성이 높다.

> **ex** There will be no applied shipping charges ----- the delivery is delayed.
> (A) who (B) if (C) so (D) that

선지에 조건접속사인 if가 있고, 빈칸 앞에 will이 있으므로, 정답은 if이다.

시제 정답공식 09

주절이 단순과거시제일 경우, 종속절의 시제는
단순 과거시제가 정답이거나,
주절의 시제보다 한 시제 더 앞선 과거행위라면,
'대과거'라고 부르는 과거완료시제가 정답이다!

과거완료시제의 경우 과거보다 더 과거일 때만 쓰는 시제이므로, 복문구조에서 다른 한쪽의 시제가 반드시 과거동사로 되어 있어야만 정답이 될 수 있어, 출제빈도는 현격히 떨어지는 편이다. 이것을 전통적인 영문법에서 소위 '대과거' 문제라고 부른다.

ex 403 By the time they arrived at the airport, their flight -----.
(A) left (B) had left (C) was left (D) has left

예403는 arrived가 과거시제임에 주목해야 한다. 'When / By the time + 과거시제' 일 때 주절의 동사시제는 had+Ved(과거완료)를 많이 쓴다. 위 문장은 그들이 공항에 도착하였을 때, 그들의 비행기는 이미 그에 한 단계 앞서서 먼저 떠나버렸다는 의미이다. 정답은 (B)이다.

ex 404 She learned that three of her colleagues ----- from a factory.
(A) are fired (B) will be fired (C) had been fired (D) fired

예404은 주절의 동사가 learned로서 과거이므로, 일단 단순 과거시제인 (D)와 과거완료시제인 (C) 중에서 골라야 한다. 빈칸 뒤에 목적어가 없이 from이하의 수식어구만 있으므로(4-03 능수동태 판별공식 정답공식01 참조), 능동태인 (D)는 오답이다. 따라서 정답은 (C)이다.

ex 405 As soon as Mr. Miguel left for the day, the package he ----- for arrived.
(A) was waited (B) has waited
(C) had been waiting (D) is waiting

소포가 도착한 시점이 과거(arrived)인데 반해, 소포를 기다렸던 시점은 그보다 더 이전이다. 따라서 대과거인 과거완료 (C)가 정답이다.

> **ex 406** The Farraday team unearthed artifacts indicating that the inhabitants ----- pottery making skills at least 2000 years earlier than previously thought.
> (A) develop (B) to develop
> (C) had developed (D) have been developed

유적을 발굴하는 시점은 과거(unearthed)인데 반해, 고대인이 도자기 굽는 기술을 발전시킨 시점은 명백히 그보다 훨씬 더 이전이다. 따라서 대과거인 과거완료 (C)가 정답이다.

> **ex 407** Mr. Lee asked his secretary to pick up the first quarter sales figures he ----- in his office.
> (A) leaves (B) will have left (C) had left (D) has been left

비서에게 보고서를 가져오라고 요청한 시점이 과거(asked)이고, 그가 보고서를 사무실에 놔두고 온 시점은 그 이전이다. 따라서 대과거인 과거완료 (C)가 정답이다.

> **ex 408** After Mrs. Lisa Choi -----, she spent all of her time caring for abandoned and abused animals.
> (A) retires (B) retired (C) was retired (D) has retired

Lisa가 시간을 쏟은 시점은 과거(spent)이고, 그녀가 은퇴를 한 시점은 그 이전이다. 따라서 시제상으로는 과거시제 또는 과거완료시제가 정답이다.
그리고 빈칸 뒤에 목적어가 없으나, retire는 자동사이므로 목적어의 유무로 능수동태를 판단할 수 없다. 해석상으로도 은퇴를 당하는 것이 아니므로 수동태 (C)는 오답이다. 따라서 정답은 (B)이다.

시제 정답공식 10

토익 시제 문제는 문장 자체를 논리적으로 해석해야만 하는 경우가 많다.

토익에서는 특정한 시간부사구 암기로 풀 수 없는 시제 문제도 출제된다. 최근 (특히 Part6에서) 해석을 하도록 유도해서 의미와 논리상 어떤 시제가 맞는지 고르는 문제가 많다. 따라서 이런 문제는 너무 문법지식에 의존하거나 암기한 문법사항에 끼워 맞추려 해서는 안 된다.

> **ex 409** If no response is received from a winner by August 20, the winner ----- the prize.
> (A) will forfeit (B) be forfeited (C) will have forfeited (D) forfeited

예409에서 8월 20일은 미래 시점이다. '8월20일까지 응답이 없으면 수상자는 상을 몰수당한다'는 의미이므로 정답은 (A)이다. 오답이 되는 미래완료시제 (C)는 forfeit(몰수)처럼 한 번에 이루어지는 일이 아니라 collect(수집)처럼 여러 날에 걸쳐 이뤄지는 지속적 동작에서 쓴다.

> **ex 410** The ground was moist, as it ----- the other night.
> (A) was rained (B) rains (C) will be rained (D) had rained

예410에서 땅이 젖은 것은 과거(was)이고, 비가 온 것은 그 전날 밤이므로, 비 온 시점은 과거보다 더 과거이다. 따라서 아무런 시간 부사구가 없지만 '땅이 젖은 것'과 '비가 온 것'의 인과관계를 볼 때, 정답은 (D)이다. 정답공식09의 대과거 논리가 적용된 결과라 볼 수도 있겠다.

> **ex 411** When the CEO ----- the new casual dress code himself, everyone hailed.
> (A) approves (B) has approved
> (C) will approve (D) had approved

주절의 시제가 hailed로서 과거일 경우, 종속절의 시제는 단순과거 approved 또는 과거완료 had approved가 와야 한다. 정답은 (D)이다.

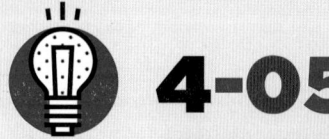

4-05 수일치 판별을 위한 문법공식

700점용 문법공식

🔑 기초지식 쌓기

수일치 문제는 대체로 주어와 동사의 단/복수일치 문제이다. 밑줄 그은 부분 중 문법적으로 틀린 부분을 찾는 방식의 舊 토익 Part6에서는 수일치가 특히 중요했다. 현재는 그 중요성이 약간 감소하기는 했지만, 新 토익에서도 주어와 동사의 수일치 문제는 자주 출제된다.

그런데 대체로 무엇이 주어이고 무엇이 동사인지만 파악하면 충분하다. 따라서 수일치 문제는 이 책의 제2장에서 나오는 문장 구조분석공식을 통해 이른바 생략할 수 있는 거품구, 즉, ① 콤마와 콤마 사이에 나오는 어구 ② 주어와 동사 사이에 나오는 어구 ③ 그 외 부사구를 괄호쳐 버리는 것이 핵심기술이다.

그리고 토익 수일치 문제는 아래 4개의 수일치 정답공식 중 의외로 가장 쉬운 정답공식01의 출제빈도가 가장 높다는 점도 알아두자.

> ### 수일치 정답공식01

> 수일치 문제는 대부분 동사를 주어에 수일치시켜주면 정답인데,
> 주어를 찾기 어렵게 만들어 놓는다!
> · 단수주어 (+수식거품구) + 단수동사
> · 복수주어 (+수식거품구) + 복수동사
> (주어와 동사 사이에 수식어를 괄호쳐버려라!)

주어와 동사가 서로 수일치 되어야 한다는 가장 기본 중의 기본 공식이다. 여기서 주어를 찾기 어렵게 만든다 함은, 주어인 명사 뒤에 긴 거품구를 달거나, 아니면 동사 자리에 명사같이 생긴 동사를 둬서 마치 동사가 아닌 것처럼 보이게 만든다는 것을 의미한다. 이를 통해 문장 구조분석을 할 줄 아는지 보겠다는 취지이다.

수일치 판별에 있어, 아래에 정리된 전치사구나 부사구는 모두 거품구로서, 무시해야 정답을 고를 수 있다.

- ▶ 콤마와 콤마 사이
- ▶ 관계대명사절 부분(who이하, which이하, that이하 등)
- ▶ in/at 이하의 장소전치사구
- ▶ of 이하의 전치사구
- ▶ between/among 이하의 비교대상 나열 전치사구
- ▶ together with/as well as/along with/in addition to 이하의 첨가 전치사구

대체로는 주어를 3인칭 단수로 심어 놓은 뒤, is와 are를 구별하는 문제가 많이 출제되고 있다. 그 외 have/has, were/was의 구별도 자주 출제된다.

ex 412　John Dermott who was appointed as surveillance commissioner in 1998 ----- re-appointed today, until 1 October 2003.
(A) is (B) are (C) was (D) were

예412의 경우, 선지를 볼 때 빈칸에 들어갈 단어가 동사이다. 그리고 who

이하에서 빈칸 앞까지의 관계명사절이 John Dermott을 수식하는데, 이 부분은 괄호칠 수 있다. 그러면 남게 되는 주어인 John Dermott은 단수이고, today 때문에 현재시제가 옳다. 따라서 정답은 is이다.

> ex 413 The ----- of being hit by lightning are very rare, but some people do get struck by lightning.
> (A) chances (B) risk (C) possibility (D) probability

예413은 The ___ of being hit by lightning 까지가 모두 주어부이지만, 빈칸 뒤 of 이하의 전치사구 부분은 괄호칠 수 있다. 그러면 빈칸에 들어갈 단어가 주어이고, 동사는 are이다. 해석으로는 가능성, 개연성이므로, (A)(C)(D) 모두 가능하나, are라는 복수 동사에 맞추려면 복수명사인 chances가 주어자리에 와야 한다.

> ex 414 Sam, along with his friend, ----- worked for Hally's family ever since Hally was a little boy.
> (A) has (B) have (C) had (D) has been

주어 Sam 뒤의 콤마와 콤마 사이를 무시하면, (A)가 정답이다.

> ex 415 A decrease in the supply of clean water sources ----- sales in water purification products.
> (A) aid (B) aids (C) aiding (D) was aided

예415에서 in이하의 전치사구는 괄호치고 생략 가능하다. 선지를 볼 때 빈칸은 aid라는 본동사가 들어갈 자리인데, 괄호치고 남은 주어는 A decrease이므로 단수이다. 따라서 3인칭, 단수, 현재시제이므로 s가 붙은 (B)가 정답이다.

> ex 416 It has been determined that more ----- are needed in the fight against the disease.
> (A) resource (B) resourcefully (C) resources (D) resourceful

빈칸 뒤에 동사 are가 있으므로, 빈칸에는 복수명사인 주어가 와야 한다. 따라서 (C)가 정답이다. 주어 동사 간에는 수일치가 되어야 한다.

---

ex 417 Work on infrastructure facilities such as power and water supply, as well as roads and telecommunications, ----- shape in isolated mountain village.
(A) to take (B) taking (C) has taken (D) have taken

예417은 선지가 모두 준동사 또는 본동사이므로 빈칸에 들어갈 것은 동사류임을 알 수 있다. 그렇다면 그 앞에 주어가 있어야 한다. 앞서 언급한 대로 as well as이하이자 콤마와 콤마 사이는 모두 괄호친다. 그리고 as이하의 전치사구와 on이하의 전치사구도 괄호친다. 남는 것은 work 하나뿐인데, work가 동사가 아니라 '작업'이라는 뜻의 명사로 쓰여 주어가 된 것이다. 이 문제는 문장구조파악 연습에 아주 좋은 문제이다. 정답은 단수동사인 (C)이다. [참고] take shape 형태를 갖추다

---

ex 418 When choosing mobile communication devices, please make sure that the products you have purchased ----- with the Federal Communications Code.
(A) to comply (B) complying (C) complies (D) comply

빈칸 바로 앞의 you have purchased는 그 앞의 the products를 후치수식하는 관계대명사절이다. 따라서 make sure의 목적어인 that절 속 주어는 the products이고, 빈칸에는 동사가 들어가야 한다. 주어와 동사는 수일치가 되어야 하는데, products가 복수이므로 (D)가 정답이다. (C)는 s가 붙어 주어가 단수일 때 쓰므로 오답이다.

---

ex 419 Let him know before you run out of anything because the manager ----- supplies only once a month.
(A) purchasing (B) to purchase
(C) purchases (D) have purchased

접속사 because와 주어 the manager 다음에 빈칸이 있다. 따라서 빈칸에

는 '접+주+동'공식에 의해 동사가 들어가야 한다. 그런데 주어 manager가 단수명사이므로 수일치가 안된 have purchased는 오답이다. 따라서 정답은 (C)가 된다. 만약 has purchased가 선지에 있다면, 이 또한 정답이 될 수 있겠다.

---

ex 420 The total research and development ----- for the past 6 months were 3 times more than we used to spend in one year.
(A) expend (B) expensive (C) expensively (D) expenses

동사가 were이기 때문에 주어가 복수명사이어야 한다. 수일치 문제는 대부분 주어와 동사 간의 수일치 문제이다. 따라서 주어를 찾기 어렵게 하기 위해 긴 거품구를 달거나 주어의 길이를 길게 늘여놓는다. 이 문제도 그에 해당한다. 정답은 (D)이다.

---

ex 421 The factory supervisor ----- a week-long automation workshop to familiarize the staff with the computerized equipment we will install.
(A) organized (B) organizing (C) organize (D) was organized

문장 내에 본동사라 할만한 것이 없고, supervisor라는 명사와 workshop이라는 명사 사이가 빈칸이므로 빈칸은 동사자리이다. 그런데 workshop이 목적어이기 때문에 빈칸 뒤에 목적어가 있는 경우이다. 따라서 수동태 (D)는 오답이고, 주어와 수일치가 안된 (C) 역시 오답이다. 본동사가 아닌 (B)도 오답이다. (A)가 정답이다.

---

ex 422 The proposed modifications to the boat ----- adding motors to raise and lower the sails.
(A) included (B) including (C) includes (D) has included

문장 내에 본동사라 할만한 것이 없기 때문에, 빈칸에는 동사가 와야 한다. 그런데 주어가 복수명사인 modifications이므로, 수일치가 안된 (C),(D)는 오답이다. 따라서 정답은 (A) included이다.

수일치 정답공식02

주격 관계대명사 뒤의 동사는 관계대명사의 선행사에 일치시켜야 정답이다!

단수선행사
복수선행사 ┘ + 주격 관계대명사 + ┌ 단수 동사
　　　　　　　　　　　　　　　　복수 동사

주격 관계대명사 뒤의 동사를 선행사에 수일치시켜야 한다는 공식이다.

본래 관계대명사란, 관계대명사 이하 부분이 선행사를 수식하도록 두 개의 절을 결합시킨 것이다. 이 공식은 두 개의 절이 관계대명사로 결합하기 이전에는 '선행사'와 '관계대명사 이하의 동사'가 서로 '주어와 동사'의 관계였기 때문에 성립한다. 수일치 정답공식01에서 보았듯이, 주어와 동사는 반드시 수일치가 이루어져야 하기 때문이다.

따라서 이 공식은 주격 관계대명사일 때만 성립하는 것이고, 목적격 관계대명사일 때는 성립하는 공식이 아님이 당연하다.

---

ex 423　I was able to go home in order to attend a job fair that ----- held in my constituency yesterday.

(A) was (B) were (C) is (D) are

예423의 경우 선행사인 a job fair가 단수이므로 정답은 (A) was이다. 이는 선행사를 보고, 관계대명사 뒤에 올 동사의 단수/복수를 맞추는 구조이다.

---

ex 424　The aforementioned increase in wage is offered only to ----- who have completed the required three year full-time employment contract.

(A) employ (B) employer (C) employees (D) employment

예424는 빈칸은 주격 관계대명사 who의 선행사 자리이다. 그리고 who 다음에 있는 동사를 보면 has가 아니라 have이다. 즉, 선행사는 단수가 아니라 복수이어야 한다는 뜻이다. 따라서 정답은 복수명사인 (C)이다. 의미상 사람명사가 들어올 자리이므로 개념명사인 (D)는 오답, (B)는 단수 명사이어서 오답, (A)는 동사이어서 오답이다. 이는 예423과 반대로, 관계대명사 뒤에 있는 동사를 보고, 선행사의 단수/복수를 맞추는 구조이다.

> **ex 425** These three companies that ------ microchips definitely lag behind ours in technology at least.
> (A) manufacture (B) manufactures
> (C) manufacturer (D) to manufacture

that은 선행사인 companies를 수식하는 절을 이끄는 주격 관계대명사이므로 빈칸에는 동사가 와야 한다. 선행사가 복수명사이므로, 동사인 (A), (B) 중에서 수일치를 고려하면 s가 붙지 않은 (A)가 정답이다.

> **ex 426** Any volunteers who ----- with the company move on Saturday can take next Wednesday afternoon off.
> (A) assist (B) assists (C) to assist (D) being assisted

빈칸이 주격 관계대명사 바로 다음이므로 동사가 올 자리인데, 선행사와 동사 간에는 수일치를 시켜야 한다. 선행사 volunteers가 복수명사이므로, 동사에 s가 붙어있지 않은 (A)가 정답이다.

수일치 정답공식03

접속사로 연결되어 주어가 2개처럼 보이는 아래의 특수 구문의 경우에는 '동사에 가까운 명사'에 수일치시킨다.

- A or B
- not only A but also B
- neither A nor B
- not A but B
- either A or B

특수구문 중 not only A but also B, neither A nor B, not A but B, either A or B, A or B로 연결되는 주어구는 '동사에 가까운 명사(B)'에 수일치시킨다.
단, 2가지 예외만 기억한다. ① 주어가 Both A and B 또는 A and B이면 복수동사가 정답이고, ② 주어가 A as well as B이면 'as well as B'가 생략 가능하므로 A에 수를 일치시킨다. 그 외에는 모두 동사에 가까운 명사인 B에 수일치시켜주어야 한다.

그러나 토익에서 수일치 정답공식03 난이도의 수일치 문제는 거의 출제되지 않는 경향이 있다. 문장구조파악과 무관하고 단순 암기적인 측면이 강하기 때문이다.

ex 427 Neither my sister nor the neighbors ----- looking after the baby.
(A) is (B) was (C) to be (D) are

예427은 the neighbors가 복수이므로 정답은 (D) are이다.

ex 428 Kate ----- Jim is going to represent our company at the branch meeting on Sunday.
(A) and (B) or (C) also (D) plus

예428의 정답은 is 때문에 (B) or가 정답이다. 만약 Kate and Jim이 주어라면 동사는 are가 되어야 하기 때문이다.

4-06 700점용 문법공식

–ly없이 형용사와 형태가 같은 부사 구별을 위한 공식

🔑 기초지식 쌓기

보통 부사의 생김새는 형용사형에 –ly가 붙어 있다. 그런데 원래부터 ly 없이 형용사와 그 형태가 똑같은 부사들이 있고, 여기에 더하여 ly가 붙으면 '또 다른 의미의 부사'로 변신하는 부사들이 있다. 토익에 출제되는 이런 부사 중 대표적인 것은 아래 lately, hardly, highly, closely, nearly 5가지 정도이다. 2~3달에 한번쯤 독립문제로 구성될 여지가 있다.

🎯 –ly없는 부사 정답공식01 : late와 lately의 구별

late와 lately가 함께 나오면, 주로 late가 정답이다!
▶ **late**(형용사:늦은, 부사:늦게)
▶ **lately**(부사:최근에)

late와 lately 구별 문제가 있다. late는 '늦은'이라는 뜻의 형용사도 되고, '늦게'라는 뜻의 부사도 되는 반면, lately는 부사만 되고 뜻은 '최근에(=recently)'라는 전혀 다른 뜻이다.

따라서 토익에서 빈칸을 부사자리로 해서 출제하면, late는 형용사의 생김새이기 때문에 정답이 아니라고 착각하기 십상이다. 결국 토익커들이 부사의 모양새를 하고 있는 lately를 정답으로 찍고 넘어가도록 유도하는 것이다.

그러나 실제로는 late가 정답인 경우가 더 많다. 이는 '최근에'의 의미가 아니라 '늦게'로 해석되는 경우가 더 많이 출제되고 있다는 뜻이다. 다음 예429의 경우도 마찬가지이므로, 정답은 (A)이다.

ex 429 Mr Munsha, a bakery owner originally from Zambia, said:
The internet cafe is open quite ----- until midnight.
(A) late (B) lately (C) later (D) lateness.

ⓒ -ly없는 부사 정답공식02 : hard와 hardly구별

hard와 hardly가 함께 나오면, 주로 hard가 정답이다!
▶ **hard**(형용사:딱딱한, 부사:열심히)
▶ **hardly**(부사:거의~하지 않다)

앞 정답공식01과 유사하게, hard와 hardly 구별 문제가 있다. hard는 '딱딱한'이라는 뜻의 형용사도 되고, '열심히'라는 뜻의 부사도 된다. 반면, hardly는 부사만 되고, '거의~하지 않다'라는 전혀 다른 뜻이다.

따라서 토익에서 빈칸을 부사자리로 해서 출제하면, hard는 형용사의 생김새이기 때문에 정답이 아니라고 착각하기 십상이다. 결국 토익커들이 부사의 모양새를 하고 있는 hardly를 정답으로 찍고 넘어가도록 유도하는 것이다. 그러나 실제로는 hard가 정답인 경우가 더 많다. 이는 '거의~하지 않다'의 의미가 아니라 '열심히'로 해석되는 경우가 더 많이 출제되고 있다는 뜻이다.

ex 430 In the 1998-99 financial year, and all succeeding years, the Commission will work ----- to improve its effectiveness, efficiency and economy.
(A) repetitively (B) hardly (C) diligently (D) really

예430은 hard와 hardly의 구별 문제를 한 단계 더 꼬은 문제이다. 즉, 이 문제도 '열심히'로 해석되는 부사자리이므로, hardly가 아니라 hard가 정답인데, 선지에 hard가 없다. 대신 hard의 동의어인 diligently가 있으므로 (C)가 정답이다. 이런 문제를 보고, hardly와 diligently가 둘 다 정답이라고 착각해서는 안 된다.

> ex 431 We dropped Gilbert & Co. as a supplier because, although we ----- had a problem with their products, they raised prices too frequently.
> (A) hard (B) harder (C) hardly (D) hardest

주어 동사 사이는 부사가 올 자리인데, hard(열심히)는 문맥과 맞지 않아 오답이다. 다른 의미의 부사 hardly(좀처럼~않다)가 정답이다.

-ly없는 부사 정답공식03 : high와 highly의 구별

▶ high(형용사:높은, 부사:높게)
▶ highly(부사:매우)

앞서 본 정답공식01, 02, 03과 똑같은 논리가 그대로 적용된다. 다만, 선지에 high와 highly가 함께 나오면, 앞의 정답공식01, 02와는 반대로, highly가 정답일 확률이 높다. 1-09 콜로케이션에서 본대로 competitive, recommended와 짝이 되기 쉽기 때문이다.

엄연히 위와 별개지만 관련된 것으로, 3-05에서 본 것처럼 timely, costly, friendly, hourly, weekly, monthly, quarterly, yearly, lovely 등은 '명사+ly'로서, 언뜻 부사처럼 생겼지만 형용사임을 상기하자. 따라서 an hourly train, a weekly magazine, an environment-friendly product 등도 '부+명'이 아니라, '형+명'구조이다. '형용사+ly'는 부사이므로 이것들과 명백한 차이가 있다.

> ex 432 The fact that consumers spent more than usual on ----- priced products last month doesn't necessarily mean the economy is getting better.
> (A) high (B) height (C) highly (D) heighten

빈칸은 분사 priced(~한 가격의)를 수식하는 부사가 올 자리인데, 부사 highly(매우)는 문맥에 맞지 않아 오답이다. 다른 의미의 부사 high(높이)가 정답이다. high는 형용사와 부사를 겸하므로 중요하다.

◎ -ly없는 부사 정답공식04 : near와 nearly의 구별

▶ **near(형용사:가까운, 부사:가까이)**
▶ **nearly(부사:거의=almost)**
  nearly는 특히 숫자 앞이 빈칸일 때 거의 정답이다.

앞서 본 정답공식01, 02, 03과 똑같은 논리가 그대로 적용된다. 다만, nearly의 경우에는 1-11에서 보았듯이, 숫자 앞이 빈칸일 때 정답으로 자주 출제된다는 점을 기억하자. 따라서 선지에 near와 nearly가 함께 나오면, 앞의 정답공식01, 02, 와는 반대로, nearly가 정답일 확률이 높다.

◎ -ly없는 부사 정답공식05 : close와 closely의 구별

▶ **close(형용사:가까운, 부사:가까이)**
▶ **closely(부사:면밀히)**

앞서 본 정답공식01, 02, 03, 04와 똑같은 논리가 그대로 적용된다. 다만, 선지에 close와 closely가 함께 나오면, 앞의 정답공식01, 02와는 반대로, closely가 정답일 확률이 높다. 1-08 콜로케이션에서 본대로 examine, investigate와 짝이 되기 쉽기 때문이다.

4-07 700점용 문법공식

부정 대명형용사 구별을 위한 문법공식

 기초지식 쌓기

부정대명사/부정형용사인 one, another, other, the other, the others 5가지의 구별 문제가 있다. 이들은 모두 특정되지 않은 것이라는 점에서 '부정(否定)'이라는 말이 붙는다.

> **참고**
> **'부정(否定)'이라는 명칭**
>
> 일본에서 영문법의 기초를 세웠고 우리나라에서 이를 그대로 계수했기 때문에 영문법 용어에 한자가 많다. 한자의 의미를 보면 영문법적 기능을 알 수 있는 경우가 많다.
>
> 부정(否定)이라는 명칭도 그렇다. 대명형용사라는 개념도 그렇다. 대명사로 쓰일 수도 있고, 형용사로 쓰일수도 있는 것을 대명형용사라 부른다. 대표적인 대명형용사인 some은 홀로 대명사로 쓰이기도 하고 some 뒤에 명사가 옴으로써 형용사로 쓰일 수도 있다. one, another, other도 마찬가지로 대명형용사이다. 한편, every는 형용사로 쓰일 뿐 대명사로 쓰이지 않는다. 따라서 every는 대명형용사가 아니므로 주의를 요한다.

우선, one은 '불특정한 단수'의 가산명사를 받는 대명형용사이다. 반면, another는 또 다른 불특정한 '한 개'를 의미하는 대명형용사이다. another = an + other임을 생각하면 쉽다. 따라서 one과 another는 가산명사 중 단수명사만을 수식할 수 있다.

반면, other는 an이 빠진 것이므로 the개념으로 이해하면 쉽다. 마치 the 뒤에는 가산명사 중 복수명사 또는 불가산명사가 올 수 있듯이, other는 가산명사 중 복수명사 또는 불가산명사를 수식할 수 있다.

이를 뒤집어 말하면, one과 another는 가산명사 중 단수명사 앞에만 올 수 있고, other는 가산명사 중 복수명사 또는 불가산명사 앞에만 올 수 있다. 만약 뒤에 가산명사가 오는 경우로 경우의 수를 한정하여 본다면, another 뒤에는 단수명사, other 뒤에는 복수명사가 와야 한다. 이는 간단한 사실이지만 매우 중요하다(부정대명사 정답공식01 참조).

한편, other와 others도 있다. other와 others는 another에서 an이 빠진 것이므로, 이미 언급된 것 '이외'의 또 다른 것을 의미하는 형용사와 대명사이다. other와 others의 차이는 other는 대명사와 형용사로 쓰일 수 있는 대명형용사이지만(단, other를 대명사로 쓰려면 앞에 the를 붙여서 the other로 써야 함), others는 대명사로만 쓰인다는 점이다. 또한, other가 대명사로 쓰일 때에는 단수취급하지만, others가 대명사로 쓰이면 복수취급한다.

여기서 발생하는 문법적 쟁점을 정리하면 다음 2가지이다.
첫째, 이들이 대명사로 쓰일 때 단수냐 복수냐의 문제이다. one, another, the other는 단수취급하는 반면, others, the others는 복수취급이다.
둘째, 이들이 형용사로 쓰일 때 뒤에 단수명사가 오느냐 복수명사가 오느냐의 문제이다. 우선 others는 대명사이기만 하지 형용사가 아니므로 그 뒤에 명사가 올 수 없으니 논외이다. 남는 것들 중 one, another 뒤에는 단수명사만 올 수 있으나, the가 붙지 않은 other 뒤에는 복수명사 또는 불가산명사만 올 수 있다. (the가 붙은 other, 즉, the other는 '그 나머지'라는 개념이 강조된 것으로서, '남는 게 하나인 경우'라면 그 뒤에 단수명사도 올 수 있게 되어, 결과적으로 그 뒤에 단수명사든 복수명사든 상관없이 올 수 있다.)

이 또한 너무 복잡하므로 핵심만 간추리면 다음과 같다.

대명사역할		형용사(한정사) 역할	
another the other	단수취급	another	+뒤에 단수명사 (단위명사시만 예외)
others the others	복수취급	무관사인 other	+뒤에 복수명사 또는 불가산명사
무관사인 other	대명사로 쓸 수 없으므로 단복 논의불가	the other	+뒤에 단복수 명사 상관없이 사용가능

여기서 형용사로 쓰이는 the가 붙지 않은 other 뒤에는 복수명사 외에 불가산명사가 올 수 있다. 하지만 위 도표암기가 도저히 어렵다면, 토익문제를 풀 때에는 other 뒤에 불가산명사가 오는 경우를 무시하는 것이 더 좋다.

> ### 부정대명사 정답공식01
>
> 선지의 명사가 가산명사일 때,(=가산명사를 수식할 때)
> ▶ another 뒤에는 단수명사가,
> ▶ other 뒤에는 복수명사가 정답이다.

another와 other가 경쟁선지로 남았을 때, 선지가 가산명사라면 another 뒤에는 단수명사, other 뒤에는 복수명사라는 공식을 적용하면 쉽게 풀리는 부정형용사 문제가 많다.

토익시험에서 ① another 뒤에 단위를 추가하는 복수명사가 오는 경우(아래 참고 참조)가 출제되지 않고, ② 무관사인 other 뒤에 불가산명사가 오는 경우도 거의 출제되지 않기 때문이다.

> #### 참고
> another 뒤에 복수명사가 오는 예외적인 경우
>
> another가 단위의 추가를 나타낼 때에는 'another+숫자+복수명사'의 구조가 가능하다.
> Although we have completed thirteen chapters so far, there are still another ten chapters to go. 비록 우리는 지금까지 13단원을 끝냈지만, 아직 더 해야 할 또 다른 10단원이 있다.

ex 433 Shawn Kim is responsible for ordering staplers, paper clips, document folders and other -----.
(A) supply (B) supplier (C) supplies (D) supplied

예433의 경우, 빈칸 앞에는 한정사로 쓰인 형용사 other가 있다. 선지에는 (B)에 supplier라는 단수명사, (C)에 supplies라는 복수명사가 함께 있으므로, 이 명사는 가산명사이다. 위 공식에 따르면, other가 가산명사를 수식할 때 그 가산명사는 복수형이어야 하므로, 정답은 복수명사인 (C)이다.

ex 434 Even though the owner's manual covers almost everything you need in detail, you can also find ----- helpful information on our website.
(A) other (B) many (C) another (D) these

예434처럼 빈칸 뒤에 information이라는 토익의 대표적 불가산명사가 오는 경우, 가산명사 앞에만 쓸 수 있는 many, another, these는 모두 오답이 된다. 따라서 other가 정답이다. 하지만 other 뒤에 불가산명사가 오는 경우는 실제 정기토익에서는 거의 출제되지 않으니 예434는 참고삼아 봐 두자.

ex 435 We would be happy to either refund you the value of the purchase or exchange it for ----- item.
(A) another (B) other (C) another one (D) each other

빈칸에는 단수명사인 item을 수식하는 형용사가 와야 하므로 (A) another(또 하나의)가 정답이다. 여기서 another는 형용사로 쓰인 것이다. (B) other(다른)는 복수명사나 불가산명사를 수식하고, (C)는 형용사가 아닌 명사이며, (D)는 부사이다.

ex 436 One way to get to the stadium is by subway but ----- apparently more comfortable is by express bus.
(A) another (B) other (C) others (D) each

but이 접속사이므로 빈칸에는 '접+주+동'공식에 의해 주어가 와야 한다. 그런데 이 문장의 동사는 is이기 때문에 '또 다른 방법'이란 의미의 단수 대명사 another(또 하나)가 정답이다. another는 형용사로 쓰일 수 있지만 대명사로 쓰일 수도 있다. apparently more comfortable은 another 뒤에서 another를 수식하는 구조인데, 일반적인 어순은 아니지만 이렇게 사용할 수도 있다.

부정대명사 정답공식02

the other, the others, another의 구별 문제가 있다.

01 딱 2개 중에서, 어느 하나를 지칭하는 표현은 one,
그 나머지 하나를 지칭하는 표현은 the other

02 딱 3개 중에서, 어느 하나를 지칭하는 표현은 one,
그 나머지 둘 중 어느 하나는 another,
그 둘을 제외하고 마지막 남은 하나는 the other

03 3개 이상 중에서, 어느 하나를 지칭하는 표현은 one,
그 나머지 것들 중 어느 하나는 another,
그 둘을 제외하고 남은 나머지 모두는 the others

04 불특정 다수 중에서, 불특정 다수를 지칭하면 some,
그 나머지 중 다시 불특정 다수를 지칭하면 others

이것은 one, other, another가 대명사로 쓰일 때, 그것이 문맥상 무엇을 지칭하느냐에 따라 단수형태인 another 또는 the other로 써야 하는지, 아니면 복수형태인 others나 the others의 형태로 써야 하는지 묻는 문제이다. 이하의 3문제를 순차적으로 풀어보면 확실히 이해할 수 있다.

결론은 다음과 같다. 먼저 **[A]** 문장 전체의 맥락에서 볼 때 전체 개수를 확정할 수 있는지 여부에 따라 a냐 the냐를 결정해야 한다. 일단 전체 개수를 확정할 수 있어 the로 결정되었고, 나아가 남는 개수도 확정할 수 있을 때에, **[B]** 남는 것이 1개냐 2개이상이냐에 따라 other에 s를 붙여야 하느냐 말아야 하느냐를 결정한다. 이를 단계별로 살펴보면 다음과 같다.

[A] 첫번째 단계는, 빈칸 앞뒤를 통해 전체 개수가 확정되는지 여부를 살펴야 한다. 즉, 전체 개수를 언급한 적이 없거나 언급하였지만 명확하지 않으면 a를 붙여야 하므로 another가 정답인 반면, 전체 개수를 언급한 적이 있고 정확히 확정된다면 그 나머지도 특정할 수 있어서 the가 있어야 하므로, the other 또는 the others가 정답이다.

ex 437　One is the best manufacturer in Japan, ----- is a rising company in China.
(A) another (B) others (C) the others (D) other

예437은 빈칸 뒤에 명사가 없으므로, 일단 형용사가 아니라 대명사 자리이다. 그리고 빈칸 앞뒤에 전체 개수가 얼마인지 언급이 없거나 알 수 없으면 무조건 a가 붙은 another를 정답으로 고르면 된다. 즉, the가 붙은 the other나 the others는 절대로 정답이 아니다. 정답은 (A)이다.

ex 438　Of the several associations, one association was improving while ----- was holding properties vacant.
(A) another (B) others (C) other (D) the others

예438에서 Of the several(여러 개 중에서)을 놓치면 맞출 수 없는 문제이다. 이는 전체 개수를 언급하였으나 정확히 알 수 없는 경우이다. 여러 개 중에서 그 중 하나를 one association이라고 지칭하였으므로, 또 다른 하나는 (A) another가 옳다.

ex 439　Of the four chairs, three are white and ----- is black.
(A) another (B) others (C) the other (D) other

예439도 빈칸 뒤에 명사가 없으므로 역시 대명사 자리이다. 빈칸 앞 또는 뒤에서 Of the four라고 정확히 전체 개수를 언급한 경우이다. 따라서 나머지가 몇 개인지 정확히 측정(4-3=1)할 수 있다. 이렇게 정확히 측정되면 일단 another는 정답이 아니고 the other 또는 the others가 정답이다. 그런데 the others가 선지에 없으므로 정답은 the other이다. 만약 the others도 선지에 있었더라도 아래의 기준에 의하여 풀면, the other를 정답으로 고를 수 있게 된다.

[B] 두번째 단계는, 첫번째 단계에서 전체 개수를 확정한 바 있다는 전제 하에, 그 나머지를 지칭하는 것을 the other로 받아야 하느냐, 아니면 the others로 받아야 하느냐를 결정해야 한다.

'전체 수량 중 일부를 뺐더니 남는 것이 하나'이고 이것을 지칭하면 the other로 받는다. 따라서 전체가 2개라면, 둘 중 하나는 one, 나머지 하나는 the other이다. 반면, '전체 수량 중 일부를 뺐더니 남는 것이 여럿'이고 이것을 지칭하면 the others로 받는다. 따라서 전체가 5개라면, 다섯 중 하나는 one, 나머지 넷은 the others이다. 다섯 중 두개는 two, 나머지 셋은 역시 the others이다. 다섯 중 네 개는 four, 나머지 하나는 the other이다. 요컨대 the other로 받느냐 the others로 받느냐 여부는 전체 수량 중에 일부를 빼면 하나가 남느냐, 아니면 여러 개가 남느냐의 차이이다. 이러한 기준에 의하면 앞의 예439에서 선지에 the others가 있었더라도 남는 것이 한 개이므로(4-3=1) the other를 정답으로 고를 수 있다.

> ex 440 The one-month bus pass is one of the most convenient ways for some people to commute in this city, but ----- use their own cars.
> (A) other (B) others (C) the other (D) another

한편, 마지막으로 앞의 3문제와는 전혀 논의의 차원이 다른 예440을 보자. 예440은 some ~ others구문이다. 어떤 다수 중에서 불특정한 다수인 일부를 지칭하면 some, 그리고 그 다수에서 또 다른 불특정한 다수인 일부를 지칭하면 others로 받는다.

예컨대 10개 중 2개를 some으로 지칭한 뒤, 다시 나머지 8개 중 3개만을 지칭하고자 할 때 others로 받을 수 있겠다. 이 때, 만약 나머지 8개 전부를 지칭하고 싶다면, the를 붙여서 the others라고 표현하는 것이 타당하다. 2개를 제한 '그' 나머지이기 때문이다.

예440의 경우, 일단 빈칸 앞에 접속사 but이, 그리고 빈칸 뒤에 동사 use가 있으므로, 빈칸은 주어자리이고, 따라서 명사나 대명사가 와야 한다. 따라서 일단 흔히 대명사라고 착각하기 쉬우나 형용사인 (A) other는 가장 먼저 오답이다.
전체 중에서 some으로 받은 나머지가 딱 1개라면 the other를 쓸 수 있겠으나, some이 정해지지 않은 수이므로, 나머지도 1개라고 확정할 수 없기 때문에 the other는 some과 함께 쓰이지 않는다. 따라서 (C)도 오답이다. (D)의 another는 one과 대응되어 쓰이므로, 앞에 some이 있는 이상 오답이다.

그리고 나서 보면 some ~ others 구문임을 간파해야 한다. 결국 one ~ another의 복수형 버전이 some ~ others인 셈이므로, 정답은 (B)이다.

부정대명사 정답공식03

목적어 자리에 올 수 있는 상호대명사 문제가 있다.
- ▶ 2개일 때 '서로서로'는 each other,
- ▶ 3개 이상일 때 '서로서로'는 one another가 정답이다.

상호대명사라고 불리우는 each other와 one another의 구별 문제가 있다. 동사 또는 전치사의 목적어 자리(즉, 동사 뒤나 전치사 뒤가 빈칸)에서 해석상 '서로서로'라는 뜻이 필요할 때 상호대명사가 정답이 된다.

이렇게 one과 another가 붙어서 쓰이면, 앞서 공부한 one과 another의 개별적 의미는 모두 사라져버리고 '서로서로'의 뜻을 갖는 특수한 구가 되어 버린다.

이들 상호대명사는 주어 자리에 올 수 없으며, 형용사구가 아니어서 명사를 수식할 수도 없다는 공통점이 있다.

each other와 one another는 둘 다 '서로서로'라는 의미를 가지지만, 2개일 때 '서로서로'는 each other를, 3개 이상일 때 '서로서로'는 one another를 사용한다는 점에 주의한다.

---

ex 441 The boxers give a fierce scowl at ----- in the ring, but in fact they have a great deal of respect and admiration.
(A) ones (B) the others (C) others (D) each other

예441은 해석상 '서로서로'라는 표현이 가장 타당하므로 each other 혹은 one another가 정답이다. 그런데 boxing의 경우 두 명이 경기를 하는 것이므로, 문장 내에 two라는 단어는 전혀 없지만, 2개일 때 사용하는 '서로서로'가 정답이다. 따라서 정답은 (D) each other이다.

曹操 TOEIC

CHAPTER 05

800점을 넘기 위한 문법공식

5-01 800점용 문법공식

준동사 판별을 위한 공식
(현재분사 Ving / 과거분사 Ved / 부정사 toV의 구별)

기초지식 쌓기

준동사에는 현재분사이거나 동명사인 Ving, 과거분사인 Ved, 부정사인 toV가 있다. 어떤 자리에 어떤 준동사가 들어가는지에 관한 '준동사 판별'은 매우 중요하다. 영어 전반을 관통하는 문법이기 때문이다. 출제 빈도도 매우 높다. 필자는 이 부분이 이 책 후반부에서 가장 중요한 챕터라고 꼽고 싶다.

일단 '준동사'란 무엇인가? 동사에 '준'하는 것을 '준동사'라고 부른다. 즉, 동사는 아니지만, 동사의 속성을 여전히 가지고 있는 것을 준동사라고 한다. 영어는 동사를 정복하면 끝이다. 동사는 야구에서 투수와 같다.

준동사의 형태에는 Ving, Ved, toV가 있는데, (본)동사의 과거형과 완료형의 형태가 Ved이고, 진행형의 형태가 Ving, 수동태의 형태가 Ved여서, 전후 고려 없이 그 단어 하나의 형태만으로는 준동사와 본동사의 과거형 및 완료형, 그리고 수동태를 구별할 수 없다. 게다가 Ving도 현재분사인 Ving도 있고, 동명사인 Ving도 있어서, 구별이 쉽지 않다.

다시 한번 정리하면, ①현재분사인 Ving, ②과거분사인 Ved, ③동명사인 Ving, ④준동사인 toV, ⑤본동사의 진행형인 be Ving에서의 Ving, ⑥본동사의 완료형인 have Ved에서의 Ved, ⑦본동사의 과거형인 Ved, ⑧수동태 be Ved에서의 Ved의 총 8개가 크로스 오버된 셈이다. 즉, 수면 밑에서 8가지의 문법적 기능을 가진 것들이, 수면 위에서는 형태적으로 3개(Ving, Ved, toV)만으로 발현되고 있다. 바로 이 점이 본동사와 준동사 구별을 어렵게 만드는 주범이다.

특히 준동사 중에서 현재분사와 과거분사인 Ving와 Ved를 구별하는 문제는 어휘파트인 1-19, 형용사자리 문법인 3-07, 능/수동태 문법인 4-03, 그리고 여기 준동사 문법인 5-01에서 무려 네 번에 걸쳐 반복적으로 다루고 있다. 그만큼 중요하다.

준동사 3가지의 구별공식을 공부하기에 앞서, 그 전제로서 빈칸이 본동사 자리인지, 준동사 자리인지부터 살펴야 한다. 실제로 토익에서는 준동사 Ving, Ved, toV 중에서 고르는 문제보다, 본동사자리인지 준동사 자리인지를 묻는 문제가 더 어렵고 자주 출제되고 있다. 반드시 제대로 알아야 할 부분이다.

🎯 준동사자리 정답공식

**빈칸 앞 또는 뒤에 본동사가 없으면, 본동사가 정답,
빈칸 앞 또는 뒤에 본동사가 있으면, 준동사가 정답이다!
즉, 문장에는 최소한 1개의 본동사가 있어야 한다!**

이 공식은 어찌보면 동어반복이거나 말하나 마나 한 당연한 명제같지만, 이것을 염두에 두고 문제를 풀 때와 그렇지 않을 때의 문제풀이 속도는 현격히 달라진다. 예제를 통해 이해해 보자.

ex 442 This one-day session ___ you how to deal with delicate issues in the workplace.

(A) shows (B) showing (C) to show (D) have shown

예442는 빈칸 앞 또는 뒤에 본동사가 없으므로, 빈칸은 본동사의 현재형인 (A) 또는 본동사의 완료형인 (D)가 들어와야 하고, 준동사인 (B)와 (C)는 정답이 될 수 없다. 이 때 deal with가 동사 아니냐고 반문할 수 있으나, how to에 붙은 것이므로 문장 전체의 동사가 아니다. 문장의 주어 session이 단수이므로, (A)와 (D) 중 s가 붙은 (A)가 정답이다.

ex 443 The company encouraged its employees ___ involved in the recycling program.

(A) will get (B) have gotten (C) get (D) to get

반면, 예443은 빈칸 앞에 본동사의 과거형인 encouraged가 있으므로, 준동사자리여서 (D)가 정답이다. (A)(B)(C)는 시제만 다를 뿐 모두 본동사이다.

ex 444 We will now require families ----- to use our services to submit at least two references, one of which must be a current employer or former employer.

(A) wish (B) wished (C) wishing (D) wishfully

빈칸 앞에 주어인 We와 동사인 will now require를 이미 갖춘 문장이므로, 빈칸에 본동사는 더 이상 올 수 없고, 목적어인 families를 수식하는 분사가 와야 한다. 특히 빈칸 뒤에 to use라는 to부정사 형태의 목적어가 있으므로, wish toV처럼 to부정사 형태를 목적어로 취하는 동사가 와야 한다. 이를 종합하면, 능동형 분사 wishing이 정답이다.

> ex 445 Neither Jane nor I have any record of the purchases ----- below.
> (A) outline (B) outlined (C) outlining (D) outliner

주어 Jane과 I, 동사 have, 목적어 any record까지로 완전한 3형식 문장이 완성되었다. 따라서 빈칸에는 또다시 본동사가 올 수는 없고, purchases를 수식하는 분사가 와야 한다. below(아래에)와 함께 해석하면 purchases outlined below(아래에 설명된 구매품)가 정답이다.

> ex 446 Our intention to keep our services as reasonable and affordable as possible, we will have a price increase for appointments ----- after June 1.
> (A) have been scheduled (B) schedules
> (C) will schedule (D) scheduled

이 문장은 주어 we와 동사 will have를 이미 갖췄기 때문에, 빈칸에는 더 이상 본동사가 들어갈 수 없고, appointments를 수식하는 분사가 와야 한다. 빈칸 뒤에 목적어가 없으므로 수동태이자 과거분사인 scheduled(예정된)가 맞다. 정답은 (D)이다.

기초지식 01 분사 (현재분사 Ving와 과거분사 Ved)

동사원형에 ing 또는 ed를 붙이면 각각 현재분사와 과거분사가 된다. 분사는 태생은 동사이지만, 더 이상 본동사로 쓰일 수 없다. 즉, 준동사가 된 것이다.

	명사 역할	형용사 역할	부사 역할
동명사	가능	불가능	불가능
to부정사	가능	가능	가능
분사	불가능	가능	가능

분사는 문장 내에 형용사 또는 부사의 역할을 한다. 뒤집어 말하면, 어떤 동사를 형용사 또는 부사로 바꾸고 싶을 때 할 수 있는 방법 중 한 가지가 분사화시키는 것이라는 의미가 된다. 분사가 문장 내에서 형용사 역할과 부사 역할을 하는 것을 두고, 전통영문법에서는 분사에 형용사적 용법과 부사적 용법이 있다고 표현한다.

분사가 형용사로 쓰인다 함은, 분사가 명사 앞에서 그 뒤의 명사를 수식한다는 의미이고, 이 때의 분사는 현재분사일 수도 있고, 과거분사일 수도 있다. boiled eggs(삶은 계란)가 대표인 예이다.

분사가 부사로 쓰일 수 있다 함은, 분사가 문장 전체에서 부사역할을 한다는 뜻이다. 분사가 이끄는 부분은 원래 '접속사+S+V'였는데, '접속사+S' 부분이 생략되고 원래의 V가 Ving나 Ved로 바뀌어, 결과적으로 현재분사 또는 과거분사만 남은 형태이다. 이 부분은 일종의 부사구가 된다. 가령 When we arrived at the station, we found the train gone.이 Arriving at the station, we found the train gone.으로 바뀐다.

분사는 그 태생이 동사인 바, 동사의 성질을 여전히 가지고 있어서, 동사처럼 목적어와 보어를 가질 수 있고, (형용사가 아니라) 부사의 수식을 받는다. 이것은 3가지 준동사의 공통점이기도 하다.

🎯 분사자리 정답공식01 : 분사가 명사를 후치수식하는 경우

타동사의 분사형태가 명사를 후치 수식하는 경우,
- ▶ '명사+____+(형용사)+명사'이면 Ving가 정답이고,
- ▶ '명사+____+(거품구)'이면 Ved가 정답이다!

이는 분사가 명사 뒤에서 명사를 수식하는 경우의 분사 형태에 관한 공식으로, 사실은 4-03 능수동태 정답공식03에서 이미 본 것이다. 이 때 준동사 Ving와 Ved 중 무엇이 옳은지는 준동사 문법이라고 볼 수도 있으나, '목적어 유무'로 판단해야 하는 능/수동태의 문법이기도 하기 때문이다.

이하의 빈칸은 준동사자리 정답공식01을 적용하여, 본동사자리와 준동사자리 중 일단 준동사 자리임이 판명되었음을 전제로 적용하는 공식이다.

01 '명사 ____ (형용사) 명사'이면 Ving가 정답이다!

이 공식에서 '(형용사)+명사'는 빈칸에 들어갈 준동사의 목적어이다. 따라서 형용사는 있는 경우도 있고 없는 경우도 있다. 형용사가 없는 경우로 한정해서 보면, '명사 ____ 명사'인 경우이므로, 이 공식을 '빈 칸 앞 뒤에 모두 명사가 있으면 Ving가 정답'이라고 표현할 수도 있겠다.

이 공식은 빈칸 앞의 명사와 빈칸에 들어갈 Ving 사이에 which is나 who is 같은 '관계대명사+be동사'가 생략되어 Ving만 남게 되었기 때문에 성립하는 공식이다. 생략되지 않은 구문을 상정해보면 '관계대명사+be+Ving'의 능동태구문이다.

예를 들어, The girl (who is) eating breakfast is beautiful.이라는 문장이 있다고 했을 때, who is는 생략가능하므로, The girl eating breakfast is beautiful.로 쓸 수 있다. 참고로, 문법적으로는 이러한 변환 과정을 거치나, 능숙한 회화를 구사하려면 어떤 명사를 설명하고 싶을 때 그저 그 명사 바로 뒤에 Ving를 붙여서 구체화하면 된다.

ex 447　The parliament has recently made a law ----- all foreign companies to renew their license every year.
(A) require (B) requiring (C) required (D) requires

예447은 빈칸이 a law와 all companies 사이이므로 정답은 Ving형인 (B)가 정답이다. 원문은 a law (which is) requiring all foreign companies ~ 이다.

참고
토익 문법 문제에서 문법공식이 통하는 이유는 토익 선지 구성 때문!

토익 문법문제가 아닌 영문법 일반에서는 '명사+____+명사'이면, 전치사 또는 Ving가 정답후보이다. 즉, Ving 외에 of나 for 같은 전치사도 당연히 빈칸에 들어갈 수 있다. 이에 따르면, 분사자리 정답공식01처럼 무조건 Ving가 정답이라고 할 수 없을 것이다.

그러나 정답공식01처럼 '명사 ____ 명사'이면 무조건 Ving가 정답이라는 공식이 토익 문제를 푸는 데에 있어서 매우 유용한 공식임은 두말할 나위 없다. 그것은 우리가 선지에 준동사류와 동사원형만 있다는 암묵적 전제에 서기 때문이다. 실제로 토익 Part5 문법 문제에서는, 선지에 전치사와 준동사가 함께 있는 경우는 절대로 출제되지 않으니 안심하여도 좋다. 대신, 이로부터 명심할 점은 반드시 선지 4개를 먼저 훑어보고 나서, 이 책의 정답공식을 적용해야 한다는 사실이다.

02 '명사+____+거품구'이면 Ved가 정답이다!

(빈칸에 들어갈 준동사가 타동사라는 전제 하에) 빈칸 뒤에 목적어 역할을 하는 명사 없이 거품구만 있으므로, Ved가 정답이라는 공식이다.

이 공식은 빈칸 앞의 명사와 빈칸에 들어갈 Ved 사이에 which is나 who is 같은 '관계대명사+be동사'가 생략되어서 Ved만 남게 되었기 때문에 성립하는 공식이다. 생략되지 않은 구문을 상정해보면 '관계대명사+be+Ved'의 수동태구문이다.

ex 448　All candidates must take a physical investigation ----- by the employer before the interview is conducted.
(A) required (B) requiring (C) has required (D) to require

예448은 빈칸 뒤에 by가 이끄는 거품구밖에 없으므로, 정답은 Ved형인 (A)이다. 원문은 investigation (which is) required by ~ 이다.

앞 예447과 448의 정답은 '앞 4-03 능수동태 판별을 위한 공식'에서 배운 대로, 목적어 유무에 따라 Ved와 Ving를 판별하는 공식이 그대로 적용된 결과이다. 즉, 빈칸 뒤에 목적어가 없으면 수동태이므로 Ved가 정답이고, 뒤에 목적어가 있으면 능동태이므로 Ving가 정답이다. '목적어 유무'에 따라 판단하는 것이 매우 유용함을 재차 확인할 수 있다.

여기서 한 가지! 일단 준동사 Ving, Ved, toV 셋 중에서 출제 빈도가 높은 것은 분사(Ving 또는 Ved)이다. 그 중에서도 과거분사인 Ved의 정답확률보다 현재분사인 Ving가 정답일 확률이 더 높다. 이를 뒤집어 말하면, 준동사 자리인데 빈칸 앞에만 명사가 있는 경우보다 준동사 자리인데 빈칸 앞뒤에 명사가 있는 경우가 더 자주 출제된다는 의미가 된다. 따라서 Ving와 Ved인지 헷갈리면 Ving로 찍는 편이 유리하다!

또, 빈칸에 들어갈 분사가 자동사인 경우, 자동사는 수동태를 만들 수 없기 때문에, 무조건 현재분사인 Ving가 정답일 수밖에 없다는 점도 Ving가 정답일 확률이 높아지는 현상에 일조한다.

> **참고**
> 빈칸에 들어갈 동사가 자동사이면, **목적어의 유무로 풀 수 없다!**
>
> 빈칸에 들어갈 준동사가 자동사인 경우에는 뒤에 거품구만 오더라도 Ving가 정답이다. 위 분사자리 정답공식01은 빈칸에 들어갈 동사가 타동사임을 전제하는 것이다. 선지를 봤을 때, 애초에 빈칸에 자동사가 들어갈 경우라면, 자동사는 수동태형태가 없기 때문에 Ved가 들어갈 수 없다. 아래 문제의 정답도 (B) remaining이다. Staffs who are remaining in the building에서 who are가 생략된 구문이다.
>
> ex   Staffs ----- in the building after 10:00 pm are requested to use the rear exit when leaving.
> (A) remain   (B) remaining   (C) remained   (D) remains

이렇듯 Ved와 Ving 중 무엇을 고를지 애매할 때 자동사인지 여부를 안다면 문제가 빨리 풀린다. 아래 주요 자동사를 일일이 외우기는 힘들겠지만 한번쯤 봐두자.

> go fall lie rise arise look laugh arrive react respond increase decrease drop reply plunge grow decline begin start depart stay leave travel work listen meet exist prevail originate commute cooperate disappear expire deteriorate live take place occur happen reside preside fluctuate consist talk speak stand remain

> ex 449　The material ----- in these binders is intended to cover seminars on online trading and investing.
> (A) to provide　(B) provided
> (C) providing　(D) will be provided

빈칸 뒤에 본동사 is가 있으므로 빈칸에는 material을 수식하는 분사나 형용사적 용법의 to부정사가 와야 한다. 그런데 빈칸 뒤에 목적어가 없고 in these binders라는 거품구만 있으므로, 빈칸에는 수동태가 들어가야 한다. 따라서 능동태인 to provide나 현재분사인 providing는 오답이고, 과거분사 (B)가 정답이다.

> ex 450　The new ramp is ideal for service vehicles but it does not offer any advantages for the passengers ----- the facility.
> (A) use　(B) uses　(C) used　(D) using

빈칸 앞에 주어 it과 동사 offer를 이미 갖추고 있기 때문에 빈칸에는 동사가 올 수 없고, passengers를 뒤에서 수식하는 분사가 와야 한다. 따라서 본동사인 (A),(B)는 오답이다. 빈칸 뒤에 목적어 the facility가 있으므로 현재분사가 정답이다. 간단히 말해, 분사자리라는 전제 하에 명사와 명사 사이가 빈칸이면 Ving가 정답이다.

> ex 451　Many prospective buyers ----- in the company's new stock issue were disappointed when it was all sold privately to insurance companies and mutual funds.
> (A) interestingly　(B) interested
> (C) interesting　(D) are interested

were disappointed가 문장 전체의 본동사이므로 빈칸에는 주어인 buyers를 뒤에서 수식하는 분사가 와야 한다. 빈칸 뒤에 목적어가 없이 in으로 시작하는 전치사구만 있으므로, Ved형인 과거분사 (B)가 정답이다.

> ex 452　From now on, passengers ----- South Island Airlines will get a large, fully reclining seat in both first and business class.
> (A) will fly   (B) flying   (C) have been flying   (D) flown

will get이 문장 전체의 본동사이므로 빈칸은 passengers를 뒤에서 수식하는 분사가 올 자리이다. 앞서 본 것처럼, 분사자리라는 전제 하에 명사와 명사 사이가 빈칸이면 Ving가 정답이다. (B)가 정답이다.

> ex 453　According to a study ----- by Fordham Institute, people who labored outdoors have a 25% higher risk of skin cancer from radiation.
> (A) conducting   (B) conduct   (C) to conduct   (D) conducted

빈칸에는 study를 후치수식하는 분사가 와야 하는데, 뒤에 by로 시작하는 전치사구만 있으므로, Ved형인 과거분사 (D)가 정답이다.

> ex 454　A variety show ----- several of the country's most popular singers will begin a one-week run at the Biltmore Theater next Monday.
> (A) featured   (B) featuring   (C) features   (D) is featuring

will begin이 본동사이기 때문에, 빈칸은 show를 뒤에서 수식하는 분사가 올 자리이다. 앞서 본 것처럼, 분사자리라는 전제 하에 명사와 명사 사이가 빈칸이면 Ving가 정답이다. 현재분사 featuring(~을 특징으로 하는/~가 출연하는)이 정답이다.

이제껏 살펴본 것은 분사가 명사를 후치수식하는 경우이다. 그런데 분사가 아닌 to부정사가 명사를 후치수식하는 경우도 참고적으로 알아두면 좋겠다. toV가 way, ability, right, plan, opportunity 같은 명사를 그 뒤에서 수식하는 경우(toV의 형용사적 용법)이다. 이는 1-17에서 to부정사와 친한 명사로서 이미 공부하였으니 이를 참고하자.

분사자리 정답공식02 : 분사가 명사를 전치수식하는 경우

선지에 진짜 형용사가 없을 때,
'(관사)+____+명사'이면, Ving 또는 Ved가 정답이다.
▶ 빈칸에 들어갈 분사와 명사가 능동관계이면 Ving가,
▶ 빈칸에 들어갈 분사와 명사가 수동관계이면 Ved가 정답이다!

분사자리 정답공식01이 '분사가 명사를 후치수식하는 경우'에 적용되는 공식이라면, 분사자리 정답공식02는 '분사가 명사를 전치수식하는 경우'에 적용되는 공식이다. 이는 준동사문법인 동시에 능수동태 문법이기 때문에, 이미 4-03의 정답공식04에서 본 내용이다. 즉, 이 때 선지에는 Ving와 Ved가 동시에 있게 되는데, 이를 구별하는 방법은 의미상 수식받는 명사와 수식하는 분사가 능동관계인지/수동관계인지 여부('~하는'인지/'~되는'인지)이다.

한편, 이는 '____+명사'이면 형용사가 정답인 이른바 '형명'공식의 파생법칙이라고 생각할 수도 있겠다. 명사 앞이 빈칸이면 일단 '형용사'가 정답이다. 그러나 형용사가 선지에 없다면, 형용사는 아니지만 형용사 역할을 하는 '형용사의 대용물'이 정답이다. 그래서 앞의 3-07 형용사자리 정답공식03에서도 이를 매우 자세히 다루었던 것이다. 특히 빈칸에 들어갈 분사와 분사의 수식을 받는 명사와의 관계가 능동관계인지 수동관계인지가 헷갈린다면, 3-07을 반드시 복습해야 한다.

ex 455 We have implemented significant changes that have helped to deliver ----- forecasting performance.
(A) improvement (B) improved (D) improve (D) improves

예455는 빈칸이 명사 앞이므로, 형용사 또는 형용사화된 분사가 정답이다. performance가 개선하는 입장이 아니라, 개선되는 입장이므로 Ved인 (B)가 정답이다. 즉, improve와 performance가 수동관계이다.

ex 456 I hope the ----- book clarifies a few things for you as well.
(A) revised (B) revises (C) revising (D) to revise

빈칸이 관사와 명사 사이이므로 형용사나 형용사화된 분사가 정답이다. revised book(개정된 책)이라는 의미어구는 짝이 되어 자주 쓰이는 단어이기도 하다. 분사가 명사 앞에서 이를 전치수식하는 경우이다.

> **ex 457** It could be the ----- moment in the last episode of musical JORRO.
> (A) culminate (B) culminating (C) culminated (D) culmination

moment(순간)는 '절정에 달하게 만드는' 주체이지, 절정에 달하게 된 객체가 아니므로 Ving형인 (B)가 정답이다. 관사가 있으면 더 쉽다.

> **ex 458** The ----- sheet explains the details of acquiring the service and using it in the most efficient manner.
> (A) attach (B) attaching (C) attaches (D) attached

빈칸이 관사와 명사 사이이므로 형용사화된 분사가 정답이다. 명사 sheet를 전치수식하는 분사자리이므로, attached(첨부된)가 정답이다.

> **ex 459** Your satisfaction and ----- patronage is important to us.
> (A) continued (B) to continue
> (C) continually (D) continuation

빈칸에는 명사 patronage(애용)를 수식하는 형용사화된 분사가 와야 한다. 의미상 continued(지속되는)가 정답이다.

> **ex 460** Mrs. Kim expressed the ----- point of view from that of Mr. Baker during the seminar.
> (A) contrast (B) contrasting (C) contrasted (D) contrastingly

빈칸이 관사와 명사 사이이므로, 빈칸은 뒷명사를 수식하는 형용사 또는 분사 자리이다. 그런데 (B)나 (C) 중 '대조를 이루는, 대조적인'이라는 의미를 가진 (B) contrasting이 정답이다.

분사자리 정답공식03

접속사 뒤에 주어 없이 준동사자리가 빈칸 일 때,
분사인 Ving나 Ved가 정답이다. (둘 중에는 뒤에 목적어의 유무로 판단)
01 [S+V 접속사 ___ 명사]이거나, [접속사 ___ 명사, S+V]처럼,
뒤에 목적어 역할을 하는 명사가 있으면, Ving가 정답!
02 [S+V 접속사 ___ (거품구)]이거나, [접속사 ___ (거품구), S+V]처럼
뒤에 목적어 없이 거품구만 있으면, Ved가 정답!

접속사 바로 뒤에 빈칸이 있으면 Ving 또는 Ved를 찍어라. 둘 중에는 빈칸 뒤의 '목적어의 유무'로 구별하라는 4-03의 공식을 따라야 한다. 대체로 주절의 주어S가 사람이면 능동태인 Ving, 주어S가 사물이면 수동태인 Ved인 경향이 있으나, 반드시 성립하는 진술이 아니므로 이렇게 풀면 위험하다.

이 공식은 접속사와 빈칸 사이에 '주어+ be동사'가 생략되었기 때문에 성립한다. 따라서 앞의 분사자리 정답공식01과 같은 맥락의 공식이다. 그 때에도 which is 같은 '관계대명사+be동사'가 생략되면서 성립한 공식이었다. 후술하는 분사자리 정답공식04의 경우는 접속사마저도 생략된 것이 차이점이다.

ex 461 They would see it as ----- them into a conflict that could potentially extend far beyond their borders.
(A) to draw (B) drew (C) being drawn (D) drawing

예461은 접속사 as 바로 뒤가 빈칸이고, 주어 없이 빈칸 뒤에 빈칸에 들어갈 준동사 draw의 목적어 them이 온 경우이므로 Ving형인 (D)가 정답이다.

ex 462 Once ----- the core data are secured by daily two-way exchanges of amending information between register and its client agencies.
(A) merge (B) are merged (C) merged (D) have merged

예462는 종속절이 주절보다 앞에 있어서 예461보다 착각하기 쉽다. 빈칸 바로 뒤에 콤마가 하나 찍혀있었다면 쉬웠을 텐데 그렇지도 않다. 이 문장은 Once (the core data are) merged에서 S+be가 생략된 것이다. 정답은 (C)이다. 빈칸 뒤의 the core data는 빈칸에 들어갈 준동사의 목적어가 아니라, 문장주절의 주어이다. (토익에서는 once 뒤의 S+be 생략시 대체로 Ved가 남는 경우가 출제됨)

앞서 **3-13 접속사자리 정답공식06**에서, 최근 '접+S+V'에서 S가 생략된 유형, 그래서 분사 앞이 빈칸으로 뚫려 있고, 선지에는 접속사와 접속부사가 섞여 있으며, 그래서 정답은 접속사인 문제의 출제빈도가 늘고 있다고 했다. 토익 시험에 다음의 것들이 자주 출제되므로, Ving를 보면 그 앞에 들어갈 when, while, before, after를 재빨리 떠올려야 한다고도 설명했다.

when Ving ~할 때에   **while Ving** ~할 동안
before Ving ~하기 전에   **after Ving** ~한 후에

거꾸로 3-13 접속사자리 정답공식06의 맨 마지막 세 문제(예297~299번)처럼, 접속사 다음이 빈칸이고, 선지에 Ving와 Ved가 섞여있는 문제도 자주 출제되고 있다. 이렇게 되면 4-03의 능수동태 정답공식에 따라 풀면 된다고 했는데, 예461과 예462가 바로 그런 경우에 해당한다.

분사자리 정답공식04

01 'S+V, _____ 명사',
02 '_____ 명사, S+V',
이면, Ving가 정답이다.

일단, 토익에서 전치사와 준동사가 함께 선지에 있을 리는 없으므로 빈칸이 명사 앞이라고 해서 전치사가 들어갈지 여부를 살피는 것은 논외이다.

다음으로 Ved가 정답이 될 수 없는 이유는 빈칸 뒤에 명사가 있기 때문이다. 이 때의 명사는 준동사 Ving의 목적어이다. 이 역시 4-03에서 배운 '목적어의 유무'로 Ving와 Ved여부를 판별하는 공식이 적용된 결과이다.

한편, 위 공식은 분사자리 정답공식03에서 빈칸 뒤에 목적어가 있는 경우를 접속사마저도 생략시킨 문장이다. 즉, 원래 복문구조의 문장에서는, 종속절의 '접속사+주어+be동사'가 통째로 생략되는 경우가 많다. 사실은 영어 일반에서는 접속사는 남기면서 '주어+be동사'만 생략시키는 경우(분사자리 정답공식03)보다도 '접속사+주어+be동사'를 통째로 생략시키는 경우(분사자리 정답공식04)가 더 자주 쓰인다.

그렇다면 언제 이런 류의 축약이 일어나는가? 뚜렷한 기준은 없으나, 대체로 그 접속사가 시간접속사(when, while, after, before, since, as, once)이거나 조건접속사(if, unless)인 경우, 이런 류의 축약이 자주 일어난다. 앞의 분사자리 정답공식03에서 예461과 예462의 접속사가 as와 once인 이유이다.

ex 463 She was able to contact her clients ----- her vacation in Paris.
(A) enjoying (B) enjoy (C) enjoyed (D) enjoys

예463의 경우, her clients까지로 앞 주절이 끝났다. vacation은 빈칸에 들어갈 Ving의 목적어이다. 정답은 (A)이다.

> '접속사+S+V'를 '접속사+Ving' 또는 '접속사+Ved'로 축약할 수 없는 경우가 있다.
> because(~때문이다), so that(~을 위해서), in case(~할 경우에 대비하여)가 그것이다. 고유의 의미가 강한 접속사들이다. 만약 빈칸의 바로 뒤가 Ving나 Ved이고, 선지가 모두 접속사라면, 이들 접속사를 가장 먼저 오답으로 제껴야 한다.

ex 464 The designs for the new billboard ads are excellent, ----- an appropriate image for our company and product line.
(A) portraits (B) portraying (C) portrayed (D) portrayal

빈칸 바로 앞에 콤마가 있다. 그리고 The designs에서 excellent까지가 문장의 필수성분을 모두 갖춘 완전한 2형식 문장의 주절이므로, 빈칸 이후에는 종속절(부사절) 또는 종속절을 대체하는 분사구문이 와야 한다. 빈칸 뒤에 목적어인 an appropriate image가 있으므로, 빈칸에는 Ving와 Ved 중에서 능동태형인 현재분사가 와야 한다. 따라서 정답은 (B)이다.

ex 465 ----- to gather enough signatures to be considered a candidate, Mr. Bale had no choice but to give up his idea.
(A) Failure (B) To fail (C) Having failed (D) Failed

문장 중간에 콤마가 있다. 콤마 이후로 완전한 문장이 있으므로 콤마 이후가 주절, 콤마 이전이 종속절(부사절) 혹은 분사구문이다. 빈칸 바로 뒤에 to는 선지의 동사들이 fail임을 감안할 때 fail toV의 일부임을 알 수 있다. toV가 빈칸에 들어갈 fail의 목적어인 셈이다. 결국 As he had failed~가 분사구문으로 전환된 (C)가 정답이다.

ex 466 The auto parts supplier was able to take out a loan of 20 million euros from the bank, ----- it to fund its planned expansion.
(A) allowed (B) allowances (C) allowing (D) allowably

문장 중간에 콤마가 있다. 콤마 이전에 완전한 문장이 있으므로 콤마 이전이 주절, 콤마 이후가 종속절(부사절) 혹은 종속절을 줄인 분사구문이다. 빈칸 뒤에 목적어 it이 있으므로, Ving형인 (C)가 정답이다.

기초지식　02　to부정사(toV)

동사원형 앞에 to를 붙이면 to부정사가 되고, to부정사가 되면 앞에 붙은 to와 떼려야 뗄 수 없는 한 덩어리로 취급된다. to부정사의 태생은 동사이지만, to부정사는 더 이상 본동사로 쓰일 수 없다. 즉, 준동사가 된 것이다.

	명사 역할	형용사 역할	부사 역할
동명사	가능	불가능	불가능
to부정사	가능	가능	가능
분사	불가능	가능	가능

to부정사는 문장 내에서 명사, 형용사, 부사의 역할을 한다. 이를 뒤집어 말하면, 동사를 명사로 만들고 싶을 때, 동사를 형용사로 만들고 싶을 때, 동사를 부사로 만들고 싶을 때, 동사원형 앞에 to를 붙이면 된다는 뜻이다. 그리고 이를 두고 전통영문법에서는 to부정사의 명사적 용법, 형용사적 용법, 부사적 용법이라고 부른다. to부정사가 문장 전체의 관점에서 각각 명사로, 형용사로, 부사로 쓰였다는 의미이다.

문장 전체의 관점에서 볼 때, to부정사가 문장 내에서 명사로 쓰이는 경우, 명사처럼 주어, 목적어, 보어 자리에 올 수 있다는 의미가 된다. to부정사가 문장 내에서 형용사처럼 쓰이는 경우 형용사처럼 명사를 수식할 수 있는데, 다만 일반적인 형용사와 달리, 명사 뒤에서 그 명사를 꾸며준다. to부정사가 문장 내에서 부사로 쓰이는 경우, 부사처럼 문장 전체 동사의 목적, 이유, 결과 등을 나타내 문장 전체 동사의 의미를 풍성하게 해준다.

한편, to부정사 덩어리가 문장 전체에서 어떤 역할로 쓰이는지 관점에서 살피는 것이 아니라, to부정사 부분만 따로 떼어서 생각해 볼 수도 있다. to부정사는 이제 더 이상 본동사가 아니어서 문장 내에서 본동사로 쓰일 수는 없지만, 동사에 뿌리를 둬 여전히 동사의 성질을 가지고 있다. 따라서 동사처럼 목적어나 보어를 가질 수 있고, 부사의 꾸밈을 받는다.

> I want to take a material to type promptly to meet the deadline.

이 문장에서 각기 다른 용법으로 쓰인 세 개의 to부정사가 등장한다. to take, to type, to meet이 각 그것이다. 서로 다른 세 개의 용법을 한 문장에 담기 위해 의도적으로 만든 문장이다. 해석을 해보면, 나는 납기를 맞추기 위해, 신속하게 타이핑할 재료를, 받기를 원한다는 의미이다.

먼저 문장 전체의 관점에서 보자. to take material은 문장 내에서 want의 목적어로 쓰인 것이므로 명사적 용법으로 쓰인 것이고, to type promptly는 a material을 뒤에서 꾸며주므로 형용사적 용법을 쓰인 것인 한편, to meet the deadline은 '납기를 맞추기 위해'라는 목적을 의미하는 부사구로 쓰인 것이므로 부사적 용법으로 쓰인 것이다.

한편 to take material이나 to meet the deadline만 따로 떼어 놓고 그 내부적으로 보면 (여전히 동사의 성질이 남아 있어서) 목적어를 가질 수 있는 것이다. 또 to type promptly의 경우도 to type가 부사인 promptly의 꾸밈을 받는다.

이 한 문장을 암기함으로써 to부정사의 용법을 한꺼번에 정리할 수 있다고 본다. 준동사 중에서 to부정사는 토익이 분사 다음으로 좋아하는 준동사이다. 선지에 to부정사가 나올 때에는 to부정사가 정답일 가능성도 매우 높다.

to부정사 정답공식01 : 동사+toV

'동사+____'일 때, to부정사가 정답인 경우가 있다.
즉, to부정사를 목적어로 취하는 (3형식)동사가 있다!
to부정사를 목적어로 취하는 동사 뒤가 빈칸이면, toV가 정답이다!

01	원하다류	prefer	wish	hope	expect	need
		tend	plan	want	like	
02	결정하다류	decide	choose	intend	determine	
03	동의하다류	consent	agree	accept		
04	기타류	refuse	fail	manage	afford	pretend
		strive	ask			

보통은 동사의 목적어는 명사일 것이나, 동사를 동사의 목적어로 할 때가 있을 수 있다. 그럴 때에 to부정사를 목적어로 취하는 동사가 있다는 뜻이다. 이 경우 일단 to부정사가 동사의 목적어 역할을 하는 것이므로, 명사처럼 쓰인 것이어서, 명사적 용법에 해당한다.

이는 후술하는 동명사 정답공식02에서 알 수 있듯이, 3형식 동사 중에서도 to부정사를 목적어로 취하는 동사가 있고, 동명사를 목적어로 취하는 동사가 있어서 생기는 문제이다.

위에서 정리한 동사 중 refuse / fail / prefer / consent / agree / decide / choose / manage / afford의 순서로 자주 출제되는 경향이 있다.

보통 대부분의 동사는 to부정사를 목적어로 취하며, 동명사를 목적어로 취하는 경우가 예외에 해당하므로, 후술하는 동명사를 목적어로 취하는 동사(동명사 정답공식02)를 먼저 외우고, 그 나머지는 to부정사를 목적어로 취한다고 생각하면 쉽겠다.

---

ex 467 Iran steadfastly refuses ----- nuclear weapons.
(A) abandon (B) abandoning
(C) to abandon (D) to be abandoned

예467은 이란이 핵무기를 포기하는 것을 끈질기게 거부했다는 의미이다. 빈칸이 refuse 뒤이므로, refuse to do로 외워두면 쉽다. 정답은 (C)이다.

---

ex 468 We ----- to expend every effort to ensure your ads will catch everyone's attention all over.
(A) invite (B) intend (C) excuse (D) host

빈칸 뒤에 to부정사인 to expend(에너지 등을 쏟다/소비하다)가 있다. 그리고 빈칸 앞에 주어 We가 있으므로, 빈칸은 동사자리이고, to부정사를 목적어로 취하는 타동사가 들어가야 한다. 대표적으로 intend(의도하다)가 있다. 정답은 (B)이다.

---

ex 469 Apparently, Brookhill's electronics division intends ----- all its manufacturing to Malaysia and the Philippines next year.
(A) moving (B) to move (C) moved (D) move

intend(~을 계획하다)는 to부정사를 목적어로 취하는 타동사이므로 빈칸에는 to부정사가 정답이다. 정답은 (B)이다.

---

ex 470 They admitted liability for the property damage to the store but refused ----- that they should pay compensation for lost sales.
(A) to agree (B) agreeing (C) agreement (D) agreed

refuse(~을 거절하다)는 to부정사를 목적어로 취하는 타동사이므로 빈칸에는 to부정사가 정답이다. 정답은 (A)이다.

> **to부정사 정답공식02**
>
> 5형식에서 목적보어 자리로서 toV가 정답인 경우가 있다.
> 즉, 선지들이 모두 준동사이고 선지에 toV가 있는데,
> **01** ask류 동사+목적어+____일 때 _{능동구문}
> **02** be asked류 동사+____일 때 _{수동구문}
> toV가 정답이다.

일단 to부정사가 (목적)보어 역할을 하는 경우이므로, 명사로 쓰인 것이어서, toV의 명사적 용법에 해당한다.

S+V+O+O.C.라는 능동태의 5형식 문장이 있다고 치자. 이것을 수동태로 바꾸면, S+be Ved+toV인 문장이 된다. 따라서 S+be Ved+toV에서 ⓐ to부정사 앞을 빈칸으로 뚫어 놓으면 정답은 be Ved가 되고, ⓑ be Ved 뒤를 빈칸으로 뚫어 놓으면 toV가 정답이 되며, ⓒ be와 toV 사이를 빈칸으로 뚫어 놓으면 Ved가 정답이 된다. 세 가지 유형 모두 출제될 수 있으나, 이 중 ⓑ의 유형이 가장 자주 출제되며, 그것이 바로 위 to부정사 정답공식02의 **02**유형을 의미한다.

위 to부정사 정답공식02의 **02**유형은 5형식 문장에 관한 2-06에서 보았듯이, 5형식 문장에서 O.C.(목적보어) 자리에 toV를 오게 하는 ask류의 동사(5형식 동사)가 수동태로 변환되면, be asked류에 뒤이어서 toV가 오기 때문에 성립하는 공식이다.

토익에서는 5형식 문제를 출제할 때, S+V+O+O.C.라는 능동태 문장으로서 O.C.자리에 toV가 들어가는 경우(위 to부정사 정답공식02의 **01**유형)를 묻기보다는, 이것이 수동태 문장으로 바뀐 문장에서 be Ved 다음 자리에 toV가 이어지는 경우를 묻는 경향이 크다.

따라서 다음처럼 2-06에서 본 5형식 동사들이 수동태로 전환되어 있고, 그 바로 다음에 to부정사가 올 것인지 묻는다면, 5형식 구문이 수동태로 변환된 형태임을 반드시 간파해야 한다.

be asked to	be said to	be told to
be expected to	be advised to	be encouraged to
be urged to	be reminded to	be forced to
be requested to	be required to	be allowed to
be invited to	be believed to	be chosen to

ex 471 There are strict rules on data security that the department is required ----- to.
(A) adhere (B) adhering (C) adheres (D) to adhere

예471은 require the department to adhere to라는 능동태 5형식구문이 수동태로 바뀐 형태로서, be required 뒤에 to부정사인 (D)가 정답이다. adhere to(고수하다) 뒤에 있던 strict rules가 앞으로 나간 것이다. on data security는 괄호쳐도 된다.

ex 472 Passengers in cars 1 to 5 will be asked ----- their tickets for inspection before arrival in Middletown.
(A) present (B) to present (C) presents (D) presenting

예472는 결과적으로 be asked to 구문이므로 (B) to present가 정답이다. 이런 문제를 풀 때, ask동사가 5형식 동사이고 이것을 수동태로 변환한 것임을 파악하고 문제를 푸는 것은 너무 늦다. 그렇게 이해하고 암기해야 암기가 잘 되므로 그러한 이해도 꼭 필요하지만, 시험장에서는 be asked to를 입에 익숙하게 해놓고, be asked를 보는 순간 toV를 떠올려야 한다.

ex 473 Local authorities are being advised ----- the ship owner's contractor for shoreline clean-up.
(A) contacting (B) contacts (C) to contact (D) contact

예473은 be advised to 구문을 보는 순간 (C) to contact를 정답으로 고른다.

ex 474　Because there are so many people hoping to meet the author, only ten minutes ----- for each person to get his autograph and chat.
(A) would allow (B) did allow
(C) were allowing (D) are allowed

빈칸 뒤에 의미상 주어 for와 to부정사만 있고, 목적어가 없다. 그렇다면 수동태가 정답이다. be allowed to라는 구문으로 풀어도 좋다. 정답은 (D)이다.

ex 475　By December 31, you ----- to have read, signed, and delivered your statement of agreement to the business office drop box.
(A) had expected (B) will be expecting
(C) are expected (D) were expecting

빈칸 뒤에 to가 있고, 선지의 동사는 expect이다. 그렇다면 숙어로서 be expected toV(~하기로 예정되다)를 떠올려야 하고 이는 매우 자주 출제된다. 이것은 사실 expect라는 5형식 동사의 수동태 문장이다.

ex 476　To prevent the problem from happening again, please ask your clients ----- their delivery address before sending any requests to the shipping department.
(A) confirms (B) confirming (C) to confirm (D) confirmed

대표적인 5형식 구문인 'ask+목적어+toV' 구문이 자주 출제된다. 빈칸 앞에 ask가 동사이고, your clients는 목적어이다. 빈칸에 들어갈 단어는 선지를 보건대 동사이다. 그렇다면 빈칸은 목적보어자리이다. ask, require, expect, encourage 같은 일반적인 5형식 동사 대부분은 목적어 다음에 목적보어자리에 동사가 올 경우, to부정사를 취하는 동사들이다(2-06 참조). 정답은 (C)이다.

ⓒ to부정사 정답공식03

선지가 준동사이면서, 선지에 to부정사가 있는데,
아래 특정명사+____이면 toV가 정답이다!

이 경우는 to부정사(toV)가 명사를 꾸며주는 것으로, toV의 형용사적 용법이다. 일반적인 형용사는 명사 앞에서 명사를 수식하지만, toV가 명사를 꾸미려면, 명사 뒤에서 명사를 수식하는 점이 다르다.

이는 약간 관용구적인 측면이 없지 않아서, 이러한 to부정사의 꾸밈을 받는 명사가 정해져 있다. 바로 이런 이유로 이러한 명사들을 어휘 편인 1-17에서 정리한 바 있다. 여기서 다시 한번 암기하도록 한다.

ability toV ~하는 능력
effort toV ~하려는 노력
right toV ~할 권리
enough 명사 + toV ~할 충분한 명사
chance toV ~할 가능성
need toV ~할 필요성
attempt toV ~하려는 시도
time toV ~할 시간
willingness toV 기꺼이~하려는 의도
authority toV ~할 승인권
way toV ~할 방법
opportunity toV ~할 기회
plan toV ~할 계획
decision toV ~하려는 결심
capacity toV ~할 수용능력
wish toV ~할 바램
measure toV ~할 조치

그런데 명사를 후치수식하는 것은 Ving나 Ved는 될 수 없는가? 앞의 분사자리 정답공식01에서 배웠듯이, 물론 가능하다.

> ex 477　We must take immediate measure ----- environmental pollution from becoming worse.
> (A) preventing (B) to prevent (C) prevented (D) as prevented

예477은 빈칸 앞에 toV를 꾸밈을 받는 명사 measure가 있으므로, 정답은 (B)이다.

> ex 478　One plant in Jacksonville gets half of its energy needs from solar power while others use fossil fuel ----- its energy.
> (A) to generate (B) generates
> (C) is generating (D) generated

사실 빈칸은 명사와 명사 사이이고, 선지에 준동사가 있다면 Ving가 정답이다. 그런데 Ving는 선지에 없다. 그렇다면 차선책으로 toV가 정답이 된다. 이 문제에서 fossil fuel은 use의 목적어이다. 이 때 to부정사는 to부정사의 형용사적 용법이다. 선지 (B)(C)는 본동사라서 오답, 과거분사인 (D)는 목적어(its energy)를 취할 수 없으므로 오답이다. 원래 영어에서 목적어 다음에는 이를 수식하는 to부정사, 분사, 전치사구, 관계대명사가 올 수 있다.

ⓒ to부정사 정답공식04

선지가 모두 준동사일 때, '~하기 위해'의 의미이면서, 완전한 문장의 부사자리이면, toV가 정답이다!

to부정사(toV)의 명사적 용법, 형용사적 용법, 부사적 용법 3가지는 각각 '동사'를 명사화, 형용사화, 부사로 바꾸는 기능이 있다. toV의 부사적 용법 중에서 '목적적 용법(~하기 위해서)'이 가끔 출제된다.

> **ex 479** ----- healthier foods, we need to use celebrities and cartoon characters.
> (A) To promote (B) Promoting (C) Promoted (D) As promoted

예479는 일단 전체 문장의 입장에서 볼 때, 콤마 앞 부분은 홀로 떨어진 부사절 혹은 부사구이다. 그리고 '홍보하기 위해'의 의미이므로 정답은 (A)이다.

> **ex 480** In an effort to reduce waste, the management has requested that we save old memos ----- as notepads.
> (A) used (B) using (C) to use (D) be used

빈칸 앞의 memos가 목적어이므로 완결적으로 문장은 끝났다. 따라서 목적어 다음에는 문장의 필수성분이 아닌 것이 와야 한다. 즉, 수식어인 부사, 전치사구, 관계대명사절, 분사, 형용사적 용법 또는 부사적 용법의 to부정사가 와야 한다. 선지에서 본동사인 (D)를 제외하면 분사와 to부정사가 남게 되는데, 다 쓴 메모지를 모으는 목적이 'notepads로 사용하기 위해서'이므로 부사적 용법의 to부정사가 정답이 된다.

> **ex 481** The government inspector insists that our toxic waste treatment system be redesigned ----- the possibility of leaks.
> (A) reduction (B) to reduce (C) reduced (D) reducing

수동태 동사 다음에는 목적어가 필요 없으므로 부사, 전치사구, 관계대명사절, 분사, 형용사적 용법 또는 부사적 용법의 to부정사가 와야 한다. 정답은 '목적적 용법(~하기 위해서)'인 (B)이다.

> ex 482   A physical fitness program must include strength, flexibility, and aerobic exercises ----- to overall health.
> (A) contributions (B) to contribute
> (C) contributor (D) contributed

목적어로 문장이 완전하게 끝났다면, 그 다음에는 수식어로서 부사, 전치사구, 관계대명사절, 분사, 형용사적 용법 또는 부사적 용법의 to부정사가 올 수 있다. 따라서 분사(D)와 to부정사(B) 둘 중 하나가 정답이다. 해석상 에어로빅 운동이 포함되는 이유나 목적을 나타내는 to부정사(~하기 위해서)가 가장 잘 어울린다. 정답은 (B)이다. 굳이 분사를 빈칸에 넣는다고 하더라도, 분사 형태로 쓴다면 능동적 의미이기 때문에 contributing to라고 해야 한다. 따라서 (D)는 오답이다.

> ex 483   ----- the right to put the consumer advocate group's "Intelligent Consumer" logo on your products, it is necessary to subject them to rigorous, supervised testing.
> (A) Obtaining (B) Obtained (C) To obtain (D) Will obtain

콤마를 중심으로 it is 이하가 완전한 주절이므로, 빈칸에는 the right를 목적어로 취하는 전치사나 to부정사 또는 현재분사가 와야 한다. Will obtain은 본동사여서 오답. Obtained는 목적어를 취할 수 없는 과거분사이므로 오답이다. 해석상 엄격한 감독 하에 테스트를 받아야 하는 이유나 목적(~하기 위해서)이 와야 하므로 to부정사가 정답이다.

> ex 484   Representatives of the local school district travelled to England for meetings ----- student exchange program.
> (A) to establish (B) will establish
> (C) are established (D) established

이 문장에는 주어 Representatives(직원들)와 본동사 travelled가 있기 때문에, 1문장 1동사 원칙에 의하여 선지에서 본동사인 (B)와 (C)는 가장 먼저 오답이다. 결국 정답은 to부정사 또는 과거분사인데, 해석해보면 교환학생 프로그램을 만들기 위해 영국을 간 것이므로 to부정사의 부사적 용법 중 목적적 용법(~하기 위하여)이 정답이다. 따라서 (A)가 정답이다.

---

ex 485 ----- maintain the natural condition of your hair, you should use mild shampoos and never have it dyed.
(A) As long as (B) Despite (C) Prior (D) In order to

문장 전체의 본동사는 you should use이다. 따라서 콤마를 중심으로 뒤쪽이 완전한 문장이므로, 콤마 뒤쪽이 주절, 콤마 앞쪽이 종속절 또는 분사구문이다. 종속절 또는 분사구문 부분에 해당하는 빈칸 바로 뒤가 maintain으로서 동사원형이다. 따라서 빈칸에는 to부정사가 와야 한다. 그냥 to가 선지에 있다면 정답이 될 수 있겠으나 선지에 없다. 이와 동의어인 (D)가 정답이다. 빈칸이 한 칸이어서 '접+주'가 들어갈 수도 없고, 선지를 보아도 접속사나 주어가 될만한 단어는 없으므로 이는 애초에 고려할 필요조차 없다.

> **to부정사 정답공식05**

to부정사의 의미상의 주어 앞에는 for가 온다!
to부정사 부분이 길면, 가주어나 가목적어로 it을 쓴다!

to부정사의 의미상 주어는 for+명사, 동명사의 의미상 주어는 소유격이라는 것 정도는 알아두자.

아울러 to부정사 부분이 길어질 경우 가주어나 가목적어로 it을 쓴다는 점이 출제되는 경우가 있다. 진목적어로는 toV나 that절을 쓰는 것이지, Ving를 쓰지는 않는다는 점도 알아야 한다.

> **ex 486** All the agencies, including central Government, should make it their business ----- tax properly.
> (A) is collected (B) collect (C) to collect (D) collecting

예486의 정답은 to부정사인 (C)이다. make의 진목적어가 뒤로 가고, 그 자리에 가목적어 it이 온 형태이므로, 진목적어로 올 수 있는 to부정사 또는 that절이 와야 한다. 만약 목적어가 구가 아니라 절이었다면 that이 이끌었을 것이다. 진목적어로 Ving를 쓰지는 않는다는 점도 반드시 기억하자.

> **ex 487** Putting our desks together will create a larger work surface and will make it ----- to sort through and arrange all these letters.
> (A) convenience (B) conveniently
> (C) more convenient (D) more conveniently

대표적인 5형식 동사 make는 'make it 목적보어 toV' 구문으로 매우 자주 쓰이므로, make it을 보는 순간 가목적어를 떠올리는 것이 좋다. 여기서 it은 가목적어이고, to sort가 진목적어이다. 목적어 뒤의 빈칸에는 형용사가 목적보어로 올 수 있다. 따라서 정답은 형용사의 원급 또는 형용사의 비교급이다. 정답은 (C)이다.

ex 488　A backpack full of schoolbooks is much too heavy ----- an elementary school child to carry safely.
(A) to　(B) by　(C) as　(D) for

to carry의 동작 주체는 child이므로 child는 to부정사의 의미상의 주어가 된다. 의미상의 주어 앞에는 전치사 for를 써야 한다. 정답은 (D)이다.

ex 489　The sign indicated the restaurant was under new management but it ----- that all the waiters and waitresses are the same as before.
(A) requires　(B) seems　(C) proves　(D) states

가주어/진주어 구문으로서, 'it seems that절(~처럼 보이다)'이 출제된 것이다. it이 가주어, that이하가 진주어이다. 주어가 길어짐에 따라 가주어 it을 쓰고 진주어는 뒤로 뺐다. 따라서 정답은 (B)이다.

> **to부정사 정답공식06**
>
> toV와 친한 whether류 접속사의 특유한 문제가 있다.
> **01** whether or not + ____ + 명사
> **02** whether + ____ + 명사 (+or not)
> 이면, toV가 정답이다.

앞의 접속사자리 문법 3-13에서 '명사절'을 이끄는 접속사는 ①that ②if ③whether ④의문사 8가지(what, how, where, when, who, whom, why, which) 뿐이라고 설명한 바 있다.

이 중 명사절을 이끄는 접속사 whether와 의문사 중 6가지 what, how, where, when, who, whom 뒤에는 S+V 대신 toV가 올 수도 있다. 즉, 원래 접속사라 하면, '접+주+동' 공식에 의하여, '접속사+S+V'로 써야 하나, 이들 접속사의 경우에는 '접속사+toV'로 쓸 수 있다는 것이다. 이들 접속사를 'whether류 접속사'라고 칭한다. 따라서 이들 whether류 접속사가 문장 속에 있을 때, 빈칸 뒤에 주어는 없고, 목적어만 있다면, 빈칸은 toV가 정답이다.

거꾸로 whether자리가 빈칸일 때, 그 뒤의 toV를 보고 whether를 골라야 하는 경우도 있다. 이렇게 되면 to부정사 문제가 아니라 접속사 문제가 된다.

참고적으로, 이들 whether류 접속사 중에서 what과 whom만큼은 고유한 문제가 있다. what/whom+toV로 쓰이는 경우, toV의 목적어가 앞으로 나가서 what과 whom이 된 것이므로, what/whom 뒤에는 toV의 목적어가 없어야 한다는 점이 그것이다.

위를 종합하여 보면, 명사절 접속사 중 why, that 뒤에는 to부정사가 올 수 없다. 또, which와 whose 바로 뒤에는 toV가 올 수 없고 which/whose+명사+toV의 형태로 이어진다는 사실에 주의하여야 한다. which와 whose가 뒷명사를 수식하는 관계형용사로 쓰였기 때문이다.

ex 490　The director hasn't decided where ----- the product.
(A) is released (B) released (C) to release (D) releasing

예490의 정답은 위 공식에 따라 (C) to release이다. 본래 구문은 where he should release the product이다. where자리에 whether가 들어가도 똑같다. 이처럼 토익에서 목적어 역할을 하는 명사절이 포함된 문장이 출제된 경우, 그 앞의 동사는 대체로 decide, determine, choose라는 사실도 알아두면 좋다.

ex 491　The EU will take decisions on whether or not ----- any such reports.
(A) publish (B) publishing (C) to publish (D) will publish

예491은 전치사 on 뒤에 목적어 역할을 하는 명사절이 와야 한다. 그런데 그 명사절이 whether or not이라는 접속사로 시작하고 있고, 빈칸 뒤에는 빈칸에 들어갈 (준)동사의 목적어인 any such reports가 나오고 있다. 따라서 정답은 (C)이다. ('or not'의 위치에 대해서는 접속자자리 정답공식04 참조)

위의 사항이 너무 복잡하여 암기하기 힘들다면, 토익에서 접속사 whether가 출제될 경우, 그 앞의 동사는 대체로 decide, determine, choose라는 사실 하나만이라도 기억해주기 바란다. 문제 푸는 속도가 올라간다.

to부정사 정답공식07

be+형용사+to부정사 또는 be+Ved+to부정사가 포함된 관용구 문제가 출제될 수 있다.

be liable toV ~하기 쉽다
be apt toV ~하기 쉽다
be prone toV ~하기 쉽다
be happy toV ~해서 좋다
be likely toV ~할 가능성이 크다
be able toV ~할 수 있다
be sure toV 반드시 ~하다
be supposed toV ~할 예정이다
be scheduled toV ~하기로 예정되어 있다
be about toV 막 ~하려 하다
be reluctant toV ~하기를 꺼려하다
be willing toV 흔쾌히 ~하다
be entitled toV ~할 자격이 있다
be eligible toV ~할 자격이 있다
be ready toV ~할 준비가 되어 있다
be delighted toV ~하는 것을 기뻐하다
be pleased toV ~하는 것을 기뻐하다   참고 be pleased with Ving
be anxious toV ~하는 것을 걱정하다
be eager toV ~하기를 열망하다
be inclined toV ~하는 경향이 있다
be fortunate toV ~하게 되니 다행이다
be welcome toV ~해도 좋다

---

ex 492   We are ------ to benefit from the series of conferences on cross-cultural management if we take English-Spanish translator with us.

(A) possible   (B) able   (C) available   (D) probable

be able toV 구문이 자주 출제된다. 정답은 (B)이다.

ex 493　Teenagers are ------ to enter the contest only if a parent signs their entry forms.
(A) affordable (B) eligible (C) sustainable (D) dependable

to enter(참가하다)와 어울리는 것은 eligible(~할 자격이 있는)이다. be eligible toV는 토익시험에 자주 출제되는 숙어이다. 정답은 (B)이다.

ex 494　If you experience any nausea or dizziness while the ride is moving, be sure ----- the attendant.
(A) informant (B) to inform (C) informed (D) informer

be sure toV 구문이 자주 출제된다. 정답은 (B)이다.

ex 495　The region's economy is ----- to recover from the job losses that accompanied the closing of the local copper mine.
(A) surely (B) likely (C) hardly (D) probably

be likely toV 구문이 자주 출제된다. 정답은 (B)이다.

ex 496　Companies considering investment in eastern Europe are welcome to ----- my department.
(A) consultant (B) consultation (C) consult (D) consulting

예496은 be welcome to에서 to가 전치사로서의 to인지 to부정사의 일부로서의 to인지를 묻는 문제이다. 결론부터 말하면 전치사가 아닌 to부정사이므로 동사원형 (C)가 정답이다. 한편, 이와 달리 'be 형용사 to Ving'나 'be Ved to Ving'처럼, 전치사로서의 to를 포함하는 관용구도 있다. 이에 대해서는 동명사 정답공식03을 참조한다.

기초지식 03 동명사 Ving

동사원형에 ing를 붙이면 동명사가 된다. 동명사의 태생은 동사이지만, 동명사는 더 이상 본동사로 쓰일 수 없다. 즉, 준동사가 된 것이다.

	명사 역할	형용사 역할	부사 역할
동명사	가능	불가능	불가능
to부정사	가능	가능	가능
분사	불가능	가능	가능

그러나 문장 내에서의 역할은 동'명사'라는 명칭에서 알 수 있듯이, 명사 역할이다. 뒤집어 말하면, 어떤 동사를 명사화시키고 싶을 때 할 수 있는 방법 중 한 가지라는 의미가 된다. 명사화된 것이므로 원래 명사가 하는 역할, 즉, 주어, 목적어, 보어 자리에 올 수 있다.

또한 동명사의 의미상 주어가 필요할 때는 (마치 명사 앞에 소유격이 와서 그 뒤의 명사가 누구의 것인지 알려주는 것처럼) 명사(대명사)의 소유격을 쓴다(참고로, to부정사의 의미상 주어는 for+명사(대명사)의 목적격을 씀).

하지만 또한 '동'명사이지, 진짜 명사가 아니므로, 동명사 앞에 관사가 올 수 없다. 또한, 동명사를 써도 의미가 통하고, 진짜 명사를 써도 의미가 통할 때에는 본래 품사 우선의 법칙(3-14)에 따라 진짜 명사가 정답이다.

동명사가 문장 전체의 관점에서 볼 때 명사 역할을 하는 것과는 별개로, 동명사가 이끄는 부분만 떼어놓고 보면, 동명사는 동사에서 유래한 만큼, 동사처럼 목적어와 보어를 가질 수 있고, 부사의 수식을 받는다(동명사가 예외적으로 형용사의 수식을 받는 경우에 대하여는 3-09의 부사자리 정답공식07 참조).

동명사 정답공식01

'전치사+____+(관사/소유격)+명사'이면, 동명사가 정답이다.

이 공식은 한마디로 전치사와 목적어 사이가 빈칸이면, Ving가 정답이라는 것이다. 그런데 이는 이미 명사자리 문법인 3-06에서 본 공식이다. 전치사 뒤에는 전치사의 목적어가 와야 하는데, 목적어 역할을 할 수 있는 것은 명사류(명사, 대명사, 동명사)뿐이다.

이 문제는 결국 전치사 뒷자리가 단순한 명사자리인지, 동명사 자리인지를 묻는 것이다. 이는 그 뒤에 목적어인 명사가 있느냐에 따라 판단한다.

01 전치사 뒤에 빈칸이 있고 그 뒤에 다시 '(관사)+명사'가 있으면?

이 때 명사는 빈칸에 들어올 준동사의 목적어이기 때문에, 일반명사나 대명사는 올 수 없고, 빈칸에는 Ving가 와야 한다. 일반명사나 대명사는 동사적 속성이 전혀 없어서, 그 뒤에 목적어를 취할 수 없는 반면, 동명사는 동사의 기능이 살아 있어서 뒤에 목적어를 가질 수 있기 때문이다. 또, 전치사 뒤이므로 to부정사가 올 수 없다. 이 때 관사는 있을 수도 있고, 없을 수도 있다.[8]

02 빈칸 뒤에 별도의 명사(목적어)가 등장하지 않으면?

단순한 명사가 정답이다.

> **ex 497** Please refrain from ----- political statement.
> (A) make (B) makes (C) making (D) to make

예497은 명령문이므로 주어가 없다. 얼추 해석을 해보면 정치적 발언을 삼가라는 내용이므로, political statement라는 명사는 선지에 있는 make의 목적어의 역할을 해야 한다. 목적어 앞에는 항상 동사가 있어야 하는데, 이

---

[8] 여기서 관사는 있을수도 있고, 없을 수도 있으므로, 관사가 있는 경우에 한정하여 보면, 전치사와 관사 사이가 빈칸이면 무조건 동명사가 정답이라는 공식을 도출할 수 있다.

미 본동사인 refrain이 있으므로, 빈칸에는 준동사가 들어가야 한다. 전치사 바로 다음에 동사가 오려면, '전+명'공식에 의해 to부정사나 원형동사는 쓰지 못하고, 오직 동'명사'만을 써야 한다. 따라서 정답은 (C)가 된다. 별생각 없이 refrain from Ving라고 외웠겠지만, 알고 보면 당연히 동명사를 써야 하는 자리이다.

ex 498 The rewards associated with ----- a needy child in a Third World country far outweigh the small financial costs.
(A) sponsor (B) sponsorship (C) sponsoring (D) sponsored

빈칸 앞에 전치사가 있고, 빈칸 뒤에 관사가 있는 경우에 그 사이에는 무조건 동명사가 와야 한다. 간단히 말하면 전치사와 관사 사이는 무조건 동명사가 정답이다. 그 이유는 빈칸 뒤의 a의 존재로 인해, 빈칸에는 명사 a child를 수식하는 형용사나 분사가 올 수 없고, a child를 목적어로 취하는 동명사만이 올 수 있기 때문이다. 정답은 (C)이다.

ex 499 All security officers on the closing shift are responsible for ----- the warehouse of all loose items and refuse.
(A) clear (B) clarify (C) clearing (D) clearly

빈칸 앞에 전치사가 있고, 빈칸 뒤에 관사가 있는 경우에 그 사이에는 무조건 동명사가 와야 한다. 간단히 말하면 전치사와 관사 사이는 무조건 동명사가 정답이다. 그 이유는 빈칸 뒤의 the의 존재로 인해, 빈칸에는 명사 warehouse를 수식하는 형용사나 분사가 올 수 없고, warehouse를 목적어로 취하는 동명사만이 올 수 있기 때문이다. 정답은 (C)이다.

ex 500 If you are interested in ----- the room, please call at least two-weeks in advance, as we anticipate that openings will be filled quickly.
(A) reserving (B) reservations (C) reserve (D) reserved

빈칸 앞에 전치사가 있고, 빈칸 뒤에 관사가 있는 경우에 그 사이에는 무조건 동명사가 와야 한다. 간단히 말하면 전치사와 관사 사이는 무조건 동명사가 정답이다. 그 이유는 빈칸 뒤의 the의 존재로 인해, 빈칸에는 명사 the room을 수식하는 형용사나 분사가 올 수 없고, the room을 목적어로 취하는 동명사만이 올 수 있기 때문이다. 따라서 정답은 (A)이다.

> ex 501 If you want some practical tips on ----- your monthly expenses, our seminar is perfect for you.
> (A) reduction (B) reducing (C) reduced (D) reduces

전치사와 (관사 대신) 소유격 대명사 사이가 빈칸이어도 무조건 동명사가 정답이다. 소유격 대명사 앞인 빈칸에는 형용사나 분사를 쓸 수 없고, 소유격 대명사 뒤의 명사 expenses를 목적어로 취할 수 있는 것만 올 수 있기 때문이다. 1년에 4~5번 출제되는 매우 중요한 유형이다. 정답은 (B)이다.

> ex 502 We appreciate your patience and cooperation with us in ----- your installation problems with the CLP-3D printer.
> (A) resolving (B) resolved (C) resolute (D) resolution

전치사와 (관사 대신) 소유격 대명사 사이가 빈칸이어도 무조건 동명사가 정답이다. 소유격 대명사 앞인 빈칸에는 형용사나 분사를 쓸 수 없고, 소유격대명사 뒤의 명사 problems를 목적어로 취할 수 있는 것만 올 수 있기 때문이다. 정답은 (A)이다.

> ex 503 As a result, we are in the process of ----- many of our operations.
> (A) simple (B) simplifying (C) simply (D) simplified

전치사와 (관사나 소유격 대신) 수량형용사 사이가 빈칸이어도 무조건 동명사가 정답이다. process of simplifying many of our operations는 '여러 운영체제를 간소화하는 과정'이라는 의미이다. 정답은 (B)이다.

🎯 동명사 정답공식02 : 동사+Ving

동명사를 목적어로 취하는 동사와 to부정사를 목적어로 취하는 동사의 구별 문제가 있다!
동명사를 목적어로 취하는 동사 뒤가 빈칸이면 Ving가 정답이다.

01	고려하다류	consider	suggest	recommend	include
02	피하다류	avoid	evade	escape	miss
03	부인하다류	mind	deny		
04	연기하다류	postpone	put off		
05	끝내다류	finish	stop	discontinue	

stop+toV ~위해 멈추다:1형식

| 06 | 즐기다류 | enjoy | | | |

동사는 명사류를 목적어로 취하게 마련이다. 그런데 동사가 동사류를 목적어로 취할 수는 없는가? 예를 들어 '나는 빵을 원한다'처럼 구체적 사물명사를 목적어로 취하는 경우 외에, '나는 먹고 싶음을 원한다'처럼 어떤 행위를 목적어로 취할 수도 있을 것이다. 이렇게 동사가 '동사류'를 목적어로 취할 때, 동사의 종류에 따라 목적어 자리에 올 '동사류'의 모양이 toV가 되기도 하고, Ving가 되기도 한다. 이는 순전히 암기사항이므로 출제되면 까다롭다.

3형식 동사 중에는 to부정사 정답공식01에서 본 것처럼, to부정사만을 목적어로 취하는 동사와, 여기 동명사 정답공식02에서 보는 것처럼 동명사만을 목적어로 취하는 동사가 있다. 과거에는 consider가 가장 자주 출제되었는데, 최근에는 suggest가 출제되는 경향이 높아졌다. 아무튼 이 중 가장 자주 출제되는 것은 consider, suggest, recommend 셋이다.

목적어로서 동명사를 취하는 동사는 비교적 소수(consider, suggest, recommend, enjoy, include, finish 정도)에 불과하므로 이를 먼저 암기[9]한 다음, 그 나머지는 모두 to부정사를 목적어로 취한다고 생각하면 쉽다.

---

[9] 이것은 단순암기사항이어서 각자의 암기요령이 있겠지만, 필자는 대충 앞 글자를 따서 C-S-I(드라마), R-E-F(그룹가수), P로 7개 글자만 암기하였다. 참고만 하자.

> ex 504 The government is considering ----- a quality-certification process of the agricultural products.
> (A) to introduce (B) introducing (C) introduce (D) introduced

예504의 경우 일단 is considering이 본동사이므로, 본동사인 '동사원형 (C)'와 '과거형(D)'는 정답이 될 수 없다. 빈칸에는 consider의 목적어가 와야 하는데, 선지에서 (C)와 (D)를 제거하고 나면, to부정사인 (A) 아니면 동명사인 (B)중 하나가 정답이라는 것이다. 즉, consider가 목적어로서 동명사를 취하는 동사인지, to부정사를 취하는 동사인지를 묻는 문제이다. consider는 대표적으로 동명사를 취하는 동사이므로 정답은 동명사인 (B)이다.

> ex 505 The review argues that top officials have to get used to being held to account, but simultaneously suggests ----- them anonymity.
> (A) to grant (B) granting (C) granted (D) to be granted

예505는 빈칸이 동명사를 목적어로 취하는 대표적 동사인 suggest 뒤이므로, 목적어로 Ving가 와야 한다. 따라서 정답은 (B) granting이다.

> ex 506 The first phase of the downtown core restoration project will include ----- down all of the night clubs and bars.
> (A) close (B) closely (C) closing (D) closed

include(~을 포함하다)류의 타동사는 목적어가 동사일 경우, 동명사를 목적어로 취한다. 따라서 정답은 (C)이다.

> ex 507 The car we are ----- buying is definitely stylish and has incredible features with a good gas mileage.
> (A) considering (B) influencing (C) thinking (D) deciding

이 문제는 어휘문제지만 단순히 해석으로 풀기보다는 문법적 지식이 약간 결합된 문제이다. 선지의 동사 중에서 동명사 buying을 목적어로 취하는 동사는 consider(~을 고려하다)뿐이기 때문이다. (혹시 are와 buying이 현재진행시제이고 빈칸에 부사가 들어가는 것이 아닐까 의문을 품을 수 있지만, 선지를 보면 부사가 없으므로 애초에 그런 생각은 할 필요가 없다. 선지는 모두 동사어휘이므로 동사 중에서 골라야 한다.)

> ex 508 Even though it was tried once in the 50s, the company is considering ----- a car that can run on hydrogen.
> (A) responding (B) enhancing (C) releasing (D) agreeing

a car를 목적어로 취하는 동명사를 고르는 문제로서, 신제품 출시라는 의미로 자주 쓰이는 어휘인 release(~을 출시하다)가 정답이다. 엄밀히 말하면 이 문제는 어휘문제인데, 모든 선지가 Ving형인 이유가 바로 consider동사가 목적어로 동사를 취할 때 동명사 형태를 쓰기 때문이다.

참고
동명사와 to부정사 둘 다를 목적어로 취하면서 뜻이 달라지는 동사

동명사와 to부정사 둘 다를 목적어로 취하면서 뜻이 달라지는 동사 뒤가 빈칸이면, Ving도 올 수 있고, toV도 올 수 있다.

01 remember / forget + 부정사(미래) / 동명사(과거)
02 like / love / hate + 부정사(일시적) / 동명사(지속적)
03 try + 부정사(노력하다) / 동명사(시도하다)

다시 강조하지만, 동명사 정답공식02는 순전히 암기사항이다. 그에 반해서 토익Part5에서 출제 빈도는 매우 떨어진다고 할 수 있다. 정말로 공부하기 싫다면, consider와 suggest는 '동명사인 Ving'를 목적어로 취한다는 사실만 외우고 넘어가자.

한편, to부정사를 목적어로 취하는 동사는 무엇인가? 이는 to부정사 정답공식01에서 이미 정리한 바 있다. 그것을 복습하기 바라며, 그것들 중 refuse / fail / prefer / consent / agree / decide / choose / afford의 순서로 자주 출제되는 경향이 있다.

동명사 정답공식03 : to부정사와 동명사의 구별

toV라는 to부정사의 일부로서의 to와 'to+Ving'에서의 전치사인 to가 우연히 스펠링이 같다보니, 자주 출제되는 문법문제가 있다!

다음의 동사 +'전치사to' 뒤가 빈칸이면 Ving가 정답이다!
01 look forward to ~ing ~을 기대하다
02 be used to ~ing ~에 익숙하다
    be accustomed to ~ing ~에 익숙하다
03 object to ~ing ~에 반대하다
    be opposed to ~ing ~에 반대하다
04 What do you say to ~ing? ~하는 게 어때?
05 come near to ~ing 거의 ~ 할 뻔하다
06 devote oneself to ~ing ~에 헌신하다
    be devoted to ~ing ~에 헌신하다
    be dedicated to ~ing ~에 헌신하다
    be committed to ~ing ~에 전념하다
    contribute to ~ing ~에 공헌하다
07 be addicted to ~ing ~에 중독되다
08 be compared to ~ing ~에 비교(비유)되다
09 be related to ~ing ~에 관련되다
10 be limited to ~ing ~에 국한되다
    be confined to ~ing ~에 국한되다
11 confess to ~ing ~한 것을 시인하다
12 fall to ~ing ~하기 시작하다
13 lead to ~ing ~의 원인이 되다

위는 동사 뒤에 '전치사to+동명사'를 수반하는 경우들이다. 이는 동명사 문법 문제 같지만 사실상 단순 암기 문제에 불과하다. 전치사 to의 스펠링이 우연히도 to부정사에서의 to와 같기 때문에 생겨난 문제이다. 이는 순전히 암기사항이므로 출제되면 매우 까다롭다.

이 유형은 'to ____'처럼 to 다음에 빈칸이 뚫어져 있다. 즉, to 다음에 동사

원형인 V가 오는 것이 옳은지, 동명사인 Ving가 오는 것이 옳은지를 묻는다. 즉, 이 때의 to가 부정사의 일부로서의 to인지, 전치사인 to인지를 묻는 것이다. to부정사의 일부로서의 to라면 뒤에 동사원형인 V가 와야 하고, 전치사인 to라면 뒤에 동명사인 Ving가 와야 한다.

앞의 동명사 정답공식02유형은 to가 없기 때문에 to 다음이 아닌 특정동사 바로 다음에 빈칸이 뚫어져 있고, 선지에서 toV와 Ving 중에 고르도록 출제되었다. 그러나 여기 동명사 정답공식03유형은 to가 있고 to 다음에 빈칸을 뚫어놓고 선지에서 Ving와 원형V 중에 고르도록 출제된다.

> **ex 509** President Bush says the United States is committed to ----- justice and prosperity in Latin America.
> (A) promotion (B) promoted (C) promoting (D) promoter

예509에서 be committed to는 전치사로서의 to이므로 일단 일반명사(A)나 동명사(B) 같은 '명사류'가 이어져야 한다. 한편 빈칸 뒤에는 justice and prosperity라는 목적어가 있으므로 동명사인 (C) promoting이 정답이다.

> **ex 510** The association is devoted to ----- new methods for improving public health.
> (A) found (B) find (C) be found (D) finding

예510은 be devoted to Ving구문이므로 전치사 to로 쓰인 경우이고, 빈칸 뒤에 목적어가 있으므로 (D) finding이 정답이다.

> **ex 511** Thank you for ----- to Tito's ongoing success.
> (A) contributing (B) affording (C) superior (D) productive

전치사 to와 짝을 이루는 동사는 contribute이고, 빈칸은 전치사 for 다음이므로 동명사 contributing이 정답이다.
암기량을 줄이려면, 일단 앞에 나온 to가 전치사인 경우를 먼저 외우고,

그 나머지는 모두 to부정사로서의 to라고 생각한다. 이에 따라 위에서 정리한 경우가 아니면, to 다음의 빈칸에 들어갈 단어를 모두 '동사원형'으로 찍는다.

하지만 토익에 자주 등장하는 to부정사 구문, 즉 부정사로서의 to인 경우들을 함께 기억해둔다면, 문제를 더욱 빨리 풀 수 있을 것이니, 아래를 참고하자. 사실 아래 숙어는 to부정사 정답공식07에서 본 내용이다.

be liable toV ~하기 쉽다
be apt toV ~하기 쉽다
be prone toV ~하기 쉽다
be likely toV ~할 가능성이 크다
be able toV ~할 수 있다
be supposed toV ~할 예정이다
be scheduled toV ~하기로 예정되어 있다
be about toV 막 ~하려 하다
be reluctant toV ~하기를 꺼려하다
be willing toV 흔쾌히 ~하다
be entitled toV ~할 자격이 있다
be eligible toV ~할 자격이 있다
be ready toV ~할 준비가 되어 있다
be delighted toV ~하는 것을 기뻐하다
be pleased toV ~하는 것을 기뻐하다   참고 be pleased with Ving
be anxious toV ~하는 것을 걱정하다
be eager toV ~하기를 열망하다
be inclined toV ~하는 경향이 있다
be fortunate toV ~하게 되니 다행이다

그 외에도, 앞의 to부정사 정답공식01에서 본 to부정사를 목적어로 취하는 동사들(refuse / fail / prefer / consent / agree / decide / choose / afford 따위)도 숙어는 아니지만 뒤에 to부정사가 온다는 점에서 함께 외워두면 좋을 것이다.

결과적으로, 앞의 동명사 정답공식02에서 공부한 ① Ving를 목적어로 취하는 동사유형(동사+Ving), 그리고 to부정사 정답공식01에서 공부한 ② toV를 목적어로 취하는 동사유형(동사+toV) 외에 여기 동명사 정답공식03에 나오는 ③ '전치사 to+Ving라는 전치사구'를 의미상 목적어처럼 수반하는 동사유형(동사+to+Ving) 셋을 구분하는 것이 필요하다.

참고
to+Ving를 수반하는 다른 경우

위처럼 '동사+전치사to+Ving' 이외에도, 뒤에 to+Ving를 수반하는 경우가 있으니 함께 정리해두자.

01 라틴어비교급+전치사to+Ving
prior to Ving ~보다 앞선
superior to Ving ~보다 우월한   inferior to Ving ~보다 열등한

02 명사구+전치사to+Ving
key to Ving ~로 이르는 열쇠   solution to Ving ~로의 해결책
answer to Ving ~로의 해결책   road to Ving ~에 이르는 길
devotion to Ving ~에의 헌신   approach to Ving ~로의 접근

동명사 정답공식 04

문두의 주어자리에서, '[____+(관사/소유격)+명사]+동사~'이면, 동명사 또는 to부정사가 주어로서 정답이다.

주어 역할을 할 수 있는 것 중에는 명사, 대명사, 동명사, to부정사, 명사절 등이 있다. 이 중 동명사가 주어 역할을 할 수 있다는 것을 아는지 여부를 묻는 문제가 간혹 출제된다. 물론 to부정사도 주어 역할을 할 수 있으므로, 이런 유형에서 선지에 toV와 Ving가 함께 존재하는 문제가 출제되는 일은 없겠다.

> **ex 512** ----- messages is the responsibility of a secretary in our company.
> (A) Taking (B) Taken (C) Took (D) Take

예512는 동사가 is이므로 복수인 messages는 주어가 될 수 없다. 그렇다면 messages는 주어가 아닌 명사이므로, 빈칸에 들어갈 준동사의 목적어이다. messages가 목적어가 되기 위해서는 그 앞에 타동사가 있어야 하는데, 문장 전체의 입장에서는 빈칸에 주어가 와야 한다.

그렇다면 주어인 명사 역할과 messages를 목적어로 취하는 동사 역할을 동시에 할 수 있는 그 무엇은? 동명사와 명사적 용법의 to부정사 두 가지이다. 선지에는 to부정사가 없으므로 정답은 동명사인 (A)이다.

> **ex 513** China eagerly wants to host the games because ----- the new sports complex and accomodations will create thousands of new jobs.
> (A) builds (B) building (C) being built (D) having been built

일단 빈칸 바로 뒤에 the가 있기 때문에 빈칸에는 형용사가 들어갈 수 없다. because of는 전치사이지만 becuase는 접속사이고, the new sports complex and accomodations가 명사이기 때문에 '접+___+명사'인 구조이다. 따라서 빈칸에는 because이하의 문장의 주어 역할과 the new sports complex and accomodations를 목적어로 취하는 역할을 동시에 하는 품사가 와야 하는데, 그것이 바로 동명사이다. (D)도 동명사이지만 수동태이므로 목적어를 취할 수 없기 때문에 오답이다.

> ex 514 Keep in mind that ----- eye protection is **not only smart, but it's a state law**.
> (A) wear (B) wore (C) wearing (D) worn

빈칸 앞의 that으로 인해 that이하의 새로운 절이 시작되고 있다. 따라서 빈칸에는 that절의 주어 역할을 하면서, 동시에 빈칸 뒤의 eye protection 을 목적어로 취하는 역할을 하는 동명사가 와야 한다. 따라서 정답은 (C) 이다.

 참고

명사절과 명사구를 만들어주는 장치를 모두 망라해 본다면?

'명사절'을 이끄는 접속사에는 ①that ②if ③whether가 있고, 명사절을 이끄는 ④의문사에는 who, what, which, how, where, why, when, whom이 있으며, 명사절을 이끄는 ⑤복합관계대명사에는 whatever, whoever, whichever 등이 있다. 특히 이 중에서는 that과 what의 구별문제 및 that과 if의 구별문제가 자주 출제된다(관계대명사 정답공식04와 07 각 참조).

한편, '명사구'를 이끄는 것에는 to부정사와 동명사가 있다. 다만, 토익에서 to부정사나 동명사가 명사구를 이끄는 경우가 자주 출제되는 것은 아니다.

어쨌거나, 이들이 이끄는 명사절이나 명사구는 (본래 명사가 하는 역할을 하므로) ①주어 ②목적어 ③보어 역할을 하는 것이 원칙이다. 다만 예외적으로 if의 경우만큼은 명사절을 이끄는 접속사임에도 (주어, 보어로는 못쓰고) 목적어 역할을 할 때에만 쓰인다(관계대명사 정답공식07: that과 if의 구별 참조).

5-02 병렬구조 판별을 위한 공식

800점용 문법공식

기초지식 쌓기

병렬구조문제는 접속사를 중심으로 좌우가 병렬된다는 의미이다. 접속사에는 등위접속사 and, or, but, 그리고 상관접속사 neither A nor B, not only A but also B, B as well as A 등이 있다.

등위접속사는 '등위(대등한 위치)'라는 말 그대로 대등한 구조의 구나 절을 병렬적으로 연결하는 접속사이므로, 그 앞뒤의 구조나 품사, 어형이 모두 같아야 한다. 다시 말해서 and, but, or 바로 앞뒤에 빈칸이 있거나 선지에 and, but, or가 단 하나라도 있는 경우, 병렬구조 문제이다. 따라서 and, but, or 앞뒤의 문장 구조나 품사가 같은지 확인한다. 특히 토익에서는 가장 기본인 and 앞뒤의 품사가 같아야 함을 묻는 문제가 자주 출제되므로, and 바로 앞뒤가 빈칸일 때 주목한다.

한편 4-01에서 본 상관접속사도 A와 B사이에 병렬관계가 성립해야 한다. 상관접속사를 가지고서도 병렬구조 문제를 만들 수 있긴 하다.

참고로, 등위접속사를 고르는 문제가 출제되었는데, 선지에 등위접속사 but, so, yet, for가 있으면 오답일 가능성이 높다(되려 and가 정답일 가능성이 높음).

but이 만약 정답이 되는 경우라면, '절'보다는 '부사+but+부사', '형용사+but+형용사', '명사+but+명사'처럼 '구'의 형태로 출제된다.

또, and, but, or는 단어, 구, 절을 모두 병렬시킬 수 있는데 반해, so는 절과 절만을 병렬시킬 수 있어서 그 쓰임이 적다는 것도 참고로 알아두자.

ⓒ 병렬구조 정답공식01

'and ____' 또는 'but ____' 또는 'or ____'이면
병렬구조 문제라는 것을 잊지 말자.

등위접속사 and, but, or 바로 뒤가 빈칸이면 병렬구조 문제이므로, and, but, or 앞뒤에 정답의 근거가 있다.

즉, and, but, or같은 등위접속사의 앞뒤 구조는 같아야 하는데, 이를 병렬구문이라고 한다. 등위접속사를 중심으로 '반복되는 주어' 혹은 '반복되는 주어+동사' 또는 '반복되는 동사구의 일부'는 중복되는 부분으로서 생략할 수 있음을 알아야 한다.

---

ex 515   In the Metro, you have to open the doors yourself by pushing a button, depressing a lever or ----- them.
(A) slide (B) sliding (C) is slid (D) to slide

예515는 'by Ving, Ving, or Ving'로 이어지는 병렬구문임을 파악해야 한다. 따라서 정답은 (B)이다.

---

ex 516   A human is much more capable of operating those instruments correctly and ----- them in appropriate and useful positions.
(A) to place (B) placing (C) to be place (D) place

예516은 'be capable of Ving and Ving'로 이어지는 병렬구문임을 간파해야 한다. 따라서 정답은 (B)이다.

---

ex 517   Hyun Kim's resolutions for this month include achieving sales goals and ----- himself to his managers as a young man with potential.
(A) promoting (B) promotional
(C) to promote (D) promotion

병렬구조에 의해 등위접속사 and를 전후로 같은 품사가 와야 한다. 그런데 and 앞이 '동명사+목적어(achieving sales goals)'로 되어있으므로, 빈칸에도 '동명사+목적어'가 와야 같은 구조가 성립된다. 정답은 (A)이다.

and 같은 등위접속사 뿐만 아니라, 4-01의 정답공식01에서 본 상관접속사도 A와 B 사이에 병렬구조가 적용되어야 한다. 대등병렬 구조의 구문 문제는 문장 구조파악능력을 측정하기 좋은 도구가 되어서 토익 뿐만 아니라 수능에서도 자주 출제되어 왔다.

> ex 518 The new office is modern and inexpensive ----- conveniently located.
> (A) on the other hand (B) as well as
> (C) when (D) as soon as

빈칸 전후를 보면 be동사인 is의 보어로서, 형용사인 inexpensive와 형용사화된 과거분사 located가 있다. 따라서 이 문제는 병렬구조에 해당한다. 따라서 (상관)접속사 as well as(~뿐만 아니라)가 정답이다.

> ex 519 It was interesting to learn that he was a clerk in a government office ----- a practicing scientist when Albert Einstein developed the General Theory of Relativity.
> (A) even though (B) rather than
> (C) as long as (D) so that

빈칸 다음에 '주어+동사'가 오지 않았기 때문에 일반 접속사인 (A), (C), (D)는 오답이고 상관접속사인 rather than이 정답이다. 명사인 clerk와 scientist가 병렬구조를 이루고 있기 때문이다.

병렬구조 정답공식02

'and ____'이면, 병렬구조 문제이다. 뿐만 아니라
'____ and'여도, 병렬구조 문제임을 간파한다!

and 뒤에 빈칸이 뚫려 있을 때 병렬구조 문제임은 물론, and 앞이 빈칸일 때에도 병렬구조 문제일 때가 많다. 즉, and 바로 앞이나 뒤에 빈칸이 뚫려 있으면, 병렬구조문제임을 간파해야 문제를 빨리 풀 수 있다.

ex 520 All representatives are expected and ----- to exercise their functions when leaving e-mail messages within the company.
(A) required (B) have required (C) require (D) requiring

예520의 경우 and 뒤에 빈칸이 있는 유형이다. 이 문제는 and 앞에 수동태 동사가 있으므로 뒤에도 수동태 동사가 와야 한다. 원래는 are expected to 와 are required to가 and를 중심으로 반복되는 것이다. 따라서 정답은 (A)이다.

ex 521 The campaign is intended to heighten public awareness of the disease and ----- the public to respect the environment.
(A) to educate (B) educated
(C) educating (D) have educated

예521 역시 and 뒤에 빈칸이 있는 유형이다. 병렬구조문제로서 and 앞에 to부정사 to heighten이 있으므로, and 뒤에도 to부정사인 (A)가 와야 한다. 한편, and 앞에 빈칸이 있는 아래의 유형도 있다. 역시 병렬구조 문제이다.

ex 522 Thanks to modern technology, the factory is getting more ----- and smarter.
(A) conveniences (B) convenient
(C) convenience (D) conveniently

예522는 and 뒤에 보어인 형용사의 비교급이 있으므로, and 앞에도 형용사의 비교급이 와야지, 부사의 비교급이 와서는 안 된다. (B)가 정답이다.

ex 523 We hope these new hours will make it more convenient for both our ----- and new customers.
(A) regularly (B) regular (C) regulation (D) regulate

and 앞이 빈칸인 경우 병렬구조 문제가 아닌가 의심해야 한다. 등위접속사 and 뒤에 형용사 new가 있으므로 빈칸에도 형용사나 형용사화된 분사가 와야 한다. 따라서 정답은 (B)이다.

ex 524 You will fly first class, stay at the luxurious Azure Hotel, and ----- nightly beside the beach.
(A) dining (B) dined (C) dine (D) diner

and 뒤가 빈칸이고, 빈칸 앞에 동사 fly, stay가 있으므로, 빈칸 뒤에도 동사원형인 dine이 정답이다.

ex 525 The upholstery of this car is made of the finest leather and will be comfortable and ----- for many years.
(A) attract (B) attracted (C) attracting (D) attractive

and 뒤가 빈칸이고, 빈칸 앞에 형용사 comfortable이 있으므로 빈칸에도 형용사가 와야 한다. 정답은 (D)이다.

ex 526 We would greatly appreciate it if you would take a moment to fill out this quick and ----- questionnaire.
(A) easy (B) easily (C) ease (D) easiness

and 뒤가 빈칸이고, 빈칸 앞에 형용사 quick이 있으므로 빈칸에도 형용사가 와야 한다. 정답은 (A)이다.

> ex 527　The store's success was a result of both customer ----- and excellent financial management.
> (A) satisfied　(B) satisfying　(C) satisfaction　(D) satisfactory

and 앞이 빈칸인 경우이다. 등위접속사 and를 전후로 같은 품사가 와야 하는데, 빈칸 뒤에 명사 management가 있으므로, 빈칸 앞에도 명사가 와야 한다. 정답은 (C)이다.

> ex 528　I agree that artist's composition concepts are bold and ----- but I find his use of color conventional and unimaginative.
> (A) originate　(B) origin　(C) originally　(D) original

and 뒤가 빈칸이고, 빈칸 앞에 형용사 bold가 있기 때문에 빈칸에도 형용사가 와야 한다. 정답은 (D)이다.

> ex 529　Your diet should include several glasses of water a day as recommended by health care ----- and dieticians.
> (A) professional (B) professionally
> (C) professionals (D) profession

and 앞이 빈칸이고, 빈칸 뒤에 복수명사 dieticians가 왔기 때문에, and 앞인 빈칸에도 복수명사 professionals(전문가들)가 들어가야 한다.

병렬구조 정답공식03

**선지에 and, but, or가 있으면,
병렬 구조 문제임을 간파한다!**

이렇게 애초에 선지에 and가 있는 유형도 있다. 이 유형이 가장 자주 출제되는 편이다. 이런 유형을 통해서도 선지를 먼저 본 뒤 문제를 푸는 것이 유리함을 알 수 있다.

이렇게 and 자리를 빈칸으로 만들어 놓고 주관식으로 물어보면, 의외로 빈칸에 들어갈 것이 무엇인지 전혀 떠오르지 않는 경향이 있다. and 같이 평범한 단어는 정답후보에서 배제하려는 선입견이 있기 때문이다.

하지만 토익문제에는 매달 이런 문제가 반드시 한 문제씩 나오므로, 선지에 and가 끼어 있고 빈칸 앞뒤로 동사가 두 개가 있는 경우, 병렬 구조라서 가장 기본 접속사인 and가 들어갈 자리임을 인식해야 한다.

> ex 530 Their business model has traditionally been defensible on the basis that was hard to copy ----- distribute content.
> (A) and (B) so (C) as (D) in

예530의 정답은 빈칸 앞 뒤로 동사 copy와 distribute 두 개가 열거되고 있으므로 정답은 (A)이다. copy and distribute는 자주 쓰이는 콜로케이션 문구이기도 하다.

> ex 531 It is probable that the fatal epidemic began insidiously months ago ----- is expected to continue for another month.
> (A) as (B) moreover (C) and (D) just

예531의 정답은 (C) and 이다. S+V ____ V인 구조에서는 and 뒤에 주어인 S가 생략된 것임을 깨달아야 한다.

ex 532 Your feedback about our services is very appreciated -----
will assist us in ameliorating them in the future.
(A) than (B) thus (C) rather (D) and

선지에 and가 있으면 병렬구조 문제가 아닌가 의심을 해보아야 한다. 빈칸을 기준으로 동사 is appreciated와 will assist가 있으므로 병렬구조이고, 따라서 접속사가 와야 한다. 정답은 (D)이다. 참고로, 병렬구조 전후 동사의 시제는 일치하지 않을 수도 있지만, 병렬구조 전후 동사가 모두 주어와 수일치는 되어 있어야 한다.

ex 533 The downward trend in technology stocks started three months ago ----- is expected to continue until the European economy improves.
(A) then (B) however (C) and (D) thus

선지에 and, but, or, as well as, rather than 같은 접속사가 나오면 병렬구조 문제가 아닌가 의심해야 한다. 빈칸 다음에 동사 is expected가 있고 빈칸 앞에 동사 started가 있으므로 병렬구조이다. 정답은 (C)이다.

🎯 병렬구조 정답공식04

빈칸 앞에 '선택'의 단어나 '의무'의 조동사가 있으면 or가 정답일 확률이 매우 높다!

문장에 선택을 의미하는 choose, select 등이 나오면 '둘 중 하나'의 의미이므로 or가 대체로 정답이다. 또한, 문장 앞에 의무의 조동사 must, should, have to, ought to 등이 나오면 '그렇지 않으면'의 의미를 갖는 접속사가 필요할 가능성이 높기 때문에 대체로 or가 정답이다.

ex 534 You have to make your presentation more informative ----- you won't be able to get the approval from the board.
(A) or (B) and (C) but (D) until

예534의 경우 '~해야 한다. 그렇지 않으면'의 의미에서 or가 정답이다.

병렬구조 정답공식05

절과 절이 아니라, 단어와 단어, 구와 구 사이에 빈칸이 있으면 but이 정답일 확률이 높다!

but의 경우 '절'보다는 '부사+but+부사', '형용사+but+형용사', '명사+but+명사'처럼, '구'의 형태로 출제되는 경우가 많다.

ex 535 The public utility statement of this month will include water fee, ----- not electricity, gas.
(A) likewise (B) next (C) but (D) both

예535의 경우, 이번달 공공요금 명세서에 수도세는 포함되지만, 전기세와 가스비는 포함되지 않음을 빈칸을 중심으로 대조시키고 있다. 대조되고 있음은 not을 통해 알 수 있다. 따라서 정답은 but이다. but은 역시 구와 구 사이에 빈칸이 있을 때 정답인 경우가 많다.

ex 536 These new carpet samples appear to be suitable for the halls ----- not for the executive offices.
(A) but (B) only (C) still (D) even

선지에 and나 but이 있으므로 병렬구조 문제일 가능성이 높다. 빈칸 전후로 전치사구 for the halls와 for the executive offices가 있으므로 병렬구조에 맞춰주어야 한다. 따라서 등위접속사 but이 정답이다.

5-03 관계대명사/관계부사 종류판별을 위한 공식

800점용 문법공식

🔑 기초지식 쌓기

선지를 보았을 때, 선지 4개가 관계대명사들로 구성되어 있으면 이는 관계대명사 문제이다. 관계대명사 문제는 다음의 순서로 푸는 것이 가장 기본이다. ①우선 선행사부터 찾고 본다. ②그 다음 빈칸 뒤에 빠진 문장성분을 찾아내서 무슨 격(주격, 소유격, 목적격)의 관계대명사가 와야 하는지 판단한다.

먼저, 가장 기본적으로 관계대명사에는 어떤 것들이 있는지 알아야 하므로, 아래의 격에 따른 관계대명사의 종류부터 암기한다. 선행사가 사람이라는 전제에 서면, who는 주격, whom은 목적격, whose는 소유격이 된다고 생각하면 된다. 선행사가 사물이라는 전제에 서면, which가 주격과 목적격, whose가 소유격이 된다.

선행사	주격	목적격	소유격
사람	who	whom, who	whose
사람/동물	which	which	whose, of which
사람/사물/동물	that	that	-

토익에서 관계대명사 출제경향을 토대로, 간략하게 관계대명사 기초지식을 정리해 보면 아래 4가지이다.

01 선행사가 사람이면 who계열을 쓴다. who계열 중에서 격으로 따지면, '주격'이 가장 자주 출제되며, '소유격인 whose'도 자주 출제되는 편이다.
02 선행사가 사물이면 which나 that을 쓴다.
03 선행사가 없을 때에는 what을 쓴다.
04 콤마 뒷자리는 that이 올 수 없고, which만 쓴다.

이를 토대로 도출할 수 있는 관계대명사 정답공식은 다음과 같다.

관계대명사 정답공식01

선행사가 anyone, guest, Mr.Kim같은 사람이면, who계열(who/whom/whose)이 정답이다! 그 중에서는,

01 ___ + 동사 :
  즉, 빈칸 뒤에 주어가 빠진 절이 오면? who가 정답!

02 ___ + 주어 + 동사 :
  즉, 빈칸 뒤에 목적어가 빠진 절이 오면? whom이 정답!

03 ___ + 명사 + 동사 + 목적어 :
  즉, 빈칸 뒤에 '___+명사'가 묶어서 주어이고,
  따라서 주어도 있고 목적어도 있는 완전한 문장이 오면? whose가 정답!
  이 때, 만약 동사가 자동사라면, 목적어가 없더라도 완전한 문장임

기본적으로 관계대명사란, 절과 절이 합쳐지면서, 뒷절에 있던 문장의 필수성분 중 어느 하나가 앞절에 있던 선행사와 중복이 될 때 사용하는 것이다. 즉, 관계대명사는 그 뒷부분 절에 있던 무언가가 앞으로 빠져나가서 된 것이다.

이를 뒤집어 말하면, 빈칸에 들어갈 관계대명사가 무엇인지 알고 싶을 경우 현재 빈칸 뒤에 무엇이 빠져있는지를 살피면 된다는 결론이 도출된다. 그리하여 위 3가지 공식이 성립하는 것이다.

즉, 빈칸 뒤에 '주어'가 빠져 있으면, 빈칸에 들어갈 관계대명사는 '주격'관계대명사이고, 빈칸 뒤에 '목적어'가 빠져 있으면, 빈칸에 들어갈 관계대명사는 '목적격'관계대명사이다. 만약 빈칸 뒷부분이 완전하다면(즉, 주어도 있고 목적어도 있다면), 주격이나 목적격 관계대명사는 들어갈 수 없고, 관계형용사인 whose가 들어가야 한다(whose에 대해서는 관계대명사 정답공식02 참조).

---

ex 537 The survey may undercount the numbers of people ----- were born overseas.
(A) whose (B) who (C) those (D) which

예537은 일단 선지가 모두 관계대명사인 관계대명사 문제이므로, 빈칸에는 관계대명사가 들어가야 한다. 선행사가 people로서 사람이고, 빈칸 뒤에 주어 없이 바로 동사가 이어지므로, 빈칸 뒤에 주어가 빠져있다. 따라서 주격인 who가 정답이다.

> ex 538 We must receive a signed waiver from any patients ----- require surgery.
> (A) whom (B) whose (C) who (D) whoever

일단 선지가 모두 관계대명사이다. 그런데 선행사 patients가 사람이고, 빈칸 다음 동사가 있으므로, 주격 관계대명사 who가 정답이다.

> ex 539 We should hire a law firm ----- specializes in international copyright protection rather than just general law.
> (A) that (B) when (C) and (D) what

빈칸 앞쪽의 hire가 문장 전체의 동사이다. 빈칸 바로 앞에 a law firm이라는 명사가 있으므로, 그 다음에는 이를 뒤에서 수식하는 분사나 관계대명사절이 와야 한다. 그런데 빈칸 다음에 동사 specializes가 있기 때문에 빈칸에는 (분사가 올 수 없고) 주격 관계대명사인 which 또는 that이 정답이다. 정답은 (A)이다. (물론 선지에 관계대명사가 있고, 선행사가 사물이며, 그 뒤에 동사가 이어지므로, 테크니컬하게 (A)를 정답으로 고를 수도 있다.)

> ex 540 The demonstration outside the City Hall is just the latest in a series of events ----- reflect voter discontent.
> (A) there (B) that (C) well (D) even

이 문장은 주어인 demonstration과 동사인 is, 보어인 명사 events를 갖춘 완전한 2형식 문장이다. 따라서 빈칸에는 명사 events를 뒤에서 수식하는 수식어인 분사, 전치사구, 관계대명사, 형용사적 용법의 to부정사가 와야 한다. 선지에서 이에 해당되는 것은 관계대명사 뿐이다. 따라서 정답은 (B)이다. (물론 선지에 관계대명사가 있고, 선행사가 사물이며, 그 뒤에 동사가 이어지므로, 테크니컬하게 (B)를 정답으로 고를 수도 있다.)

관계대명사 정답공식02

**'사람선행사 +___+ (관사없이) 명사+V+O'이면,
who가 아니라 관계형용사인 whose가 정답이다!**

빈칸 뒤 명사가 주어S이므로 빈칸에 주격 관계대명사는 올 수 없고, 빈칸 뒤에 O도 있으므로 빈칸에 목적격 관계대명사도 올 수 없기에 성립하는 공식이다.

'whose+명사'가 S(주어부)를 이루는데, whose는 엄밀히 말해 '(관계)대명사'가 아니라 명사를 수식하는 '(관계)형용사'이다. 특히 빈칸 뒤에 관사가 없음에 주목한다. whose는 관계대명사 중에서 '소유격'이다. his나 her처럼 소유격대명사는 관사와 대체관계에 놓이므로, 만약 관사가 있다면 중복해서 whose가 올 수 없다. 결국 whose는 빈칸 앞뒤가 모두 명사일 때 그 사이에 올 수 있는 관계사이다.

또, 빈칸에 whose가 들어가려면, 빈칸 뒤는 완전한 문장이어야 한다는 사실에도 주목한다. 즉, whose가 들어갈 빈칸 뒤에는 S, V, O가 모두 갖추어져 있어야 한다. 왜냐하면 whose는 관계대명사가 아니라 관계형용사이기 때문에, whose자체로 주어나 목적어 같은 문장의 필수성분 역할을 할 수 없기 때문이다.

ex 541 Last week, I was approached by someone ----- business operates from small, one-story premises.
(A) that (B) what (C) which (D) whose

예541은 선행사가 사람인 someone이고 빈칸 뒤에 명사인 business가 있으므로, 빈칸에는 who가 아니라 whose가 와야 한다. 정답은 (D)이다. 이 경우 빈칸 뒤에 목적어가 없지만, 빈칸 뒤는 완전한 문장이다. operate가 자동사이기 때문이다.

> **ex 542** The KDI was founded in 1967 and it is a non-profit organization ----- mission was to provide tools to laborers who could not afford to buy them.
> (A) which (B) who (C) whom (D) whose

예542는 선행사가 organization이라는 사람단체이지만, who가 정답이 아니다. 빈칸 뒤에 mission이라는 명사가 이어지므로, 정답은 (D)이다.

> **ex 543** Please, deliver this package to the first person ----- name is typed on the list.
> (A) who (B) whose (C) whom (D) what

일단 선지를 보면 모두 관계대명사이므로, 빈칸은 관계대명사가 들어갈 자리이다. 선행사는 the person으로 사람이다. 관계대명사 whose 다음에는 관사 없이 명사가 올 수 있는데, 빈칸이 명사 name 앞에 있고, 빈칸과 name 사이에 관사가 없다. 이것만 보아도 정답은 (B)이다.

> **ex 544** Several prizes were awarded to members ----- work contributed greatly to the success of the event.
> (A) whose (B) which (C) those (D) who

소유격 관계형용사 whose 다음에는 관사 a, the 없이 바로 주어인 명사 work와 동사 contributed가 올 수 있다. 선행사가 사람이라는 전제 하에 빈칸 뒤에 명사가 있으면, who가 아니라 whose가 정답이다. 예544에서 빈칸 앞 선행사가 members라는 사람이므로, 정답은 (A)이다.

> **ex 545** All those trainees ----- last name begins with A through M should use the blue form and all others should use the yellow form.
> (A) which (B) whose (C) whoever (D) who

선행사가 trainees라는 사람명사이고, 빈칸 뒤에 관사 a나 the 없이 명사인 주어 name과 동사 begins가 이어지므로, 정답은 (B)이다.

ⓒ 관계대명사 정답공식03

선행사가 사물이면 that 아니면 which가 정답이다!
둘 중 하나만 선지에 있게 되어있음

이를 풀어 설명하면, 선행사가 사물일 때 올 수 있는 관계대명사는 다음이다.
① which는 빈칸 뒤에 주어 혹은 목적어가 없을 때 정답이 될 수 있다.
② that도 빈칸 뒤에 주어 혹은 목적어가 없을 때가 정답이 될 수 있다.

which는 주격 및 목적격, whose 및 of which는 소유격이다. 즉, which와 that은 주격과 목적격의 형태가 같다는 점도 주의한다.

---

ex 546 Another change in responsibility ----- young athletes face is the sudden changes in self-care.
(A) that (B) who (C) what (D) whose

예546의 경우 responsibility가 선행사고, 빈칸 뒤에 주어 young athletes와 동사 face(직면하다)가 나오므로, that 또는 which가 정답이다. 정답은 (A)이다. 여기서 that 또는 which는 (빈칸 뒤에 목적어가 없으므로) 목적격 관계대명사로 쓰인 경우이다.

---

ex 547 Changes in our company have created ways for employees to explore opportunities ----- were previously not available.
(A) what (B) those (C) that (D) there

예547의 경우, 선행사가 opportunities라는 사물이고, 빈칸 뒤에 명사 없이 were라는 동사가 이어지고 있다. 따라서 정답은 which 아니면 that인데, 선지에는 that만 있으므로 정답은 (C) that이다. 여기서 which 또는 that은 (빈칸 뒤에 주어가 없으므로) 주격 관계대명사로 쓰인 경우이다. what은 선행사가 없을 때에만 쓰이므로 오답이다.

시험장에서 문제를 풀 때, 주격 관계대명사가 들어갈 자리인지, 목적격 관계대명사가 들어갈 자리인지를 굳이 구분하려 들 필요가 없다. 어차피 which와 that은 주격과 목적격의 형태가 같으므로, 선행사가 사물이라는 점에만 주목하면 된다.

---

ex 548　In the past hundred years, many of the responsibilities ------ were left to families, such as children's education, have been taken over by the government.
(A) that　(B) what　(C) who　(D) there

선지가 모두 관계대명사이므로 관계대명사 문제이다. 빈칸 앞의 선행사는 사물인 responsibilities이고, 빈칸 뒤는 were left라는 동사가 이어지고 있다. 그렇다면 주격 관계대명사 that이 정답이다(그러나 선행사가 사물일 경우에는 그 관계대명사가 주격인지 목적격인지 따질 이유조차 별로 없다.). 참고로 이 문장 전체의 본동사는 have been taken over이다. 콤마~콤마 부분은 언제나 삭제 가능하다.

---

ex 549　The new pump and filter system ----- installed in the pool should last for 20 years with proper maintenance.
(A) us　(B) we　(C) our　(D) ourselves

언뜻 보면, 빈칸은 주어 The new pump and filter system을 수식하는 관계대명사절 자리이다. 그런데 선지에 관계대명사가 없다. 그렇다면 관계대명사 문제는 아니라는 뜻이다. 관계대명사가 들어갈 빈칸 뒤쪽을 보면, install의 목적어가 없다. 이는 install의 목적어였던 system이 선행사로 앞으로 빠져나갔다는 의미이다. 그렇다면 빈칸에는 which we가 들어가서 ~ system which we installed ~(우리가 설치한 시스템)가 되어야 한다. 여기서 한 걸음 더 나아가 관계대명사는 생략될 수도 있으므로, 빈칸에 들어갈 정답은 which가 아니라 we이다. 전형적인 관계대명사 문제는 아니지만, 관계대명사가 포함된 문장구조분석 연습을 위하여 수록하였다.

관계대명사 정답공식04

빈칸에 들어갈 관계대명사 앞에 선행사가 없고,
빈칸 뒤가 불완전한 문장(또는 toV)이면 what이 정답,
빈칸 뒤가 완전한 문장이면 that이 정답이다!
- **01** 선행사 없음 + _____ + 불완전한 절이면, what이 정답!
- **02** 선행사 없음 + _____ + 완전한 절이면, that이 정답!
- **03** 선행사 있음 + _____ + 불완전한 절이면, that이 정답!

that과 what의 구별이 중요한 이유는, 이들이 이끄는 절이 둘다 문장 내에서 주어, 목적어, 보어 역할을 하기 때문이다.

일단 **03**번유형처럼 선행사가 있다면 (우리가 흔히 배우는 가장 전형적인 관계대명사 자리이므로) 당연히 what은 탈락이다. what은 선행사가 없을 때에만 쓰는 것이기 때문이다. 그리고 이 자리에는 꼭 that이 와야 하는 것은 아니고, 그 외 which, who 등도 당연히 올 수 있다.

문제는 **01, 02**처럼 선행사가 없는 경우이다. 만약 **01, 02**유형처럼 선행사가 없다면, 빈칸 뒤의 문장이 완전한지 여부에 따라 결정해야 한다. 즉, 빈칸 뒤에 완전한 절이 오면 that이 정답이고, 빈칸 뒤에 toV 또는 불완전한 절이 오면 what이 정답이다. 실전 문제에서는 **01**과 **02**유형의 구분이 어렵다.

01, 02 중에는 선행사가 없고, 빈칸 뒤가 불완전한 문장인 경우(위 **01**유형)가 자주 출제된다. 따라서 선행사가 없으면 대체로 what이 정답이다. 빈칸에 what이 들어갈 때, 빈칸 뒤는 주어 혹은 목적어가 없는 불완전한 문장이다. 'what = 선행사 + 주격 혹은 목적격 관계대명사'이기 때문이다. 이를 'what은 선행사를 포함한다'고 표현한다.

---

ex 550 People seem reluctant to purchase ----- is manufactured in that country because of its notoriety for producing poor quality product.
(A) who (B) which (C) that (D) what

선행사가 없으므로, 정답은 (D)이다. what is manufactured를 the product which is manufactured로 바꿀 수도 있을 것이다. the product라는 선행사가 what 속으로 포함된 구문이다. what 앞에 명사는 못온다.

> ex 551   It's interesting to see ----- neither of the candidates made the effort to explain their ideas.
> (A) that (B) so that (C) in that (D) what

예551은 see의 목적어가 올 자리이다. 너무 빨리 풀려다가, 선행사가 없는 꼴이므로 what을 찍기 십상이다. 그러나 이는 위 **02**유형으로서 see라는 타동사가 'that절'을 목적어로 취하는 경우이다. 즉, 이 때의 빈칸은 애초에 관계대명사 자리가 아니다. **02**와 **03**유형은 겉보기에 모두 that이지만, 그 문법적 기능은 전혀 다르다. **03**유형은 관계대명사로서의 that이지만, **02**유형은 일반적인 접속사로서의 that이다.

> ex 552   To become an industry leader, companies should know ----- their competitors are intending to do.
> (A) if (B) what (C) which (D) when

what은 선행사를 내포하는 관계대명사이므로 what 앞에 명사가 있어서는 안 된다. 또, what이 주어 또는 목적어 역할을 하므로, what 다음에는 주어 없이 곧바로 동사가 오거나 또는 목적어가 없는 불완전한 문장이 와야 한다. 빈칸 앞에 명사가 없고, intending to do 다음 목적어가 없기 때문에 what이 정답이다. 반면 if와 when 다음에는 완전한 문장이 와야 하므로 오답, which는 빈칸 앞에 선행사가 없어서 오답이다.

> ex 553   We sincerely regret that we must end ----- has proven to be a mutually beneficial relationship.
> (A) what (B) each (C) how (D) that

빈칸 앞에 선행사가 없으면 대체로 what이 정답이다. what 다음에는 주어 없이 동사가 오거나 주어와 동사는 있지만 그 다음에 '목적어'가 없는 불완전한 문장이 온다. 따라서 정답은 (A)이다.

관계대명사 정답공식05

콤마(,)와 전치사 뒤의 관계대명사 자리에서 that은 오답!
콤마(,) 뒤의 관계대명사 자리는 대체로 which를 찍어라!
전치사 뒤의 관계대명사 자리는 whom 또는 which이다!

콤마로 끊어지면서 선행사를 받을 때에는 who/whose/which 중 하나를 써야지, that을 쓸 수 없다. 특히 자주 출제되는 사물선행사+콤마 뒤 관계대명사 자리는 that도 될 것 같기 때문에 that을 고르기 쉽지만, which가 정답이다.

한편, 전치사 뒤 관계대명사 자리는 목적격 관계대명사가 와야 하므로 whom(선행사가 사람인 경우) 또는 which(선행사가 사물인 경우)만이 올 수 있다.

ex 554 Japan leader Kobayasi's official visit on Tuesday to Army Unit J2041, ----- handles the Japan's missile systems.
(A) who (B) which (C) what (D) that

예554의 경우 콤마가 있고, 빈칸 앞의 선행사는 Unit J2041이라는 사물이며, 빈칸 뒤는 handles에 s가 붙어 있는 동사이므로 빈칸은 주격자리이다. 정답은 (B) which이다. that은 콤마가 있어서 오답이며, who는 사물선행사라서 오답이다. 결과적으로 **콤마 뒤의 빈칸은 대체로 which를 찍으면 된다.**

ex 555 The manager developed a list of criteria for development, ----- she feels will boost the representative's morale.
(A) which (B) that (C) what (D) who

예555은 생략가능한 she feels가 중간에 끼어들었다는 사실을 파악하지 못하면 문장구조파악이 어렵다. 일단 빈칸이 콤마 뒤에 있으므로 정답은 여러말 할 것 없이 (A) which이다. that이나 what은 콤마 뒤에 절대로 올 수 없다.

ex 556 After his retirement, Mrs. Jenkins spends most of her time with the gardens, ----- need to be watered daily and pruned every few days.
(A) while (B) which (C) when (D) who

선행사가 gardens(사물)이고 뒤에 동사 need가 있으므로 주격 관계대명사 which가 정답이다. 참고로 콤마 뒤의 관계대명사 자리는 that이 올 수 없다.

ex 557 This rigorous training program, ----- was originally developed by the military, will get you in shape within a month.
(A) what (B) which (C) whoever (D) whose

사물명사 program이 선행사이고, 빈칸 다음에 동사가 있으므로 주격 관계대명사 which가 정답이다. 특히 관계대명사 문제인데, 빈칸 앞에 콤마가 있으므로 that이 선지에 있더라도 오답이다. 콤마 뒤의 관계대명사 자리는 대체로 which가 정답이다.

ex 558 Some of the most common ways by ----- businesses communicate today would seem like miracles to the businessman of the early 1900's.
(A) that (B) their (C) whose (D) which

전치사 다음에는 목적격관계대명사가 오기 때문에 선행사가 사람이면 whom, 선행사가 사물이면 which가 정답이다. 즉, 전치사 다음의 관계대명사 자리는 무조건 whom과 which 둘 중 하나가 정답이다.

ⓒ 관계대명사 정답공식06

수량표현인 all of, half of, most of 뒤가
빈칸이면서 관계대명사 자리이면,
목적격인 whom이나 which가 정답이다!
이 중에는 대명사인 all, half, most가 지칭하는
선행사가 사람인지 아니면 사물인지에 따라 구별한다.

관계대명사가 전치사 of의 목적어 역할을 하여야 하기 때문이다. 즉, 전치사 뒤에 오는 관계사 2개를 꼽으라면 whom과 which인 셈이다. who의 목적격은 whom으로서 주격과 형태가 다르지만, which의 목적격은 그대로 which이기 때문이다. all of which의 의미는 '그 모든 것들'이라는 뜻이다.

ex 559 We have over 50 employees in this office, all of ----- finished college.
(A) whom (B) whose (C) which (D) that

예559의 경우 전치사 of 뒷자리가 빈칸인데, 선지는 모두 관계대명사들로 구성되어 있다면, 무조건 whom 아니면 which가 정답이다. 이 둘 중에는 대명사 all이 지칭하는 것은 50 employees로서 사람이므로, who의 목적격인 whom이 정답이다.

ex 560 The human resource manager has proposed a set of corrective measures, all of ----- should greatly help in improving the work efficiently.
(A) whom (B) which (C) that (D) where

예560의 경우 전치사 of 뒷자리가 빈칸인데, 선지는 모두 관계대명사들로 구성되어 있다면, 무조건 whom 아니면 which가 정답이다. 이 둘 중에는 대명사 all이 지칭하는 것이 corrective measures이기 때문에 '사물'이다. which의 목적격은 which이다. 따라서 정답은 (B)이다.

ex 561 The car accident involving over 10 vehicles left 20 people wounded, many of ----- were just passers-by.
(A) who (B) them (C) those (D) whom

전치사 다음이 빈칸이다. 그런데 선지에 대명사 또는 관계대명사만 있어서 대명사 또는 관계대명사 문제임이 확실하다면, 전치사 뒤에는 항상 목적격만 쓸 수 있으므로 whom 또는 which가 정답이다. 정답은 (D)이다.

ex 562 Members of the Recreation Committee, all of ----- are women, voted unanimously to ban alcoholic beverages from this weekend's Picnic & Games Day.
(A) them (B) whose (C) who (D) whom

전치사 다음이 빈칸이다. 그런데 선지에 대명사 또는 관계대명사만 있어서 대명사 또는 관계대명사 문제임이 확실하다면, 전치사 뒤에는 항상 목적격만 쓸 수 있으므로 whom 또는 which가 정답이다. 정답은 (D)이다.

관계대명사 정답공식07

if와 that의 구별
국어적으로는 의미상 if나 that 모두가 어울릴 때,

명사절
- [____+S+V] +단수동사이면, that이 정답! if는 불가
- S+타동사+[____+S+V]이면, that이 정답! if도 가능

부사절
- [S+V ....] ____ + [S+V ....]이면, if가 정답! that불가

if와 that의 구별문제도 있다. 선지에 if와 that이 함께 있으면, 둘 중 하나가 정답일 확률이 높다. if는 명사절(~인지 아닌지)과 부사절(만약 ~라면)을 이끌 때 모두 쓰이지만, that은 명사절(~라는 것)을 이끌 때에만 쓰인다. (따라서 if와 that의 구별은 빈칸 뒤가 명사절인지 부사절인지 확인해야 한다.)

부사절의 첫머리에 빈칸이 있으면 if만 가능하지만, 명사절의 첫머리, 특히 그 명사절이 문장 내에서 주어의 역할을 할 경우(즉, 명사절 중 주절인 경우) that이 정답이다. 명사절로 쓰이는 if절은 '간접의문문'에서나 'see if S+V'에서처럼 목적어로만 쓰이고, 보어절이나 주절이 될 수 없기 때문이다. 보어절이나 주절은 if 대신 whether를 사용한다. if가 문장 첫머리에 오면 대부분 가정법(만약 ~라면)이라고 인식되기 쉽기 때문이다. 결과적으로 명사절이면, 대체로 that이나 whether가 정답이다.

ex 563 ----- the new medicine is safe lacks confirmation.
(A) If (B) Which (C) What (D) Whether

예563은 '____ the new medicine' 부분이 명사절로서 주어이고, 문장 전체의 동사는 단수동사인 lacks이다. 따라서 빈칸은 that이나 whether가 들어가야 한다. that은 선지에 없고, 의미도 '~인지 아닌지'이므로 정답은 (D)이다. if는 주절을 이끌 수 없고, 특히나 문두에 오면 가정문이라고 인식되므로 오답이다.

'S+V 덩어리'를 명사로 만들어주는 장치를 모두 망라해 본다면?
명사절을 이끄는 접속사에는 ①that ②if ③whether가 있고, 명사절을 이끄는 ④의문사에는 who, what, which, how, where, why, when, whom이 있으며, 명사절을 이끄는 ⑤복합관계대명사에는 whatever, whoever, whichever 등이 있다. 특히 이 중에서는 that과 what의 구별문제 및 that과 if의 구별문제가 자주 출제된다(3-14 접속사자리 정답공식05 참조).

> ### 관계부사 정답공식
>
> **관계대명사와 관계부사가 경쟁선지로 남았을 때,
> 빈칸 뒤가 '완전한 문장'이면 관계부사가 정답이다!**
> 관계부사 = 전치사+관계대명사
> where = in/at/on + which
> when = in/at/on + which
> why = for + which
> how = in + which

관계부사 뒤에는 완전한 절이 온다는 점이 핵심 중에 핵심이다. 이것이 바로 관계대명사와의 차이점으로서, 관계대명사 뒤에는 주어나 목적어와 같은 문장의 필수성분이 빠진 '불완전한 절'이 온다(완전/불완전의 개념은 앞의 제2장을 참조한다.).

'관계부사=전치사+관계대명사'이므로 관계부사 앞에는 전치사가 올 수 없다. 역으로 말하면, 전치사 다음이 빈칸이면 관계부사는 오답으로 가장 먼저 제껴야 하고, 관계대명사 중에서 정답을 골라야 한다.

> ex 564   There are numerous situations in ----- handicapped people are unable to care for themselves.
> (A) when (B) whose (C) which (D) where

예564은 빈칸 앞에 전치사 in이 있으므로, 관계부사는 모두 오답이다. 따라서 (A)와 (D)는 가장 먼저 제껴진다. 그리고 정답은 전치사 뒤에 올 목적격 관계대명사이므로, (C)이다. in which = where인 셈이다. 앞에서 전치사 뒤에 오는 관계사 2개를 꼽으라면 whom과 which라고 정리한 바 있다.

> ex 565   We are all anticipating Kate's return from Japan, ----- she delivered a conference speech on international trade.
> (A) while (B) why (C) where (D) which

예565는 선행사가 장소인 Japan이고, 빈칸 뒤가 완전한 절이다. 따라서 정답은 관계대명사 which가 될 수 없고, 관계부사 where이다.

> ex 566 Both management and labor representatives have complained to the hotel about the conference room ----- the negotiations are being held.
> (A) who (B) which (C) where (D) whose

선지가 모두 관계대명사/관계부사이므로 이들 중 그 종류를 찾는 문제이다. 빈칸 바로 다음에 동사가 없기 때문에 일단 주격 who, which는 오답이다. 또, 빈칸 뒤에 관사 the가 있기 때문에 소유격 whose도 오답이다. 목적격 whom도 생각해 볼 수 있는데, 관계대명사절의 동사 are being held가 수동태이므로 목적어를 취할 수 없으므로 역시 오답이다. 빈칸 뒤는 완전한 문장이므로 관계부사인 where가 정답이다. 이와 동일한 in which가 선지에 있다면, 이것도 정답이 된다.

5-04 | 800점용 문법공식

가정법형태 판별을 위한 공식

기초지식 쌓기

현재 토익은 가정법 문제를 거의 출제하지 않고 있거나 출제해도 매우 쉽게 출제하고 있는 것 같다. 옛날 성문종합영어 시리즈로 가정법을 공부하던 사람에게는 의아하게 느껴질 것이다. 아마도 실생활 영어가 대부분 가정법 현재를 사용하기 때문이 아닐까 생각해본다.

舊 토익에는 가정법 문제가 나올 경우, 가정법 과거완료가 정답인 경우가 많았다. 新 토익에서도, 가정법 현재는 흔히 보는 if절의 문제이므로 가정법 문법 문제라고 하기 민망할 정도로 쉬운 경우가 많고, 가정법과거와 가정법 미래는 자주 출제되지 않다보니, 결과적으로 토익 가정법 문제는 대체로 '가정법 과거완료'가 정답인 경우가 많다고 느낄 수밖에 없다.

그 외 현재 토익 가정법 문제에서, if절과 주절의 시제가 짬뽕(혼합)되어 있는 이른바 '혼합가정법'(if절은 가정법 과거완료, 주절은 가정법 과거)이 출제되는 경우는 거의 없으므로, 굳이 공부하지 않아도 된다고 생각한다.

일단 가정법의 어형 자체는 알아두자. 그 중에서도 앞서 언급한 이유로 인해 '가정법 과거 완료'가 정답인 경우가 많으므로, 아래 중 가정법 과거완료의 주절 형태인 'would + have Ved'만큼은 반드시 알아 둔다.

아래의 공식을 외우기 힘들어하는 토익커가 많다. 종속절과 주절의 형태 모두를 주관식으로는 못 외우더라도, 객관식으로는 한쪽의 형태를 보면, 나머지 다른 한쪽의 형태를 맞출 수 있도록 해둔다. 특히 가정법 과거와 가정법 과거완료의 경우, 주절의 조동사(would/could/might/should)를 기점으로 종속절이 주절보다 한 시제씩 앞선 시제로 되어 있다.

> **01 가정법 미래** <u>미래상황을 가정할 때, 그 실현가능성이 낮으면 사용</u>
> : 미래에 그럴 리는 거의 없지만, 혹시 ~한다면 ~할 것이다.
> If 주어+ should +동사원형, 주어+ will (can, may)+동사원형
>
> **02 가정법 현재** <u>우리가 별 생각 없이 쓰는 if절 구문</u>
> : ~한다면, ~할 것이다
> If + S + 동사의 현재형, S + will (can, may, shall) + 동사원형
>
> **03 가정법 과거** <u>현재 상황과 반대되는 내용을 가정할 때 사용</u>
> : 현재 ~하다면, 현재~일텐데 (①에 비해 더 불가능한 가정)
> If + S + 동사의 과거형(be동사의 경우 인칭 무관하게 were),
> S + would (could, might, should) + 동사원형
>
> **04 가정법 과거 완료** <u>과거상황과 반대되는 내용을 가정할 때 사용</u>
> : 과거에 ~했다면, 과거에 ~이었을 텐데
> If + S + had + Ved, S + would (could, might, should) + have + Ved

여기서 잠깐! 가정법의 필수 요소는 무엇일까? 'If절의 존재'라고 답하는 사람이 많다. 물론 이를 틀렸다고 할 수는 없겠으나, 가정법의 필수요소는 오히려 '조동사의 존재'라고 답하는 것이 옳다. 조동사는 자신의 감정이나 느낌을 표현하는 영어의 어법이며, 그 상황이 본인이 생각하기에 '이루어질 수 없는 상황'이라면, will→ would, can→ could, shall→ should, may→ might로 바꾸는 것이다. 그래서 위 4가지 공식에서 모두 주절에 '조동사'가 존재하는 것이다.

왜 가정법에는 would, should, could, might를 쓰는가? 영어에서 조동사는 바로 다음처럼 그 정도의 차이는 있을지언정, '추측'의 의미를 내포하기 때문이다. 참고로 알아두면 좋겠다.

would ≤ will ≤ should ≤ could ≤ can ≤ may ≤ might ≤ must
30%　　　　　　　추측 정도의 세기　　　　　　100%

결론적으로 어떤 문장에서 If절 없이, 위의 조동사가 있는 주절만 있는 경우에도, '~일텐데', '~하면 좋을 텐데'라고 해석하는 것이 옳다.

> ex 567　With the money you save, you ----- able to add a decent side dish or dessert to the mac and cheese!
> (A) being　(B) were　(C) may be　(D) have been

절약한 돈으로 다른 요리도 먹을 '수 있을 텐데…!'라는 내용이므로, 가능성을 의미하는 조동사 may가 정답이다. 문장 마지막에 마침표에도 주목할 필요가 있다.

> ex 568　We ----- credit for the above amounts and an investigation of these charges.
> (A) are appreciating　(B) appreciated
> (C) were appreciated　(D) would appreciate

정중한 의뢰를 나타내는 would appreciate(~해주시면 감사하겠습니다)가 가끔 출제된다. 가정법에 쓰이는 조동사의 과거형 would가 붙으면 정중함의 뉘앙스가 생긴다.

가정법 정답공식 01

If절과 주절의 '시제형태(모양)'를 맞춰주면 정답이다!

가정법 과거완료
If+주어+had Ved, 주어+____이면,
　　조동사의 과거형+have Ved가 정답!
If+주어+____, 주어+조동사의 과거형+have Ved이면,
　　had Ved가 정답!

가정법 과거
If+주어+과거동사, 주어+____이면,
　　조동사의 과거형+동사원형이 정답!
If+주어+____, 주어+조동사 과거형이면,
　　과거동사 또는 (be동사라면) were가 정답!

토익 가정법 문제는 고도의 문법이 아니라 가장 기초적인 시제 형태를 묻는 문제만 나온다고 보아도 무방할 정도이다. 따라서 If절이나 주절 중 어느 한쪽의 형태를 보고서, 나머지 다른 한쪽의 형태를 맞출 수 있도록 해 둔다.

가정법 과거와 가정법 과거완료는 종속절이 주절보다 한 시제씩 앞선 시제로 되어 있다는 사실만 알면 된다.

---

ex 569　If students ----- how bad it is to smoke, they would take a different attitude.
　　(A) has known (B) will know (C) knew (D) had known

예569는 주절 쪽을 보면, would + take (즉, would + 동사원형)이므로 '가정법 과거'이다. 따라서 if절 쪽은 동사의 과거형인 (C) knew가 정답이다. '학생들이 (현재) 담배의 해로움을 안다면, (현재) 학생들은 다른 태도를 취할 텐데….'라는 의미이다.

ex 570 These summer courses application forms ----- in less than a minute if it had not been for their very disorganized layout.
(A) filled (B) were filling
(C) will have filled (D) would have been filled

종속절 if it had not been을 보면 가정법 과거완료임을 알 수 있다. 따라서 주절에는 'would have Ved' 형태가 와야 한다. (D)가 정답이다.

ex 571 Jefferson Farfan would never have succeeded in getting into Harvard ----- the help of his father's business associates who are alumni.
(A) so as (B) if not for (C) in that (D) as to

주절의 동사가 would never have succeeded인 것으로 보아 가정법 과거완료에 해당한다. 따라서 가정법 문장이므로 종속절의 접속사는 if가 와야 한다. 선지에 if가 포함된 것은 (B)뿐이다. if not for는 if it had not been for(만약 ~때문이 아니었더라면)가 축약된 표현이다. 어려운 문제같지만, if가 들어간 선지를 찍고 넘어가면 된다.

ex 572 Your pay would have been available today, ----- the changes to your records been entered into the database by last Monday.
(A) when (B) although (C) had (D) if

주절의 시제가 would have been이므로 가정법 과거완료이다. 따라서 if로 시작하는 종속절 부분은 'if+주어+had Ved' 형태가 되어야 한다. 그런데 5-05 도치구문 정답공식03에서 후술하듯이, 'if+주어+had Ved'가 도치되면 if가 생략되고, 'had+주어+Ved'가 되기 때문에 빈칸에는 had가 들어가야 한다. 이런 유형의 문제는 '___ 주어+Ved'로 출제되는데, 주어 부분이 길어질 때 헷갈린다. 빈칸에 접속사가 올 수 없는 이유는 빈칸 바로 다음에 '주어+동사'가 오지 않았기 때문이다. records와 been 사이에 had가 있어야 '동사가 있다'고 표현할 수 있다.

ex 573　Please tell **the agent at the time of booking your cruise,**
----- **you require any special dietary needs.**
(A) then　(B) had　(C) although　(D) should

빈칸 다음에 '주어+동사'가 있기 때문에, '접+주+동'공식에 의해 빈칸은 접속사 자리이다. although(비록~일지라도)는 접속사이지만 주절과 종속절이 역접의 의미가 아니어서 오답이다. 빈칸에 들어갈 접속사는 if인데, 정작 if가 선지에 없고 should가 정답이다(주절이 명령문이기 때문에, 가정법 과거완료는 고려할 필요 없다.).
원래 이 문장은 if you should require(만약~가 필요하시면)이었는데, 5-05 도치구문 정답공식03에서 후술하듯이, 도치구문이 되면서 if가 생략되고 should가 문두로 나오게 된 것이다. 그리하여 should you require라는 도치문장이 탄생한 것이다. 이런 유형의 문제는 should가 조동사이므로 '____+주어+동사원형'으로 출제된다. 즉, 빈칸과 주어 다음에 있는 동사가 동사원형이라는 점이 결정적인 힌트를 제공한다.

가정법 정답공식02

if의 의미를 갖는 다양한 표현이 출제된다

providing (that) +S+V
provided (that) +S+V
assuming (that) +S+V
supposing (that) +S+V
granting (that) +S+V
in case (that) +S+V
given (that) +S+V
on condition that S+V
unless(=if not) +S+V

참고 now that+S+V 이제 ~했으므로 = because

이들이 토익 어휘문제로 출제되곤 하는데, if를 대체하는 역할이므로, 문장 맨 앞이 빈칸인 경우가 대부분이다. 딱히 가정법 문제라고 하기도 어렵다.

> **ex 574** Several projects for which we have received funding are supposed to begin next month ----- a sufficient amount of working space is available.
> (A) provided that (B) otherwise (C) unless (D) as long as

예574는 해석상 if의 대용어를 묻는 문제이므로 정답은 쉽게 (A)를 고를 수 있다.

참고로, 예574의 문장에서 which 대신 for which가 쓰인 이유는 which 뒤에 오는 구문이 주어(we)+동사(have received)+목적어(funding)로서 완전한 문장이기 때문이다. 5-03 관계부사 정답공식에서 보았듯이, '전치사+관계대명사=관계부사'이므로 for which에서 for가 빠질 수 없다. 여러 전치사 가운데 for가 쓰이는 이유는 receive funding for + project/program 구문에서 for가 앞쪽으로 나간 것이기 때문이다.

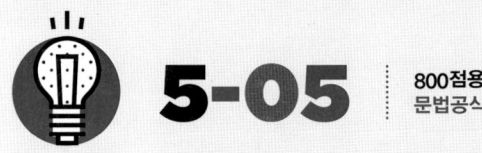

5-05 도치구문 판별을 위한 공식

800점용 문법공식

🔑 기초지식 쌓기

무언가를 강조하고 싶을 때 원래 어순을 뒤바꾸어 쓰는 도치구문은 자주 출제되지는 않으나, 도치문제라는 사실을 깨닫지 못하면 별 것도 아닌 것에 머뭇거리게 된다. 토익에서 출제될 수 있는 도치구문은 다음에 정리된 3가지이다. 물론 4-03의 예341에서 enclosed가 문두로 나간 경우도 도치구문이다. 즉, be동사의 보어가 문두로 나갈 때 도치가 일어날 수 있다. 그러나 이는 단독의 도치문제로 출제되기는 어려워 독립된 정답공식으로 정리하지는 않았다.

참고로 도치에 관한 아래 문제를 살펴보자.

> ex 575 A meeting to finalize the deal was held at a time and place ----- to both parties.
> (A) agreeable (B) agrees (C) agreement (D) agreeably

사실 고급영어로 갈수록 아무런 규칙이 없는 것이 도치구문이다. 우리말에서도 시나 소설을 보면 일반적인 어순과 다른 경우가 많다. 이 문제에서 빈칸에 들어갈 단어는 place를 수식하는 형용사로서 agreeable이다(place which is agreeable에서 which is가 생략된 형태로 이해해야 할 수밖에 없다). 그러나 명사 뒤에서 명사를 수식하는 분사(Ving나 Ved)와 달리, 일반적인 형용사는 명사 앞에서 명사를 수식하는 것이 보통이다. 그럼에도 불구하고 왜 명사 뒤에서 수식하는가? 추측컨대 글쓴이는 time and place라는 댓구를 연속해서 붙여쓰고 싶었던 것 같다. 이렇듯 엿장수 마음인 것이 도치인데, 영문 해석에도 약간의 융통성이 필요함을 알 수 있다.

도치 정답공식01

**부정어가 문두에 올 때 도치가 일어난다. 따라서
문두에 Never, Hardly, Scarcely, Rarely, Nor, Seldom, Little이
뜨면, 도치를 의심해서 정답을 고른다!**

이 중에서 Hardly, Scarcely, Rarely가 가장 자주 출제된다. 문두에 부정어가 오면, 부정어가 문장 맨 앞으로 오는 것으로 끝나는 것이 아니라, 주어와 동사 부분에서 도치가 일어난다. 따라서 이 때의 동사가 일반동사일 경우 '부정표현+do/does/did+주어+동사원형+~' 식으로 바뀌게 된다는 사실에 주의한다. 부정어와 주어+동사 사이에 '시제와 수를 보여주는 조동사'가 끼어드는 셈이다.

ex 576 ____ had the fires of World War II been extinguished than the threat of war erupted again in Europe.
(A) No sooner (B) As soon as (C) Hardly (D) Never

예576은 도치되어 있으므로 문두에 부정어가 있어야 한다. 따라서 Hardly도 정답후보는 되는데, than이 있으므로 No sooner가 정답이다. no sooner A (과거완료시제) than B (과거시제) 구문으로 'A 하자마자 B 하다'의 뜻이다.

ex 576 ____ has the marketing environment been more complex and subject to change.
(A) Rarely (B) Ever (C) Should (D) Even

도치가 일어난 경우이므로 부정어 (A) Rarely가 정답이다. 마켓팅 상황이 지금보다 더 복잡하고 변화무쌍한 때는 거의 없었다는 의미이다.

ex 578 Little ____ I know that it would be one of the best-selling books representing TOEIC education in such a short period.
(A) so (B) I (C) did (D) have

예578은 부정표현인 little을 강조하기 위해 little을 맨 앞으로 뺀 것이다. 부정어를 빼면 S와 V의 도치가 일어나는데, 그 V가 일반동사일 경우 '부정표현 + do/does/did + 주어 + 동사원형 + ~' 식으로 바뀌게 된다. 따라서 정답은 (C) did이다. 통상 little은 think, know, care와 같은 단어 앞에서 '전혀 ~ 생각지도 못한 /알지도 못한'이라는 부정 표현으로 쓰인다.

도치 정답공식02

**'Only / Barely + 부사구'가 문두에 올 때 도치가 일어난다.
따라서 문두에 Only, Barely가 있으면 도치를 의심해서 정답을 고른다!**

only+부사(구)를 강조하기 위해 문두로 보낼 때, 주어와 동사를 도치시킬 수도 있다. 다만 정답공식01과의 차이점이 있다. 부정어가 문두로 나갈 때에는 반드시 주어와 동사를 도치시키지만, only+부사(구)가 나갈 때에는 의무적으로 도치시켜야 하는 것은 아니다.

ex 579 ----- then did she become cognizant of the fact that there were more troublesome ahead than she had expected.
(A) Only (B) Hardly (C) Scarcely (D) If

예579는 그때서야 비로소(only then) 그녀는 자신 앞에 예상보다 더 힘든 일들이 있었다는 사실을 알게 되었다는 뜻으로, only+부사(구)를 강조하기 위해 문두로 도치시킬 때, 주어와 동사를 도치시킬 수도 있다.

ex 580 Only after it began to put on ads on local newspaper did the company ----- to receive larger orders.
(A) start (B) starts (C) starting (D) started

문장의 첫 단어가 only로 시작하면 도치구문일 가능성이 크고, only 바로 다음에 after로 시작하는 부사구가 있다면 더 그렇다. 조동사 did가 문장 중간에 있으므로 빈칸에는 동사원형 (A)가 와야 한다.

도치 정답공식03

If절에서 If가 생략될 때 도치가 일어난다. 따라서 문두에 Should, Were, Had가 뜨면 도치를 의심해서 정답을 고른다!

아래처럼 If가 생략된 도치구문이 가끔 출제되므로, 어순을 잘 봐둬야 한다.

01 Had it not been for ~ 가정법 과거 완료
02 Were it not for ~ 가정법 과거
03 Should it rain ~ 가정법 미래
04 Do I have some money ~ 가정법 현재

위 공식과 반대로, 아래처럼 문두가 빈칸이고 선지 중에 should, were, had가 한 개라도 끼어 있으면 도치를 의심해서 정답을 골라야 한다는 사실도 중요하다.

ex 581 ----- the clerk received the great news, he would have let you know immediately.
(A) If (B) Had (C) Have (D) Though

예581의 정답은 Had이다. 본래는 If the clerk had received~라는 가정법 과거완료 문장이었다. 빈칸 뒤에 '주어+Ved'가 있고, 선지에 Had가 있다는 점에 주목해야 한다.

ex 582 Had I known he was coming to Tokyo, I ----- to the airport to meet him.
(A) would have gone (B) would go (C) had gone (D) went

예582처럼, 도치문제를 이렇게 앞의 가정법 정답공식01과 함께 물을 수도 있다. If절의 원래 모습은 If I had known으로서 가정법 과거완료문장이다. 따라서 주절도 would have Ved가 와야 하므로 정답은 (A)이다.

曹操 TOEIC

CHAPTER 06

900점을 달성하기 위한 **문법공식**

6-01 가산/불가산 명사의 구별공식

900점용 문법공식

기초지식 쌓기

어근이 같으면서 가산명사인 것과 불가산명사인 것, 또는 어근은 다르나 우리말로 의미가 비슷하면서 가산명사인 것과 불가산 명사인 것이 선지에 동시에 등장하면 외우지 않고서는 풀 수가 없다.

물론 900점을 달성하기 위해서 주요한 가산/불가산 명사 몇 개는 외워야 한다. 하지만 무엇이 불가산명사이고, 무엇이 가산명사인지 하나하나 외우는 데에 너무 집착할 필요는 없다. 밑도 끝도 없다. 아래에서 보듯이, 상당히 추상적인 의미를 지녔다고 느껴지는 상당수의 명사들이 의외로 가산명사이다. 예를 들어 activity(활동)의 경우 언뜻 보면 불가산명사같지만 가산명사여서 복수형 activities가 가능하다. 한편, purchase 같은 경우는 '구매행위'의 개념으로 쓰일 때는 불가산명사인 것이, '구매한 물건'을 의미할 때는 가산 명사로 쓰이기도 한다.

따라서, 항상 단수로 쓰는 불가산명사 몇 개만 먼저 외우는 것[10]이 좋다. 대표적으로 information, equipment, furniture, luggage, mail이 출제된 바 있으므로 외워두는 것이 좋다. 2006년 이전 토익 Part6에서 information, equipment, furniture, luggage, mail에 s가 붙어 있는 상태로 밑줄이 그어져 있으면, 무조건 틀린 표현이기 때문에 정답이었다.[11]

가산명사/불가산 명사 구별문제가 만약 뜻이 비슷한 불가산명사인 research와 가산명사인 survey, study를 동시에 선지에 넣어 놓고서, 이 중

---

10 [암기테크닉] 아래 문장을 통하여, 도둑질은 혼자해야 들키지 않으니 단수명사로 쓴다고 암기하자! 도둑놈이 equipment(장비)를 이용하여 furniture(장농)를 열었는데, money/cash(현금)는 하나도 없고, 대신 귀중한 advice와 information을 꺼내어, 가지고 간 luggage/baggage(가방)에 담아, 살금살금 도망 나오는 scenery(장면)가 news에 나왔다고, 친구가 mail을 보내왔다.

11 과거 2006년 이전 초창기 토익의 Part6는 한 문장 내에서 밑줄 그은 부분에 영문법적으로 틀린 부분이 포함되어 있는 것을 고르는 문제였다.

에서 정답을 고르라는 식으로 출제되면, 난이도가 매우 높아진다. 아래 도표에서 정리한 것들을 외우지 않고서는 맞출 수 없기 때문이다. 아래는 유사한 의미면서도 대조되는 불가산-가산 명사의 몇 가지 주요한 짝이다.

01	research 불가산: 연구	survey 가산: 조사	study 가산: 연구
02	information 불가산: 정보	detail 가산: 상세사항	
03	certification 불가산: 증명	certificate 가산: 증명서	
04	permission 불가산: 허가	permit 가산: 허가증	
05	advice 불가산: 조언	suggestion 가산: 제안	
06	access 불가산: 권한에 접근	approach 가산: 물리적 접근	
07	on the market 불가산: 판매중	on sale 가산: 판매중	
08	competition 불가산: 경쟁	challenge 가산: 도전	
09	production 불가산: 생산	produce 불가산: 농산품	
10	merchandise 불가산: 상품	product 가산: 제품	
11	estimation 불가산: 견적	estimate 가산: 견적서	
12	duplication 불가산: 복사	duplicate 가산: 복사본	
13	alternation 불가산: 교대	alternative 가산: 대안책	

참고
Ving형 불가산명사와 가산명사

Ving형 불가산명사

clothing 의류	seating 좌석/자리	functioning 기능/작용
processing 처리	ticketing 매표	training 훈련
downsizing 긴축조정	spending 지출	founding 창립

Ving형 가산명사

an opening 공석	a building 빌딩	a setting 장소, 환경
a finding 결과물	a meaning 의미	a sighting 목격
a meeting 모임	a gathering 모임	a showing 상영

다만, 다행히도 토익에서는 암기하지 못하면 풀지 못하는 방식보다 사람명사이기에 가산명사인 advisor와 개념명사이기에 불가산명사인 advice

를 선지에 넣고서, 이들 중에서 고르라는 문제가 더 많이 출제되고 있다. 후술하는 가산명사 정답공식의 결론부터 말하자면, 가산명사와 불가산명사의 구별문제는 대부분 빈칸 앞에 부정관사(a/an)나 정관사(the)가 있는지 없는지를 살펴, 그것의 존부를 정답의 근거로 삼아 풀어야 하는 문제들이다. 맛보기 차원에서 몇 문제 풀어보자.

> ex 583 ----- for the corporate expansion must wait until after the calculation of all costs is complete.
> (A) Decide (B) Decision (C) Decisive (D) Decisions

빈칸은 조동사 must 앞이므로, 주어 자리여서 명사가 들어가야 한다. 그런데 단수 가산명사인 Decision이 오려면 앞에 관사 a, the가 있어야 한다. 따라서 복수명사 (D)가 정답이다.

> ex 584 ----- must include their social security identification number on the loan application forms.
> (A) Applicant (B) Applied (C) Application (D) Applicants

빈칸은 조동사 must 앞이므로, 주어 자리여서 명사가 들어가야 한다. 그런데 Applicant(지원자), Application(신청서)은 모두 가산명사이기 때문에 그 앞에 반드시 관사 a나 the가 있어야 하므로 오답이다. 정답은 복수명사인 (D) Applicants이다.

> ex 585 Rather than trying to guess how to do it, follow the instructions for ----- that are printed on the box.
> (A) to assemble (B) assembly
> (C) assembler (D) assembling

빈칸은 전치사 for뒤, 관계대명사 that 앞이다. '전+명' 공식에 의해 빈칸은 전치사 다음의 명사자리이다. 그런데 빈칸 앞에 관사가 없기 때문에 가산명사 assembler(조립자)는 오답이다. 결국 불가산 명사인 assembly(조립)가 정답이다. 참고로, 여기서 that절 이하는 assembly가 아니라 instructions를 꾸며주므로, 동사가 is가 아니라 are이다.

가산명사 정답공식01

빈칸 앞에 a가 있으면
반드시 가산명사만 정답이 될 수 있다!

반면, 빈칸 앞에 the가 있으면,
가산명사가 와도 되고, 불가산명사가 와도 된다!

한편, 빈칸 앞에 a도 없고, the도 없으면,
복수형의 가산명사나 불가산명사만 정답이 될 수 있다!

우선, 가산명사는 다음 4가지 형태로 존재가능하다. 즉, 가산명사는 a가 붙어 있든, s가 붙어 있든, the가 붙어 있든 셋 중 하나는 꼭 붙어 있어야 한다. 즉, a도 안 붙고 the도 안 붙이고는 가산명사를 쓸 수 없다는 점이 핵심이다. 한편, 가산명사의 복수형태는 (a 대신 s가 붙는 것은 당연하고) the는 있어도 되고 없어도 된다. 즉, 복수형에 the가 붙으면, the와 s는 함께 붙는 셈이다.

applicant	×		
an applicant	○	the applicant	○
applicants	○	the applicants	○

다음으로, 불가산 명사는 2가지 형태로 존재가능하다. 즉, 불가산 명사에 a와 s는 붙을 수 없고, the만 붙을 수도 있다. 그러나 불가산명사 앞에 the가 붙을 수 있는 것이지, 반드시 the가 있어야 하는 것은 아니다. 즉, 불가산명사 앞에는 a와 the가 모두 없어도 되며, 그것이 오히려 불가산명사의 가장 기본적 용례이다.

an information	×	informations	×
information	○	the information	○

다만, 불가산 명사 앞에 the가 있을 때와 없을 때는 뜻이 다르다고 보면 된다. 불가산명사의 특징상 추상적인 명사가 많은데 the를 사용하면 이 추

상적인 뜻이 구체적으로 변하게 된다. 그래서 앞문장에서 언급한 불가산명사를 받을 때에 the를 붙이는 경우가 많다.

> **ex 586** The Times Educational Supplement conducted a ----- of professionals in this field in September.
> (A) research (B) progress (C) survey (D) broadcast

예586의 경우 의미상으로는 (A)와 (C)가 비슷하지만, 빈칸 앞에 a가 있으므로, 가산명사인 survey가 정답이다. (다음 문제는 빈칸 앞에 a가 없는 경우이니 비교해서 풀어보자. a와 the가 없으면 복수형의 가산명사나 불가산명사만이 정답이 될 수 있다.)

> **ex 587** He offered opportunities for ----- in research.
> (A) participant (B) participated (C) participation (D) participates

예587의 경우, 전치사+명사 공식을 먼저 알아야 한다. 즉, 빈칸이 전치사 뒷자리이므로 명사가 와야 하는 자리이므로, (A)와 (C) 중에서 골라야 한다. 그런데 빈칸 앞에 a나 an이 없으므로 복수형의 가산명사 또는 불가산명사가 정답이다. 가산명사와 불가산명사를 개별적으로 외워놓지 않았더라도, participant는 사람명사로서 가산명사이고, participation은 개념명사로서 불가산명사이므로, 정답은 (C)이다. 해석상 문제가 없다치더라도 participant가 정답이 되려면, 최소한 s가 붙어 있어야 하는 것이다. (다음 문제는 빈칸 앞에서 정관사 the가 있는 경우이니 비교해서 풀어보자. 빈칸 앞에 the가 있으면, 가산명사가 와도 되고 불가산명사가 와도 된다.)

> **ex 588** The consulting firm completed the ----- two months ahead of schedule.
> (A) evaluate (B) evaluation (C) evaluator (D) evaluating

예588의 경우, 일단 the 뒷자리이므로 명사가 올 자리임은 분명하므로, (B)와 (C) 중에서 골라야 한다. 이들은 각각 사람명사인 evaluator와 개념명사인 evaluation이다. 그런데 빈칸 앞에 the가 있으면 가산명사가 와도 되고 불가산명사가 와도 된다. 이런 유형은 해석을 통하여 동사와의 어울림으로 풀 수밖에 없다. 따라서 해석상 '평가를 끝내다'라는 의미이므로 정답은 (B)이다.

---

ex 589 At least one form of ----- with picture and signature is required to enter the consulate general office during regular business hours.
(A) identified (B) identifying (C) identifier (D) identification

빈칸이 전치사 of 다음이므로 명사자리이다. 그런데 identifier(확인자)는 -er로 끝나는 사람명사로서 가산명사이기 때문에 빈칸 앞에 관사 a나 the가 있어야 정답이 될 수 있다. 따라서 정답은 사물명사 identification(신분증)이다.

---

ex 590 Local ----- of grapes has been influenced by a recent change in weather patterns.
(A) product (B) producer (C) production (D) produce

빈칸이 형용사 Local 다음, 전치사 of 앞이므로 명사자리이다. 그런데 Local 앞에 관사 a나 the가 없기 때문에, 빈칸에는 관사가 필요 없는 명사인 복수형의 가산명사 또는 불가산명사가 와야 함을 알 수 있다. 따라서 단수형의 가산명사는 오답이다. product(제품), producer(생산자)는 단수형의 가산명사여서 오답이다. 불가산명사인 production(생산)과 produce(농산물)를 각각 넣고 해석했을 때 (C)가 정답이다.

---

ex 591 New ----- for the transportation of toxic wastes should help reduce fears among the public.
(A) regulation (B) regulate (C) regulatory (D) regulations

빈칸이 형용사 New 다음, 전치사 for 앞이므로 명사자리이다. 그런데 선지에 단수명사 regulation과 복수명사 regulations가 둘 다 있다. 단수형의 가산명사 앞에는 반드시 관사 a나 the가 있어야 하는데, 이 문제에서 형용사 New 앞에 관사가 없기 때문에, 빈칸에는 복수형의 가산명사나 불가산명사가 들어가야 한다. 정답은 (D)이다.

가산명사 정답공식02

어근이 같은데 '사람명사'이면 가산명사,
'개념명사'이면 불가산명사이다.
따라서 선지에 사람명사와 사물명사가 함께 등장하면,
둘 중 하나가 정답일 확률이 매우 높다!

01	technician 기술자	technology 기술
02	server 근무자	service 서비스
03	founder 설립자	foundation 설립
04	operator 교환원/오퍼레이터	operation 작동
05	architect 건축가	architecture 건축
06	representative 대표자/직원	representation 대표
07	resident 거주자	residence 거주
08	illustrator 삽화가	illustration 삽화
09	inspector 검사자	inspection 정밀조사
10	applicant 지원자	application 지원
11	donor 기증자	donation 기증

가산명사가 토익에서 출제되면, 어근이 같으나 사람을 의미하는 명사와 개념을 의미하는 명사를 구분하라는 취지에서 출제될 가능성이 높으므로, 이들 쌍을 외워두는 것이 좋다. 이는 외우는 것이 크게 부담스럽지는 않을 것이다. 사람명사의 일반적 생김새인 -ant, -ent, -or, -er 규칙을 따르면, 무엇이 사람명사로서 가산명사인지 쉽게 알 수 있기 때문이다. 그 규칙에서 벗어나는 relative(친척), representative(대표자/직원) 같은 명사만 주의한다.

> ex 592 ----- at the musical concert reached 2000 this year, breaking last year's record of 1600.
> (A) Attendant (B) Attended (C) Attendee (D) Attendance

예592은 명사자리이므로 (A)(C)(D)가 후보가 된다. 그러나 어미의 생김새로 볼 때, -ant, -ee로 끝나는 (A)와 (C)는 각각 '보조요원'과 '참석자'

라는 의미의 사람명사, -ance로 끝나는 (D)는 '출석'이라는 의미의 개념명사이다. 따라서, (A)와 (C)가 답이 되려면, 빈칸 앞에 관사가 있거나 빈칸에 들어갈 단어가 복수형이 되어야 한다. 정답은 (D)이다.

> ex 593 The winners of our weekly competition will be drawn randomly from all complete and correct -----.
> (A) enter (B) entrance (C) entering (D) entries

예593의 정답은 '참가자/응모자'라는 의미의 (D) entries이다. 빈칸 앞에 all이 있어, 빈칸에는 복수의 가산명사 또는 불가산명사가 와야 하기 때문이다.

> ex 594 ----- mailed by the 25th of the month should easily meet the deadline for submissions.
> (A) Enter (B) Entrance (C) Entries (D) Entering

빈칸 뒤쪽에 shoud라는 문장 전체의 동사가 있고, 빈칸 바로 뒤에 mailed라는 분사가 있기 때문에, 빈칸은 주어역할을 하면서 분사의 수식을 받는 명사자리이다. 그런데 가산명사 Entrance(출입문)는 문맥에 맞지도 않거니와 그 앞에 관사가 없기 때문에 오답이다. 정답은 Entries(출품작)이다.

> ex 595 Lifestyle magazines are often comprised mainly of -----, but most economic or political publications involve thorough research.
> (A) photographs (B) photography
> (C) photographers (D) photographic

빈칸은 전치사 다음, 콤마 앞이므로 명사자리이다. 그런데 선지에 명사가 무려 3개나 있기 때문에, 이 문제를 풀려면 어느 정도 해석은 필요하다. photographs(사진), photography(사진촬영), photographers(사진작가) 중에서 문맥에 맞는 것은 photographs이다. [참고] comprise 구성하다

ex 596 The opening-night ----- of the opera will feature several of the country's most popular singers.
(A) performance (B) performer (C) to perform (D) perform

빈칸이 정관사 The 다음, 전치사 of 앞이므로 명사 자리인데, 해석상 performer(공연자)보다 performance(공연)가 문맥에 맞는다.

ex 597 Every ----- who requires financial assistance for tuition must complete forms available at the University Finance Office.
(A) applying (B) applicable (C) application (D) applicant

형용사 Every뒤, 관계대명사 who 앞이기 때문에 빈칸에는 선행사로서 단수명사이자 사람명사가 와야 한다. 따라서 application(지원서)은 오답이고 applicant(지원자)가 정답이다.

참고
언뜻 '불가산명사' 같지만, 모두 '가산명사'라는 점에 주의할 명사

앞에서 본 -er, -or, -est, -ee, -ent, -ant가 붙은 사람명사는 당연히 가산명사이다. 그 외에, 토익에서 가산명사인지 불가산명사인지 헷갈리는 가산명사가 있다. 아래의 명사들은 추상적 의미가 내포되어 언뜻 '불가산명사' 같지만, 모두 '가산명사'라는 점에 주의한다. 이들 가산명사까지 외워둔다면 오답 소거측면에서 유리할 것이다.

01 location, area, district, site, zone 장소
02 request, requirement, talk, suggestion, conversation, complaint 요구, 대화
03 description, presentation, speech, discussion 대화나 토론
04 resource, source, material, ingredient 재료나 구성성분
05 problem, reason, factor, error, idea, solution, way, method 문제, 방법
06 alternative, strategy, measure 대안, 수단, 대책
07 price, refund, discount 가격 관련
08 purpose, process, decision, procedure, plan, result, conclusion 목적, 과정
09 standard, relation 기준, 관계

이렇듯 가산명사와 불가산명사는 우리의 국어관념과 반드시 일치하지는 않는 어려운 문제이다. 특히 상당수의 명사를 사전에서 찾아보면, 다양한 의미를 갖고 있는데, 그 의미에 따라 하나의 단어가 가산명사로 쓰이기도 하고 불가산명사로 쓰이기도 한다. 토익 공부를 하면서 이 문제를 너무 깊이 고민할 필요는 없다고 생각한다.

6-02 수량 대명형용사의 암기공식

900점용 문법공식

기초지식 쌓기

수량 형용사 문제는 모의토익이나 시중 문제집에 자주 등장하는 편이나, 실제 정기토익에서는 별로 중요하지 않다. 따라서 공부량을 너무 늘리지 말고, 아래 4가지 수량형용사의 기본용법만 정확히 암기한다는 기분으로 공부한다. 그래도 웬만큼 문제는 풀린다. 점점 공부를 하면서 정답공식 03~06에 나오는 다양한 수량 형용사를 익히면 된다.

01 another의 용법 - 형용사 또는 대명사
another+단수명사+단수동사

02 every의 용법 - 형용사
every+단수명사+단수동사
every+기간(이 때는 예외적으로 복수명사 가능)

03 each의 용법 - 형용사 또는 대명사
each+단수명사+단수동사
each+of the 복수명사+단수동사
each+of+대명사의 목적격(us/them)+단수동사

04 all의 용법 - 형용사 또는 대명사
all+(the)+(가산명사가 오려면)복수명사+복수동사
all+(the)+(불가산명사가 오려면)단수명사+단수동사
all of the +(가산명사가 오려면)복수명사+복수동사
all of the +(불가산명사가 오려면)단수명사+단수동사

*형용사로 쓰인 경우는 공히 그 뒤의 명사에 수일치!
*대명사로 쓰인 경우는 공히 그 대명사에 수일치!

수량형용사에서 쟁점이 될 수 있는 것은 다음 4가지이다.

첫째, 선지에 다양한 수량형용사가 등장하고, 빈칸이 수량형용사 자리로 출제될 때, 빈칸에 들어갈 수량형용사의 종류를 맞추는 문제이다. 이를 위해서는 각 수량형용사의 용법상 세부적인 특징을 알아야 한다.

둘째, 수량형용사 바로 뒤의 빈칸에 적절한 단/복수의 명사를 넣는 문제로 출제될 수도 있다. 이는 수량형용사의 종류에 따라, 그 뒤에 ①단수의 가산명사만 오는 경우, ②(복수의) 가산명사만 오는 경우, ③(가산이든 불가산이든) 단수명사만 오는 경우, ④(복수의) 가산명사와 (단수의) 불가산명사만 오는 경우, ⑤(단수의) 불가산명사만 오는 경우, ⑥(단수의) 가산명사, (복수의) 가산명사, (단수의) 불가산명사 셋 모두가 올 수 있는 경우로 나뉘기 때문이다(정답공식03, 04, 05 참조). 이 경우에는 가산/불가산명사(6-01) 문제와도 결합할 수도 있다.

셋째, 각 '수량형용사+명사'를 단수취급하는지 복수취급하는지 알아야 한다. 즉, 수일치 문제는 every, all 같은 수량형용사 뒤에 올 명사가 단수명사일지 아니면 복수명사일지를 묻는 차원을 넘어서, 이들이 주어일 때 동사를 is/are 혹은 was/were 등으로 수일치시켜 줄 것을 요구한다. 이것도 토익 출제 포인트다.

넷째, 각 수량형용사의 품사를 알아야 한다. 가령 every는 형용사로만 쓰이는 반면, 나머지 another, each, all은 대명사와 형용사로 모두 쓰인다. 그래서 이들을 대명형용사라고 부르기도 한다. 단수냐 복수냐의 문제만큼이나 중요한 것이 every는 대명사가 아니라는 사실이다. 따라서 '＿＿+of' 또는 '＿＿+단수동사'처럼 빈칸 뒤에 명사가 없으면 every는 정답이 될 수 없다.

수량 대명형용사 정답공식01

단수의 가산명사만을 수식하는 수량 대명형용사
단수의 가산명사만을 수식하는 형용사 삼총사인
each(각각의), every(모든), another(또 다른) 바로 뒤가 빈칸이면,
단수명사가 정답이고, 나아가 단수동사가 정답이다!

'each/every/another+단수의 가산명사 + 단수동사'를 의미하는 공식이다. 단순히 수량형용사 문제가 아니라 주어와 동사의 수일치 문제로까지 확장될 수 있음을 알아야 한다.

each와 another의 경우는 그 의미상 당연히 단수명사가 올 것 같으므로 별로 헷갈리지 않는다. 하지만 every는 그 의미가 '모두'로 해석되기에 왠지 복수명사가 올 것으로 헷갈리기 쉽다. 그러나 여기서 '모두'는 '각각이 합쳐져 1개로 합체된 모두'를 의미하기에, every 뒤에 단수명사가 와야 한다는 것은 확실히 기억하자.

토익에서 수량형용사의 구별 문제 중 가장 자주 출제되는 것은 여기 정답공식01에 나오는 every와 정답공식02에 나오는 all의 구별 문제이다. every 뒤에는 단수의 가산명사만 올 수 있는 반면, all 뒤에는 단수명사 뿐 아니라 복수명사 모두가 올 수 있다. 즉, all 뒤에 불가산명사가 와야 할 때에는 (불가산 명사의 본질상) 당연히 단수명사가 오고, 가산명사가 올 때에는 ('모든'이라는 의미상) 당연히 복수명사가 온다. 결과적으로 all 뒤에는 복수의 가산명사 또는 단수의 불가산명사가 올 수 있는 셈이다.

그러나 토익에는 all 뒤에 불가산명사가 오는 경우가 거의 출제되지 않으므로, 결과적으로 all 뒤에는 복수명사가 온다고 보는 편이 토익시험에는 유리하다. 나아가 all 뒤에 불가산명사가 오는 경우가 출제되지 않는다는 암묵적 전제에 서면, every 뒤에는 단수명사, all 뒤에는 복수명사가 온다고 짧고 굵게 정리해두는 것도 나쁘지 않다.

이 논리를 확장하면, 단순히 every와 all 뒤의 명사가 각각 단수명사와 복

수명사가 와야 한다는 것을 넘어서, 이들이 주어일 때 동사도 is/are 혹은 was/were 등으로 달라진다. 이것이 토익 출제 포인트다.

> **ex 598** The goal of TK telecom Corporation is to make its mobile phone service available in ----- region of the country.
> (A) all (B) every (C) many (D) both

예598은 선지를 볼 때 결국 all과 every의 구별문제라고 할 수 있다. 빈칸 뒤에 region이라는 단수명사가 왔으므로, 정답은 (B) every이다.

그 외 every의 경우 'every+기간(~마다)'이라는 특유의 표현이 있음도 알아두자. every six months⁶개월마다, every 2 hours²시간마다, every two years²년마다 처럼 등으로 쓰일 수 있다. 원래 every는 단수명사만 수식할 수 있어서, 그 뒤에 단수명사와 단수동사만 올 수 있으나, every 뒤에 기간표현이 올 때에만 예외적으로 every 뒤에 복수명사가 올 수도 있다.

> **ex 599** ----- three weeks we present the audience with a theme.
> (A) Much (B) Many (C) All (D) Every

예599는 빈칸 뒤에 기간 표현이 나오므로 weeks라는 복수명사가 등장함에도 불구하고, 'every+기간(~마다)'이 출제되었다. 정답은 (D) Every이다.

> **ex 600** The terms of your employment contract will be reviewed ----- six months and amendments made to suit the conditions at the time of the review.
> (A) every (B) only (C) even (D) along

every 다음에 '기간명사'가 오면 '~마다'라는 의미이다. (A)가 정답이다.

every 외에 another 다음에 기간, 금액, 거리의 단위가 와도 같다. every 3 days(3일마다), another 3 days(3일 추가로)라는 의미가 된다. 아래 예601의 정답은 (B)이다.

<u>ex 601</u> The temporary secretary will have to stay ----- 3 days because Ms. Gillis still has yet to recover from the flu.
(A) one (B) another (C) other (D) one another

한편, each의 경우, 'each+명사'와 'each of the+명사'의 차이를 아는 것이 중요하다. 즉, 'each+단수명사'이지만, 'each of the+복수명사'이다. 그러나 이들 명사구가 문장 전체에서 주어로 쓰일 때에 동사는 모두 each와 호응하므로, 단수동사를 써야 한다.

<u>ex 602</u> Palacios-Huerta studied 22 kickers and 20 goalkeepers, each of whom ----- in more than 30 penalties in his database.
(A) were involved (B) was involved (C) involved ((D) are involved

예602는 주어가 each of whom이므로, of whom은 괄호칠 수 있는 부분이어서, 정답은 each에 수일치를 시켜 주어야 한다. 따라서 were가 아닌 was가 와야 한다. 또 빈칸에 들어갈 involve 뒤에 목적어가 없으므로 수동태가 와야 한다. 정답은 단수동사이자 수동태인 (B)이다. (참고로, 이 문장은 goalkeepers가 선행사이다. 원래는 each of whom 대신 주격 관계대명사 who가 와야 한다. 그런데 who 대신 '그들 각자 모두'라는 의미를 강조하기 위해 each of 를 넣은 것이다. 그러다보니, 전치사 of 뒤라서 whom이 오게 된 것이다.)

<u>ex 603</u> Superior quality pearls are exported to Europe and North America ----- year.
(A) this (B) each (C) some (D) other

형용사 some이나 other는 복수형의 가산명사나 불가산명사를 수식한다. 그런데 빈칸 뒤 명사 year는 단수명사이므로, some과 other는 오답이다. this나 each는 단수명사를 수식하므로, 이 둘 중 하나가 정답이 되어야 한다. 해석상 '올해'보다 '매년'이 더 적절하므로 each year(매년)가 맞다. (B)가 정답이다.

수량 대명형용사 정답공식02

all과 관사 the의 어순은 다음 3가지이다
01 the 없이 'all + 명사'
02 the를 쓰되, the를 뒤에 써서, 'all the + 명사'
03 all of와 함께 써서, 역시 the를 뒤에 써서, 'all of the + 명사'

all을 사용할 때, all과 관사 the의 어순을 아는 것도 중요하다. 보통은 the whole employees처럼 the가 형용사인 whole보다 앞에 온다. 그런데, all의 경우 ① the 없이 'all + 명사'로 쓰든가, ② the를 쓰되, the를 뒤에 써서, 'all the + 명사'로 쓰던가 ③ all과 of와 함께 써서, 역시 the를 뒤에 써서, 'all of the + 명사'로 쓴다.

ex 604 ----- vehicles used on public roads in the UK have to be licensed annually.
(A) Every (B) Each (C) All (D) Whichever

예604는 빈칸 뒤의 명사 vehicles가 복수이고, 동사도 has to가 아니므로 (A)(B)는 수량형용사 정답공식01에 의해 정답이 될 수 없다. (D)는 6-04 복합관계대명사 정답공식에 의해 정답이 될 수 없다. Whichever는 복합관계대명사이므로, 뒤에 S+V가 나와서 명사절이 만들어진다면 가능한데, Whichever가 이끄는 절 속에는 S인 vehicles만 있고, 동사가 될 V가 없기 때문이다(used는 '사용되어진'이라는 의미이므로, 명사를 후치수식하는 준동사 Ved임). 따라서 정답은 (C)이다. all vehicles, all the vehicles, all of the vehicles로 3가지 모두 사용가능하다.

ex 605 The special bills payable to the corporation will be valid in all -----.
(A) respect (B) respectable (C) respects (D) respected

예605는 all 뒤에 빈칸이 있다. 따라서 가산명사가 온다면 복수형이 와야 한다. 사실 in all respects는 '모든 면에서'라는 숙어인데, 이를 모르더라도 숙어 속에서도 문법은 지켜져야 한다는 관점에서 풀면 될 때가 많다. 따라서 정답은 (C)이다. 여러 수량형용사 중 빈칸에 all을 넣어야 할 문제 외에, 이렇게 all 뒤를 빈칸으로 만들어놓는 문제도 출제될 수 있다.

---

ex 606 Of ----- mid-sized cars on the market, the Century is the only one with a customer satisfaction rating over 90%.
(A) every (B) many of (C) all (D) much

빈칸은 복수명사 cars 앞이다. 따라서 이를 수식하는 형용사를 고르는 문제이다. every는 그 뒤에 단수명사가, much는 그 뒤에 불가산명사가, many of는 그 뒤에 '정관사 the + 복수명사'가 와야 하기 때문에 오답이다. 정답은 복수명사와 불가산 명사를 수식하는 all이다.

수량 대명형용사 정답공식03

복수의 가산명사만을 수식하는 수량 대명형용사

many, numerous, a number of 많은
a couple of 2~3개의
a few, several 몇몇의
few 거의 없는 **fewer** 더 적은 **quite a few** 꽤 많은
various, diverse 다양한
a variety of, a range of, a diversity of 다양한
a collection of, a selection of, a series of 다양한
both 양쪽의
these, those 이것들/저것들
one of the, one of one's ~중에 하나
each of the 각각의
이들 뒤가 빈칸이면, 복수명사가 정답이다!

이 중 many, numerous, a number of, (a) few, several, both만큼은 기본기로서 알아두자. 그러나 시험에 자주 출제되는 것은 a ____ of 형태인 a variety of, a range of, a diversity of, a collection of, a selection of(다양한)이다.

> **ex 607** For all its benefits, big pharmaceutical company faces the problem of losing its ----- patents after 10 years.
> (A) number (B) numerous (C) numerical (D) numbering

예607의 경우 빈칸 뒤에 복수명사 patents(특허)가 있으므로 정답은 (B)이다. (A)는 명사라서, (C)와 (D)는 뜻이 맞지 않아서 오답이다.

> **ex 608** The manager must speak to ----- of the employees individually about the change in company policy.
> (A) every (B) whole (C) each (D) entire

예608은 'each of the +복수명사'를 묻는 문제이다. 정답은 (C)이다. 빈칸은 명사 또는 대명사 자리이므로, 대명사가 아니라 형용사이기만 한 every

와 entire는 가장 먼저 제껴야 한다. whole은 형용사로도 쓸 수 있고, 명사로도 쓸 수 있어서 정답후보이기는 하나, 빈칸에 들어가려면 빈칸 앞에 the가 있어야 한다(정답공식06의 참고박스 참조).

> **참고**
>
> **each of the 뒤에는 '복수명사'가 와야 한다!**
>
> 여기서 또 하나 주의해야 할 것은, 앞의 정답공식01에서 보았듯이 each와 every 뒤에는 '단수명사'가 온다고 하였는데, each of the 뒤에는 '복수명사'가 와야 한다는 점이다.
> ① each +단수명사 + 단수동사 ▶ each가 형용사로 쓰임(단수명사가 주어)
> ② each of the 복수명사 + 단수동사 ▶ each가 대명사로 쓰임(each가 주어)
> 참고로, each는 형용사도 되고 대명사도 되는 반면, every는 형용사일 뿐 대명사가 아니므로 'every of the+명사'라는 표현은 영어에 없다.

ex 609 This is by far one of the most challenging ----- Mrs. Rita has ever taken in her entire career as a laboratory technician.
(A) project (B) projected (C) projects (D) projecting

'one of the 복수명사'라는 구문이 자주 출제된다. 정답은 (C)이다.

ex 610 ----- of our sales representatives demonstrated how to use the product at the TK machine fair.
(A) The one (B) Those (C) One (D) Someone

예610에서 'one of the+복수명사'를 떠올리기 힘든 이유는 of 바로 뒤에 the 대신 our(소유격)가 끼어있기 때문이다. one of one's+복수명사를 묻는 문제이다. 정답은 (C)이다.

ex 611 A number of large ----- in our country are seeking competitive marketing companies.
(A) corporations (B) corporation (C) corporatism (D) corporate

예611은 빈칸 앞에 A number of 가 있으므로, 정답은 복수명사인 (A)이다. 뒤쪽에 동사 are가 복수동사임을 감안하여 풀 수도 있겠다.

ex 612　Fairytale Studio's animated productions always contain a ------ range of innovative graphics and dynamic soundtracks.
(A) wide　(B) prolonged　(C) several　(D) various

빈칸 뒤에 range가 있다. '다양한'이라는 의미의 관용구 a wide range of = a wide variety of, a variety of, a series of, an array of, a range of, a majority of, a selection of 등이 모두 자주 출제된다. 정답은 (A)이다.

ex 613　The expansion of the recreation area allowed us to offer more private space for a ----- of events.
(A) crowd　(B) type　(C) increase　(D) variety

관용표현으로서 a variety of가 자주 출제된다. 정답은 (D)이다.

ex 614　This list includes our major national accounts and a ----- of those retailers using our anti-theft tag system in this particular area.
(A) rebate　(B) content　(C) patent　(D) selection

관용표현으로 a selection of가 자주 출제된다. 정답은 (D)이다.

ex 615　A number of ----- of our game software have started selling a competitor's line as well.
(A) distributors (B) distributed (C) distribute (D) distribution

a number of 다음에는 복수명사가 와야 한다. 정답은 (A)이다.

ex 616　Construction of the new biotechnology lab was funded by donations to the university from its ----- patent holders among the faculty.
(A) numerical　(B) numerate　(C) numbered　(D) numerous

빈칸 뒤의 복수명사를 수식할 수 있는 형용사 numerous(수많은)가 정답이다.

> ex 617 While many recognize the need for strong environmental legislation, only ----- citizens are willing to reduce their own consumption and waste.
> (A) less (B) little (C) a few (D) a lot

빈칸 뒤의 복수명사 citizens를 수식할 수 있는 형용사가 와야 한다. 그런데 less(더 적은), little(거의 없는)은 불가산명사를 수식하기 때문에 오답이다. (D)는 a lot of(많은)에서 of가 없기 때문에 오답이다. a few(몇몇)는 복수명사만 수식하므로 (C)가 정답이다.

> ex 618 ----- drugs left should be locked in the medicine chest before you leave at the end of your shift.
> (A) These (B) Most of (C) This (D) Little

빈칸 뒤의 복수명사 drugs를 수식할 수 있는 형용사가 와야 한다. 그런데 This는 단수명사를, Little은 불가산명사를 수식하기 때문에 오답이다. 한편, Most of 다음에는 'the+복수명사' 또는 '불가산명사'가 와야 하는데, drug는 복수형의 가산명사임에도 빈칸 뒤에 the가 없으므로 오답이다. 따라서 정답은 (A) These이다.

 참고

수량형용사를 보고, 그 뒤의 빈칸에 적절한 '명사'를 넣는 문제

수량형용사 문제가 빈칸에 알맞은 수량형용사를 집어넣는 문제로도 출제되지만, 문장 내에 있는 수량형용사를 보고, 그 뒤의 빈칸에 적절한 '명사'를 넣는 문제로 더 많이 출제된다. 이 경우에는 앞의 6-01 가산/불가산명사 챕터와 결합해서 공부해야 하는 셈이다.

> ex The newest MP3 model has several new -----.
> (A) feature (B) features (C) featuring (D) featured

several 때문에 복수형인 (B) features가 정답이다.

ⓒ 수량 대명형용사 정답공식04

가산명사이든/불가산명사이든, 그 뒤에 오는 단수명사를 수식하는 수량 대명형용사
each, every, another + 가산 단수명사
either, neither + 가산 단수명사
this, that + 가산의 단수명사 or 불가산의 단수명사
이들 뒤가 빈칸이면, 단수명사가 정답이다!

이 중 each, every, another 뒤에 단수의 가산명사가 오는 것은 수량 형용사 정답공식 01에서 이미 본 것이다.

그 다음, either(둘 중 하나), neither(둘 다 아닌) 뒤에도 단수의 가산명사가 온다. not~either = neither이다. I do not need either book. = I need neither book.이 대표적이다.

한편, 영어에서 가장 흔한 this와 that은 그 뒤에 가산명사가 올 수도 있고 불가산명사가 올 수도 있다. (복수의 가산명사는 these와 those가 수식하므로) 이들 뒤에 가산명사가 온다면 단수형태가 와야 하고, 불가산명사가 온다면 불가산명사는 원래 복수형으로 쓰지 않으므로 역시 단수명사가 와야 한다.

> **ex 619** A formal review of ----- product line is conducted at least every two months.
> (A) each (B) both (C) each other (D) much

예619의 경우 빈칸 뒤에 단수명사인 product line이 있으므로, 일단 정답은 단수명사 앞에 올 수 있는 (A) each이다. (C)의 each other는 4-07에서 보듯, '서로서로'라는 의미여서 오답이다.

> **ex 620** Either ----- at the job fair needs to present the portfolio to the executive secretary.
> (A) assist (B) assistant (C) assistants (D) assisted

예620은 빈칸 앞에 Either가 있고 이것이 주어이므로, 3인칭 단수 현재

가 되어 뒤에 동사 자리에 needs처럼 s가 붙은 것이다. 그리고 at the job fair는 전치사구로서 괄호치고 생략가능하다. 그러므로 빈칸은 형용사인 Either가 꾸며주는 명사가 올 자리인데, Either는 단수명사만을 꾸미므로, 정답은 (B)이다. (A)(D)는 동사라서, (C)는 복수명사라서 오답이다.

ex 621 Let your dream become reality ----- Sunday when season tickets go on sale.
(A) these (B) each (C) every (D) this

each와 every 뒤에 Sunday가 붙으면 둘 다 '매주 일요일'이라는 의미가 되나, 이 문장의 내용은 '이번 주 일요일'이라는 의미가 되어야 한다. these는 복수명사를 수식하기 때문에 오답이다. 따라서 정답은 단수명사를 수식하는 수량형용사 this이다.

수량 대명형용사 정답공식 05

복수 가산명사와 불가산 명사 모두의 앞에 올 수 있는 수량형용사

any 그 어떤
some 약간의 some other 몇몇의 다른
no 어떤 ~도 아니다
most 대부분의
more 더 많은
other 다른 other such 그 어떤 다른
all 모든
a lot of, lots of, a plenty of 많은

이들 뒤가 빈칸이면, 복수가산명사 혹은 (단수)불가산명사가 정답이다!

이 중에서 특히 some, all, more, most, other가 중요하다. 이들은 뒤에는 아예 (단수형의) 불가산명사가 오거나, 아니면 뒤에 가산명사가 올 경우 단수형태의 가산명사는 올 수는 없고 복수형태의 가산명사만 올 수 있다.

단, 이 중에서 any와 no는 주의해야 한다. 즉, any와 no 뒤에는 단수형태의 가산명사도 올 수 있어서, any와 no 뒤에는 자유롭게 모든 형태의 명사 (단수의 가산명사, 복수의 가산명사, 단수의 불가산명사)가 올 수 있는 셈이다.

이와 관련하여 앞에서 본 another와 other의 구별문제(예434~예436)와 뒤에서 볼 some과 any의 구별문제(예648~예650)를 함께 보아야 한다. other와 another의 구별에 대해서는 전술한 4-07을, some과 any의 구별에 대해서는 후술하는 7-01을 참조하기 바란다.

---

ex 622 According to the recent poll, ----- factors may not affect election results, unless turnout is low.
(A) each other (B) another (C) others (D) other

예622는 빈칸 뒤에 factors라는 복수명사가 있으므로, 정답은 (D) other이

다. 참고로, 여기서 turnout은 '참가자수'를 의미한다. each other는 '서로 서로', another 뒤에는 단수명사, others는 형용사가 아닌 대명사이므로 오답이다.

> ex 623 Please hold ----- questions concerning travel arrangements until we have given you all the other information about the workshop in New York.
> (A) this (B) little (C) less (D) any

빈칸은 복수명사 questions의 앞이므로, 이를 수식하는 형용사자리이다. this는 단수명사를 수식하고, little과 less는 불가산명사를 수식하므로 오답이다. any는 복수, 단수, 불가산명사, 즉 모든 종류의 명사를 전부 수식한다. 정답은 (D)이다. (any의 전천후(?) 수식기능을 암기하기 위해 삼성핸드폰 ANY CALL을 기억하라.)

수량 대명형용사 정답공식06

불가산 명사 앞에만 올 수 있는 수량형용사
a little 약간 있는   little 거의 없는   less 더 적은
much 많은   a great deal of 많은
a (large) amount of 많은
이들 뒤가 빈칸이면, 불가산명사가 정답이다!

가산명사에 쓰는 a few/few/fewer와 불가산명사에 쓰는 a little/little/less 의 구별, 그리고 가산명사에 쓰는 many와 불가산명사에 쓰는 much의 구별이 문제된다.

> ex 624 Supermarkets such as Tesco have also carried ----- of sports equipment and clothing.
> (A) many (B) few (C) much (D) a few

예624는 6-01에서 보았듯이, equipment는 토익의 대표적 불가산명사이 므로, many, few, a few 모두 올 수 없다. (C) much가 정답이다. 아울러, too much information이라는 어구를 하나 입에 붙여두면, 불가산명사 앞에는 many가 아니라 much라는 사실의 암기테크닉으로 활용할 수 있을 것이다.

> ex 625 Invitations to the annual shareholders meeting were sent to all 16 board members, but ----- will be able to attend.
> (A) little (B) few (C) whoever (D) so

예625는 빈칸은 주어자리인데, 가산명사인 members를 받아야 하므로, 정답이 될 수 있는 수량대명사는 little이 아니라 few이다.

위보다 더 중요한 것은 less이다. 가산명사에 쓰는 fewer와 불가산명사에 쓰는 less의 구별도 출제될 수 있기 때문이다. fewer는 few의 비교급이고, less는 little의 비교급이다. 다만, fewer는 형용사로만 쓰는 반면, less는 형

용사 외에 부사로도 쓰일 수 있기 때문에, 영어문장에서는 less를 훨씬 더 자주 발견할 수 있고, 출제 빈도도 높다.

> ex 626 According to the NBA, bison meat has ----- fat than turkey, beef and chicken.
> (A) less (B) few (C) fewer (D) little

예626은 빈칸 뒤 than 때문에 빈칸에 비교급이 와야 하므로, 정답은 (A), (C) 중 하나이다. 빈칸 뒤가 불가산명사인 fat(지방)이므로, 정답은 less이다.

> ex 627 Its proponents argue that it costs ----- to increase worker satisfaction through retraining programs.
> (A) less (B) lesser (C) cheap (D) cheaper

예627이 바로 less가 동사 costs를 꾸미는 부사로 쓰인 경우로서, less가 정답이다. 다시 강조하지만, fewer는 형용사로만 쓰는 반면, less는 형용사 외에 부사로도 쓰일 수 있다. (C)는 형용사여서, (D)는 형용사의 비교급이어서 오답이다.

참고로, (A)의 less와 (B)의 lesser의 차이를 모르는 경우가 많다. less가 fewer에 대비되는 개념인 만큼, less와 lesser 둘 다 '수'가 아닌 '양'을 표현하는 little의 비교급이지만, lesser를 이중비교급이라고 한다. less가 양의 더 적음을 나타냄에 비하여, lesser는 가치·중요성의 덜함을 나타낼 때가 많다. 또한 lesser power(더 약한 힘), lesser nation(약소국)처럼 lesser는 보통 명사 앞에서 한정적 용법으로 명사를 꾸며주는 역할을 한다.

> ex 628 It is known that drinking beer can help maintain the kidneys healthy but too ----- can severely damage liver functioning.
> (A) few (B) little (C) much (D) many

빈칸 앞의 but은 접속사, 빈칸 뒤의 can damage는 동사이므로, 빈칸에는 '접+주+동'공식에 의해 주어인 명사가 와야 한다. 여기서는 그 앞에 beer를 받아주어야 하므로, 불가산명사를 받는 대명사 much(많은 양)가 정답이다.

 참고
오답선지로 자주 출제되는 single, entire, whole의 특성

수량형용사 문제에서 경쟁선지로 자주 출제되는 single, entire, whole의 특성을 알아두면 오답소거의 측면에서 매우 유리하다. single, entire, whole은 그 앞에 반드시 한정사(a/the같은 관사, 소유격이 대표적)가 있어야만 그 뒤에 단수명사가 올 수 있다.

the entire division (O)　　　　**entire division** (X)
the whole chapter (O)　　　　**whole chapter** (X)
a single day (O)　　　　　　　**single day** (X)

따라서 빈칸 앞에 a/the, 소유격 따위가 없다면, single, entire, whole은 가장 먼저 오답으로 제껴야 한다. 한편, entire, whole이 정답으로 출제될 때에는 all이 오답선지로 함께 출제될 때가 많다(앞의 예제 608 참조).

6-03 | 900점용 문법공식

어근과 품사가 같으나 뜻이 다른 단어 암기

🔑 기초지식 쌓기

(A) consider (B) considerate (C) considerable (D) consideration

선지가 위와 같을 때, 동사인 consider와 명사인 consideration을 제끼고 나서, 형용사인 considerable과 considerate처럼 어근이 같고 품사까지 같으나 뜻이 다른 단어만 남는 경우가 있다. 이런 경우 어휘문제인가 아니면 문법 문제인가?

일단 형식적으로 보면 문법문제이다. 그러나 '형용사자리'임이 판명되고 나면, 둘 다 형용사인 considerate와 considerable 중에서 골라야 하므로, 이 중에서는 어휘의 의미상 적절한 것을 골라야 하는 어휘문제이다. 따라서 '어근과 품사가 같으나 뜻이 다른 단어'는 문법과 어휘가 혼융된 고난이도 문제이다.

이런 문제가 출제되면, 어휘의 뜻을 암기하지 않으면 풀 수 없으므로, 이하에서는 이런 단어들을 정리하기로 한다. 이 중에서 뜻이 본래 동사 뜻과 엉뚱하게 다를수록 정답이 될 확률이 높은 단어이다. 따라서 목표점수가 낮은 토익커가 굳이 아래 단어들을 외우는 데에 너무 많은 시간을 쏟는 것은 바람직하지 않다.

나아가, 6-03의 내용은 3-14에서 공부한 '본래품사 우선의 법칙'에 대한 예외가 될 수 있다. 선지에 어근이 같은 Ving나 Ved가 섞여 있는 경우, 의미에 따라 본래 품사가 아닌 단어가 정답이 될 수 있기 때문이다.

careful 주의깊은	**caring** 상냥한
profitable 이익이 많은	**proficient** 능숙한
persuasive 설득력 있는	**persuaded** 확신하고 있는

▶ 둘이 붙으면 대체로 persuasive가 정답이다.

beneficial 유익한	**beneficent** 인정많은
confident 자신감있는	**confidential** 기밀의

▶ 대체로 confidential document(기밀문서)로 출제된다.

considerable 상당한 **considerate** 사려깊은 **considering** ~을 고려하면

▶ 셋이 붙으면 대체로 considerable이 정답이다.

competitive 경쟁력있는	**competent** 유능한
comparative 비교의	**comparable** 필적하는

▶ 둘이 붙으면 대체로 comparable이 정답이다.

informed 알게 된 / 알고 있는	**informative** 정보가 많은
pleasant 기분좋은 / 예의바른	**pleased** 기분이 좋아진
observance 준수	**observation** 관찰
objection 반대	**objective** 목적
economic development 경제의 발전	**economical way** 절약하는 방법
expectation 기대	**expectancy** 통계적 기대치
entry 참가자	**entrance** 출입구
product 제품 **productivity** 생산성	**produce** 농산물

respectively 각각	respectfully 정중하게

▶ 둘이 붙으면 대체로 respectively이 정답이다.

industrial 산업의	industrious 부지런한
sensitive 예민한	sensible 양식 있는
successful 성공적인	successive 연속하는
intelligent 지적인	intelligible 이해할 수 있는
understanding 이해심 많은	understandable 이해할 만한

▶ 둘이 붙으면 대체로 understanding이 정답이다.

sharpening 날카로운	sharpened 날카롭게 간
comprehensible 이해할 수 있는	comprehensive 포괄/종합적인

▶ 둘이 붙으면 대체로 comprehensive가 정답이다.

contemptible 경멸할 만한	contemptuous 모욕적인
credible 신용할 수 있는 credulous 남을 쉽사리 믿는	creditable 칭찬할 만한
desirable 바람직한	desirous 원하는, 열망하는
healthy 사람이 건강한	healthful 건강에 좋은 (음식)
seasonal 계절적인	seasoned 경험이 많은
impressive 인상적인, 감동을 주는 impressed 감명 받은	impressionable 감수성 예민한 impressing 감동시키는
imaginative 상상력이 풍부한 imaginary 상상의, 가상의	imaginable 상상할 수 있는
literal 문자의, 글자 그대로의 literate 읽고 쓸 수 있는	literary 문학의

effective 유효한　　　　　　　　　　**efficient** 효율적인

▶ 둘이 붙으면 대체로 effective가 정답이다.

luxurious 사치스러운　　　　　　　**luxuriant** 풍부한(상상력 따위)

favorable 우호적인　　　　　　　　**favorite** 좋아하는

▶ 둘이 붙으면 대체로 favorable이 정답이다.

memorable 기억할 만한, 중대한　　**memorial** 기념의
momentous 중대한, 중요한　　　　**momentary** 순간의, 찰나의

numerous 수많은　　　　　　　　　**numerical** 수의

practical 실제의, 실용적인　　　　　**practicable** 실행할 수 있는

satisfactory 충족시키는　　　　　　**satisfying** 만족을 주는

reliable 믿을 수 있는　　　　　　　**reliant** 의지하는

▶ 둘이 붙으면 대체로 reliable이 정답이다.

dependable 믿을 수 있는　　　　　**dependent** 의존적인

▶ 둘이 붙으면 대체로 dependable이 정답이다.

appreciable 주목할만한　　　　　　**appreciative** 감사하고 있는

argumentative 논쟁을 좋아하는　　**arguable** 논박할 수 있는

▶ 둘이 붙으면 대체로 argumentative가 정답이다.

exciting 흥미진진한　　　　　　　　**excitable** 사람이 흥분을 잘하는

prospective 장래의/미래의　　　　　**prosperous** 번영하는
promising 장래가 유망한　　　　　　참고 promise 약속하다

아래 상반되는 예629와 예630을 보자.

> **ex 629** In short, our shopping habits can have ----- effects on the environment.
> (A) considerate (B) considerable (C) considering (D) considered

예629의 정답은 '상당한'의 의미를 지니는 (B) considerable이다.

> **ex 630** We hope they'll learn to behave morally and ethically, and grow up to be honest and -----.
> (A) considerate (B) considerable (C) considering (D) considered

예630의 정답은 '사려깊은'의 의미를 지니는 (A) considerate이다.

> **ex 631** The audience is advised to be ---- and refrain from talking and moving about during the performance.
> (A) considered (B) considerate
> (C) consideration (D) considerable

빈칸은 be동사 뒤, and 앞이므로, 보어로서 형용사 또는 형용사화된 분사 자리이다. considerate는 '남을 배려하는'이라는 의미이고, considerable은 '엄청난, 상당한'의 의미이다. 이 문장은 관객에게 공연 준수사항을 언급하고 있으므로 considerate가 정답이 된다.

> **ex 632** The reporter insists that his information is accurate and that he got it from a source that is -----.
> (A) relied (B) reliant (C) reliably (D) reliable

빈칸은 be동사 뒤, 마침표 앞이므로, 보어로서 형용사 또는 형용사화된 분사 자리이다. 형용사 reliant(의존적인)는 source와 어울리지 않아 오답이다. 정답은 reliable(믿을 만한)이다.

453

> **ex 633** We depend on ----- source of information and on team of experts in the industry to make our financial decisions.
> (A) reliant (B) reliance (C) relying (D) reliable

빈칸은 명사 source(정보 등의 소식통, 원천) 앞이므로 형용사 자리인데, 형용사 reliant(의존적인)와 reliable(~을 믿을만한) 중 source와 어울리는 단어는 reliable이다.

> **ex 634** In any case, there is a high degree of uncertainty in the assessment because the catch data are not entirely -----.
> (A) relying (B) reliant (C) reliance (D) reliable

예632의 정답은 data와 어울리는 '전적으로 신뢰할 수 있는(entirely reliable)'이므로 (D)이다. reliant(의존하는)은 오답이다.

> **ex 635** We would prefer to publish articles that are both ----- and interesting, but we would also have to sell advertising.
> (A) commented (B) perceived (C) indicative (D) informative

빈칸이 포함된 that절은 선행사 articles를 뒤에서 수식하고, Both A and B 구문에 의해 빈칸은 형용사자리이다. 해석상 article(기사문)과 가장 잘 어울리는 단어는 informative(유익한)이다.

> **ex 636** The chemical composition of both natural and manufactured vitamin is -----, but the former is more expensive.
> (A) identification (B) identity (C) identical (D) identified

빈칸은 be동사 뒤, 콤마 앞이므로, 보어로서 형용사 또는 형용사화된 분사 자리이다. identified는 '확인되었다'는 의미, identical은 '똑같다/일치하다'라는 의미이므로, both와 어울리는 것은 후자이다. 따라서 정답은 (C)이다.

6-04 900점용 문법공식

복합관계대명사와 복합관계부사의 종류판별을 위한 공식

🔑 기초지식 쌓기

관계대명사와 관계부사에 대해서는 5-03에서 면밀하게 살펴보았다. 그에 반해 여기 6-04에서는 출제빈도가 훨씬 떨어지는 복합관계대명사와 복합관계부사에 대해서 알아보기로 한다. '복합'자가 붙은 복합관계대명사와 복합관계부사의 공통점은 다음과 같다. ①어미에 ever가 붙었다는 점, ② 선행사가 없다는 점, ③'~라도, ~든지'로 해석된다는 점이다. 이것은 관계대명사와의 차이점이기도 하다.

복합관계사 문제는 대체로 ⓐ복합관계사와 다른 품사의 단어를 섞어 놓고 복합관계사 자리임을 맞추어야 하는 문제와 ⓑ복합관계사끼리 비교하여 복합관계대명사 자리인지 복합관계부사 자리인지를 맞추어야 하는 문제이다.

ⓐ유형은 복합관계사도 접속사 역할을 한다는 점에 착안하여, 접속사자리 정답공식에서 배운 내용을 응용하면 쉽게 풀린다. 즉, S+V와 S+V를 연결하는 자리에는 접속사 외에 다른 품사가 올 수 없기 때문이다. ⓑ유형은 마치 관계대명사와 관계부사의 차이처럼, 복합관계대명사 뒤에는 불완전한 절이 오는 반면, 복합관계부사 뒤에는 완전한 절이 온다는 점에 착안하면 역시 쉽게 풀린다.

복합관계부사에는 whenever, wherever, however 3가지가 있는데, 그 중에서 however가 정답일 확률이 가장 높다. however의 경우 다른 복합관계사와 달리 반드시 그 뒤에 형용사나 부사를 동반해야 한다는 점이 자주 출제된다. 즉, 'however+형용사/부사+S+V'의 형태로 쓰이며, however 자리는 no matter how로 완전히 대체(치환)될 수 있다.

ⓒ 복합 관계대명사 정답공식

앞에 선행사가 없고 해석상 '~라도'의 의미를 지니면서,
뒤에 불완전한 절이 오면,
'ever가 붙은 복합관계대명사'가 정답이다.

whoever = anyone who ~하는 사람 누구라도
whatever = anything that ~하는 것은 무엇이라도
whichever = anything that ~라는 것은 무엇이라도

복합관계대명사는 형태면에서 뒤에 -ever가 붙어있고, 의미면에서 '~라도'라는 뜻이다. 복합관계대명사가 들어갈 빈칸 뒤를 보면서, 완벽한 문장에 빠진 필수성분을 보고 '격'을 따져서 정답을 선택해야 한다. 한편, 복합관계대명사가 이끄는 절은 주로 명사절 역할(부사절이 될 수도 있음)을 하므로, 전체 문장 내에서 주로 명사의 역할(주어, 목적어, 보어)을 한다.

> **ex 637** I was announced a few days ago that ----- wants to participate for the design class should pre-enroll at the Personnel Department.
> (A) whoever (B) whose (C) however (D) whom

예637은 빈칸 앞에 선행사가 없고 빈칸 뒤에 있는 동사 wants의 주어 역할을 할 자리이므로, 주격복합관계대명사인 whoever가 정답이다.

> **ex 638** John will agree to ----- you say at the interview concerning the issue.
> (A) whoever (B) whomever (C) however (D) whatever

예638은 선행사가 없고 빈칸 뒤의 you say의 목적어가 없다. 즉, you say 의 목적어가 앞으로 빠져 나온 경우이므로, 정답은 whatever이다. whatever you say가 전체 문장의 관점에서 보면, agree to의 목적어 역할을 하는 셈이다.

복합 관계부사 정답공식

앞에 선행사가 없고,
해석상 '~라도'라는 의미를 지니면서, 뒤에 완전한 절이 오면,
-ever가 붙은 복합관계부사가 정답이다!

01 wherever S+V =
no matter where S+V 어디에 S가 V하더라도

02 whenever S+V =
no matter when S+V 언제 S가 V하더라도

03 however + 형용사/부사 + S+V =
no matter how+형용사/부사+S+V 아무리 S가 V하더라도

복합관계대명사에 대비되는 개념으로 '복합관계부사'라는 개념이 있다. 복합관계'부사' 뒤에는 완전한 절이 온다. 완전/불완전 개념은 앞의 제2장을 참조한다. 복합관계부사가 이끄는 절은 문장 내에서 (양보)부사절 역할을 한다.

> 복합관계대명사와 복합관계부사의 공통점은 '앞에 선행사가 없다는 사실'이다. 둘의 차이점은 복합관계대명사의 경우 뒤에 불완전한 절이, 복합관계부사의 경우 뒤에 완전한 절이 온다는 점이다.

위 **03**의 복합관계부사 however의 경우, 'however+S+V+형/부'의 어순으로 쓰지 않고, 형용사나 부사를 앞으로 보낸다. 따라서 선지들이 모두 ever가 붙은 복합관계부사일 때, 빈칸 뒤가 형용사이면, however가 정답이다.

ex 639 ----- hard it's farmers worked, it is so overpopulated that it would starve without imported food.
(A) However (B) Whenever (C) Wherever (D) whatever

ex 640 Anyone can post anything they want on Wikipedia, ----- ridiculous it is.
(A) wherever (B) whenever (C) no matter how (D) whoever

예639와 예640의 경우 빈칸 뒤에 형용사가 있으므로, 정답은 각각 (A) however와 (C) no matter how이다. however와 no matter how부터 콤마 또는 마침표까지가 전체 문장의 부사절이다. 복합관계부사는 명사절을 이끄는 경우가 없다.

> **ex 641** Not only do I have to host the ceremony, but the event co-ordinator asked me to give a speech about ----- wonderful it is to work here.
> (A) how (B) what (C) where (D) which

빈칸 앞은 전치사 about이고, 빈칸 뒤는 it is라는 주어와 동사가 있다. 이런 경우, about 뒤에 명사절이 오는 경우임을 눈치채야 한다. 그런데 통상의 '접+주+동'과 달리, it is앞에 wonderful이라는 형용사가 있다. how 다음의 경우에만 '형용사/부사+주어+동사'가 온다는 것을 알아야 한다. 즉, '형용사/부사'가 의문사와 '주어+동사' 사이에 끼어들 수 있다. 이 경우 how는 '얼마나'라고 해석하면 된다. 따라서 wonderful it is만 봐도 이 문제의 정답은 how이다.

> **ex 642** How far apart people sit when they first meet is a good indication of how ----- they are with each other.
> (A) comforted (B) comfort (C) comfortable (D) comfortably

how 다음에는 '형용사/부사+주어+동사'가 오는데, 동사가 be동사라면 형용사, 일반동사라면 부사가 온다. 따라서 형용사 (C)가 정답이다.

> **ex643** Robinson's Grocery knows ----- hectic life can be. Finding time to do the shopping is sometimes nearly impossible.
> (A) how (B) what (C) very (D) so

빈칸 뒤에 형용사 hectic, 그리고 주어 life와 동사 can be가 있다. '의문사 how+형용사/부사+주어+동사'의 어순인데, how는 '어떻게'가 아니라 '얼마나'라고 해석해야 한다. how hectic life can be은 '삶이 얼마나 바쁜지'로 해석하면 된다. 따라서 정답은 (A)이다.

복합 관계사 정답공식

whoever와 anyone이 경쟁선지로 남았을 때, 관계사는 절(S+V)과 써야지, 분사와 함께 쓸 수 없다.

> ex 644 ----- interested in joining the computer club should contact us at the address below.
> (A) who (B) whoever (C) anyone (D) anyone is

예644는 우리말로는 '관심있는 사람 누구라도'의 의미이므로 빈칸에 whoever가 들어가도 될 것 같지만, 결론부터 말하면 (C) anyone이 정답이다. 영문법의 일반이론상 모든 문장은 '관계사의 개수 혹은 접속사의 개수 +1 = 동사의 수'라는 공식이 성립해야 한다. 그런데 여기서 interested는 본동사가 아니라 '분사(준동사)'이고, 본동사는 오로지 should contact 1개뿐이다. 따라서 빈칸에는 관계사나 접속사가 들어갈 수 없기 때문에 (B)는 오답이다.

물론 whoever를 써서 문장을 만들 수도 있다. 이 때는 분사 interested를 쓰지 말고, S+V를 써서, 주어를 명사절인 Whoever is interested in joining the computer club로 만들면 된다. whoever 같은 관계사 뒤에는 절(S+V)의 형태가 와야 한다는 대원칙 때문이다.

거꾸로 말해, Whoever가 답이 되려면 빈칸 뒤가 '____ is interested in~'으로 되어 있어야 한다. 이를 도식적으로 보면, whoever = anyone who이기 때문에, 원래 문제에 whoever를 쓰면, anyone who interested가 되어 버린다. 이 경우 who와 interested 사이에 동사 is가 없게 되어 결국 잘못된 표현이 된다.

이를 한마디로 정리하면, 관계사는 절(S+V)과 써야지, 분사와 함께 쓸 수 없다는 말이다. 물론, 토익시험장에서는 anyone interested = those interested만 외우고 있으면 대부분 다 풀린다.

예644를 자세히 설명한 것은 5-03과 6-04을 봄으로써 관계사에 대해 모두 공부했기 때문이다. 예644~647을 통해 관계사 및 절(S+V)의 문법적 개념을 총정리해보기 바란다.

> **ex 645** ----- loans artifacts will be credited in the exhibit and invited to a special reception to mark its opening.
> (A) Whoever (B) These (C) Anyone (D) Those

빈칸 뒤에 loans(빌리다)라는 동사와 will be라는 동사가 2개 나온다. loans(빌리다)는 관계대명사절 속의 동사이고, will be credited는 문장 전체의 본동사이다. 문장 내에 동사가 2개이면 접속사가 1개 있어야 하므로, 대명사인 Anyone은 오답이고 Whoever가 정답이다.

> **ex 646** ----- is interested in next week's excursion to Jeju Island can purchase tickets online.
> (A) Whoever (B) Them (C) Anyone (D) Some

빈칸 뒤에 is interested라는 동사와 can purchase라는 동사가 2개 나온다. is interested는 관계대명사절 속의 동사이고, can purchase는 문장 전체의 본동사이다. 문장 내에 동사가 2개이면 접속사가 1개 있어야 하므로, 대명사인 Anyone은 오답이고 Whoever가 정답이다.

> **ex 647** ----- wanting to be reimbursed for incidental expenses incurred at the luncheon must submit expense vouchers with the applicable receipts attached.
> (A) Fewer (B) Another (C) Whoever (D) Anyone

이 문제는 본동사나 동사로 의심되는 단어가 3개이다. wanting은 Ving이므로 분사로서 준동사, incurred는 앞의 명사 expenses를 꾸며주므로 분사로서 준동사, must submit은 전체 문장의 동사이다. 그렇다면 동사는 1개뿐이고, 접속사는 0개여야 한다. 따라서 Whoever가 오답이고 대명사인 Anyone이 정답이다. 요컨대 빈칸 바로 뒤의 wanting이 본동사꼴이 아니라 Ving꼴의 분사라는 점이 핵심힌트이다.

曹操 TOEIC

CHAPTER 07

990점 만점을 위한 암기사항

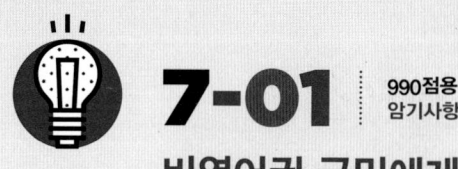

7-01 | 990점용 암기사항

비영어권 국민에게 비슷해 보이는 단어 구별공식

🔑 기초지식 쌓기

990점 만점을 위해서는 외울 것이 참 많다. 간혹 2~3문제를 틀린 경우도 RC만점이 나오는 달이 있기는 하지만, 거의 1문제라도 틀리면 이미 RC 만점을 노릴 수 없기 때문에, 모두 맞혀야 한다. 이를 위해서는 제7장에서 다루는 암기사항을 모두 암기하고 시험장에 들어가야 한다.

그러나 990점을 노리는 사람이 아니라면, 과감히 제7장을 모두 버리고 제8장으로 건너뛰라고 권하고 싶다. 990점을 노리는 사람이 아니면서 7장의 암기사항을 모두 외운다는 것은, 노력 대비 효율이 너무 떨어지는 공부방법이기 때문이다.

990점을 위해서는 자질구레한 기타의 대명사/형용사/부사까지도 완벽히 암기해야 한다. 7-01의 단어들은 우리말로는 뜻이 비슷해서 구별하기 어려운 단어들의 모음이다.

 참고
much, far, very, too의 구별

넷은 모두 '매우/너무/많은' 등의 의미여서 막상 이들 중 빈칸에 들어갈 것이 무엇인지 물으면 결코 쉬운 문제가 아니다.

much와 far는 일반적인 형용사와 부사를 수식할 수 없으며, 비교급만을 수식한다. much more than과 far more than을 의미어구로 기억해두면 쉽다.

very는 가장 흔한 부사로서 일반적인 형용사와 부사를 수식할 수 있지만, 대신 앞의 much와 far와 달리 비교급을 수식하지 못한다. very more가 이상하게 들리는 이유이다.

마지막으로 too는 '매우'라기 보다는 '너무'의 의미라고 생각하면 된다. 즉, too는 부정적인 의미를 나타낼 때만 쓴다.

ⓒ some과 any의 구별공식

부정문에서는 any, 긍정문에서는 some,
의문문과 조건문에서는 any를 쓴다.
따라서 some과 any의 구별문제가 나왔을 때,
빈칸 앞에 not이 있으면 any를 찍어라!

some과 any는 3가지 공통점이 있다.
첫째, 형용사로 쓸 수도 있고 대명사로 쓸 수도 있어서, 뒤에 명사를 수반하기도 하고 수반하지 않기도 한다. 그래서 대명형용사라고 부른다.
둘째, 복수의 가산명사와 불가산명사 앞에 쓰여, '몇몇의'라는 수량을 의미하는 수량형용사이다. 그래서 6-02 수량형용사 정답공식05에서 다룬 바 있다.
셋째, 특정의 것이 아닌 불특정한 무엇을 지칭하거나 수식한다는 점에 착안하여 '부정(否定; 정하지 아니함)사'라고 부르기도 한다. 즉, 뒤에 명사가 붙으면 이 때의 some과 any는 형용사이므로 '부정형용사'라고 부르고, 뒤에 명사 없이 홀로 명사 역할을 하면, '부정대명사'라고 부른다.

그러나 some과 any에는 차이점도 있다.
둘다 '몇몇의'라는 의미로 쓰이더라도, 부정문에서는 any, 긍정문에서는 some, 의문문이나 조건문에서는 any를 사용하는 것이 대원칙이다. 그런데 이러한 도식적인 원칙이 언제나 맞는 것은 아니다. 그 이유는 명백히 존재하는 것에 대한 제안이나 요청에는 some으로 지칭해야 하고, 존재하는지가 불분명한 일부를 가리킬 때에는 any로 지칭해야 하기 때문이다. 따라서 의문문이나 조건문, 부정문에서는 존재하는지 불분명한 일부를 지칭하기 때문에 any가 쓰이는 것이다. 결과적으로 빈칸 앞에 not이 있으면 some이 아니라 any를 정답으로 고른다.
간단한 대화록을 예로 들어보자. 승무원이 Would you like something to drink? 라고 물었을 때, 탑승객은 Water, please.라고 답한다. 승무원은 다시 Here is some water. anything else? 라고 묻는다. 기내음료는 주스, 콜라 등으로 명백히 존재하는 것 중 '몇몇'이므로 some으로 받고, 그 외 더 필요한 것은 있을지 없을지 명백하지 않으므로 any로 받는 것이다. 다음의 실전 예제를 보자.

> **ex 648** The Minister should be assured that he should not have ----- qualms of conscience.
> (A) so (B) a (C) any (D) some

예648은 6-02 수량형용사 정답공식05에서 보듯, some과 any는 둘다 그 뒤에 복수형의 가산명사 뿐만 아니라 단수형의 불가산명사도 올 수 있다. 따라서 빈칸 뒤에 복수명사인 qualms가 올 수 있다. qualms of conscience는 '양심의 거리낌'이라는 뜻이다. 그러나 앞에 not이 있으므로 정답은 (C) any이다.

> **ex 649** Regular check-ups are required to perceive ----- change in our quality control program.
> (A) all (B) that (C) these (D) any

예649는 일단 빈칸 뒤에 change라는 단수명사가 있다는 점이 수량형용사 정답공식에 의해 (A)(C)를 오답으로 만든다. (B)는 도무지 의미가 통하지 않는다. 그렇다면 긍정문이지만 any를 정답으로 고를 수밖에 없다. 해석상 어떤 작은 change(변화)조차 있을지 없을지 불명확하기 때문이다. 이 문제에서 any는 '몇몇의 ~조차(라도)'의 의미이다.

> **ex 650** ----- of the representatives state that they would prefer more vacation time to a pay raise.
> (A) Much (B) Every (C) Those (D) Some

예650은 빈칸 뒤의 동사가 state로서 3인칭, 단수, 현재를 의미하는 s가 없다. 따라서 빈칸에 들어갈 것은 복수명사이어야 하므로, (C)와 (D)중에서 골라야 한다. Those와 Some 중 해석상 Some이 자연스러우므로 (D)가 정답이다. 참고로, that절 속은 prefer A to B 구문이다.

> **such과 so의 구별공식**
>
> 빈칸 뒤에 '형용사'만 있으면(즉, 더 이상 뒤에 명사 없이 끝이면)
> 부사인 so가 정답이고,
> 빈칸 뒤에 '형용사+명사'로 끝나면 형용사인 such가 정답이다!

so와 such의 구별문제도 가끔 출제된다. 이 공식은 so는 부사이고, such는 형용사이기 때문에 성립하는 공식이다. 즉, so나 such가 들어갈 자리 뒤에 명사가 있으면, so는 정답이 될 수 없다.

so와 such는 토익문법 문제에서 ① '매우'의 뜻으로 쓰일 경우와 ② '너무 ~하다'의 의미로 쓰일 경우 2가지가 출제되고 있다. 이를 살펴보기로 한다. 기본적인 암기테크닉으로서, '쏘형어명'과 '써치어형명'을 외워두면 편하다.

01 so, such, too의 구분 문제 (셋 다 뜻은 '매우')

so와 such는 둘 다 '매우'라는 뜻을 가지고 있으나, so는 부사, such는 형용사이다. 따라서 so는 형용사를 수식하고, such는 명사를 수식한다. 한편, too는 '너무/심히 ~하다'라는 부정적인 의미를 내포하므로 우리말에서 '매우'와 '너무'의 차이이다.

> so와 such가 '매우'라는 뜻으로 쓰일 때 어순은 다음과 같다.
> **01** so+형용사
> **02** so+형용사+[a+가산명사의 단수형]
> **03** such+(형용사)+불가산명사
> **04** such+a+(형용사)+가산명사의 단수형
> **05** such+(형용사)+가산명사의 복수형

따라서 빈칸 뒤에 '형용사'만 있으면 (더 이상 뒤에 명사가 없이 끝이면) so가 정답이고, 빈칸 뒤에 '형용사+명사'로 끝나면 such가 정답이다. 다만, 위 **02**의 어순은 so의 특수한 어순으로서, 'a+명사'가 묶인 것이

므로 조금 주의해야 한다. so 뒤에 명사를 동반할 경우에는 반드시 단수의 가산명사만[12] 와야하고, '쏘형어명'의 특수한 어순을 사용한다. (반면, such 뒤에 명사를 동반할 때에는 가산명사와 불가산명사 모두 가능)

핵심은 빈칸 '바로 다음 단어'가 형용사라는 사실만으로는 so와 such 중에 무엇이 정답인지 알 수 없다는 점이다. 즉, 빈칸 '다음 다음 단어'가 없이 끝나는지, 아니면 명사가 있는지에 따라 둘 중에 정답을 찾을 수 있다.

결과적으로 토익에서 so와 such의 구별 문제는, so를 유도해놓고서 such가 정답인 경우가 훨씬 많다. 왜냐하면 so 다음 자리에 형용사가 있으면, 'so+형'도 맞는 표현이기 때문에 많은 토익커는 어감상 so를 정답으로 고르기 쉽기 때문이다.

특히 위 **04**의 경우를 출제하면, 빈칸 뒤에 a가 있어 so를 고르는 토익커가 거의 없어질 것이다. 따라서 빈칸 다음에 a가 없이 형용사로 이어지게 하기 위하여, 빈칸 뒤에 불가산명사(위 **03**의 경우)나 가산명사의 복수형(위 **05**의 경우)을 출제하여 헷갈리게 만드는 경우가 많다. 즉, 'such+형용사+가산명사 복수형'이나 'such+형용사+불가산명사'도 가능하므로, 빈칸 다음다음 자리에 명사가 있는지 여부를 반드시 살펴야 한다. 아래 문제가 바로 그 경우에 해당한다.

---

ex 651 Because the shareholders meeting had ----- high attendance, we have dismissed the executive directors.
(A) many (B) such (C) so (D) much

예651은 빈칸 뒤에 a가 없이 바로 형용사인 high(높은)가 있기 때문에 누구라도 어감상 so를 고르고 싶은 충동을 느낀다. 하지만 high 뒤에 불가산명사인 attendance(출석률)가 있으므로, 정답은 so가 아니라 (B) such이다.

---

12 so와 such 뒤에 복수의 명사가 온다면 a가 빠질 것이므로, 'so+형+명'과 'such+형+명'이 되어 어순이 같아지는 것이 아닐까 하는 의문을 가질 수 있다. 그러나 Practical English Usage (by Michael Swan) 10p에 따르면, so 뒤에 명사를 동반할 경우에는 반드시 단수의 가산명사만 오므로, 이런 문제는 애초에 발생하지 않는다.

02 so ~ that / such ~ that 구분 문제

이 구문의 뜻은 둘 다 '너무~해서 ~하다'이다. 여기서도 빈칸에 so가 들어가는지, such가 들어가는지 여부는 so는 부사, such는 형용사라는 구별 기준에 의해 판단한다. 부사인 so는 형용사를 수식할 수 있고, 형용사인 such는 명사를 수식할 수 있기 때문이다. 따라서 so나 such가 들어갈 자리 뒤에 명사가 있으면, so는 정답이 될 수 없다.

01 so + 형용사 + (a + 명사) + that

예문 This is so urgent (a problem) that ~

02 such + (a + 형용사) + 명사 + that

예문 This is such an (urgent) problem that ~

일단 뒤에 that이 보이면서 that 앞에 형용사가 있고 그 앞이 빈칸이면 so나 such 중에서 어순을 보고 고른다. 참고로, 우리말로는 so 대신 very도 가능할 것 같지만, very ~ that 구문은 없다는 것도 알아둔다. 대신 too ~ toV구문(너무~해서 V하다)은 존재한다.

주의할 것은, 여기서 우리가 관사 a를 포함한 경우의 어순을 함께 외우기 위해 'such a 형 명'하는 식으로 외운다고 해서, such 뒤의 명사가 반드시 단수의 가산명사여야 한다는 의미는 결코 아니라는 사실이다. 아래처럼 복수의 가산명사가 올 수도 있고, 또 불가산명사가 올 수도 있음에 주의하자.

ex 652 The bodybuilding competitions at the university are ----- popular events that the gymnasium is always crowded on tournament days.
(A) so (B) such (C) huge (D) too

예652는 '빈칸+형용사+복수명사+that'의 어순이므로, 정답은 such이다.

most과 almost의 구별공식

품사
most(형용사; 대부분의 / 대명사; 대부분 / 부사; 가장)
almost(부사; 거의) 따라서 almost뒤에는 명사불가

most의 5가지 용법
most+명사 _{이 때 most는 형용사}
most of the+명사 _{of를 쓴 이상 the 생략 불가}
most of one's+명사 _{of를 쓰면 the 대신 소유격가능}
most of+대명사의 목적격 _{'~의 대부분'이라는 의미}
the most+형용사 _{최상급표현으로서 most는 부사}

(이 때 most는 대명사!) — most of the+명사, most of one's+명사, most of+대명사의 목적격

almost의 용법
almost+숫자
almost+all/every/complete/finish/anything 관용구

most와 almost는 스펠링이 비슷하나 전혀 다르기 때문에, 토익에서 가끔 출제되는 편이다. 일단 most는 형용사, 대명사, 부사로 쓰이고, almost는 부사로만 쓰인다. 따라서 almost 뒤에는 명사가 올 수 없다.

다음으로, most 뒤에 붙는 of the는 한덩어리라고 생각하면 쉽다. 마치 'one of the+명사' 또는 'one of+소유격+명사'로 사용하는 것처럼, of나 the(혹은 소유격) 중 어느 하나를 생략할 수 없고, 둘 다 쓰거나 둘 다 생략해야 한다.

'most of the/one's +명사'나 'most of 목적격 대명사'처럼 most가 '~의 대부분'이라는 의미의 대명사로 쓰일 때, most는 복수취급될 수도 있고 단수 취급될 수도 있어서, most와 동사 간의 수일치 문제가 출제될 수 있다. 즉, most가 실질적으로 무엇을 받느냐에 따라 단수 취급될 수도 있고, 복수취급될 수도 있다. 'most of the+단수명사+단수동사'이고, 'most of the+복수명사+복수동사'이다.

ex 653 That was the philosophy of the previous Government during ----- their trade.
(A) most (B) most of (C) the most (D) almost

예653의 정답은 (B)이다. 'most of the+명사' 또는 'most of+소유격+명사'로 사용해야 하는데, 빈칸 뒤에 the가 아닌 소유격 their trade가 있기 때문이다. (A)의 most가 정답이 되려면, '소유격+형용사+명사'의 어순이 되어야 하므로 their most trade가 되어야 한다.

ex 654 ----- of them have already agreed to remove their import tariffs on 90 percent of products traded between them.
(A) most (B) almost (C) every (D) the most

예654는 빈칸 뒤의 동사가 has가 아니라 have이므로, 빈칸에 3인칭 단수의 명사가 들어가서는 안 된다. 따라서 복수취급받을 수 있는 대명사 most가 정답이다. (B)는 부사, (C)는 형용사여서 오답이고, (D)는 최상급 표현에 쓰이는 부사로서 '가장'이라는 의미의 most여서 오답이다.

ex 655 ----- all political prisoners have been released and most media restrictions have been abolished.
(A) Most (B) Every (C) Mostly (D) Almost

예655는 all이 형용사이므로 all을 수식하는 부사인 (D) Almost가 정답이다. almost all 은 '거의 모두'의 의미이므로 almost all = most(대부분)인 셈이다. (C)의 Mostly는 '주로'라는 뜻의 부사여서, (B)의 Every는 형용사여서 오답이다.

ex 656 ----- half of the commuters will use the new subway system from their home to the center of the town.
(A) Early (B) Less (C) Almost (D) Nearby

예656은 빈칸 뒤에 숫자 half가 나왔으므로, 정답은 (C) Almost이다.

> ex 657　All staff members were offered time off for their overtime work, but ------ have decided they would rather have the extra salary.
> (A) much　(B) most　(C) each　(D) everyone

빈칸 앞이 접속사 but 다음, 빈칸 뒤가 동사 have decided이다. 따라서 빈칸은 '접+주+동' 공식에 의하여 주어 자리이다. 그런데 동사 have가 has가 아니므로 주어는 복수명사이어야 한다. 불가산명사인 much(많은 것), 단수 가산명사인 each(각각), everyone(모든 사람)은 모두 단수 취급해야 하므로 오답이다. 정답은 수량대명사 most(대부분의 사람, 대부분의 것들)이다. (참고로, 이 문장에서 decided 이후 부분이 decided의 명사절이고, 명사절 접속사 whether가 생략되어 있는 상태이다.)

ⓒ no과 not의 구별공식

no는 형용사이고, not은 부사, none은 대명사이다.

no는 형용사이므로 no problem처럼 뒤에 명사가 와야 하고, not은 부사이며, none은 대명사이므로 홀로 명사 자리에 올 수 있다. 단, 예외적으로 no longer / no more than / no different 처럼 no가 부사로 쓰이는 경우가 있기는 하다.

ex 658 ----- surprisingly, sales of major home appliances such as refrigerators and ranges were also up sharply.
(A) No (B) Not (C) None ((D) Never

예658의 정답은 부사인 Not이다. Not surprisingly는 '놀랍지 않게도(예상대로)'의 의미이다. 부사 surprisingly를 꾸미는 것은 부사일 수밖에 없다.

ex 659 ----- two firms operate in exactly the same way.
(A) No (B) Not (C) None (D) Never

예659는 빈칸은 two firms의 앞으로서, 형용사자리이므로, 정답은 형용사인 No이다.

ex 660 After a lengthy dispute, it was decided that there was ----- need to construct a factory in the Beacon District.
(A) no (B) not (C) none (D) never

예660은 be동사 뒤에 빈칸이 있으면, 까딱하면 not을 찍기 십상이므로 주의해야 한다. 빈칸 앞의 앞도 잘 봐야 한다. 빈칸 앞의 앞에 there was라는 유도부사가 있으므로, 빈칸 뒤의 need가 동사가 아니라 명사임을 알 수 있다. 따라서 명사 need를 수식하는 형용사 no가 정답이다. 3-05에서 말한 명사와 동사의 형태가 같은 단어는 항상 주의해야 한다는 사실도 재확인할 수 있다.

already, still, yet의 구별공식

01 already는 주로 완료시제의 긍정문에서 쓰며,
뜻은 '이미, 벌써'이다.

02 still은 '긍정문/부정문/의문문'모두에 쓴다.
긍정문에서 쓰이면 '여전히~한다'라는 의미,
부정문에서 쓰이면 '아직도~않다'라는 의미이다.
시제는 크게 상관없다.

03 yet은 have yet toV로 쓰이는 경우를 제외하면
주로 부정문/의문문에 쓰인다.
부정문에서 쓰면 뜻은 '아직도 ~않다'이고
이 때 yet은 not 바로 뒤나 문장의 끝에 올 수 있다.
긍정문에서 쓰이면 have yet toV구문으로 쓰인다.

04 ever는 부정문/의문문/조건문에서 쓰며,
부정어/최상급/비교급/if를 강조한다.

전통영문법에서는 already의 경우 현재완료문장에만, yet은 부정문에서만 각 사용하는 것을 원칙으로 한다. 그리고 still은 긍정문과 부정문에서 모두 쓰이지만, 긍정문에서 쓰일 때와 부정문에서 쓰일 때의 의미가 서로 다른 것으로 여겨져 왔다.

그러나 실제 영어 및 토익시험에서는 already가 현재완료시제의 문장 외에도 현재시제의 be동사(I am already successful)로 출제된 바 있고, yet은 부정문 뿐만 아니라 긍정문(have yet toV구문)에 쓰이는 경우가 출제되었다.

따라서 ①첫째, yet과 still이 부정문과 결합할 때 yet과 still의 구별이 가장 중요하다. 이들이 부정문에 쓰이면 둘다 그 의미가 '아직도/여전히 ~않다'로서 동일하기 때문이다. 다만 not의 위치만 다르다. 즉, not ~ yet = still ~ not 공식을 알면 매우 유용하다. not의 위치가 빈칸의 앞인가 뒤인가를 잘 보라는 뜻이다. 그 의미는 같지만, still은 부정어의 앞에 쓰는 반면, yet은 부정어의 뒤에 쓴다는 사실이 핵심이다.

②둘째, 관용구인 have yet toV (아직 V할 것이 남아있다)와 have not yet Ved (아직 V하지 않았다) 구문이 동의어임을 알아두면 좋다. 이 둘은 긍정문과 부정문인데 동일한 의미가 된다는 사실이 의아하게 느껴질 수 있기 때문이다.

> I have yet to do my homework. 아직 숙제를 해야 해(숙제가 남아있어).
> I have not yet done my homework. 아직 숙제를 안 했어.

③셋째, 위 ①과 ②를 합치면, 삼단논법에 의하여, have yet toV = not yet = still not(아직까지 V하지 않다)이라는 공식이 도출된다. 이를 외워두면 매우 유용하다.

> ex 661　Staff managers who have not ----- submitted their sales records, must do so by 12:00 PM today.
> (A) only (B) earlier (C) yet (D) rather

예661은 의미상 still과 yet 중에서 정답을 골라야 한다. 그런데 빈칸 앞에 not이 있으므로 정답은 (C) yet이다. not yet을 외워두면 좋다. 다만, not과 yet은 붙을 수도 있고, 떨어져서 사용될 수도 있다.

> ex 662　After a prominent 10-year career in the field, Mr. Wang ----- finds time to make an effort to obtain the specialized skills.
> (A) once (B) far (C) yet (D) still

예662는 의미상 still과 yet 중에서 정답을 골라야 한다. 그런데 yet은 의문문과 부정문에서만 사용하는 것이 전통영문법의 원칙이며, still은 긍정문에서는 '아직도'가 아니라 '여전히'의 의미이다. 물론 '아직도'와 '여전히'는 사실 비슷한 의미지만, 선지에 still과 yet이 함께 있는 경우 긍정문이라면 정답은 (D) still을 고르는 게 옳다.

> ex 663 We ----- cannot look around the laboratory because the area is limited to the public.
> (A) nearly (B) much (C) still (D) yet

예663은 해석상 '아직도'나 '여전히'가 들어갈 자리인데, 부정어인 cannot 이 빈칸 뒤에 있으므로, not yet = still not 원칙에 따라 정답은 (C) still이 다.

> ex 664 A watch engraved with the initials "J.G." was found over a week ago but nobody has claimed it -----.
> (A) yet (B) since (C) already (D) before

토익에서 yet은 대체로 부정문에서 사용된다(앞에서 본 have yet to V$^{아직 V할 것이 남아}$ ^{있다는} 별도의 관용구라고 생각해야 한다.). 따라서 선지에서 yet을 보면 not, no, never같은 부정어를 찾아야 하는데, nobody가 있으므로 yet이 정답이다.

> ex 665 This model was designed ----- for the three primary colors.
> (A) only (B) yet (C) still (D) much

빈칸 뒤에 전치사 for가 있다. 전치사구인 for the three primary colors (3 원색을 위해)를 수식하는 부사는 only = exclusively(오직)가 적합하다.

기타부사 just, right, only, even, well, quite 구별공식

01 부사 just/right + before/after 바로 직전/바로 직후
02 부사 just(단지) + 전치사구/명사구
    부사 only(오직) + 전치사구/명사구
03 부사 even + 명사구 심지어~조차도
    부사 even + 비교급/최상급 훨씬/단연코
04 부사 well + over/below 훨씬 위/ 훨씬 아래
    동사 + 부사 well 잘
05 부사 quite(꽤)+형용사 / 부사 quite(단연코) + 최상급
    형용사 quite(굉장한) + a/an + 명사
06 형용사 enough(충분한)+명사
    형용사 + 부사 enough(충분히) ▶도치부사로 쓰임

01, 02를 종합해보면, just는 '이제 금방 바로'라는 의미와 '단지'라는 의미 2가지로 쓰이는 셈이다. 다만, only는 수식하는 어구 앞은 물론 뒤에서도 수식할 수 있지만, just는 앞에서만 수식이 가능하다는 점이 다르다.

03의 even은 '심지어'라는 의미와 비교급과 최상급을 강조하는 '훨씬/단연코'라는 의미로 쓰인다. **04**의 well은 동사를 꾸밀 때에는 '잘', 전치사 앞에서 전치사의 정도를 강조할 때에는 '훨씬'이라는 의미가 된다.

---

ex 666   Cytrus Business Solutions sells its refurbished computers at prices ----- below the average list price.
(A) very (B) so (C) well (D) such

예666의 정답은 (C)이다. well below를 외워두는 것이 좋다. refurbished는 '새롭게 혁신된'이라는 뜻이라는 것도 알아두는 것이 좋다.

한편, **05**의 quite는 '굉장한'이라는 뜻의 형용사도 되고, '굉장히'라는 뜻의 부사도 된다는 사실이 중요하다. quite가 형용사로 쓰일 때 어순은 'quite+ a/an + 명사'임에도 주의한다. quite가 부사로 쓰이면, quite late

처럼 일반적인 형용사를 강조하기도 하고, 4-02에서 보았듯이 최상급을 강조하기도 한다.

> ex 667　It is ----- the most magnificent building in the grandest French style.
> (A) well (B) very (C) quite (D) so

예667은 최상급을 강조하는 quite가 정답이다. 4-02에서 공부했던 비교급을 수식하는 부사들도 다시 한 번 복습한다.

> ex 668　Check the temperature, and if it is not warm ----- repeat the procedure.
> (A) well (B) so (C) quite (D) enough

예668의 정답은 **06**에 나오는 도치부사 enough이다. 보통의 부사는 형용사 앞에서 형용사를 수식하는데 반해, enough는 형용사 뒤에서 형용사를 수식해주기 때문이다. 한편, enough가 형용사로 쓰여서 명사를 꾸며줄 때에는 명사 앞에서 수식한다는 점도 알아두자.

> ex 669　We can't stop for lunch now because even if I drive fast, we have just ----- time to make it to the airport.
> (A) many (B) much (C) enough (D) few

빈칸 뒤 명사 time이 불가산명사이므로 복수명사만을 수식하는 many, few는 오답이다. 문맥상 just와 결합하여 '딱 맞게'라는 의미로 enough가 정답이다.

> ex 670　Summers on Chunjing island are uncomfortably hot ----- for those who were born and raised there.
> (A) nonetheless (B) the same as (C) regardless (D) even

빈칸 뒤의 전치사구 for those(사람들에게)를 수식하는 부사를 고르는 문제이다. even(심지어)이 정답이다.

ex 671 The secretary had ----- finished reviewing the next year's budget forecast when her boss called to see it immediately.
(A) rarely (B) yet (C) scarcely (D) just

rarely와 scarcely는 둘 다 '좀처럼~않다'라는 의미이므로 오답이고, yet은 부정어 not과 함께 쓰이기 때문에 오답이다. 따라서 정답은 just(막, 단지, 그냥, 겨우)이다. 현재완료시제와 자주 쓰이는 부사이다.

ex 672 ----- on cloudy days, the sun can be sufficiently strong to damage sensitive skin.
(A) Even (B) Without (C) Although (D) Just

빈칸 바로 뒤에 부사구 on cloudy days가 있으므로 이를 수식하는 부사가 와야 한다. 따라서 전치사 without과 접속사 although는 오답이다. 부사 just(막, 단지, 그냥)와 even(심지어는) 중 정답은 even이다. 과거의 토익 시험에서는 even이 비교급을 수식하는 '훨씬, 더욱'이라는 의미의 부사로 출제되는 경우가 많았으나, 최근에는 '심지어는'으로 출제되는 경향이 늘고 있다. 아래 문제에서도 마찬가지이다.

ex 673 The resort offers an afternoon rafting excursion and they can ---- arrange for daycare for your kids.
(A) so (B) far (C) even (D) too

빈칸 앞에 조동사 can, 빈칸 뒤에 동사 arrange가 있다. 이를 수식하는 부사를 고르는 문제로서 even(심지어는)이 정답이다. (참고로, so, very(매우), too(너무) 같은 부사는 동사를 수식하지 못한다는 점도 기억해 두자.)

ex 674 Fred Kwon is ----- embarrassed by the memo from the manager giving him only two weeks to improve his sales performance.
(A) yet (B) already (C) very (D) mostly

빈칸이 embarrassed라는 형용사화된 분사 앞이다. 따라서 이를 수식하는 부사 very(매우)가 정답이다.

참고
그 외 알아두면 좋은 부사들 모음

once
once는 once a month(한달에 한 번)처럼 '한 번'이라는 의미로 쓰이거나, '과거 한때 ~했다'라는 의미로 쓰이는데 이 때에는 과거시제와 결합한다.

further
further는 for further information(더 많은 정보를 위해서), until further notice(추후 통보할 때까지)에서 알 수 있듯이 형용사로 '더 많은, 추후의'라는 의미로 쓰이거나, 부사로 쓰이면, '더, 더 멀리'라는 의미로 쓰인다. 단, 부사로 쓰이는 further는 부사지만 형용사를 수식하지 못하고, 오로지 동사를 수식한다.

shortly
'짧게'가 아니라 '곧(=soon)'이라는 의미이며, Part6에서 미래시제와 결합한다. 한편, shortly before(직전에)처럼 전치사 앞에서는 '직전/직후'라는 의미이다.

so, very, fairly, quite, extremely, excessively, incredibly, overly, exceptionally, more
이들 부사는 형용사를 수식하지만 동사를 수식할 수 없다. 따라서 빈칸의 부사가 동사를 수식하는 자리라면, 제일 먼저 오답으로 제껴야 한다.

nearly, almost, usually, certainly
이들 부사는 문장 끝에 올 수 없다. 따라서 문장 맨 끝이 빈칸이라면 이들 부사는 제일 먼저 오답으로 제껴야 한다.

7-02 | 990점용 암기사항

특이한 동사문형 구별1
('말하다'류 동사)

기초지식 쌓기

7-02와 7-03은 동사의 특별한 문형을 구별하는 문제를 다룬다. 7-02와 7-03에 정리되어 있는 특이한 동사의 문형은 암기하는 수밖에 없다. 자주 출제되지는 않는다.

그 중에서도 7-02에서는 '말하다' 동사류를 구별하기로 한다. '말하다'류의 동사를 구별하는 문법 문제는 舊 토익에서 중요하였으나, 新 토익으로 바뀌면서 출제빈도가 그다지 높지 않다. 그리고 이는 사실 Part5보다 뒤의 제8장에서 다루는 Part6에서 더 자주 출제되는 경향이 있다.

여기에는 4가지 유형의 동사가 있다는 사실을 알아야 한다. 문장의 형식으로 따지면, ①3형식의 say류, ②4형식의 tell류, ③본래 4형식인 tell류 동사가 of와 함께 3형식으로 쓰일 때의 tell류, ④본래 4형식인 tell류 동사가 O+O.C.의 5형식으로 쓰일 때의 tell류, ⑤1형식 동사인 talk류이다.

'말하다'류의 동사는 기본적으로 4형식 문장에 익숙해져야 한다. 4형식은 간접목적어(I.O.)에게 직접목적어(D.O.)를 '준다/수여한다'는 의미가 기본이다. 4형식 동사는 원래 간접목적어(I.O.)는 사람이고, 직접목적어(D.O.)는 사물인 경우가 많은데, '말하다'류의 4형식 동사는 결국 말을 통해 전달하는 상대방이 간접목적어(I.O.)가 되고, 말을 통해 전달하는 내용이 직접목적어(D.O.)가 되는 것이다.

'말하다'류 정답공식 01

바로 뒤에 목적어를 취하는 3형식 동사

say
announce
notice   + 전하는 내용(직접목적어)
explain
express
mention

따라서, ____+that절이면,
빈칸은 위 say류 동사가 정답이다!

Say 'Huh'라는 힙합가사에서 알 수 있듯이, say 뒤에 바로 목적어가 오는 3형식 동사가 있다.

say, announce, notice, explain, express, mention처럼 바로 뒤에 '전하는 내용(직접목적어)'이 오는 say류가 있다. 따라서 바로 이어서 that절을 취하면, 'that절 이하'가 전달내용이 되는 것이다.

만약, '전달상대방'이 온다면, '전치사 to+상대방'이라는 전치사구를 삽입하면 된다. 4형식 동사가 아니므로 전치사 없이 '전달상대방'이 올 수는 없다.

ex 675 The Director-General ----- to us that talking to people in the private sector in the Prison Service was wonderful.
(A) informed (B) convinced (C) notified (D) mentioned

예675의 선지 중 inform, convince, notify는 토익에서 대표적으로 자주 나오는 4형식 동사이다. 따라서 (A)(B)(C)만 제외해도, 정답이 (D)임을 쉽게 알 수 있다. mention은 대표적 3형식 동사이므로, 목적어를 하나만 취한다. 이 때 목적어로 that절을 바로 취할 수 있다. 상대방표현이 목적어로 바로 올 수는 없고 상대방표현을 쓴다면 '전치사 to+사람'을 사용해서 to us로 사용하면 된다.

ⓒ '말하다'류 정답공식02

토익의 대표적 4형식 동사 7가지
01 tell (과거형 told) **02** convince **03** advise **04** notify
05 inform **06** remind **07** assure 는 외우도록 한다.

따라서, ____ + 간접목적어 + 직접목적어이면,
빈칸은 위 tell류 동사가 정답이다!

심은하 주연의 영화 Tell me something이라는 영화를 아는가? 이 영화 제목에서 알 수 있듯이, tell 뒤에 전하는 상대방(간접목적어)이 반드시 오고 나서, 전하는 내용(직접목적어)이 와야 하는 4형식 동사류가 있다.

tell, convince, advise, notify, inform, remind, assure는 토익의 대표적 4형식 동사이므로 'tell류+사람+전달내용(that절도 가능)'으로 쓴다. 가령 이들 동사 중 하나인 remind 동사 다음에 '통보대상자'(간접목적어) 없이 곧바로 '알리는 내용'(직접목적어)이 오면, 틀린 문장이다.

그런데, 이들 4형식 동사는, 후술하는 정답공식03에서 보듯이 3형식으로도 쓸 수 있다는 사실을 알아야 한다. 즉, 이들 4형식동사가 4형식이 아닌 3형식으로 쓰일 때에는 전치사 of가 끼어서 'inform+사람+of+전달내용'의 구조가 된다. 이 때 이들 동사는 3형식으로 쓰였다고 평가함이 일반적이다.[13]

> ex 676   On Friday The PSNI ----- Jeny that there will be a meeting of all department heads at 10:00 in the conference room.
> (A) informed (B) informed to (C) informed of (D) informed on

예676의 정답은 (A) informed이다. inform은 후술하는 정답공식03처럼 inform A of B (A에게 B를 알려주다)로도 쓸 수 있고, 정답공식02의 inform A that절 (A에게 that 이하를 알려주다)로도 쓸 수 있다. inform이 that절과 함께 쓰일 때는, inform이 간접목적어와 직접목적어 두 개를 취하는 4형식으로 쓰인 것이므로, '전치사 of'를 쓰지 않는다.

---

13   'inform+사람+of+전달내용'의 문형이 4형식 문형이 아님은 명백하다. 그렇다고 과연 3형식 문형인지에 대해서 몇몇 언어학자들은 이견을 제기한다. 즉, 3형식도, 4형식도 아닌 또다른 제3의 문형이라는 것이다. 영어 문장의 5형식적 분류의 무용론에 대해서는 다음 7-03을 참조하자.

'말하다'류 정답공식03

3, 4, 5형식으로 모두 쓸 수 있는 동사

inform
notify
remind   ➕ 상대방 of 명사   이 경우는 3형식
warn
assure   ➕ 상대방 that S+V   이 경우는 4형식
advise
tell   ➕ 상대방 toV   이 경우는 5형식

따라서,
01 ____+사람+of
02 ____+사람+that절
03 ____+사람+toV이면,
빈칸은 위 inform, notify류 동사가 정답이다!
이 중 02번 유형이 가장 자주 출제된다!

원래 대표적 4형식동사(수여동사)이지만, of를 이용해서 3형식으로도 사용할 수 있는 동사가 있다. 즉, 상대방(A)에게 '알리다, 통지하다'의 의미인데, 전달하는 내용 앞에 of가 붙는 특이한 동사이다.

이들 tell, inform류 동사는 **01** 뒤에 'A of B'를 취하여 3형식 문장[14]으로 만들 수도 있고, **02** 뒤에 '사람+that절'을 취하여 4형식 문장을 만들 수도 있고, **03** 심지어는 뒤에 '사람+toV'를 취하여 5형식으로 만들 수도 있다. 다만, 그 용법이 다를 뿐이다.

이렇게 'inform+사람+of+전달내용'의 문형을 쓰는 3형식동사는, 거꾸로 전치사 of를 보고서 동사자리의 빈칸을 맞추는 문제로도 출제된다. 이런 경우라면 문법 문제라고 볼 수도 있고 어휘문제라고 볼 수도 있으나, 암기하지 않고는 풀 수 없기 때문에 어휘문제로 분류하고 싶다. 아래의 경우이다.

[14] 대표적 4형식 동사인 tell도 inform처럼 of를 수반해서 tell A of B의 3형식으로 만들 수 있다. 그러나 시험에서는 tell A of B(A에게 B를 말하다)보다 tell A from B (A를 B로부터 구별하다)가 더 자주 출제되고 있다.

ex 677　He said that you had ----- him of my inquiry in response to questions he had put to you about your company.
(A) spoken (B) notified (C) reported (D) attended

예677은 '빈칸+사람+of+전달내용'의 어순이므로, 정답은 inform류 동사이다. 따라서 정답은 notified이다. 전치사인 in response to 앞에서 끊으면 된다.

ex 678　They regret to ----- all the representatives that the plant has been forced to shut down temporarily.
(A) inform (B) mention (C) recommend (D) answer

예678은 빈칸 뒤에 사람인 all the representatives, 그리고 that절이 있으므로, inform류 동사가 정답이다. 따라서 정답은 (A)이다.

ex 679　If there happens to be any problems in shipping, we should ----- the customers of the delay right away.
(A) respond (B) confirm (C) notify (D) refer

예679는 빈칸 뒤에 사람인 the customers라는 목적어와 전치사 of가 있으므로 inform류 동사인 (C) notify가 정답이다.

ex 680　At the weekly meeting scheduled for tomorrow, Mr. Gonzales will ----- his immediate supervisor of the incident of yesterday.
(A) inform (B) notice (C) allow (D) announce

빈칸 뒤에 있는 목적어 his immediate supervisor와 전치사 of가 문제 풀이의 단서이다. 정답은 (A) inform이다.

ex 681　The doctor ----- his patient that if he does not take the medication exactly as directed, his condition could become much worse.
(A) recommended　(B) advised　(C) offered　(D) commented

빈칸 뒤의 사람명사인 his patient(환자)와 that이 문제풀이의 단서이다. 사람이 직접목적어, that절이 간접목적어이다. 'advise+사람+that절(~에게 ~을 권고하다)'의 구문이다. 정답은 (B)이다.

ex 682　The owner of Bay City Bowlerama has ----- his regular customers that the lanes will be closed temporarily at the end of next week.
(A) recalled　(B) memorized　(C) identified　(D) reminded

빈칸 뒤의 사람명사인 his regular customers와 that이 문제풀이의 단서이다. 사람이 직접목적어, that절이 간접목적어이다. 'remind+사람+that절(~에게 ~을 상기시키다)'의 구문이다. 정답은 (D)이다.

ⓒ '말하다'류 정답공식04

speak, talk ➕ <u>to 말하는 상대방</u> ➕ <u>about 말하는 내용</u>

talk와 speak는 둘 다 자동사(1형식 동사)이므로 뒤에 전치사 없이는 직접목적어(말하는 상대방)도 올 수 없고, 간접목적어(말하는 내용)도 올 수 없다. 즉, 전치사 없이는 목적어가 오지 않는다는 의미이다(단, speak English처럼 speak 뒤에 '특정 언어'가 올 때만 곧바로 목적어를 취할 수 있다.).

따라서 토익문제에서 뒤에 that절과 같은 목적어가 있으면, 가장 먼저 지워야 할 오답선지이다. 이들 동사 뒤에 전달 상대방이 오려면, I speak to him처럼 반드시 '전치사to+사람'이 와야 한다. 이 유형의 동사는 토익에서 틀러리인 오답선지로 자주 나올 뿐, 정답이 될 때는 거의 없다.

> **ex 683** To ----- to a Korean Airline representative, please press five.
> (A) speak (B) inform (C) report (D) say

예683은 빈칸 뒤에 '전치사to+전달상대방(항공사직원)'이 나오므로, 정답은 자동사인 (A) speak이다.

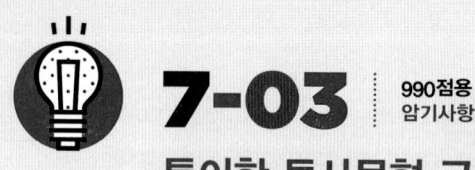

7-03 특이한 동사문형 구별2 (기타 동사류)

990점용 암기사항

기초지식 쌓기

1920년경 Charles T. Onions가 구조주의에 입각해서 영어문장의 '5형식론'을 처음 만들어낸 이래, 우리는 모든 영어 문장이 5형식으로 분류될 수 있다고 막연히 믿어왔다. 하지만 그 후 Hornby는 25형식, N. Chomsky는 무려 100형식을 주창하면서, 영어문장이 결코 고작 5개의 형식으로 분류될 수는 없다고 반박하기도 했다. 결국 영미의 저명한 영문법 권위자들마저 '문장5형식론'의 무용(無用)함을 지적하고 있다.

여기 7-03에 나오는 여러 동사의 특이한 문형들을 보면, 왜 언어학자들이 이런 '5형식 무용론'을 주장했는지에 대해 충분히 공감하게 된다. 억지로 분류하면 할 수야 있겠지만, 3형식으로 분류하기도 애매하고 4형식으로 분류하기도 애매한 동사문형이 의외로 많다.

가령 attribute A to B(A를 B의 탓으로 돌리다), deprive A of B(A를 B에게서 빼앗다)라든지, inform A of B(A에게 B를 알리다), tell A from B(A를 B로부터 구별하다)라든지, consider A as B(A를 B로 간주하다) 등 '동사+A+전치사+B'의 구조를 갖는 동사에서 '전치사+B'를 형식적인 전치사구로 보아 무조건 3형식으로 분류하기에는 뭔가 찜찜한 구석이 있다. 일반적 전치사구와 달리 '전치사+B'부분을 무작정 생략할 수 없다. 생략하면 뜻이 전혀 달라지거나, 써야 할 전치사의 종류가 한두 가지로 확정해져 있기 때문이다.

결국, 앞서 본 7-02와 여기 7-03에 정리되어 있는 특이한 동사의 문형은 암기하는 수밖에 없다. 자주 출제되지는 않는다. 이들은 대개 '동사+A+전치사+B'의 구문 형태이므로, 문형과 전치사를 보고 들어갈 동사를 맞추는 어휘문제에 가깝다.

문형암기 01 spend A on B 문형 A를 B에 소모하다
참고 **spend time/money Ving** ~하면서 시간/돈을 쓰다

문형암기 02 prefer A to B 문형 B보다 A를 더 선호하다

문형암기 03 provide A with B 문형 A에게 B를 제공하다
[provide / supply / furnish / present / endow / fill / gift / equip / charge] A with B

문형암기 04 deprive A of B 문형 A에게서 B를 박탈하다
[deprive / rid / rob / clear / discharge / strip] A of B

문형암기 05 inform A of B 문형 A에게 B를 알리다
[inform / remind / notify / assure / convince / advise / tell] A of B

문형암기 06 propose B to A 문형 A에게 B를 제안하다
[propose / suggest / introduce / announce] B to A

문형암기 07 regard A as B 문형 A를 B로 간주하다
[regard / consider / look upon / think of / see / view] A as B
참고 **take / mistake A for B** A를 B로 간주하다

문형암기 08 prevent A from B 문형 A가 B하는 것을 방지하다, 금지하다
[prevent / keep / stop / discourage / prohibit / inhibit / deter] A from B

문형암기 09 attribute A to B 문형 A를 B의 탓으로 돌리다
[attribute / ascribe] A to B

문형암기 10 compose A of B 문형 A를 B로 구성하다
[compose / make (up)] A of B

문형암기 11	**ask A for B 문형** A에게 B를 요구하다
	[ask / prepare] A for B

문형암기 12	**tell A from B 문형** A를 B로부터 구별하다
	[tell / distinguish / know / differ] A from B

문형암기 13	**turn A into B 문형** A를 바꾸어 B로 만들다
	[turn / change / divide / convert / integrate] A into B

문형암기 14	**blame A for B 문형** A를 B의 죄로 비난/고발하다
	[blame / accuse] A for B

문형암기 15	**compare A with B 문형** A를 B와 비교하다
	[compare / combine 결합시키다 / relate 관련시키다 / associate 관련시키다] A with B

문형암기 16	**attach A to B 문형** A를 B에 붙이다
	[attach / adjust 적응시키다] A to B

문형암기 17	**that절을 취하는 형용사 문형** be ___ that 구문
	be aware that ~을 알고 있다
	be pleased that / be happy that / be glad that ~해서 기쁘다
	be sure that / be convinced that / be certain that ~을 확신하다
	be sorry that ~해서 유감이다
	be afraid that ~을 두려워하다

---

ex 684 I'm ----- that the readers who were studying with chochotoeic books got 900 scores on the TOEIC test.

(A) pleasant (B) pleased (C) pleasing (D) please

예684는 be pleased that이라는 구문과 be pleased with라는 구문이 관용구로서 존재하므로, 정답은 pleased이다. 진짜 형용사인 pleasant가 있어서 이것을 정답으로 고르기 쉽지만, 본래 품사 우선의 법칙의 예외에 해당한다.

ex 685   The carpet patterns were designed by a famous artist, so please be ----- that whichever you choose will bring a high level of satisfaction.
(A) assure (B) assuring (C) assured (D) assurance

예685는 선지에 진짜 형용사가 없으므로 Ving와 Ved 중에 고르면 된다. be assured that 구문을 모르더라도, 알게 된 것이지, 알려주는 것이 아니므로 정답은 일단 Ved인 (C)이다. 참고로, assure는 7-02에서 본 대표적 4형식 동사이다. 따라서 'assure+간접목적어+that절인 직접목적어' 어순의 능동태구문을 수동태로 바꾸면, be assured that 구문으로 바뀌게 되는 것이다.

ex 686   Personally, I am ----- that civil rights should not be curtailed in the absence of a clear and present danger to the safety of others.
(A) convincing (B) convinces (C) convinced (D) convincer

예686은 선지에 진짜 형용사가 없으므로 Ving와 Ved 중에 고르면 된다. be convinced that 구문을 모르더라도, 확신을 갖게 된 것이지, 확신을 하게 만드는 것이 아니므로 정답은 일단 Ved인 (C)이다. 참고로, convince는 7-02에서 본 대표적 4형식 동사이다. 따라서 'convince+간접목적어+that절인 직접목적어' 어순의 능동태구문을 수동태로 바꾸면, be convinced that 구문으로 바뀌게 되는 것이다.

ex 687   It will provide members ----- names of distributors, freight forwarders, and so on.
(A) for (B) with (C) to (D) of

예687은 문형암기03에 나오는 provide A with B이므로, 정답은 (B) with이다. 이런 단순 전치사 암기 유형은 자주 출제되지 않는다.

그런데 앞의 관용구를 모두 외워도 이런 문제가 매우 어렵게 느껴지는 경

489

우가 있다. 앞의 관용구에서 to나 of 같은 전치사를 멀리 떨어뜨려서 출제하는 아래 예688 같은 경우가 있기 때문이다. 그렇게 되면 to나 of 같은 전치사를 동사와 상관없는 다른 명사구를 이끄는 전치사로 착각하기 쉽기 때문이다.

> **ex 688** Hotel service analyst Ms Hwang ----- Park Hyatt's recent increase in profit margins to more convenient services.
> (A) accounts (B) attributes (C) versions (D) judges

예688은 attribute A to B(A를 B의 탓으로 돌리다)라는 구문에 따라, (B)가 정답이다. 주어가 3인칭 단수이고, 현재시제이므로 s가 붙어야 한다. 이 문제는 멀리 떨어져 있는 전치사 to를 간파하는 것이 핵심이다.

> **ex 689** The attendant in the hut on the beach will provide ----- with towels and sunscreen if you need them.
> (A) you (B) your (C) yourself (D) yours

빈칸이 타동사 provide의 다음이므로 목적격 대명사가 와야 한다. provide A with B(A에게 B를 제공하다) 구문이 자주 출제된다. 정답은 (A)이다.

> **ex 690** Drivers should be ----- that the regulations for vehicle inspection will change to allow random roadside checks by police.
> (A) suggestive (B) acquainted (C) aware (D) known

숙어로서 be aware that(~을 인지하다)구문이 자주 출제된다. 정답은 (C)이다.

7-04 전치사를 포함한 숙어 모음

990점용 암기사항

기초지식 쌓기

Part5의 거의 마지막인 7-04에 도달하였다. 7-04는 '숙어 어휘'이므로, 어휘파트인 제1장의 마지막 1-21에 편제할까도 고민했던 부분이다. 그러나 '전치사를 포함한 숙어'문제는 단순암기 문제라서 출제빈도가 낮기 때문에 1-21 자리는 부적절한 위치라고 판단하였다. 7-04의 내용은 '990점용' 이므로 대다수의 토익커는 가볍게 보고 넘어가도 좋다.

전치사를 포함한 숙어 문제는 2가지 방식의 출제가 가능하다. ① 숙어를 구성하는 동사나 명사, 형용사 등 전치사 이외의 품사자리를 빈칸으로 뚫어 놓은 뒤, '전치사'를 보고 빈칸에 들어갈 '이들 다른 품사의 단어'를 맞추라는 문제와 ② 아예 숙어의 일부인 전치사 자리를 빈칸으로 만들어 놓고 빈칸에 들어 갈 '전치사'를 맞추라는 문제이다.

> **ex 691** They are strongly advised to avoid the earthquake area until further -----.
> (A) notice (B) information (C) detail (D) message

예691은 until further notice(추후통지가 있을 때까지)라는 숙어를 출제한 문제로 정답은 (A)이다. until further ____처럼 명사 notice자리에 빈칸을 뚫어놓거나, ____ further notice처럼 전치사인 until자리에 빈칸을 뚫어놓을 수 있다.

두 유형 중 전자의 출제 빈도가 더 높은 편이다. 즉, 전치사를 보고서 빈칸에 들어갈 다른 단어를 맞추어야 한다. 따라서 전치사가 포함된 숙어를 자꾸 읽어, 전치사를 보는 순간 선지에 있는 명사, 형용사, 동사가 입에서 뒤따라 나올 수 있을 만큼, 입에 착착 달라붙게 해야 한다.

전치사 포함숙어 공식01

전치사가 포함된 'be+형용사+전치사' 숙어 또는 'be+Ved+전치사' 숙어는 암기한다.

전치사가 포함된 'be+형용사+전치사' 숙어 또는 'be+Ved+전치사' 숙어 표현이 있다. 이 때 올 수 있는 전치사는 of, to, for, with, about 등 다양하다. 전치사를 맞추는 어휘문제 또는 가운데 낀 형용사 어휘문제로 출제가 능하다.

be available for ~위해 이용가능하다	be pleased with ~에 기뻐하다
be capable of ~를 할 수 있다	be liable for ~대해 책임지다
be concerned with ~과 관련되다	be responsible for ~대해 책임지다
be involved in ~과 관련되다	be in charge of ~대해 책임지다
be associated with ~에 종사하다	be open to ~에 열려 있다
be engaged in ~에 종사하다	be notable for ~로 유명하다
be occupied with ~에 종사하다	be accessible to ~를 이용할 수 있다
be enclosed in 동봉되다	be skilled in ~에 숙련되어 있다
be accompanied with 동봉되다	be exempt from ~를 면제받다
be attached to 동봉되다	be indicative of 나타내다/암시하다
be appreciate of ~을 감사하다	be representative of ~를 대표하다
be compatible with ~과 호환되다	be outfitted with ~을 갖추다
be accustomed to ~에 익숙하다	be optimistic about ~을 낙관하다
be used to ~에 익숙하다	be critical of ~에 대해 비판적이다
be aware of ~을 인식하다	be native to ~가 원산지다/~출신이다
be cognizant of ~을 인식하다	be enthusiastic about ~에 열정적이다
be conscious of ~을 인식하다	be contingent on ~에 달려 있다
be eligible for ~할 자격이 있다	

참고 be entitled to+동사원형

숙어 암기 자체보다 중요한 점은, 여기 7-04에서 보는 'be+형용사+전치사' 또는 'be+Ved+전치사' 뒤에는 '전+명'공식에 의해 명사 또는 동명사

(Ving)가 오는 반면, 5-01에서 본 'be 형용사 toV' 또는 'be Ved toV'는 부정사로서의 to이므로 to 뒤에 동사원형이 온다는 것이다. 이렇게 출제되면 문법문제이다.

> **참고**
> **'be 형용사 toV' 또는 'be Ved toV'의 구문으로 쓰는 관용구**
>
> 앞의 Box 속 관용구와 대조적으로 'be 형용사 toV' 또는 'be Ved toV'의 구문으로 쓰는 관용구가 있다. 즉, 뒤에 동사원형이 오는 것으로서, 전치사로서의 to와 to부정사의 일부로서의 to를 구분하는 문제이다. 5-01의 to부정사 정답공식07에서 이미 본 내용이니 복습한다.
>
> **be able toV** ~할 수 있다
> **be supposed toV** ~할 예정이다
> **be willing toV** 기꺼이 ~하다
> **be entitled toV** ~할 자격이 있다
> **be ready toV** ~할 준비가 되다
> **be scheduled toV** ~하기로 예정되다
>
> **be likely toV** ~할 것 같다
> **be reluctant toV** ~하기를 꺼려하다
> **be eligible toV** ~할 자격이 있다
> **be pleased toV** ~하는 것을 기뻐하다
> **be eager toV** ~하기를 열망하다
> **be fortunate toV** ~하게 되니 다행이다

ex 692 Because of the recent sales increase, the firm's network system is not ----- to carry out the current demand.
(A) able (B) enable (C) capable (D) probable

예692는 기본 숙어 be able to를 묻는 문제로, 정답은 (A)이다. (C)의 capable은 to부정사와 쓰지 않고 be capable of Ving로 쓴다. (B)의 enable은 단독으로 동사이며, (D)의 probable은 It is probable that S V구문으로 쓴다.

ex 693 We must be ----- of high standards of sanitation; otherwise, we will face a stiff financial penalty.
(A) current (B) available (C) aware (D) assure

예693은 be동사와 전치사 of 사이에 쓰일 수 있는 형용사를 묻는 문제이다. be aware of, be conscious of, be cognizant of 등이 있겠다. 따라서 정답은 (C)이다. (B)는 be available for가 있기 때문에 be 동사와 for사이에 쓰이는 형용사일 때 정답이 된다.

ex 694　We would like to remind you that we are all ----- for the recent failure.
(A) critical (B) doubtful (C) responsible (D) associated

예694는 be와 전치사 for 사이에 쓰일 수 있는 형용사를 묻는 문제이다. be responsible for가 대표적이고, 정답 역시 (C)이다.

ex 695　Modern astronomical instruments are capable of ----- changes in stellar objects light years away from earth.
(A) measurable (B) measuring
(C) measured (D) measurement

숙어로서 be capable of Ving(~할 능력이 있다) 구문이 자주 출제된다. 정답은 (B)이다.

ex 696　It is important that customer service representatives be ----- to suggestions made by our clients.
(A) responsiveness (B) responsible
(C) responsive (D) responsibility

빈칸이 be 동사 다음이므로 보어 역할을 하는 형용사인 responsible(책임 있는) 또는 responsive(즉시 응답하는)가 정답이다. 보통 responsible은 be responsible for(~에 대해 책임지다) 구문으로 쓰는데, 빈칸 뒤에 to가 아니라 for가 있다. 따라서 be responsive to(~에 즉시 응답하다)가 정답이다.

전치사 포함숙어 공식02

의미별로 전치사 on / at / with / in / about / from이 따라붙는 숙어표현이 있다!

01 영향, 집중, 의존, 강조의 on
어떤 것 위로 초점이 집중되는 뉘앙스

영향 have effect on	have influence on (=affect)	
집중 focus on	concentrate on	
based on	tax on	
의존 depend on	be dependent on	
rely on	rest on	count on
강조 emphasize on		

02 감정의 at
어떤 것에 대해서라는 뉘앙스

- 실망 be disappointed at
- 놀람 be surprised at   be alarmed at
- 쇼크 be shocked at
- 즐김 be amused at

03 만족의 with / 준수의 with
어떤 것과 함께 가는 뉘앙스

만족 be satisfied with	be gratified with	be pleased with
준수 comply with	compliance with	

04 몰두, 관여, 관심, 참가의 in
몸을 어딘가 안으로 던지는 뉘앙스

be interested in	be involved in	participate in
be absorbed in	be indulged in	enroll in

05 걱정의 about
어떤 것에 관해서라는 뉘앙스

be concerned about	be worried about
be anxious about	be doubtful about

05 걱정의 about
어떤 것에 관해서라는 뉘앙스

| be concerned about | be worried about |
| be anxious about | be doubtful about |

06 접근, 일치, 노출, 추가의 to
어떤 것을 향한다는 뉘앙스

접근 access to	transfer to	talk to
일치 consent to		
노출 expose to	respond to	
추가 add to		

07 요구, 보충, 설명의 for
어떤 것을 위한다는 뉘앙스

| 요구 request for | demand for |
| 보충, 설명 make up for | account for |

08 삼가, 격리의 from
어떤 것으로부터 멀리 떨어진다는 뉘앙스

refrain from Ving
prevent A from B
separate A from B

위에서 본 바와 같이 의미별로 따라 붙는 전치사의 종류가 완벽히는 아니더라도 일정한 정도 규칙성을 띤다. 전치사의 종류 판별에 관한 문제가 어려운 이유가 여러가지 있는데, 이렇게 동사의 특이한 문형들 속에 전치사가 끼어 있다는 점도 한 몫을 한다. 암기하는 수밖에 없으므로, 여러번 읽어 입에 익히도록 한다.

> **ex 697** In this legislative session Oregon's governor is pushing a bill that could put even greater emphasis ----- graduation rates.
> (A) to (B) between (C) out (D) on

예697은 emphasize on을 외우는 수밖에 없다. 정답은 (D)이다.

전치사 포함숙어 공식03

**전치사가 붙어 원래 동사의 뜻과 달라지는
동사구**(이른바 동사숙어표현)**가 있다!**

look at 보다	**set up** 설치하다
look for 찾다, 구하다	**turn off** ~을 끄다
look through 찾다	**turn down** 거절하다
look up 찾아보다	**break off** 터지다 / 발생하다
look out 들여다보다	**bring up** 화제를 꺼내다
look into 조사하다	**come up with** 아이디어를 떠올리다
look up to 존경하다	**set forth** ~을 제시하다 / 발표하다
look down on 경멸하다	**come as** ~로 다가오다
look over 검토하다	**go through** ~을 조사하다/거치다/겪다
look around 둘러보다	**call off** 취소하다
attend+장소 참석하다	**touch down** 착륙하다
attend to+명사구 주의하다	**narrow down** 좁혀나가다 / 줄이다
attend on+사람 시중들다	**let down** 실망시키다
wait for 기다리다	**pick up** 데리러 가다
wait on 시중들다	**give out** 나눠주다
consist of 구성되다	**let in** 들어오게 하다
consist in ~에 달려있다	**pay off** 성과를 거두다
consist with 일치시키다	**put off** 연기하다
shut down 공장의 문을 닫다 / 기계를 정지시키다 / 차단하다	**break down** 기계 따위가 고장나다

---

ex 698　Native Americans' songs consist ----- four parts: the lead, second, chorus, and ending.
(A) out (B) of (C) on (D) for

예698은 북미 인디언의 노래는 리드, 세컨드, 코러스 그리고 엔딩 네 부분으로 구성된다는 의미로서 '구성하다'의 의미이므로, 정답은 (B) of 이다. 단순 암기 문제라서 외우지 않으면 어렵게 느껴진다.

전치사 포함숙어 공식04

전치사구를 구성하는 전치사 포함 숙어표현도
암기해두면 990점 도달을 용이하게 한다.

in light of ~의 관점에서	**by means of** ~에 의해서, 수단으로
for the sake of ~를 위해서	**in detail** 상세하게
at the latest 아무리 늦어도('최근에'아님)	**at the least** 아무리 적어도(최소한)
in advance 미리	**in reply** ~에 대한 응답으로
on arrival 도착즉시	**to the point** 적절한
in charge of ~을 책임지고 있는	**beyond the control of** 통제 불능의
with the exception of ~을 제외하고	**in violation of** ~을 위반하여
in honor of ~에게 경의를 표하여	**in place of** ~을 대신하여
on behalf of ~을 대표하여	**in observance of** ~을 준수하여
of one's choice 스스로 선택한	**on top of** ~뿐만 아니라
until further notice 다음 통지까지	**at one's discretion** ~의 재량으로

ex 699 ----- Earth's Day, I present to you eco-friendly farm produce from New Zealand.
(A) In honor of (B) On the presence of
(C) In the absence of (D) By means of

예699의 정답은 지구의 날을 기념한다는 의미이므로 정답은 (A)이다.

ex 700 Director Mark was asked to account for ----- what he was talking about when he came up with the idea at the monthly staff meeting.
(A) details (B) detailed (C) in detail (D) to detail

예700의 정답은 설명을 상세하게 한다는 의미이므로 in detail이다. 빈칸 앞에 전치사 for가 있어서 account for in detail(상세히 설명하다)로 이어지면 전치사 두 개가 연이어져서 어색한 것 같지만, 전혀 문제가 없는 표현이다.

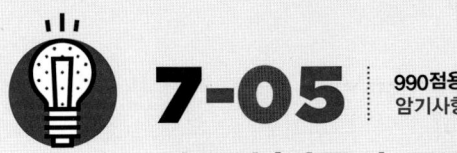

7-05 자동사/타동사 구별문제는 新토익에서 거의 없어졌다

990점용 암기사항

기초지식 쌓기

자동사 뒤에 목적어가 오려면 반드시 그 사이에 전치사가 있어야 하지만, 타동사 뒤에는 전치사 없이 곧바로 목적어가 올 수 있다. 예를 들면, reply 는 자동사이고, answer는 타동사이므로 reply to the question으로 써야 하고, answer the question으로 써야 한다. 우리말에서 질문'에' 답하다와 질문'을' 답하다 2가지 방식이 가능한 것과 같다.

우리말의 관념 때문에 그럴듯하게 들리는 콩글리쉬(?)가 있는데, 그 예를 들어보면 discuss about(×), resemble with(×), regret for(×), exceed at(×), disclose about(×) 등이다. 이것들은 타동사이므로 전치사가 없이 써야 하는 동사이다. 또한, Part6에 자주 나오는 '~와 연락하다'류의 동사 (contact, reach, call, email, fax)는 모두 타동사로서, 그 뒤에 to가 들어올 수 없다. 즉, contact me, reach me, call me, email me, fax me가 모두 올바른 표현이다.

문제는 어떤 동사가 자동사이고 타동사인지는 순전히 암기사항이다. 우리 말로는 해석이 거의 비슷하므로 왜 그런지 이유도 없다. 게다가 자동사 뒤에 따라붙는 전치사는 동사의 종류에 따라 천차만별이다. 그래서 자동사/타동사 구별 문제가 출제되면 매우 까다로운 문제에 속한다. 이 부분을 공부하는 유일한 방법은 '자동사+전치사'를 덩어리로 입에 익도록 만드는 방법밖에 없다.

다행스럽게도, 新토익에서는 자/타동사의 구별 문제가 거의 사라졌다. 이 챕터를 '제7장 990점 만점을 위한 암기사항'에 포함시킨 이유도 여기에 있다.

그러나 이는 영문법 시험의 영원한 고전 테마이므로 아예 무시하고 넘어가기는 어렵다. 가볍게 훑어 보기로 한다. 또 2006년 이전의 초창기 토익 Part6에서도 자동사/타동사의 구별 문제는 대체로 discuss, resemble, regret, exceed, disclose 중에서 출제(이들은 모두 타동사)되었다는 점도 참고하자.

참고
주요한 자동사와 타동사

		주요한 자동사	주요한 타동사
01	동의하다	agree with	approve
02	반대하다	object to	oppose
03	설명하다	account for	explain
04	결혼하다	get married to	marry
05	언급하다	refer to	mention
06	응답하다	respond to	answer
07	토론하다	talk about	discuss
08	들어가다	go into	enter
09	떠나다	depart from	leave
10	도착하다	arrive in/at, get to/in	reach

아래는 2006년 이전 초창기 토익의 Part6 출제방식대로 자/타동사의 구별 문제를 예제로 만들어 본 것이다. 당시는 문장에서 밑줄 그은 부분 중 틀린 부분을 고르는 방식이었기에 이런 문제가 자주 출제될 수밖에 없었다. 아래 참고예제의 정답은 (C) discuss about이다. talk about으로 쓰거나, 그냥 discuss로 써야 옳다.

ex 참고예제 Once the managers have seen the prototype,
　　　　　　(A)　　　　　　　　　(B)
　　　　they will discuss about it with the production team.
　　　　　　　　　　(C)　　　　　　　　　　　(D)

曹操 TOEIC

CHAPTER 08

Part6의 해결공식

8-01 Part6의 해결공식

토익 파트6의 개괄적 특성
– 시제 문제의 중요성

🔑 기초지식 쌓기

독해와 문법이 혼융된 Part6는 Part5 문법과 Part7 독해의 중간적 성격을 띤다. 즉, Part6 문제의 경우 한 지문에 할당된 세 문제 중에는, ① 빈칸을 포함한 한 문장만 보고서 풀 수 있는 문제도 물론 있지만, ② 빈칸을 포함한 문장의 앞문장이나 뒷문장까지 읽어야 정답을 알 수 있는 문제가 대부분이다. 즉, 기본적으로 Part6는 빈칸이 속한 문장에만 매몰되지 말고, 두세 문장은 해석하고 푼다고 생각한다.

Part6가 빈칸을 포함한 앞문장과 뒷문장을 해석하도록 하는 것은, '맥락'을 이해하고 있는지 묻기 위함이다. ① 빈칸이 속한 문장에서 대명사가 앞문장의 무엇을 지칭하는지, ② 빈칸을 포함한 문장의 시제는 앞뒤문장과 관련하여 어떤 선후관계를 갖는지, ③ 빈칸에 들어갈 어휘는 전후 맥락과 관련하여 어떤 뉘앙스가 어울리는지 등을 묻는다.

특히 Part6는 '시제'문제가 매우 자주 출제된다는 사실을 알아두자. 그리고 시제 문제가 출제되면, Part5에서의 시제문제와 달리, 그 문장 속의 부사만 보고서 풀 수 있는 문제는 드문 편이라는 사실도 알아두자.

즉, 빈칸이 동사자리여서 시제를 파악해야 하는 경우 필히 최소한 빈칸을 포함한 문장의 앞문장은 읽어야 한다. 또한, 이메일지문이 나오면 지문의 맨 앞에 있는 '이메일 보낸 날짜'와 빈칸 속 시간 부사구를 비교해서 이 둘의 선후관계를 따져야만 풀리는 문제도 많이 출제된다.

Part6 시제 문제 중에는 단순히 시제만 묻는 문제도 많지만, 시제와 더불어 능수동태나 수일치 여부까지 함께 묻는 복합문제도 출제되고 있다. 이런 문제의 해결을 위해서는 Part5를 위한 공식 중 4-03 ~ 4-05을 다시 한 번 숙지하는 것이 좋다.

따라서 Part6는 다음의 몇 가지 문제풀이 기준에 따른다.

첫째, 지문을 처음부터 읽지 말고, 일단 빈칸을 포함한 문장만 보고 Part5를 풀듯이 바로 문제부터 풀어본다. Part6의 경우도 한 지문에 할당된 3문제 중에 한 문제 정도는, 지문의 맥락과 무관하게 단순히 빈칸을 포함한 문장만 보고도 풀 수 있기 때문이다. Thanks for your ___처럼, 관용구에 의해 빈칸에 당연히 purchase가 들어가는 경우임을 추측할 수 있는 경우이다.

둘째, 한 지문에 할당된 3문제 중에 두 문제 정도는 빈칸을 포함한 문장의 앞문장을 읽어야만 풀린다고 생각하자. Part7은 대체로 질문 속 key word를 패러프레이징한 "그 문장"과 "그 다음 문장"을 읽어야 풀리는 경우가 많으나, Part6는 빈칸을 포함한 "그 문장"과 "그 앞문장"을 읽어야 답이 나오는 경향이 높다. 시제파악 문제와 지칭하는 대명사 찾기 문제가 Part6의 주류이기 때문이다.

셋째, Part6에 나오는 어휘문제 중에 미묘한 뉘앙스 차이 문제가 있으므로, 선지 4개를 넣고 해석해보았을 땐, 우리말로는 모두 별 문제가 없어 보이는 경우가 있다. 예를 들어 '요금'과 관련된 fee, rate, fare, charge, cost, estimate, pay 등과 같은 경우이다. 이런 것은 보카집을 통해 미리 뉘앙스 차이를 외워두도록 한다.

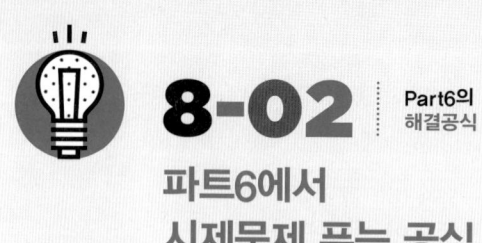

8-02 파트6에서 시제문제 푸는 공식

Part6의 해결공식

파트6 시제 정답공식01

추후 일정 안내문이나 공지문에서
분명한 미래 시점을 나타내는 시간 부사구가 있으면 미래시제가 정답이다!

Part6에서 시제 문제가 출제되었을 때, 기계적으로 앞문장의 시제나 뒷문장의 시제를 따라가는 일은 망하는 지름길이다. 연이은 세 문장이 있다고 했을 때, 세 문장의 시제가 같으리라는 보장은 전혀 없다. 차라리 시제를 잘 모르겠으면 '미래시제'를 찍어라! Part6에서는 미래시제가 정답인 확률이 70%가 넘기 때문이다. 특히 그 지문의 종류가 추후 일정 안내문이나 공지문이면 더욱 그러하다. 장차 있을 일정 및 행사 안내에 관한 내용일 가능성이 크기 때문이다.

Part6의 시제 문제는 전후문장을 보지 않아도 풀 수 있는 문제는 지양하는 것이 출제 원칙이지만, 단순히 빈칸이 속한 문장에 있는 '시간부사구'만 보고서 시제를 맞출 수 있는 문제도 드물게 출제된다. 즉, 명확한 시점을 나타내는 부사구가 있으면 그에 따라 풀면 된다. 이런 유형은 쉬운 편이다.

> **ex 701** Technicians ----- the maintenance on the computer intranet system on Tuesday at 8 p.m.
> (A) had been performing (B) was performing
> (C) will be performing (D) has been performed

예701은 동사의 종합적 형태 완성 문제로, 주어가 일단 복수이므로 단수인 (B) was와 (D) has는 오답이다. 해석상 '화요일 오후 8시'라는 미래 특정시점에 사내 인트라넷 시스템을 점검할 것이라는 미래 일정 안내이므로, 정답은 미래진행시제인 (C) will be performing이다.

ex 702   The 8th annual Chess Tournament has been scheduled for June 25. The student council of Seoul National University ----- 500 players from the other university students for the competition.
(A) is welcome (B) welcomed
(C) is welcoming (D) will welcome

예702는 빈칸 뒤에 목적어 500 players가 있으므로 수동태인 (A)는 오답이다. 해석상 June 25에 있을 행사에 대한 안내이므로 단순미래시제인 (D) will welcome이 정답이다.

ex 703   The Louvre Museum : Until September 12, the Louvre Museum ----- 53 works by Picasso. Tickets to this special exhibition are available for $100 in addition to the regular museum admission ($50 for adults and $30 for children nine and under)
(A) exhibit (B) exhibited
(C) was exhibited (D) will be exhibiting

예703은 일단 빈칸 뒤에 목적어인 53 works(53개의 작품)가 있으므로 수동태인 (C)는 오답이다. 해석상 미래 시점인 September 12까지 53개의 작품들을 전시할 것이라는 의미이므로 미래진행시제의 능동형인 (D) will be exhibiting이 정답이다.

파트6 시제 정답공식02

**아무런 힌트가 없고, 오로지 해석을 해봐야만,
논리관계상 선후관계가 밝혀지는 문제도 있다!**

지문에 시간 부사구가 전혀 없이, 해석상 ① 앞으로 다가올 행사안내문, 시설물보수공사 공지문, ② 사내 직원, 혹은 고객들에게 신규 정책(new policy)을 알리는 공지문이라면, 미래시제가 정답이다. 나아가 해석상 ③ 이미 상황이 종결된 경우라면 단순과거시제가 정답이고, ④ 단순히 현재 어떠하다는 내용이라면 단순현재시제가 정답이다.

해석에 의해 논리적으로 시제를 판별해야 하는 유형으로 가장 까다로운 유형에 해당한다. 지문의 전반적인 흐름을 파악하여 시제를 골라야 한다. 능수동태까지 물을 경우 종합적 동사 형태 완성문제로서 가장 어려운 유형이다.

> **ex 704** SK cosmetic Inc. appointed Mark Illian as a new CEO. Mark Illian, a former vice president at Morgan Stanley, he ----- several M&A for ten years.
> (A) has overseen (B) will oversee
> (C) is overseeing (D) oversees

예704는 빈칸 앞문장에서 새로 뽑힌 CEO를 소개하였다. 그러다보니 M&A가 그의 향후 업무라고 생각하고서, 정답으로 미래시제인 will oversee를 고르기 십상이다. 그러나 for ten years에서 알 수 있듯이, 실제 내용은 이전 직장에서 했던 업무 소개이다. 따라서 정답은 완료시제인 (A) has overseen이다.

> **ex 705** As new vice president, he ----- the release of new products which were developed in this summer.
> (A) has been overseen (B) will oversee
> (C) oversaw (D) has overseen

예705는 예704와 대비되는 문제로서, 새로 임명된 부사장이 앞으로 무엇을 관리하게 될지에 관한 내용이다. 정답은 미래시제인 (B) will oversee 이다.

> **주의**
> **직무를 맡았던 '시기'의 중요성**
>
> 어떤 회사 내 직무에 관한 내용이 나오면, 반드시 과거의 직무인지, 현재의 직무인지, 미래에 하게 될 직무인지 구별해야 한다. 구체적인 회사명이나 부서명과 연동되는 경우가 많다.

ex 706 The event was held at the Grand Hyatt Convention Center. It ----- a crowd of more than 150 guests.
(A) might draw (B) drew (C) was drawn (D) drawing

예706은 빈칸이 주어인 it 다음에 있으므로 본동사 자리이고 빈칸 뒤에 목적어(guests)가 있으므로, 수동태인 (C)는 오답이다. 앞문장을 보면 the event was held로서 이미 행사가 열렸다는 과거시제이므로 drew가 정답이다.

ex 707 I am sure the expertise you ----- in digital information systems as a director of World Link will be a real contribution to the board.
(A) gain (B) gained (C) will gain (D) has gained

be sure that구문에서 that이 생략된 문장이다. that절 속의 주어는 the expertise(전문기술)이다. 빈칸 부분이 앞의 선행사 the expertise를 후치 수식한다. 빈칸 뒤쪽에 나오는 World Link는 you의 전 직장이므로, 빈칸에 들어갈 시제는 과거시제이어야 한다.

파트6 시제 정답공식03

편지글인 경우, 편지의 제목이나 편지상단부의 보낸 날짜에 반드시 주목해야 정답을 알 수 있다!

편지나 이메일 상단의 발신 날짜와 본문 속 날짜를 비교해서, 다가오는 미래행사라면 '미래시제'가 정답이다. Part6에서 매우 자주 출제되는 유형이다. 단, 선지에 미래시제가 없다면, 현재시제가 정답이 될 수 있다. 명확한 미래상황은 현재시제로 대신 표현할 수 있기 때문이다.

> ex 708
> To: Cavin.Jang@parkclub.co.uk
> Form: yoon.hwang@parkclub.co.uk
> Sent: October 3
> Re: Return Poll
> Please note that on October 15, our gym ----- a new policy guaranteeing our members a full refund for inconvenient service.
> (A) will implement (B) implemented
> (C) implementing (D) is implemented

예708에서 선지의 implement는 '시행하다'라는 뜻이다. 지문 맨 앞에 메일을 보낸 날짜가 10월 3일이라고 나와 있고, 지문 본문에 10월 15일에 정책을 시행할 것이라고 되어 있으므로, 둘을 비교해보면 정답은 미래시제 (A)이다.

> ex 709
> Sony LCD Company
> August 15
> Your subscription of Economy Magazine ----- at the end of August. It is now the time to renew your contract.
> (A) expired (B) expires (C) expiring (D) expiration

예709는 지문 상단부에서 이메일을 보낸 날짜가 8월 15일임을 보여주고 있다. 그리고 본문에서 8월말에 잡지 구독기간이 종료된다고 하므로, 원칙적으로 미래시제가 정답이다. 그러나 명확한 미래는 현재시제가 대체할 수 있으므로 (B) expires가 정답이다.

> **파트6 시제 정답공식04**
>
> Part6에서 다음 몇 가지 단어가 빈칸 주변에 있으면
> 대체로 미래시제가 정답일 확률이 매우 높다!
> **01** 명령문 주변
> **02** 부사적 용법의 toV 주변
> **03** would, should 같은 의무의 조동사 주변
> **04** hope that, expect that, estimate that, predict that, look forward to처럼 미래를 예측하거나 예상하는
> 동사 주변의 시제(특히 that절 속의 시제)
> **05** 스토리라인상 new, continue, success 주변

의무사항, 희망사항을 말할 경우, 동사 자체가 미래적 의미를 내포한다. 반드시 미래시제와 결합하는 것은 아니나 미래시제와 함께 쓰일 확률이 높다.

ex 710 We hope that you ----- your stay with us and thank for choosing the Park Hyatt Hotel in Seoul.
(A) enjoy (B) have enjoyed (C) are enjoying (D) enjoyed

예710은 hope동사를 통해 향후 고객이 호텔에서 즐겁게 머물고 갈 바란다는 내용이므로, 본래 미래시제인 will enjoy가 정답이다. 그러나 미래시제가 선지에 없다. 앞서 말한 것처럼 구어체에서 명확한 미래는 현재시제가 대신하는 경우가 많다. 특히 최근에는 '주장, 요구, 명령'의 that절 속에서 원형동사를 쓰는 것처럼, '희망'을 마땅히 그래야 할 '당위 혹은 의무'로 생각하여 hope절 속에서 동사원형을 쓰기도 한다. 따라서 정답은 원형인 (A)이다.

ex 711 Their work on the TP012 project was stellar, and this brunch ----- a way to show our appreciation.
(A) was (B) had been (C) would have been (D) will be

예711은 프로젝트에서 그들의 작업이 stellar(우수한)해서, this brunch 는 감사를 전하는 좋은 방법이 될 것이라는 의미이다. 여기서 to show 부 분은 문법적으로 형용사적 용법이나, 의미상 '~하기 위해서'이다. 따라서 현재시제 또는 미래시제가 정답이므로 정답은 (D)이다.

---

ex 712　Recycling used ink cartridges is easy. Simply take them to any office supply store that sells recycling ink products, and drop them in the recycling container labeled "Used". The store ----- used cartridges to us.
(A) will return (B) has returned
(C) was returning (D) returned

예712는 다 쓴 잉크카트리지를 가져와서 재활용 용기에 두면 가게에서는 카트리지를 돌려줄 것이라는 의미이므로, 미래시제 will return이 정답이 다. 해석해서 정답을 고를 수도 있겠으나, take나 drop 같은 명령문 주변 임을 파악하면 정답공식04가 적용되는 경우임을 알 수 있다.

---

ex 713　Due to the recent increase in the cost of electricity the management requests that all employees be sure to turn off lights when they are not in use. Each room ----- by the last person to leave it at the end of the working day.
(A) should be checked (B) to be checked
(C) was checked (D) has been checked

예713은 일단 본동사가 올 자리이다. 빈칸 바로 뒤에 수동태를 나타내는 전치사 by가 있으므로 수동태형이 와야 한다. 각 사무실은 마지막 사람이 점검해야 한다는 의미의 동사가 필요하므로 '의무'의 조동사 should가 들 어간 것이 정답이다. 앞문장의 request ~ that ~ (should) be sure to라는 '의무 혹은 당위'와 호응하고 있다. 의무의 should는 일종의 미래시제이 기 때문에 정답은 (A)이다.

파트6 시제 정답공식 05

현재시제의 미래시제 대체 효과
Part6에서는 원래 미래시제가 정답인 자리에는
"단순 현재시제"나 "현재 진행시제"가 정답인 경우가 많다!

Part6에서는 주관식으로 풀면 원래 미래시제가 정답인 문제인데, 선지를 보면 미래시제가 없는 경우가 있다. 이런 경우 정답은 단순 현재시제나 현재진행시제(간혹 의무조동사 should be일 수는 있음)인데, 이것을 두고 현재시제의 미래시제 대체효과라고 한다. 즉, 현재시제가 때로는 미래의 의미를 나타내기도 한다.

①설문 조사 중이니 답변을 요청하는 내용, ②전직 동료에게 안부를 전하면서 전직 동료들이 당신을 그리워하는 중이라는 내용, ③구직 광고에서 어떠어떠한 사원을 모집 중이라는 내용, ④현재 이 편지가 어떠어떠한 서류를 첨부, 동봉 중이라는 내용이면, 현재진행시제 또는 단순현재시제가 정답이다.

ex 714 I hope you are enjoying your new job. Everyone here at the Samsung company ----- you.
(A) will miss (B) misses (C) is missed (D) missing

예714의 빈칸은 본동사가 올 자리이므로 준동사인 (D) missing은 오답이다. 빈칸 뒤에 목적어 you가 있으므로 수동태인 (C)는 오답이다. 해석상 이전에 함께 근무했던 동료들이 당신을 그리워하는 중이라는 내용이다. 따라서 정답은 현재진행시제 혹은 단순현재시제가 정답이다. 정답은 (B) misses이다.

ex 715 The Mirae Asset Group, a rapidly expanding insurance company, ----- for an enthusiastic, purpose-oriented assistant accountant working as our sales representatives.
(A) searched (B) is searching
(C) was searching (D) will have searched

예715는 구인광고의 특성상 현재진행시제인 (B)가 정답이다. 회사는 현재 어떠어떠한 구직자를 모집 중이라는 내용이기 때문이다.

> ex 716 I'm writing to you because we at Accuris Mart ----- information we can use for more convenient customer service.
> (A) solicited (B) soliciting
> (C) have solicited (D) are soliciting

예716의 빈칸은 일단 본동사가 올 자리이다. 서비스 개선을 위해 참고할 설문 조사 중이라는 내용이므로, 정답은 현재진행형인 (D) are soliciting 이다. solicit(간청하다)는 중요 토익 단어이다.

> **참고**
> **바로 앞문장 시제와의 관련성**
>
> Part6에서 앞문장 시제를 무조건 따라서 정답을 고르는 것은 망하는 지름길이라고 하였다. 즉, 앞문장의 시제가 현재시제나 과거시제일 때, 빈칸을 포함한 문장은 그 앞문장의 시제를 따라가지 않고, 미래시제일 가능성이 높기 때문이다. 다만, 앞 시제가 진행시제일 때만큼은, 빈칸을 포함한 문장이 진행 시제를 따라가는 경향이 짙다.

> ex 717 We hope this ----- the beginning of a long and fruitful business relationship.
> (A) is (B) was (C) has been (D) had been

hope를 통해 향후 장기적이고 생산적인 사업관계를 희망한다는 의미이므로, 미래시제 내지는 그 대용으로 현재시제 (A)가 정답이다.

> ex 718 The lease at our current location ------ at the end of this month.
> (A) expired (B) was expiring (C) expires (D) had expired

빈칸 바로 뒤 at the end of this month(이달 말)라는 시점은 미래 시점이므로, 정답은 미래시제 또는 미래시제 대용으로 현재시제(C)이다.

파트6 시제 정답공식06

과거 사실이 지금(현재)도 영향을 미칠 때는
과거시제(과거에 일이 종결됨)가 아닌 '현재완료' 시제가 정답이다!

Part6에 출제되는 현재완료는 지문을 해석해야만 맞출 수 있도록 출제되므로 어렵다. 과거에 발생한 일이 현재까지 영향을 미치면 현재완료가 정답이고, 과거보다 더 앞선 시점에서 시작하여 과거에 종결된 일이라면 과거완료가 정답이다. 과거에 발생했으나 미래 특정시점까지 얼마의 기간 동안 지속하게 되면 미래완료가 정답이다.

> **ex 719** SK Inc., one of the Korea's oldest and largest supermarket chains ----- its plans to expand overseas branch of E-Mart.
> (A) was announced (B) has announced
> (C) will announce (D) will be announced

예719는 빈칸 뒤에 목적어 plans가 있으므로 수동태 (A)(D)는 오답이다. 이미 발표해서 지금 발표된 상태이므로 현재완료 has announced가 적절하다. 만약 선지에 능동태이면서 단순과거시제인 announced가 있다면 역시 정답이 될 수 있겠으나, 선지에 함께 있을 리 없다.

> **ex 720** Thank you for your inquiry. I ----- Jessica Gomez, the manager of our inventory, to confirm your order. She convinces me that the order was processed last week.
> (A) contact (B) have contacted
> (C) will contact (D) am contacting

예720은 이메일로 받은 요청에 대해서 Jessica Gomez에게 연락을 취했었다는 내용이므로, 일단 단순과거시제를 정답후보로 떠올려볼 수 있다. 그러나 빈칸 앞문장이 Thank you for your inquiry.로서 과거에 문의를 받았고, 빈칸 뒷문장이 She convinces me that ~로서 현재 알려 온 것이므로, contact한 것은 과거부터 현재까지 이어지는 사실임을 알 수 있다. 정답은 현재완료시제인 (B)이다.

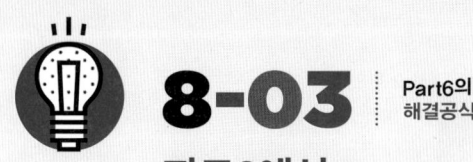

파트6에서 동사의 종합적 형태 완성 문제

Part6의 경우 동사자리에 빈칸을 만들어 놓고, 동사의 종합적 형태를 완성하라는 문제가 매달 2~3개 출제된다. 동사의 시제, 태, 수를 복합적으로 묻는 유형이다. 8-02에서 본 공식들을 앞뒤 문장에 적용해 '시제'를 판단하고, Part5에서 본 공식을 당해 문장에 적용해 '태'와 '수일치 여부'를 판단한다. 즉, 태와 수일치는 앞뒤 문장과 무관하고, 빈칸을 포함한 문장 하나만 보고 판단한다.

---

ex 721　Attached to this email is a tentative schedule for the upcoming conference, and an updated copy will be sent when the list of agenda is confirmed. Please note that only lunch ----- by the fee you pay. You are responsible for the cost of other meals.
(A) will cover (B) is covering
(C) had been covered (D) is covered

예721의 빈칸은 본동사 자리이고 뒤에 수동의 전치사 by가 있으므로 수동태 had been covered와 is covered 둘 중에 정답이다. 다가오는 행사에서 점심식사만 지불한 비용에 포함된다는 것을 알려주는 내용이므로 (D) is covered 또는 will be covered가 적절하다.

---

ex 722　The subject of tomorrow's meeting -----. Please confirm the finalized version attached to this message.
(A) has been updated (B) had been updated
(C) updated (D) will update

예722는 빈칸 뒤에 목적어가 없으므로 수동태가 정답이다. update된 최종 버전을 첨부했다는 의미이므로, 업데이트된 상태가 현재까지 이어지고 있다. 현재완료시제인 (A) has been updated가 정답이다.

8-04 Part6의 해결공식

파트6에서의 대명사 문제는 지칭대상을 찾아라!

Part6에서 빈칸을 포함한 문장 속 대명사가 지칭하는 것이 무엇인지 찾아야 하는 경우가 있다. Part6에서는 빈칸 앞의 주어가 you라서 your를 쓰거나 주어가 she라서 her를 쓴다는 생각은 버려야 한다.

나아가 I, you, he, she, it, them 같은 전형적 대명사가 지칭하는 것도 잘 파악해야겠지만, such나 same, one 같은 부정대명사가 가리키는 것도 정확히 파악하도록 노력하여야 한다.

> **ex 723** I have recently purchased several pieces of furniture from your shop. I am pleased with how well the products are made. However, one item(#3) did not arrive with assembly manual. I was shocked that ----- a mistake was made this time.
> (A) so (B) such (C) same (D) some

예723은 빈칸 앞문장에 나온 실수를 '그러한 실수'로 받는 대명사가 필요하다. 특히 빈칸 뒤에 a가 있는 만큼, 그런 어순을 가질 수 있는 것은 (B) such뿐이다.

> **ex 724** Please confirm attached presentation data for next week's conference. I would like to make it more precise and concise. Could you help me to revise that? When you are finished, we could meet tomorrow to review ----- together.
> (A) one (B) it (C) they (D) them

예724는 맨 첫문장에서 presentation data가 나오고, 그것을 it과 that으로 계속 받고 있다. 빈칸에는 review의 목적어가 들어와야 하므로 (B) it이 정답이다.

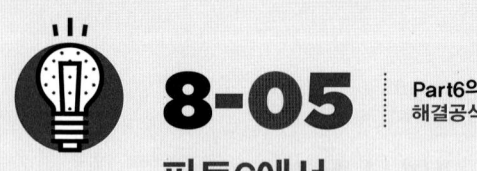

8-05 파트6에서 자주 나오는 관용구

Part6의 해결공식

누차 강조하지만, 토익은 비지니스 영어를 모토로 하는 시험이다. 아래 관용구들을 외워두면, Part6에서도 빈칸을 포함한 문장 하나만 보고 문제를 풀 수 있는 경우가 생긴다.

아울러, 7-02와 7-03에서 본 '말하다'동사를 포함한 동사의 특이한 문형이 출제될 수 있으니, 해당부분을 다시 한 번 본다.

01 추가상세정보를 원하는 경우
for more details
for more information

02 ~에 대해 감사
thanks for recent purchase 최근 구매에 대해 감사
thanks for your consideration/considering 고려에 대해 감사
thanks for your inquiry 문의에 대해 감사
thanks for your patronage 구매행위에 대해 감사
as an additional token of our appreciation/apology 감사/사과의 표시로

03 발효일(효력발생일)
beginning+시점 ~부터 효력발생한다
starting+시점 ~부터 효력발생한다
be effective+시점 ~부터 효력발생한다
no later than Monday 늦어도 월요일까지

04 당신이 편한 시간에 (연락 달라)
at your convenience

05 ~와 같은
such as+명사

06 즉각적인 주의 요망
one's immediate attention

07 불편에 대해 사과드립니다
apologize for inconvenience
we sincerely regret any inconvenience

08 ~할지 말지 알려주세요
let us know whether or not 참석 여부를 알려달라는 RSVP개념이다.

09 첨부/동봉된 것은~
Enclosed is 동봉된 것은
Attached is 첨부된 것은

10 저에게 연락을 주세요
contact me / call me / reach me / send me
email me
fax me
이들은 모두 타동사이므로, contact to me라고 하면 오히려 틀린 표현이다.

11 기타
note that~ ~을 유념하세요
will be replacing system / program 시스템이나 프로그램 교체
acknowledge receipt of your registration 등록의 수령사실을 인지하다
allow attendees to invite 참석자들의 방문을 허가하다
express interest in joining~ ~의 합류에 대한 관심을 표하다
be sure toV ~에 대해 확신하다

517

ex 725   To thank you for your continued -----, we would like to offer you a choice of free gifts.
(A) affection   (B) interest   (C) patronage   (D) accordance

예725는 지속적 구매에 감사드린다는 관용구이므로, 정답은 (C) patron-age이다.

ex 726   When you pack for your Eagle Eco-Tours trip, be sure ----- all the items that are listed on the last page of this booklet.
(A) including   (B) to include   (C) included   (D) includes

be sure toV(반드시~하다) 구문이 자주 출제된다. 따라서 정답은 (B)이다.

8-06 | Part6의 해결공식

파트6에 한두 문제 나오는 접속부사 넣는 문제

마침표로 끊겨 있는 여러 문장이 연속되는 Part6에서는 접속부사를 고르는 문제가 1~2개 출제된다. 접속부사의 개념과 그 종류에 대해서는 이미 3-13 접속사자리 문법에서 공부한 바 있다. 접속부사는 '접속'이라는 말이 붙어 있지만, 접속사가 아니라 부사라는 점은 꼭 기억해야 할 사항이다. 만약 이 내용이 흐릿하다면, 반드시 3-13의 기초지식03과 04를 다시 공부하기 바란다.

아래의 빈칸에는 모두 접속부사가 정답이다.

01 앞문장. ___(,) 주어+동사 : 앞문장이 마침표로 끝나고, 뒷문장이 시작하면서 문두에 접속부사가 오는 경우이다.(앞문장을 마침표로 끝낸 유형)

02 앞문장. 주어, ___, 동사 : 앞문장이 마침표로 끝나고 주어와 동사 사이에 콤마를 두번 찍으면서 그 사이에 접속부사가 들어오는 경우가 있다.(①유형과 같이 앞문장을 마침표로 끝냈으나, 접속부사를 문장 중간에 넣었으므로 콤마 생략 불가유형)

03 앞문장; ___(,) +주어+동사 : 앞문장이 마침표가 아닌 세미콜론으로 끝나고, 문두에 접속부사가 오는 경우이다. 이 때 접속부사 뒤의 콤마는 생략가능하고, 특이하게 접속부사 앞에 세미콜론이 온다.(앞문장을 세미콜론으로 끝내는 특이한 유형)

04 앞문장. 분사구문, 주어+___ +동사 : 일단 앞문장이 마침표로 끝났고, 종속절의 접속사가 생략되어 분사구문으로 바뀐 문장에서, 주절의 주어와 동사 사이에 접속부사가 오는 경우이다.(절을 분사구문인 구로 바꾼 유형)

05 앞문장. 주어+동사 and ___(,) 주어+동사 : 일단 앞문장이 마침표로 끝났고, 다시 시작된 문장이 and로 이어지면서, 뒷문장의 문두에 접속부사가 오는 경우이다.(then이 대표적)

빈칸 바로 좌측에 세미콜론(;)이 있거나 빈칸 바로 우측에 콤마(,)가 있으면 일단 접속사 자리는 아니므로 접속부사자리이다. 하지만 빈칸 우측 콤마(,)는 생략될 수도 있으므로, 빈칸 우측에 콤마가 없다고 해서, 접속사자리라고 단정하거나 접속부사자리가 아니라고 단정할 수는 없다.

> ex 727 Market participants had begun to fear that Greece would default ; -----, some were worrying about the consequences of a euro break-up scenario.
> (A) accord with (B) according to
> (C) accordingly (D) in accordance with

예727에서 세미콜론과 콤마 사이의 빈칸은 접속부사자리이다. 정답은 (C)이다. 앞의 **03**유형에 해당한다.

기초적인 내용이라 할 수 있지만, 아래에 정리된 각 '접속부사'의 '의미'는 확실히 외워둔다. Part6에 출제되는 접속부사 문제는, 위 예727처럼 빈칸에 들어갈 품사가 무엇인지를 판단하여 풀 수 있는 '문법문제'(접속사와 접속부사 중에 접속부사를 고르는 문제)보다, 앞뒤 문장의 '의미'관계상 어떤 접속부사가 들어가야 해석상 알맞은 것인지 판단케 하는 '어휘문제'(접속부사들 중에서 종류를 고르는 문제)가 출제될 가능성이 높기 때문이다. 참고적으로 접속부사 중에서는 however가 가장 많이 출제되므로, 모르겠거나 시간이 없으면 however를 찍어라!

01 인과 therefore, as a result, consequently, accordingly, thus, hence
02 역접 however, still, on the contrary
03 양보 nevertheless, nonetheless
04 조건 otherwise
05 유사 similarly, in the same way, likewise
06 추가 then, also, moreover, furthermore, in addition, additionally, besides
07 강조 in fact

> ex 728 There will be no immediate changes to your accounts. -----, you cannot use our other services as usual.
> (A) However (B) Therefore (C) For instance (D) But

예728의 경우 빈칸 앞에 마침표(.)가 있고, 빈칸 뒤에 콤마(,)가 있으므로, 한 문장 내에서 절과 절을 연결해주는 접속사 but은 오답이다. 접속부사자리인데, 의미상 빈칸 전후가 역접이므로 정답은(A)이다.

---

ex 729   These items were sold at a special clearance rate, and we do not give credits or refunds on clearance items. -----, we will be happy to honor the service and maintenance agreement.
(A) Therefore (B) However (C) Likewise (D) Meanwhile

빈칸 앞은 not이 있는 부정문인 반면, 빈칸 뒤는 긍정문이므로, 역접 관계를 나타내는 접속부사 however(그러나)가 정답이다.

---

ex 730   That's because we're donating 2 percent of our gross sales every month to the Terry High School reading program. -----, all employees of Reese's Mart and Deli will volunteer to serve as guest readers in the program.
(A) Otherwise (B) Therefore (C) Even so (D) Additionally

문맥상 동의어라 할 수 있는 donate와 volunteer한 내용이 빈칸 전후로 등장한다. 즉, 빈칸 전후로 Reese's Mart and Deli의 피고용인들의 여러 가지 공헌에 대해 열거하고 있으므로, 빈칸에는 Additionally(게다가)가 정답이다.

8-07 | Part6의 해결공식
파트6 新토익에 추가된 문장 넣기 문제

2016년 5월부터 시행되는 新토익의 Part5,6에서 신설된 유형은 딱 요것 1가지이다. 문항수의 증감을 제외한다면, Part5,6에서는 의외로 이 유형 하나가 추가된 것 외에 바뀐 것이 없다고 보면 맞다.

기존의 Part6는 총 4개의 지문이 출제되는데, 각 지문당 3개의 문제가 할당되어 총 12문제였다면, 이제는 각 지문당 4개의 문제가 할당되어 총 16문제가 출제된다. 그렇다면 각 지문당 1개씩 문제가 늘어난 것인데, 그것이 바로 기존에 없던 新유형이다.

Part6에서 기존에 없던 新유형으로 등장한 것은, 바로 '문장' 채워넣기이다. 기존에는 Part5,6를 모두 통털어 빈칸에 들어갈 것은 '단어'였으나, 이번에 신설된 이 유형은 빈칸에 들어갈 단어를 '문장' 수준으로 격상시킨 것이다.

이 新유형 문제에 대한 해결책을 한마디로 말하라면 물론 당연히 '독해력 강화'이다. 지문의 앞뒤 한 문장 정도만 읽고 풀기가 어려워진 것이 사실이기 때문이다. 따라서 토익에 자주 나오는 비지니스 지문에 대한 배경지식과 관련 어휘력 향상이 필요하고, 이를 토대로 지문 전체의 논리적 흐름을 타는 훈련이 필요해졌다. 그러나 이 유형은 수능 영어 시험에 이미 있었던 유형이므로 너무 두려워할 필요는 없다.

물론 지문의 내용을 이해하고, 그것을 국어적으로 해석한 뒤, 그 의미에 맞는 내용을 선지에 하나씩 읽어보고 푸는 것이 가장 정석적인 풀이법으로 생각된다. 그러나 실제 토익 시험이 확실한 정답 근거 없이 출제된다면, 자칫 복수정답 시비로 이어질 수밖에 없으므로, 문제는 명쾌한 논리적 근거를 갖고 출제될 수밖에 없다. 따라서 이를 역이용한 다음 5가지 요령을 숙지하는 것이 좋다.

첫째, 이 유형에서 선지 4개를 미리 읽어둘 필요가 있는지 여부에 대하여 이견이 있을 수 있다. 생각건대, 이 문제는 빈칸에 들어갈 문장 1개를 고르는 positive유형이지 빈칸에 들어갈 수 없는 문장 1개를 고르라는 negative유형이 아니므로, 미리 선지 4개를 읽어두는 것은 시간 낭비이다. 오답인 3개의 문장은 지문의 내용과 상관없는 '헛소리'일 것이므로, 먼저 선지를 읽었다고 해서 지문의 내용을 추측하는 데에 큰 도움을 받지 못한다. 되려 빈칸 전후의 문장을 꼼꼼하게 읽은 뒤, 빈칸에 들어갈만한 문장을 선지 4개 중에 재빨리 찾는 것이 효율적이다.

둘째, 이 유형이 Part7에서 강조하는 패러프레이징의 다른 유형이 될 수 있음을 인지하기 바란다. 토익 시험이 패러프레이징을 기반으로 출제되는 것은 복수정답 시비를 피하고 논리적으로 명쾌한 문제를 출제하기 위함이다. 즉, '빈칸에 들어갈 문장에 포함될 어느 한 단어'가 '빈칸 앞뒤에 있는 다른 문장 속에 포함되어 있는 특정 단어'의 패러프레이징인 경우가 많을 것이므로, 이 점을 유념하여 정답을 고르는 것이 유리하다. 예를 들면, 빈칸 앞쪽에 take the lead(리드하다), leader(리더)라는 표현이 있을 경우, 빈칸에 들어갈 정답 문장 속에는 example(본보기) 같은 단어가 있을 확률이 높다는 의미이다. (이를 위해 역시나 Part7에 해당하는 조조만 아는 토익독해기술의 제4장 패러프레이징을 철저히 암기하는 것이 필요하다.)

셋째, 설혹 딱 패러프레이징된 단어가 아니라고 하더라도, '빈칸 앞뒤에 있는 다른 문장' 속에는, '그 속에 들어갈 문장에 포함된 특정단어'와 논리적으로 대응(matching)되는 단어가 있기 마련이다. 따라서 선지를 보면서 이 논리적 연결고리를 파악하는 것이 문제풀이의 핵심이다. 예를 들면 빈칸 앞쪽에 seminar나 lecture, training sessions에 관한 내용이 나와 있었다면, 빈칸에 들어갈 문장 속에 join이나 participate 같은 단어가 들어갈 가능성이 높다는 의미이다. 강연이나 세미나가 있으니, 많은 참여를 바란다는 논리적 흐름이 되기 쉬울 것이기 때문이다. 이것은 패러프레이징은 아니지만, 비지니스 관련 글의 속성상 그 내용이 논리의 발전적 흐름을 띠기 쉽기 때문이다.

넷째, 이렇게 지문 속에 '문장 채워넣기'라는 新유형은 물론 지문 전체를 읽어봐야 풀릴 가능성이 높다. 하지만 그래도 빈칸에 들어갈 문장을 찾는 것이므로, 빈칸 바로 앞뒤 문장(특히나 바로 앞문장)과 가장 밀접한 논리적 관련성을 갖을 가능성이 크다. 따라서 빈칸 바로 앞문장이나 바로 뒷문장처럼, 빈칸을 중심으로 그와 물리적으로 가까운 문장을 꼼꼼히 해석해보는 것은 이러한 문제 풀이의 핵심요령이 된다.

다섯째, 빈칸에 들어갈 수 없는 나머지 3개의 오답선지 문장은, 수능보다도 토익에서 '더 명쾌하게' 오답이다. 따라서 빈칸에 들어가기 가장 어려운 문장부터 소거법으로 지워나가는 요령도 필요하다. 물론 이는 비단 이 유형에만 해당하는 테크닉은 아니겠지만, 정답에서 거리가 먼 선지부터 삭제해 나가는 것은 유용하다(이 말이 선지 4개를 미리 읽어두라는 의미가 결코 아님은 앞서 설명하였다.). 항상 소거법은 객관식 문제풀이에 있어서 필수적인 테크닉임을 알아야 한다. 객관식에서는 가장 중요한 하나의 정답을 스스로 창조하는 것이 아니라, 상대적으로 가장 정답에 가까운 것을 골라내는 것이므로, 상대적으로 가장 정답이 아닌 것부터 제거해서 남는 하나를 고르는 것이 유리하다.

다음의 몇 가지 공식을 살펴보자.

파트6 문장넣기 정답공식 01

물론 전반적인 흐름도 중요하지만
그래도 여전히 가장 중요한 정답 근거는,
문장이 들어갈 빈칸의 바로 앞문장과 바로 뒷문장이다.

ex 731

Dear Mr. Aronovich:
I have received your invoice showing the amount overdue. The main reason for this letter is to inform you of the reason of my late payment. The reason that I missed the payment was because I was out of the country on a business trip. I have enclosed the balance due.
I would also like to inform you that I will no longer be needing the services of Pacific Communications long-distance dialing system. -----, however, I do not make enough long-distance calls to justify paying for the use of your system.
Thank you very much for your services to date, and I will contact you again should I require your services at some time in the future.

(A) The system itself is very good.
(B) The direct extension number is on the directory.

빈칸 전의 문장을 해석해보면, '본인은 퍼시픽 커뮤니케이션스의 장거리 전화 시스템의 서비스가 더 이상 필요하지 않다'는 내용이고, 빈칸 후의 문장을 해석해보면, '그러나 귀사의 시스템을 사용하고 그 대가를 지불하는 것이 타당할 정도로 많은 장거리 전화를 하지 않고 있다.'이다. 그리고 빈칸 바로 뒤에 역접의 접속부사 however가 있다.

이쯤 해석을 하고 나서 비로소 선지를 본다. 선지(A)는 시스템 그 자체로는 훌륭하다는 내용이어서 빈칸 뒤의 however와 잘 어울리는 반면, 선지

(B)는 extension number(내선번호), directory(전화번호부) 등 전화와 관련된 단어는 나오지만 전혀 쌩뚱맞은 내용이다. 정답은 (A)이다.

이 문제에서, 물론 지문 전체를 다 읽었다면 당연히 도움을 받겠지만, 그렇다고 빈칸이 포함된 단락 이외의 위 아래 단락이 문제푸는 데에 결정적 역할을 하는 것도 없다. 따라서 글의 유기성의 관점에서 비춰볼 때, 지문의 전반적 흐름을 모두 이해하는 것이 물론 중요하지만 여전히 빈칸 바로 앞문장과 빈칸 바로 뒷문장(빈칸과 물리적으로 가까운 문장)의 해석이 가장 중요하다는 것을 알 수 있다.

물론, 뒤에 정답공식03에서 선지 속에 있는 연결어 however 등에 주목하라는 테크닉을 유추적용 해보면, 이 문제에서 빈칸 바로 뒤에 있는 however에 주목해 보는 것도 한 가지 방법이 된다.

지문해석
아로노비치 귀하:
연체 금액을 명시한 귀하의 송장을 받았습니다. 이 편지를 쓰는 주된 이유는 결제가 늦어진 이유를 귀하에게 알리기 위한 것입니다. 결제를 하지 못했던 이유는 본인이 업무차 외국으로 출장을 갔었기 때문입니다. 미불 금액을 동봉했습니다.
본인은 또한 퍼시픽 커뮤니케이션스의 장거리 전화 시스템의 서비스가 더 이상 필요하지 않다는 것도 알려 드리고자 합니다. 시스템 자체는 아주 훌륭합니다. 그러나 귀사의 시스템을 사용하고 그 대가를 지불하는 것이 타당할 정도로 많은 장거리 전화를 하지 않고 있습니다.
지금까지 귀사가 제공한 서비스에 대해 감사드리며, 앞으로 언제든 귀사의 서비스가 필요하게 되면 다시 연락드리겠습니다.

파트6 문장넣기 정답공식02

각 선지 4개도 정확하게 읽어야 하는데,
선지 속에 대명사(it, that, those 등)가 있는 경우
바로 앞문장에 그 대명사를 받아주는 명사가 있는지 살펴라.

ex 732

SPECIAL OPPORTUNITY IN RETAIL SALES
Gladstone's Men's Clothing Stores is seeking a talented and highly motivated individual to run the Gladstone's store in Dover Center. The store in Dover Center is one of our largest and busiest. ---- : suits, sport coats and blazers, dress shirts, casual clothing, overcoats accessories and an extensive selection of shoes. There are over 20 people working as sales clerks and assistants.

(A) It offers a complete line of men's clothing including
(B) The signature food of it is Guinness Beef Stew

빈칸 전에는 Dover Center 내의 상점은 우리의 시그니처 매장이라는 내용이 있고, 빈칸 뒤에는 상점에서 파는 것으로 추정되는 물품들이 열거되어 있다.

이쯤 해석한 상태에서 선지를 보면, (A)와 (B) 모두에 it이 있는데, it은 앞 문장의 the store를 받는 것이다. 그 점에서 (B)는 문맥에 맞지 않다. (A) 의 끝단어는 including이다. including은 뒷문장의 상품 열거로 이어지는 연결고리 역할을 한다. 따라서 정답은 (A)이다.

지문해석
소매상점에서 일할 특별한 기회를 드립니다.
글래드스톤의 남성 의류점은 도버 센터에 있는 글래드 스톤 상점을 운영할 능력 있고 매우 의욕 있는 사람을 찾고 있습니다. 도버 센터에 있는 점포는 우리 점포 중 가장 크고 바쁜 점포 중의 하나입니다. 이곳에서는 양복, 스포츠 코트 및 자켓, 정장용 셔츠, 캐주얼, 외투 액세서리 그리고 광범위한 종류의 신발류를 포함한 남성 의류 일체를 취급하고 있습니다. 20명 이상의 직원과 점원이 일하고 있습니다.

> **파트6 문장넣기 정답공식03**

각 선지 4개도 정확하게 읽어야 하는데,
선지 속에 연결어(however, also, yet, therefore, otherwise 등)가 있는 경우,
그 연결어가 빈칸 바로 앞문장을 자연스럽게 연결해주는지 살펴라.

---

ex 733

Tub and Shower Magic cleans and beautifies all kinds of surfaces. At only $2.49, it is an economical way to clean and protect anything from glass to plastic to tile. Its specially formulated liquid removes even embedded dirt and mold without scrubbing. Clean glass surfaces until they're squeaky clean. ----- and leaves a thin protective surface that resists scuffs, dirt, and germs. There is no reason to limit its use to the bathroom. Tub and Shower Magic works on your cars glass and chrome bumpers. It cleans everything from your skis to the kitchen sink.

(A) Our cleaner is environmentally friendly
(B) Tub and Shower Magic then rinses off with water completely

일단 빈칸 전은 '유리의 표면을 잘 닦으라'는 의미이고, 빈칸 뒤는 '얇은 보호막을 남긴다'는 의미이다. 그런데 빈칸 앞이 명령문이고, 선지 속의 연결어 then이 있으며, 빈칸 뒤에 and가 있다. 이것은 시간 순서에 따라 문장이 연속되고 있음을 의미한다. 따라서 정답은 (B)이다. 즉, 이 단계에서는 '세제를 헹궈내라(rinse off)'는 의미이다.

지문해석
터브 앤 샤워 매직은 모든 종류의 표면을 깨끗이 닦아서 아름답게 해줍니다. 단돈 2달러 49센트의 비용으로 이것은 유리에서 플라스틱, 그리고 타일에 이르기까지 모든 것을 깨끗하게 하고, 보호해주는 경제적인 방법입니다. 특별하게 고안된 이 액체는 심지어는 오래 묵은 먼지와 곰팡이까지 세게 문지르지 않고도 제거해줍니다. 깨끗해져서 끽끽 소리가 날 때까지 유리 표면을 닦으세요. 그렇게 하고 나서 터브 앤 샤워 매직을 물로 헹구면 긁힘이나 먼지, 세균을 막아주는 얇은 보호막이 생깁니다. 욕실 안에서만 사용할 이유는 없겠죠. 터브 앤 샤워 매직은 자동차 유리나 크롬 도금한 범퍼에도 효과가 있습니다. 그것은 스키용구에서 주방의 씽크대에 이르기까지 모든 것을 깨끗하게 닦아줍니다.

ex 734

Dear sir,

Application for the post of Personal Secretary.

I have seen your advertisement for the post of personal secretary in today's Daily News. I am very keen to apply for this position and therefore now have pleasure in enclosing a copy of my curriculum vitae for your consideration. My main reason for wishing to change my present employment is that I wish to widen my experience and am anxious to work for a firm that is trading with Western Europe. As you will be able to see from my C.V., I studied English in London from 1989 to 1992 and -----. I would also like you to know that my brother currently serves as our trade delegation of the European Community in Brussels. Therefore I am quite familiar with the trading situation in Western Europe.

(A) so I believe I now have quite a good command of English.
(B) so I am interested in the art museum.

빈칸 앞은 '영어 공부를 열심히 했다'는 내용이고, 빈칸 뒤는 '자기 형이 무역 대표단으로 현재 일하고 있다'는 내용이 also로 이어지고 있다. 그리고 선지는 모두 so로 시작하고 있다. 그렇다면 빈칸 뒤는 새로운 쟁점 사항이 나타나는 것이고, so로 시작하는 빈칸 내용이 빈칸 앞쪽과 인과관계를 형성한다는 의미이다. 따라서 English가 포함된 (A)가 정답이다. art museum을 포함한 (B)는 쌩뚱맞은 내용이다.

지문해석

친애하는 당신에게

비서직에 지원.

저는 오늘자 데일리 뉴스지에 보도된 비서직에 관한 선생님의 광고를 보았습니다. 저는 이 비서직에 응시하기를 바라고 있으며, 그래서 이력서 사본을 동봉해 보내 드리오니 참고해 주십시오. 제가 현직을 바꿔 보려는 주된 이유는 경험을 보다 넓히고 서유럽 무역 거래 회사에서 일하기를 원하기 때문입니다. 제 이력서에 나타나 있듯이 1989년부터 1992년까지 저는 런던에서 영어를 공부하였기 때문에 영어를 자유자재로 구사할 수 있습니다. 또한 저의 동생이 Brussels에 있는 유럽 공동체 본부에 우리 나라 통상 대표의 일원으로 현재 근무하고 있어서, 서유럽의 통상 실태에 대해 잘 알고 있습니다.

> **파트6 문장넣기 정답공식04**
>
> 新유형는 사실 패러프레이징 문제의 다른 형태라고 볼 수 있다. 앞문장이나 뒷문장의 흐름과 전혀 엉뚱한 이야기를 할 가능성은 없기 때문이다. 따라서 빈칸 전후 문장과 선지 문장 속 단어들의
> 01 문맥상 반의어, 문맥상 동의어 찾아보기
> 02 패러프레이징이라고 볼 만한 단어 찾아보기
> 03 논리적으로 매칭되는 단어 찾아보기

新유형 문제풀이 정답공식01~04 중에서 공식04의 가치가 가장 높다. 앞의 공식01~03은 그러한 테크닉이 통할 수도 있고, 그렇지 않을 수도 있지만, 공식04는 예외없이 고려해야 하는 요소이다.

꼭 이 문제풀이를 떠나서라도, 항상 지문을 독해할 때면, 문맥상 동의어와 문맥상 반의어를 패러프레이징을 중심으로 추적해 나가는 라이브 추적 시스템(Live Tracking System)을 가동해야 한다. 이것은 논리적 흐름과 연결고리(=맥락; context)를 쫓는 것이어서, 비단 토익에서뿐만 아니라, 모든 독해에서 필수적인 것이라 할 수 있겠다.

ex 735

At the beginning of 1990, California housing specialists were predicting a relatively strong year for the housing market, although not nearly as strong as the runaway market of 1988 and 1989. These predictions proved to be overoptimistic. -----. For the first time in years, home values actually declined, and new home builders and homeowners alike have lowered their prices 5 to 10 percent. And what of 1991? The nation's poor economy and tensions in the Middle East complicate the situation considerably, but most specialists agree that the future holds in store more of the same.

(A) A dramatic downturn in the market means that houses that once would have been sold in hours now sit unsold for months.

(B) Fluctuations in prices are a common phenomenon in the economic world, particularly among producers.

빈칸 앞문장의 핵심어는 overoptimistic(지나치게 낙관적)이고, 빈칸 뒤의 핵심어는 actually declined(실제로 쇠퇴했다)이다. 그렇다면 그 가운데인 빈칸에는 뭔가 나쁜 현상이 일어날 '조짐'이 보였거나, '정체기'를 겪었다는 내용이 나올 수밖에 없고, 이것이 바로 (A)의 dramatic downturn(극전 하락 반전)과 unsold for months(수개월간 팔리지 않음)이다. 결국 글은 overoptimistic ▶ dramatic downturn, unsold for months ▶ actually declined로 흐름을 타게 된다. 문맥상 동의어 내지는 패러프레이징으로 이 유형을 풀 수 있다는 증거이다.

지문해석
1990년 초에 캘리포니아 주택 전문가들은 비록 1988년이나 1989년의 상승 시장만큼은 강력하지 못하다 할지라도 주택 시장이 비교적 강세를 띠는 해가 될 것이라고 예측했다. 이러한 예측은 지나치게 낙관적인 것으로 판명되었다. 극적인 시장 하락세는 한때 몇 시간만에 팔리던 집들이 이제는 몇 달이고 팔리지 않는다는 것을 의미한다. 몇 년만에 처음으로 주택의 가치가 실제로 떨어져서 주택 신축 건설업자와 주택 소유자들이 모두 주택 가격을 5퍼센트에서 10퍼센트 낮추었다. 그러면 1991년은 어떨까? 국내의 취약한 경제와 중동의 긴장은 상황을 상당히 복잡하게 하고 있지만 대부분의 전문가들은 앞으로도 상황은 거의 같을 것으로 의견을 모으고 있다.

---

ex 736

SWING, HO! DRAMA OF THE WILD WEST

An exciting new drama comes to television on Friday, May 7th. Adapted from the best-selling novel Courageous Bill - A Man of the Wild West, Swing, Ho provides all of the excitement that must once have been felt by pioneers and brave explorers traveling westward. In the first episode of this new series, Bill protects his family from the attack of wild bears. His daughter Emily becomes severely ill with cholera. And his wife gives birth to a baby son in a makeshift bed made from leaves and hay. The story is action-packed, and -----. Don't miss SWING, HO, Friday at 9 p.m.

(A) sure to keep you hanging on the edge of your seat.
(B) Sad Movie is a 2005 South Korean romantic melodrama film with a star-studded cast.

빈칸 바로 앞에 action-packed(액션으로 가득찬) ▶ 선지 ▶ 빈칸 뒤의 Don't miss(놓치지 마라)로 이어지는 흐름으로 볼 때, 빈칸에는 꼭 볼만 하다거나 내용이 좋다는 등의 긍정적 내용이 이어질 것이다. 선지 (A)에서 sure to keep(자리를 지켜라)라든가, on the edge of seat(열광하는)이 이에 해당한다.

지문해석
스윙, 호! 서부 드라마
흥미있는 새 드라마가 5월 7일 금요일 텔레비전에 선보입니다. 베스트 셀러 소설인 「용기있는 빌 (서부의 사나이)」을 개작한 스윙, 호는 서부로 이동하는 정복자들과 용감한 개척자들이 한때 느꼈음에 틀림없는 모든 종류의 흥미를 제공합니다. 이 새 연속극의 첫번째 이야기는 빌이 그의 가족을 야생곰의 공격으로부터 보호하는 것입니다. 그의 딸 에밀리는 콜레라를 심하게 앓게 됩니다. 그리고 그의 아내는 나뭇잎과 건초로 만든 임시 침상에서 사내아이를 낳습니다. 이야기는 액션으로 가득차 있으며, 흥분의 도가니에 여러분을 몰아넣을 것이 틀림없습니다. 금요일 오후 9시에 방영되는 스윙, 호를 놓치지 마십시오.

ex 737

RESTAURANT REVIEW - Rhapsody

You simply must experience Rhapsody Restaurant at Miami. The vast menu contains traditional Swiss and French dishes as well as some creations of owner / chef Bruno. For the less adventurous there is a selection of steak dishes and of course seafood including Moreton Bay Bugs, Fish of the Day, and King Prawns. Chicken, Pork and Veal dishes complement the menu. Most main courses are priced around $12.00. ----- It is worth while mentioning that the main courses are not served with the ordinary French fries but with a generous serve of "Roesti" (Swiss style panfried potatoes) and fresh vegetables.

Special attention is given to the sweets which are all home made. Strawberry Parfait, Chocolate Mousse and Raspberry Pancakes being the most popular. Early diners are catered for with a selection of main courses priced for around $8.00 and children's meals are also available for $6.60 including sweets. Simply order before 6:45 p.m. to take advantage of this offer.

(A) Our selection of dishes is most appealing to the palate and the eye.
(B) Our restaurant is open every day during regular licencing hours.

전체 글의 제목이 restaurant review이므로, 요리에 관한 내용일 것이다. 빈칸 앞의 핵심어는 main courses(주요리)이다. 빈칸 다음 문장에서는 not A but B구문이 보이는가? 그 구문이 보인다면, 빈칸 뒷문장은 실제 요리명을 거론하고 있음을 짐작할 수 있다. 그렇다면 그 사이에는 어떤 내용이 들어갈 수 있을까?

이쯤에서 선지를 본다. (A)는 자기네 요리가 the palate and the eye(미각과 시각)에 어필한다는 내용이고, (B)는 레스토랑의 영업시간을 설명하는 내용이다. 당연히 정답은 (A)이다. 글의 흐름이 main courses ▶ the palate and the eye ▶ 구체적인 요리 이름으로 이어지기 때문이다.

넓게 보아 이런 것이 모두 문맥상 동의어 개념이다. 앞쪽 문장에서 추상적 진술을 하고, 그 다음 문장에서 이를 구체화시켜나가는 과정이 바로 글의 본질이기 때문이다.

지문해석
레스토랑 평론 : 랩소디
마이애미의 랩소디 레스토랑을 경험해 보아야만 합니다. 방대한 메뉴에는 전통적인 스위스와 프랑스 요리뿐 아니라 주인이자 주방장인 브루노의 독창적인 요리들도 포함되어 있습니다. 음식 선택에 다소 대담하지 못한 사람들에게는 스테이크 요리들과 모레톤 베이 버그스, 오늘의 생선요리, 킹 프로운을 포함한 해산물도 있습니다. 닭고기, 돼지 고기, 송아지 고기 요리들이 메뉴에 보충되어 있습니다. 대부분의 주 식사 코스는 대략 12달러에 가격이 책정되어 있습니다. 이곳의 요리들은 미각과 시각을 매료시키는 것입니다. 주 식사에는 보통의 프렌치 프라이가 아니라 스위스 풍의 팬프라이한 감자인 로에스티와 신선한 야채가 푸짐하게 주어진다는 것을 언급할 가치가 있겠습니다.
모두가 직접 만들어진 후식들이 주어진다는 것도 특이한 관심거리 입니다. 딸기 파르페, 초코렛 무스, 라즈베리 팬케이크가 가장 인기가 있습니다. 일찍 식사하는 사람들을 위해서는 8달러 정도 가격의 주 식사 코스들이 마련되어 있으며, 아이들 식사도 후식을 포함해 6달러 60센트에 가능합니다. 6시 45분 이전에 주문만 하시면 이런 제공을 이용하실 수 있습니다.

'조조만 아는 토익 독해 기술' 생생 추천 후기

물론 시간적으로 여유가 된다면 문제를 많이 풀어보고 기본기 탄탄하게 다지고 하는 것도 좋겠지만, 토익은 고시가 아닙니다. 토익은 "기술"이라는 모 어학원의 광고처럼, 오래 붙잡고 정도를 파고드는 시험이 아니라 단기간에 고득점을 노려야 하기에 요령과 테크닉이 특히나 중요한데, 조조토익 시리즈는 그런 토익의 특성에 맞게 제작된 책으로써, 그 동안 제가 봐왔던 토익 수험서 가운데 단연 돋보이는 책이었습니다. 현재 출간된 조조시리즈 세 권(문법공식, 독해기술, LC요령)을 다 읽어본 사람으로서, 이 시리즈의 최대 강점으로 꼽고 싶은 것은 분류화랄까, 카테고리별로 요목조목 정리가 참 잘돼있다는 점입니다. … 아, 시간 단축이라하면 파트7을 빼놓을수 없겠네요. 이 부분 역시나 독해기술에서 많은 도움을 받았습니다. 전 항상 첫 번째 문제부터 풀어서인지 시간이 촉박했는데, 책에서 소개하는 기술과 제 노하우를 접목시켜 풀다보니, RC전체를 60분 정도에 끊기도 가능했습니다. 처음엔 손 글씨를 쓰다가 타자를 배울 때처럼, 익숙하지 않아서 시간이 조금 더 걸렸지만, 방식을 정해놓고 한 두 번 그렇게 풀다보니 금새 요령이 생기더군요. (후략) **이수***

귀차니즘으로 왠만해서 로그인해가며 후기 쓰는경우가 드문데 이번은 예외입니다. 책정리를 정말 시험보는 사람입장에서 잘 정리해놨어요 매번 팟7풀면 시간이 부족해서 지문2개정도 찍었었는데, 조조토익 책보고 지난 2월 시험에서 팟7을 다풀수 있었습니다. 2월 점수아직 안나왔지만 분명히 팟7의 시간을 줄여줍니다. 그거 하나로만도 완전만족합니다. **자유***

선생님의 책, 저는 참 좋았습니다. 먼저, 토익에 대한 고민이 나만의 문제가 아니란것을 깨달았어요. 저도 사실 영어가 크게 어렵지 않은편인데, 토익이 뭔지도 모르고 시험봤을때도, 공부를 하고 봐도 700대후반에서 벗어나질 않더라구요. 급기야 저의 머리를 의심하고, 좌절했는데 선생님의 책 덕분에 저의 문제점도 찾고, 자신감도 찾고, 저처럼 늘 시간이 부족하여 (저는 평균 11문제를 기둥세워요;;;) 기둥을 세우는 친구들이 몇만명이나 된다는 것도 알게 되었구요. 선생님은 토익커들의 고충, 루머, 단점들을 잘 알고계시고 그래서 그것의 해결방안을 콕 찝어주시고, 공부하는 사람들의 입장에서 풀어주시게 너무 와닿았습니다. 역시 잘 가르치는 사람은 본인이 공부를 하는 사람이구나라는 생각을 다시금 하게 되면서 ^^ 일정패턴을 찾아 유형화하신 그 실력에도 감탄했습니다. QR코드를 한페이지에 모아놓으신 배려도 참 좋았습니다. 원래는 독해책만 사려고 서점에 갔다가 책이 너무 마음에들어서 문법책도 샀어요. 제가 업무특성상 (지금은 퇴사후 이직준비중이라 토익을 보고 있어요) 활자를 많이 보고 쓰던 사람이라, 제가 보기에도 애매한 표현같은건 남들이 보기에도 불편할거에요. 문법책 보고나서 책의 개선에 도움이 될만한 부분이 발견되면 또 메일 드릴께요 (후략) **ari*****

학원이나 다른 책에서의 유사한 부분도 많이 있지만, 톡톡 튀는 새로운 느낌의 풀이법도 있어서 좋았습니다. 토익을 공부하는 사람들이 이런 책이 있었으면 한다라는 부분을 잘 찍어서 만드신 듯합니다. 특히 초보나 기본의 토익커들에겐 좋은 충고가 많은 듯 합니다. 중고급의 토익커들에겐 시간을 절약하기 위해 한번 시도해볼만한 가치의 방법을 제시한 듯 합니다. 책을 다 읽고 난 후의 느낌은 토익을 공부하는 사람들이 꼭 한번쯤 읽어볼만한 책이란 느낌이 듭니다. 학원이나 기타의 다른 책들을 보면 책마다 풀이법이 비슷한 점도 있지만, 중구난방으로 이렇게 풀어야 시간이 절약된다에서 끝나는데 , 이 독해의 기술은 타당성과 여러가지의 경우의 수를 들어서 설명해 주셔서 더욱 더 이해가 되고 도움이 되는 것 같습니다. 전체적인 내용은 좋았습니다. 처음 시작하는 토익커들에겐 이해가 조금 부족할 수도 있을 듯 합니다. 토익을 미리 접해본 사람들에겐 '아~ 이래서 이랬구나' 라고 생각이 들 수 있는데, 아직 기본정도의 분들에겐 책을 보고 나서 직접 문제를 접했을 때, 어떻게 접근해야 되는지 힘들어하다가 다시 자신만의 방식으로 돌아가는 사람들이 있더라구요. 두번째는 독해책인데도 LC등의 Tip이 사이사이에 있어서 정말 좋았는데, 조금 더 자세하고 폭넓게 해 놓았으면 하는 아쉬움이 있더라구요. **skys*****

'조조만 아는 토익 LC 요령' 생생 추천 후기

조조문법, 독해책을 읽고 아주 큰 도움이 되었습니다. 어떻게 토익을 이정도로 철저하게 분석을 하여 논리적으로 책을 쓰셨는지 놀라울 따름입니다. LC책도 나온다는 소문을 듣고 저자님께 질문을 드리게 되었는데요^^ 2월에 나온다고 인터넷 뉴스에서 보기는 했는데... 대략 몇일쯤 발간되는지 알 수 있을까요? 정확한 날짜가 부담스러우시다면 "2월초, 2월중순, 2월말"처럼 대략적으로 말씀해주셔도 되요.. thelin***

파트7에 시간이 너무 부족해서 조조독해책 구매해서 보고 시간이 많이 단축됐습니다. 감사합니다^^ 책뒤에보면 조조토익LC도 있던데 사고싶어도 찾을수가 없네요..아직 출판이 안된건가요? 파트 7에서 희망이 조금씩 생기고 나니까 LC가 너무 문제입니다ㅜㅜ 책이 있다면 꼭 사고싶지만 구할 수가 없어서.... 아무튼 조조시리즈를 진작 접했더라면 고생을 좀 덜할수도 있었을텐데요ㅋ 요즘 친구들한테 조조시리즈 추천해줬는데 매우 좋아하네요 dbs****

조조가 추천하는 LC 공부는 점진적 구간 반복법이라는건데 이게 뭐냐면... LC에서 질문이 나오면 사람들은 끝에 단어가 제일 최근에 들었던 소리이기때문에 기억하기 쉽다는 것을 감안해 연습을 할 때 앞에 구간을 잘 기억할 수 있도록 연습하는 방법이다. 예를 들어 ABCD라는 문장이 있다면 AAA / ABABAB / ABCABCABC / ABCDABCDABCD 이렇게 재귀식으로 문단을 끊어 여러번 듣기를 연습한다는 것. 굉장히 획기적이라고 느꼈던게 토익학원에서 익히 가르쳐주는 받아쓰기나 쉐도잉(들리는대로 바로 따라말하기)를 했을때, 받아쓰기 같은 경우는 단어 스펠하나하나 맞추기도, 그리고 LC인데 그렇게 자세하게 문장을 받아 쓸필요도, 없다는 것. 그리고 쉐도잉은 출퇴근길 버스나 지하철안에서 틈새시간에 공부하는 사람들에게는 말할 수 없기때문에(공공장소이고 창피하고...) (하략) 88***

조조토익의 위상은 풍문으로 익히 들어 알고 있었지만, 근래에 가장 어려웠다는 2월 첫 토익에서 당당히 목표점수였던 900대를 넘기고 나니 그 진가가 확실히 느껴집니다. 저는 지난 12월부터 매달 꾸준히 토익을 치뤄왔고, 성적은 7~800점 정도였습니다. 지난달까진 다들 알고 계시는 유명 토익학원의 교재로 공부를 하다가, 봐도봐도 끝이 나지 않는 방대한 양에 질려버려서 지푸라기라도 잡자는 심정으로 조조토익을 구입했네요. 개인적으로 취약한 파트2와 파트5를 보완하려고, 시험 치루기 2~3일전부터 조조 문법공식과 LC요령의 파트2 부분을 집중적으로 파고 들었습니다. 그 결과 LC만점이라는 감격스러운 결과가 나왔네요ㅜㅜ 최근 토익 커뮤니티의 게시판을 확인하신 분들이라면 아시겠지만, 2월 8일 시험은 영국 및 호주 발음의 테러와 RC 낚시 지문 등으로 악평이 자자했잖아요? 저 역시 문제풀이가 쉽진 않았지만, 조조토익의 위력을 확인하기엔 더없이 좋은 기회였던 것 같습니다^^ 이재*

이 책에는 독해문제를 해결할 수 있는 유형화된 다양한 스킬(?)들이 많습니다. 이책의 핵심이자 가장 큰 특징이죠. 스킬이라고 얘기하니 마치 편법, 야매인 것같네요. 하지만 전 조금 다르게 생각합니다. 이런 스킬들... 결코 편법, 야매가 아니라는 것이 제 생각입니다. 만약, 우리가 토익독해 문제와 동일한 문제들을 영어가 아닌 한글로 된 것을 푼다고 생각해 봅시다. 지문이고 문제고 선지고 죄다 한글입니다. 한 편의 짧은 글이 있고 문제에서 '글쓴이의 직업은?' 'A가 B에게 받을 것은?'등을 묻습니다. 글을 처음부터 죄다 읽는 한국인이 있을까요? 전체를 빠르게 스캔하면서 질문의 답이 나올 부분을 찾아 답을 골라내는 것이 당연한 과정일 것입니다. 이것이 정통이 아니고 편법이라고 할 수 있나요. 너무나 자연스럽고 합리적인 과정입니다. 이것을 체계적으로 알려주고 훈련시켜주는 것이 조조 독해편이구요 수능영어쪽에서 현재까지도 이름을 날리고 있는 김기훈 선생님의 리딩스킬스를 아십니까. 문제를 또는 지문종류를 유형화하고 거기에 따라 적절한 스킬을 적용하죠. 지문 첫줄보고 푸는 문제, 마지막줄 읽고 푸는 문제, 어떤 어떤 접속사 뒤를 보고 바로 답을 찍는 문제.... 지금은 전설(?)이 된 그 강의도 야매니 편법이니 비난하는 사람이 많았지만 그 강사는 수업때 '이 리딩스킬스는 영미 정통 영어학, 문장구조론에 거의 동일한 내용이 버젓이 있다.'고 일축했죠. 같은 맥락이라 생각합니다. (후략) 애교쟁*

'조조만 아는 토익 문법공식' 생생 추천 후기

무슨 리뷰라는 것 처음써보는데요 말그대로 스킬들이 가득한 책입니다 토익 시작한지는 3개월정도 되었구요 점수는 700후반대입니다.. 나름 노력을 열심히 했다고 생각하는데 800은 못넘겠더라구요.. 3월말 토익에서는 제가 팟5,6에서 12문제나 틀려서..이걸 보완하고자 샀어요 이 책에 대해 쉽게 말씀드리면 제가 스타를 꽤 좋아해서 고2때부터 정말 열심히 했거든요ㅋㅋ 근데 기숙사 룸메이트로 잠깐 프로생활했었던 친구가 들어와서 한학기동안 열심히 배웠는데요 그때 제가 7년동안 한것보다 한학기동안 배우면서 제 실력이 느는 것을 정말 느꼈습니다 이 책을 스타크래프트라는 게임으로 따진다면 기존의 토익 문법책들은 모든 선수와 종족 빌드들(모든 영어)에 대해 대비를 하다보니 이것도 저것도 신경쓸것이 너무많죠 이 문법책은 토익이라는 종족의 특성을 완벽히 파악하고 그에 대응하는, 토익에만 대응하는 맞춤 전략입니다 상대를 다 알고 게임을 하는데 질수가 없죠 지금 상대방이 뭐가 나오면 무슨무슨 전략을 쓰고 있는 것이다를 알려줍니다 아무리 날고기는 토익이라 하더라도 맞춤전략을 피할수는 없겠죠 여자들은 스타를 모르시니까 헷갈리시겠지만 제가 할수있는비유가 스타뿐이네요ㅋㅋㅋ 팟7버전도 곧 구매할 생각입니다. ia**

어제 따끈따끈한 조조만아는토익문법공식을 받은 ***이라고합니다. 호주에서 워킹홀리데이를 마치고서 토익준비를하려고 해XX토익 기본서를 사서 삼주동안 공부했었는데 그공부한효과는 단 그때뿐이었습니다 왜냐하면 그 책은 부사에대해알려주곤 부사에대한 시험문제만 내버렸기때문이죠....하지만 전 사실 조조님의 책을 단하루동안 읽었는데도 불구하고 모의테스트에서 예전보다 훨씬 만족하는 점수를 받을 수 있었습니다 5,6 파트가 끝나면 리스닝하고 파트 7 독해 책도 살 예정입니다 !! ^^ 일단 지금 상태로는 '토익 600점을 위한 ...' 까지 조조님의 매력적인 목소리와 함께 강의 잘 듣고있구요 ! 정말 다른 부분도 좀 막막했지만 진짜 정말인지 지난 3주일동안 계속 해XX 토익 기본서 보면서 접속부사, 전치사, 접속사 구분하는 문제는 죽었다 깨도 못 맞추겠다고 생각했는데 조조님이 정리해주신 접속사 파트 보면서 단 하루만에 그것도 한시간도 안되서 이해가 되버리는 바람에 무지한 저로써는 참 놀랍기도 하고 조조님께 감사단 말을 열백번 넘게 해도 계속 감사할 것 같네요 ... ^^ 일단 내용도 알차고 정리도 깔끔하고 보기 좋게 되있었구요. 책 재질도 조조님께서 걱정하신거완 달리 엄청 좋은 것 같더군요. 내용도 단연 으뜸이었지만 책에 있는 한글고급(?) 어휘들.. 도 참 마음에 들었습니다. 제가 단지 호주 1년 갔다온거지만 가서 느낀게 많았거든요.... 한글도 참 대단한 언어이지만 영어도 그 언어만의 재미가 있는 것 같아요. 한글에는 없는 Have p.p 라던지 ... 좀 정확하고 구체적으로 설명할 수 있다고 해야하나요?.. 아무튼 저는 토익점수에도 관심이 많지만 나중에 비지니스 영어를 잘 터득해서 다시 외국으로 나갈 생각입니다 ! 가서 예전에 가졌단 접시닦이나 청소같은 자질구레한 일말고.. 정말 제대로 된 일을 구하고 싶네요 !!(후략) ashu******

(전략) 파랭이 빨갱이는 lc 요령과 문법공식을 보면 볼수록 깊은 빡침이 와서 우리집 멍뭉이 한테 던져 버렸습니다.(정말입니다.몇달간의 스트레스 해소 차원에서 개가 물어뜯는 걸 나두었습니다) 그렇게 같이 보기 시작한 두 책 역시 너무나 유익 하더군요. 뭣 보다 조조님 특유의 논리적 접근을 통한 책 구성의 이유와 설명들이 머리속에서 납득이 되니 이해가 쏙쏙되더라고요. 특정 문법 (ex to부정사)설명 을 한뒤 그 문법에 관한 문제를 풀면 당연히 고민없이 선지(to부정사 선지) 에 정답을 체크하는 것을 반복 하던 파랭이 공부가 왜 점수 상승으로 이어지지 않았던지 그제서야 수긍이 가더라고요. lc 역시 일단 청취력을 높이기 위한 귀뚫기 연습 먼저라는 주장과 그 방법 으로서의 점진적 끊어서 듣는 구간반복 듣기 연습이 얼마나 효과적인지 체감 했습니다. 그렇게 독해3회독 , 문법공식 2회독 듣기 요령 1회독 하고 시험을 치니...... 드디어 700점대의 점수가 나왔습니다. 저 남자 새끼가 울었습니다. 너무 기뻐서요. 아! 나도 하면되는 구나, 아! 진짜 공부접근 방법이 중요하구나 하고요! 정말 조조 토익 책본게 다행이구나 생각하면서 조조님께 감사하단 생각이 들었습니다. 그래서 다시 시험 치자 마자 책들을 가지고 회독 반복 했습니다. 그리고 이번엔 회독 수가 증가하니 책에 나와있는 독해기술 패러프레이징 암기 부분, 문법공식 800점용,900점용 사항에 중점을 둬 가며 공부 했습니다. Lc는 그냥 올려주신구간반복 듣기파일 청취 그대로 계속 하면서 연습했습니다. 그리고 시험장에 갔죠. 놀랍더군요. 팟7 마지막 5문제 이중지문 못 풀고 시험을 마무리 했습니다.(조조님 께선 독해부터 풀고 문법으로 넘어가라 하셨는데 저는 습관이 안되서 그런지 한3회정도 해보다가 큰 차이 없는 것 같기도 하고, 갑자기 기존방식 바꾸려니 리스크도 크기도 해서 그냥 순서대로 풀이 했습니다) 그리고 나온 점수는 작년 12월 토익 865!!! 요즘엔 모두가 다 900점이라서 별것 아닌 점수 지만 저는 너무나 기뻤습니다. 그리고 1월 시험은 중간에 시험치다 똥마려워서 망치고 저번주 2월 23일 시험 쳤습니다. 대박! 토익 공부하고 처음으로 모든 문제 다 풀었습니다. ㅋ 김정*

조조토익의 꿈

이 세상의 모든 젊은이가
최대한 빨리, 그리고 가능한 가장 적은 비용으로
토익을 끝내고
각자의 원대한 꿈을 이루는데
진정으로 필요한 일을 할 수 있도록
도와드리는 것.

그래서,
저자가 기획하고 쓴 이 책이
누군가의 인생을 바꾸어 놓는 계기가 되고,
교육을 통해 빈부의 격차를 해소하는 것.

그것이 바로 북플라자와 조조토익의 꿈입니다.